Dieses Buch gehört

....

....

....

Als am 2. Februar 1943 die Schlacht um Stalingrad mit der Kapitulation der 6. deutschen Armee beendet wurde, hatten mehr als eine Million Menschen den Tod gefunden. Kaum ein Ereignis der Militärgeschichte hat sich ähnlich traumatisch in das Bewußtsein der Deutschen eingeprägt wie diese Schlacht, und augenblicklich begann der Kampf um ihre historische Wertung und Deutung. Die vernichtende Niederlage der Wehrmacht, die bis dahin als »unbesiegbar« galt, wurde mit mythologisierenden Begriffen und heroischen Bildern beschrieben – eine Art des Umgangs mit der Schlacht, die bis heute viele Darstellungen beeinflußt. Dieser Band enthält mehr als zweihundert bisher unveröffentlichte Feldpostbriefe von Angehörigen der Stalingrad-Armee, die einen vielschichtigen, ungeschminkten Einblick geben. Sie spiegeln die Hoffnungen und Ängste, Verdrängungsversuche, Strapazen und Entbehrungen der Soldaten. In seinem ausführlichen Nachwort zeichnet Jens Ebert die Geschichte des »Mythos Stalingrad« nach, er benennt historische Linien, politische Intentionen und skizziert die Deutungsmuster.

Jens Ebert, geboren 1959, studierte Germanistik und Geschichte in Berlin und Moskau. Er promovierte mit einer Arbeit über Stalingrad. 1989-2001 lehrte er an Universitäten in Berlin, Rom und Nairobi. Heute lebt er als Publizist in Berlin. Veröffentlichungen zur Literatur-, Kultur- und Mentalitätsgeschichte des 20. Jahrhunderts.

Feldpostbriefe aus Stalingrad

November 1942
bis Januar 1943

Herausgegeben von
Jens Ebert

Deutscher Taschenbuch Verlag

Dieses Buch basiert auf der Sendereihe
»Feldpostbriefe aus Stalingrad« im Deutschlandfunk 2003

Ungekürzte Ausgabe
Januar 2006
Deutscher Taschenbuch Verlag GmbH & Co. KG, München
www.dtv.de

Umschlagkonzept: Balk & Brumshagen
Umschlagfoto: © Janusz Piekalkiewicz
Satz: Wallstein Verlag, Göttingen
Druck und Bindung: Druckerei C. H. Beck, Nördlingen
Gedruckt auf säurefreiem, chlorfrei gebleichtem Papier
Printed in Germany · ISBN 3-423-34269-2

Inhalt

Einleitung
7

Feldpostbriefe
15

Organisation eines Mythos
333

Register der Briefschreiber
403

Briefkasten an einem mit Feldsteinen
gesicherten Baumstamm.

Einleitung

Am Jahreswechsel 1942/43 fand an der Wolga eine militärische Auseinandersetzung statt, die militärhistorisch, vor allem aber geistesgeschichtlich in der deutschen und europäischen Geschichte bis heute eine besondere Stellung einnimmt: Die Schlacht um Stalingrad, vom sowjetischen Marschall Wassili Tschuikow gar als die »Schlacht des Jahrhunderts« bezeichnet. Als am 2. Februar 1943 diese Schlacht mit der Kapitulation der 6. deutschen Armee beendet wurde, hatte der Kampf um ihre historische Wertung und Deutung gerade erst begonnen. Die vernichtende Niederlage der bis dahin als unbesiegbar geltenden Wehrmacht, Tod und Untergang einer ganzen Armee, wurden rasch mit mythologisierenden Begriffen und Bildern beschrieben. Das hat sich in Deutschland bis heute kaum geändert.

Mythen sind der Versuch, die menschliche Vorstellungskraft sprengende und als unerklärbar und überdimensional empfundene Urerlebnisse und Großereignisse der Menschheitsgeschichte zu verarbeiten, zu erklären und zu vermitteln. Insbesondere die Versprachlichung dieser Erlebnisse ließ sie zu Erfahrungen werden, Erfahrungen, die viele Menschen gemacht hatten und in die somit von Anfang an Unterschiede und Widersprüche eingelagert waren. Auch mit der Veränderung menschlichen Wissens, mit dem Lauf der Zeiten veränderte sich der Mythos. Jede neue Generation ließ ihre neuen und spezifischen Erlebnisse einfließen und versuchte, das Ererbte in das eigene weltanschauliche Koordinatensystem einzubeziehen. Daraus rührt die große Interpretationsbreite der Mythen.

Stalingrad ist ein moderner Mythos. Oder besser gesagt: zu einem solchen Mythos wurde Stalingrad gemacht. Denn zunächst einmal war der Untergang einer ganzen deutschen Armee ein Trauma, das allen Allmachtsphantasien und Überlegenheitsvorstellungen des Dritten Reiches ein deutliches Ende setzte. Daß Stalingrad zu einer deutschen Legende wurde hat aber noch mit einer zweiten Besonderheit dieser Schlacht zu tun: Der eigentliche Aggressor des Zweiten Weltkrieges, das faschistische Deutschland, wurde hier, in Stellvertretung durch seine 6. Armee, eingeschlossen und von außen durch das eigentliche Opfer des Eroberungsfeldzuges, die Sowjetunion, in Stellvertretung durch die Rote Armee, bedrängt und schließlich vernichtet. Blendet man den Gesamtcharakter des Zweiten Weltkrieges aus, ergeben sich daraus Interpretationsmöglichkeiten, die die historische Realität in ihr Gegenteil verkehren können – und von diesen Interpretationsmöglichkeiten wurde in Deutschland durchaus Gebrauch gemacht. Längst aber hat sich der Begriff Stalingrad von dem konkreten militärischen Ereignis getrennt, ist im Deutschen zu einem Synonym für Untergang und Niederlage, zu einem Darstellungsmuster für Gewalt, Krieg und Untergang geworden.

Stalingrad hat zahllose Generationen von Schriftstellern und Publizisten bewegt und angeregt. Es erschienen unzählige Darstellungen, Romane, Erzählungen, Filme, Gedichte und Theaterstücke. Unzählbar in den Werken, die den Zweiten Weltkrieg allgemein zum Thema haben, sind die Soldatenfiguren, für die Stalingrad der Ort ihres Todes, ihrer Verwundung oder Gefangenschaft ist. Der Untergang einer Armee von ca. 300 000 Mann hat immer wieder Vergleiche mit historischen und legendären Begebenheiten hervorgebracht: Hannibals Vernichtung der römischen Armee bei Cannae und der Todeskampf des antiken griechischen Helden Leonidas bei den Thermopylen, Blüchers Kapitulation in Ratkau und das Ende der Nibelungen sind die verfügbaren Muster, die herangezogen werden, um Stalingrad zu beschreiben. Doch der Rückgriff auf Mythos und Geschichte verdeckt dabei oft mehr als er erklärt und entspringt einer Unsicherheit bei der Wertung und Sinngebung dieses als überdimensional empfundenen historischen Ereignisses.

Darstellungen der Schlacht um Stalingrad, ob nun literarisch, biographisch oder historiographisch, basierten sehr oft auf Briefen, in denen die unmittelbar Beteiligten über Grauen und Leiden, vermeintliches Heldentum und Kameradschaft, Feindbilder und Kriegsgründe, militärischen Alltag und menschliche Grenzsituationen berichteten. So wichtig diese Briefe – ursprünglich nur für die Kommunikation zwischen Familie und Freundeskreis auf der einen und dem Frontsoldaten auf der anderen Seite gedacht – für die Empfänger waren, so bedeutsam waren die zahlreichen Briefausgaben auch im allgemeinen gesellschaftlichen Diskurs. Moderne Kriegsereignisse, besonders aber ihre Wertung und Deutung wurden einem breiten Publikum durch Briefanthologien nähergebracht, mit großer Resonanz, wie z. B. 1928 die »Kriegsbriefe gefallener Studenten«. Es ist wohl die Mischung aus privatem Erleben und weltpolitischer Bedeutung, die gerade (Kriegs)Briefe als authentische Zeugnisse für nicht unmittelbar Beteiligte und nachgeborene Generationen auf der Suche nach »Wahrheit« oder »Wirklichkeit« interessant machen.

Die meisten Briefanthologien folgten einer deutlichen ideologischen Ausrichtung. Zumeist sind es Bilder von Heldentum und Opfer, die den Verlusten im Krieg nachträglich einen »höheren«, meist vaterländischen »Sinn« geben sollen. Erst im letzten Drittel des 20. Jahrhunderts erschienen Ausgaben, die um die Darstellung eines breiten, nicht ideologisch vorgeprägten Spektrums bemüht waren und Deutung und Wertung des berichteten Geschehens dem mündigen Leser zuwiesen. Denn Briefe sind auch einzigartige Zeugnisse individuell erlebter Geschichte und persönlicher Erlebnisse, die durch das Aufschreiben zu mitteilbaren Erfahrungen wurden und auch für die Beurteilung von Prozessen der jüngeren Geschichte und der Gegenwart von Belang sind. In diesem Sinne ist Stalingrad ein durchaus unabgeschlossenes Kapitel.

Der 60. Jahrestag der Schlacht um Stalingrad 2002/2003 zeigte das ungebrochene Interesse an der Auseinandersetzung mit dieser Schlacht und auf diesem Weg mit Fragen von Krieg und Frieden allgemein. So hatte der Deutschlandfunk seine Hörer aufgefordert, noch unveröffentlichte Kriegsbriefe für eine Sendestaffel mit dem Titel »Feldpostbriefe aus Stalingrad« zur Verfügung zu stellen. Der von Bundesaußenminister a. D. Hans-Dietrich Genscher verlesene Aufruf fand ein erstaunlich umfangreiches Echo. Diese Briefe werden hier umfassend dokumentiert, ergänzt durch größtenteils bislang nicht veröffentlichte Briefe, die nach dem Krieg in Wolgograd, dem früheren Stalingrad, aufbewahrt oder im Feldpost-Archiv der Technischen Universität Berlin gesammelt wurden.

Der Aufruf zum Einsenden von Briefen für die Sendestaffel des Deutschlandfunks, die Begleitschreiben zu den eingesandten Briefen, sowie das Hörer-Echo sind ein eigener Teil der neuesten Rezeptionsgeschichte der Schlacht in Deutschland. Hans-Dietrich Genschers Worte, »der Deutschlandfunk will jene noch einmal zu Wort kommen lassen, die in Stalingrad kämpften, hungerten, fielen, die auf dem Marsch in die Gefangenschaft erfroren«, trafen die Erwartungen, Anschauungen und Bedürfnisse der Hörer sehr genau.

Die längste Friedensperiode in der deutschen Geschichte – zwischen 1945 und 1990 blieb der Krieg zumindest in Mitteleuropa schließlich »kalt« – ließ das Nachdenken über Stalingrad auch zum Nachdenken über ähnliche militärische Ereignisse und Gewaltexzesse in anderen Weltgegenden werden. Je weiter die historische Schlacht um Stalingrad zurücklag, um so mehr wurde die Erinnerung an sie in einen Zusammenhang mit aktuellen Kriegen und Krisen gebracht oder zum Anlaß für Überlegungen zur Bewahrung oder Herstellung friedlicher Verhältnisse allgemein.

Der Beweggrund, private Briefe für eine öffentliche Betrachtung zur Verfügung zu stellen, ist zunächst einmal ein sehr persönlicher, wie in den Begleitschreiben zum Ausdruck kommt. Bei den Briefschreibern handelt es sich um enge Angehörige oder Freunde, von deren Leben meist nur noch diese Briefe zeugen und deren Tod man nicht vergessen möchte, besonders, da durch die vielen Veröffentlichungen und Enthüllungen der Nachkriegsjahrzehnte auch den Angehörigen die grauenvollen Dimensionen des Sterbens und Tötens auf beiden Seiten der Front bewußt geworden waren. Die späte Veröffentlichung der Briefe ist ein zweiter, für manch einen der Vermißten vielleicht sogar der erste Grabstein:

> »Es würde mich freuen, wenn ich so meinen lieben Gustl noch einmal in Erinnerung bringen könnte.«

Ein zweiter Grund ist die Tatsache, daß die meisten Toten in Stalingrad den Angehörigen in offiziellen Schreiben nicht als »gefallen«, sondern euphemistisch als »vermißt« gemeldet wurden. Auch nach so vielen Jahren quält noch immer die Ungewißheit. Stets waren die Familienangehörigen an Aufklärung interessiert. Doch die vielen Bücher, Artikel und Dokumentationen der Nachkriegszeit konnten den Wunsch nach Information nie ausreichend erfüllen:

»Mein Vater ist in Stalingrad vermißt. Viele Versuche, etwas über sein Schicksal zu erfahren, sind leider ergebnislos geblieben.«
»Nach diesem letzten Brief hörten wir nichts mehr von meinem Bruder, bekamen nur die amtliche Nachricht: ›Vermißt‹. Alle Nachforschungen meiner Eltern – noch während des Krieges – und auch danach blieben vergeblich.«

In manchen Begleitschreiben finden sich auch Meinungen, die nunmehr 60 Jahre nach dem Krieg und in Kenntnis der deutschen Verbrechen während der NS-Zeit, die sich eben nicht gegen andere Taten aufrechnen lassen, zumindest verwundern, wenn etwa ungebrochen von damaliger »Pflichterfüllung« und »Treue« gegenüber dem Vaterland die Rede ist. Doch solche Äußerungen sind selten.

Der überwiegenden Anzahl von Einsendern der Briefe an den Deutschlandfunk gilt Stalingrad als Mahnmal des Krieges, das zur aktiven Erhaltung des Friedens mahnt. Viele Hörer brachten dem Sender gegenüber eine solche Erwartung zum Ausdruck, die über eine bloße historische Rekonstruktion hinausgeht. Übereinstimmend meist die Ansicht, daß Krieg und Gewalt grundsätzlich keine Mittel zur Lösung eines Konflikts sind bzw. sein dürfen:

»Wann endlich begreift die Menschheit, daß Kriege keine Konflikte lösen?«
»Ich bitte deshalb alle Menschen sich weiterhin für den Frieden einzusetzen, denn das Leid was ein Krieg bringt, ist nie wieder gutzumachen.«

»Ich würde mir wünschen, dass dieses sinnlose Opfer so vieler junger Soldaten niemals vergessen wird und alle Menschen in unserem Land, besonders aber die jungen, zum Nachdenken bringen möge. Denn wer nicht fähig ist, aus der Geschichte zu lernen, ist dazu verdammt, immer wieder die selben Fehler zu machen.«

Der im letzten Zitat formulierte Gedanke ist auch in den Reaktionen der Hörer nach den Sendungen häufig präsent. Es wird die Erwartung und Hoffnung zum Ausdruck gebracht, mit den Stalingrad-Briefen Menschen zum eigenen Nachdenken über das Leid des Krieges zu bewegen. Das hat – natürlich – mitunter auch eine direkte pädagogische Intention, wenn Lehrer, Sozialarbeiter u.a. die Texte in ihrer aktuellen Arbeit benutzen möchten.

In den Hörerreaktionen ist die Geschichte des Zweiten Weltkrieges häufig mit der Gegenwart des zur Zeit der Ausstrahlung der Sendung bevorstehenden Irak-Krieges verbunden:

»Ich habe in den zurückliegenden Tagen mehrere dieser Feldpost-Lesungen im DLF gehört: mit großem persönlichem Interesse [...]. Zeitgleich erinnert der DLF als ein wichtiger deutscher Rundfunksender an die Schrecken des 2. Weltkrieges – speziell an die Schlacht von Stalingrad – und zur gleichen Zeit wird von den USA aus offen ein neuer Krieg geschürt. ›Präventivkrieg‹ nennen es die Strategen und solche Politiker, deren wirtschaftliche Interessen nur allzu offenbar sind.«

Besonders deutlich und auch sehr persönlich ist die Reaktion, wenn der Krieg gegen die Sowjetunion nicht isoliert, sondern im Zusammenhang des Zweiten Weltkrieges und besonders der umfassenden nationalsozialistischen Gewaltherrschaft gesehen wird:

»Privat wie beruflich war es mir immer ganz wichtig, das Gedächtnis an die Menschen aufrecht zu erhalten, die in Deutschland zum Schweigen gebracht worden waren, vor allem Juden, Homosexuelle, Linke, Behinderte und andere, denen das

Recht auf ein erfülltes Leben kaltschnäuzig genommen wurde. Erst seit kurzem ist mir bewusst, dass dazu auch Menschen gehören wie mein Vater, der – als vielleicht zögerlicher Mitläufer – in Stalingrad sinnlos ›verheizt‹ wurde.«

Die im vorliegenden Band versammelten Brieftexte sind, anders als in vielen Briefausgaben zum Zweiten Weltkrieg, nicht bearbeitet. Sie folgen in Orthographie und Grammatik den Originalen. Unterstreichungen wurden grundsätzlich durch *Kursivierungen* wiedergegeben. Alle nicht lesbaren Stellen, in der Regel nur einige Silben, Worte oder Eigennamen, wurden mit [...] gekennzeichnet, ebenso einige wenige Stellen sehr privaten Charakters, um deren Auslassung die Einreicher der Briefe baten. Die ausgelassenen Stellen, das ist aus dem Zusammenhang der Texte im Original erkennbar, verändern in keinem Falle Tendenz, Gestus oder Aussage der Briefe. Da nicht alle Briefe abgedruckt werden konnten, wurden die Texte so ausgewählt, daß sie alle Facetten des Kriegserlebnisses berühren und ein möglichst breites Spektrum individueller Sichtweisen bieten. Das bedeutet zwangsläufig, daß sich mitunter ein widersprüchliches Bild der Schlacht ergeben kann.

Soweit rekonstruierbar werden die Namen, der Dienstgrad und das Geburtsjahr der Briefschreiber genannt.

Ich danke meinen Eltern, Ingeborg und Heinz Ebert, für ihre Unterstützung meiner Arbeiten an diesem Buch.

Jens Ebert — Berlin, im April 2003

November 1942

Paul Setzepfand
** 1913, Obergefreiter, vermißt*

Russland, Sonntag, 1. Nov. 42.

Mein liebes Frauchen & Kinder, Mutter!
Habe heute endlich nach vergeblich langen warten mit großer Freude daß Kilopäckchen u. ein 100 gr. Pckch. mit Taschenmesser + Pfeife erhalten. Auch ein Brief vom 4.10. war dabei. – Für alles Herzl. Dank. Ist gut angekommen beide Pch. Inzwischen werden wohl all meine Briefe bis No. 7 mit Geld und 2 × 2 Pchmarken dort angekommen sein. Liebe Frau, der *Kuchen* schmeckt ganz gut, nur *war er (in den 5 Wochen) etwas in der mitte Schimlich geworden.* Ist vielleicht nicht deine schuld, oder *hast Du so frisch (noch etwas warm) eingepackt weil einige kl. Wasserstreifen + hart in der mitte geworden ist.* Am besten u. liebsten wäre mir, würde ich mich am meisten freuen, wenn Ihr *Plätzchen oder Kringel backt diese halten sich 2 Monate lang. Liebe Mutter, Danke Dir auch für die Zeilen die Du für Renate geschrieben hast.* – Möchte so gerne mal wieder auf Urlaub kommen, aber leider bis jetzt noch aussichtslos für dieses Jahr. *Freue mich daß unser A.-B.C-Schütze gute Fortschritte macht u. gerne zur Schule geht. Hoffentlich bleibt es auch so.* Weihnachten wird dieses Jahr wohl ohne Papa sein. – Wer weiß wie es nächstes Jahr wird.

Liebe Frau was mich *sehr enttäuscht hat*, war *daß Du nicht mal ein Pch. Zigaretten beigelegt hast.* Bekommst Du *nicht alle* auf die *Raucherkarte? – Hast doch Albrecht welche gegeben u. an mich denkst Du garnicht mehr.* Haben die letzten 3 Wochen sehr wenig manchmal gar nichts gehabt. *Warum schreibt Du nicht daß Albrecht bei Euch war u. Du ihm mit briefpapier u. Zigaretten ausgeholfen hast. Georg hatt doch auch schon Zigaretten von Euch bekommen, alles erfährt man hintenherum, ich lese mir die Kippen auf, die die Herren Offiziere wegwerfen, das geht auf keinen Fall so weiter.* Habe geglaubt Du hättest mehr für mich übrig, aber *scheinbar nicht, sonst würdest Du mir alles Schreiben u. mir nicht hintergehen.*

Zum Schluß grüßt alle Herzl.

Papa

Schreib bitte bald wieder.

Max Breuer
** 1909, Gefreiter, in Gefangenschaft gestorben*

Rußland, den 1.11.42

Mein liebes Frauchen!
Heute ist Sonntag, ein Sonntag genau so trostlos wie alle anderen. Wenn es heute keinen Bohnenkaffee und eine schöne Süßspeise gegeben hätte, hätte ich es wohl nicht mal gemerkt. Und außerdem hat dieser Tag eine kleine Überraschung für mich gebracht. Mit dem heutigen Tag bin ich *zum Gefreiten befördert* worden. Du siehst, der Weg zum Generalfeldmarschall ist nun nicht mehr weit. Als Absender habe ich zwar noch Kanonier geschrieben, da ich den Briefumschlag schon geschrieben hatte. Finanziell wirkt sich das so aus, daß ich monatlich Rm 7,50 Wehrsold mehr erhalte.

Wir haben hier augenblicklich das *schönste Wetter* noch. Tagsüber ist es richtig warm, nur die Nächte sind ziemlich kühl. Ich bin den ganzen Tag mit entblößtem Oberkörper herumgelaufen. Mit den *Läusen* wird es immer toller, trotzdem ich den Brüdern sehr auf den Fersen bin. Heute mittag entdeckte ich, daß ich in der linken Achselhöhle eine Unmenge winziger Läuse, ein richtiges Nest, hatte. Einzeln konnte man diese Viehchen garnicht alle knacken. Ich habe mir deshalb die ganzen Haare wegrasiert. Hoffentlich verschonen mich die Tiere, daß ich nicht noch dazu übergehen muß, an anderen edleren Teilen die Haare wegzurasieren. So hat man hier seinen Kampf gegen Russen und Läuse.

Heute weiß ich nicht viel zu berichten. Ich habe mein Wissen in meinem gestrigen u. vorgestrigen Brief zu sehr erschöpft.

Wenn morgen Post eintrudelt, werde ich wieder schreiben. In der Erwartung, daß unser Kai bald seinen Vater im Urlaub mal persönlich kennenlernen kann, grüße und küsse ich Euch alle 3 auf das herzlichste.

Euer *Vati*

Erwin Guhl
** 1918, Obergefreiter, vermißt*

Im Osten, den 2. Nov. 1942

Meine liebe Friedel!
Deinen Luftpostbrief vom 23. Okt. habe ich mit Freude erhalten, wofür ich Dir von Herzen danke. Mit gleicher Post ist auch ein Kilo Päkchen u. 3 kleine Päkchen mit Lebkuchen eingetroffen. Herzlichen Dank. Die Linser Torte hat ganz vorzüglich geschmeckt, so daß ich sie auf zweimal aufgegessen habe. Das erste Konjakfläschchen habe ich jetzt leer gemacht, denn Ihr habt mir ja wieder Ersatz geschickt. Das Bildchen das Du mir geschickt hast ist sehr nett, wollte es doch auch gerne mal sehen wie die zwei so nebeneinander daherwalzen.

Liebe Friedel! Seit gestern bin ich O.Gefr. u. habe Kriegsbesoldung beantragt. Jetzt mußt Du aufs Rathaus gehen, Dir eine Steuerkarte für 1942 ausstellen lassen u. das Bürgermeisteramt soll diese an die Heeres-Standortgebührnisstelle der Heeres-Standortverwaltung Ravensburg (Wttbg) senden. Ich habe beantragt, daß die Kriegsbesoldung Dir in bar ausbezahlt wird, wenn Du sie zum erstenmal erhältst, so schreibe mir bitte gleich wieviel Du bekommen hast. Ist es weniger als die Familienunterstützung, so werde ich die Kriegsbesoldung wieder kündigen, aber ich glaube nicht. Meiner Rechnung nach solltest Du mehr als 100,– RM bekommen mit der Besoldung. Erledige die Sachen gleich, damit es schnell von statten geht. Da hat es jetzt auch geheisen, was lange währt, wird endlich gut.

Liebe Friedel! Die Schreiberei ist zur Zeit bei mir so kurz u. [...], denn die ganze Zeit muß ich fahren. Da fahre ich jetzt heute mittag weg zur Fleischausgabe u. komme morgen abend wieder, übermorgen fahre ich dann wieder. So geht es gerade fort solange das Wetter noch gut ist. Vor acht Tagen hat es so angefangen u. seither ist es so. Ich fahre ja gern wenn das Wetter gut ist. Nur für mich selbst habe ich halt ganz wenig Zeit. Auch das wird sich mal wieder ändern. Das wären die Neuigkeiten so ziemlich alle u. damit will ich meine Zeilen beenden. Habe ganz vergessen Dir zu schreiben, daß Dein Luftpostbrief N° 8 ist.

Hoffentlich geht es den Kindern u. Dir noch gut, was ich von mir auch schreiben kann.

Es grüßt u. küßt Euch vielmals

Euer Papa.

Gruß an Vater, Mutter u. Geschwister

Simon Krings
** 1911, Dienstgrad unbekannt, vermißt*

Russland, den 2.XI.42.

Liebe Mutter!
Heute ist Allerseelen. Hier ein strahlend schöner Sonntag, der mich beim Gedenken an Vaters frühen Tod mit innerem Frieden erfüllt. Gott gebe ihm die ewige Ruhe.

Gestern empfing ich Luftpost von Maria v. 23.X. und war nicht wenig erstaunt, daß Du nicht länger in Berlin geblieben bist. Das ist mir gar nicht recht gewesen. Dagegen überrascht mich die Höhe der Pension. Wenn ich nun in Urlaub komme, möchte ich doch gern einmal eine Endlösung mit Dir besprechen. Ich sehe aus diesem Grund die Zimmervermietung nicht gern. Auch wenn ich Weihnachten nicht komme, möchte ich Dich an diesem Tage nicht alleine, sondern bei Maria und den Kindern wissen. Maria machte mir auch in den letzten Briefen Andeutungen wegen meiner UK-Stellung usw. die ich aber vorläufig kalt zu Kenntnis nehme. Man bekommt hier so seine Erfahrungen. Gestern kam auch Dein süsses Päckchen (Zuckerplätzchen u. Pflaumen) an, die mir sehr große Freude machen, denn ich hatte etwas Rotwein dazu. – Wie haben Dir denn die Kinder gefallen? Die Kleine muß ja goldig sein. Ich höre auch von schönen Wintersachen, die Du mir gemacht hast. Vielen

Dank im Voraus. – Mir geht es gut. Das Wetter ist kalt aber sonnig. Das Quartier ist warm. Die Arbeit erträglich. Wir sind nur noch 4 Mann infolge Krankheiten, so daß ich jetzt öfters einen freien Tag Lagerwache habe, an dem ich wie auch heute schreiben kann. Eine große Beruhigung wird ja auch für Dich sein, daß es jetzt mit der Post so schön klappt. Jedesmal habe ich jetzt Post dabei. Dadurch bleibt mir manche harte Stunde erspart. Unsere Verpflegung ist nunmehr auf den Winter umgestellt worden. Wir erhalten zum Frühstück etwa 30 g Butter, die uns – was bezeichnend ist, am besten schmeckt, wenn sie schon etwas stark ist. Wir sind alle ohne Ausnahme sehr gewürzhungrig geworden. Ihr bekommt ja auch jetzt mehr. Von den unendlichen Sonnenblumenfeldern schrieb ich ja schon im Sommer. Das Öl daraus ist ausgezeichnet. Hier bin ich einmal gespannt, wie sich die Verarbeitung des russ. Getreides auswirkt. Unsere Landser können z.B. kein Russenbrot essen. Das mag auch an der primitiven Backweise liegen. Wir haben tatsächlich hier im Süden ein Land von unvorstellbarer Fruchtbarkeit gewonnen, während der Russe (und ich augenblicklich ja auch) in einer Gegend sitzt, die kahler als die Wüste ist. Gehen wir also mit gutem Mut in diesen Winter. Könntest Du nur die russ. Gefangenen aus Stalingrad sehen. Sie fallen verhungert übereinander, denn sie bekamen seit langer Zeit nur noch Wasser und etwas Hirse. Sie betrachten uns Deutsche wie der kleine Fritz seinen großen starken Bruder, der Schutzmann ist. Zur Aufrechterhaltung der Ordnung ist keine Waffe nötig. Mein Gewehr hängt unbeschäftigt im Quartier. Wir machen uns ab und zu Leber oder Goulasch von den besten Teilen der frei umherlaufenden Pferde, um die sich keiner kümmert. Ein Millionenvermögen, wenn man die sammeln könnte. Diese Woche schreibe ich nochmals.

Viele Grüße
Simon

Alfred Brandau
Alter unbekannt, Obergefreiter

Rußland, den 3. XI. 1942

Liebe, liebe Frau!
Beim flackernden Licht eines Hindenburg-Lichtes im *warmen* Zelt und einer brennenden Zigarre schreibe ich dir diese Zeilen. Warm ist es deshalb, weil wir einen eisernen »Ofen« eingebaut haben, der zwar ziemlich raucht, aber trotzdem abends ganz schön wärmt, was ganz angenehm ist, zumal es nachts immer schon friert. Tagsüber haben wir seit dem 1. November jetzt immer das herrlichste Wetter bei einem Dienst, daß der Schweiß unter dem Stahlhelm gerinnt. Besonders heute habe ich geschwitzt, wie seit langem nicht. Aber das geht alles vorüber. Nun will ich Dir vor allem erst wieder einmal für eine Menge Post danken. Zunächst gingen ein mindestens 6 Äpfel, alle prima erhalten, die mir sehr gut geschmeckt haben, dann erhielt ich heute zwei Päckchen mit [...] die ich aufheben will für den Fall, daß es wieder einmal »losgehen« sollte, was ich aber nicht so bald hoffen will. Ferner erhielt ich verschiedene Päckchen mit Plätzchen, die mir auch jedesmal wunderbar schmecken, gestern Abend das 1. 2 Pfd.-Päckchen für das ich deshalb besonders danke, weil es mich in einem Augenblick erreicht hat, da ich mit meinen Portionen am Ende war. Auch von Widdershausen kam ein Plätzchen-Paket, Illustrierte; von Onkel [...] erhielt ich heute einen Brief, in dem er mir seine persönlichen Verhältnisse schildert und die Patenschaft annimmt. Liebe Frau, Du bist ein Engel; wie soll ich Dir nur jemals für all diese vielen Beweise Deiner Sorge um mich danken. Hoffentlich ist bald einmal Frieden, auf das ich Gelegenheit habe, Dir meine große Dankesschuld etwas abtragen zu können. Daß es Dir schmeckt, freut mich ungemein. Iß Dich nur immer satt, wenn Du kannst. Ich habe auch immer riesigen Appetit, zumal mich der Durchfall meine Reserven auf den Rippen gekostet hat und der Dienst jetzt ziemlich anstrengend ist, aber wir bekommen nicht die Masse zu essen, das Kochgeschirr ist immer zu schnell wieder leer. Aber nun genug von diesen Dingen. Von Wintershall erhielt ich heute den 1. Kali-

Deutsche Soldaten vor einem Erdloch, in dem sich eine Zivilistin versteckt hat.

bergmann. Das die Unterstützung erhöht worden ist, finde ich prima. Hoffentlich hast Du inzwischen den Grund dafür erfahren. Meinetwegen kann es ruhig so weiter gehen. Daß Du Dich den Behörden gegenüber jetzt immer allein durchboxen mußt, ist allerhand. Hoffentlich läßt das auch mal nach. Aber ärgere Dich nicht allzusehr damit.

4. November 1942

Gestern hatten wir Frühgottesdienst. Den 1. den ich in Rußland erlebt habe. In unserer Kompanie war anschließend noch eine Ferntrauung eines Kameraden. Beide Feiern haben uns dazu verholfen, daß wir nachmittags um 4 Uhr unserer Zeit, wenn es hier also schon dunkel ist, unser Mittagessen erhalten haben, nachdem wir seit morgens ½ 6 Uhr nichts mehr gegessen hatten. Mit der Kunst des »Organisierens« wie Du schreibst, ist hier nicht viel zu machen, denn in der Steppe wächst nichts, Dörfer oder Städte gibt es in weitem Umkreis keine. Wir haben hier auf dem Gebiet also ausgesprochenes Pech. Daß sich deshalb alle hier wegsehnen in andere Gegenden, nach dem Süden oder der Mitte, am liebsten natürlich heim ins Reich, ist mir allzu natürlich. Es sind auch schon die tollsten Parolen umgegangen. Wahr geworden ist noch keine. Hoffen wir, daß Dein Traum bezüglich Sonntagsurlaub tatsächlich sich bald einmal erfüllt. Im übrigen muß man die Dinge an sich herankommen lassen und warten, immer nur warten. Zu gerne wäre ich mal kurz bei Euch, würde mir Ingrid mal anhören und mich mal satt Klöße essen. Unter sechsen höre ich nicht auf! Laß es Dir weiterhin gut gehen, liebste Anni; nimm meinen herzlichsten Dank nochmals entgegen und grüße alle von mir.
Dich grüßt und küßt sehnlichst Dein Fred.

Erwin Guhl
** 1918, Obergefreiter, vermißt*

Im Osten, den 4. Nov. 1942

Meine liebe Friedel!
Habe gerade Deinen Brief vom 14. Okt. ohne N° erhalten wofür ich Dir von Herzen danke. Wie Du mir immer noch schreibst hast Du noch keine Antwort auf Deine Päkchen. Ich denke, daß Du meine Briefe wo ich Dir darauf geantwortet habe, erhalten hast. Die Päkchen die ich erhalten habe, war meistens das Datum des Poststempels unleserlich, sonst könnte ich Dir schreiben von welchem Monat sie sind. Vielleicht wäre es am besten, wenn Du in jedes Päkchen einen Zettel hineinlegst mit N° u. Datum, dann kann ich kontrollieren ob sie alle

ankommen oder nicht. In meinem letzten Brief habe ich Dir geschrieben, daß Du eine Steuerkarte für Dich ausstellen sollst. Das ist verkehrt. Die Steuerkarte muß meinen Namen tragen u. geht an die Adresse, die ich bereits geschrieben habe. Sonst brauchst Du nichts unternehmen, das andere geht alles von selbst u. wird von Deiner Dienststelle geregelt.

Meine liebe Friedel! Seitdem die alte Uhrzeit wieder eingeführt ist, kommt mir alles ganz komisch vor. Es ist jetzt genau 3^{00} Uhr mittags u. die Sonne ist schon untergegangen in einer halben Stunde ist es schon vollkommen Nacht. Jetzt kannst Du Dir ungefähr vorstellen wie es einem da zu mute ist. Nun ist mir auch noch die Tinte ausgegangen. Jetzt sehe ich vollends garnichtmehr was ich schreibe. Deshalb muß ich meine Zeilen für heute beenden. Hoffentlich geht es Dir u. den Kindern noch gut, was ich von mir auch schreiben kann.

Es grüßt u. küßt Euch vielmals
Euer Papa.
Gruß an Vater Mutter u. Geschwister.

Gustav Baumanns
** 1923, Soldat, vermißt*

Im Felde, den 4. Nov. 1942

Liebe Mutter!
Wenn meine Zeilen heute besonders Dir gewidmet sein sollen, so geschieht das aus folgendem Grunde. Wie ich feststelle, spricht aus Deinen letzten Briefen eine besondere Besorgnis. Begründet war das sicher darin, dass die Post längere Zeit ausblieb und dass der Wehrmachtsbericht berichtete, dass es hier schwer rund ginge. Dass die Post nun mal langsamer gegangen ist und dass dies auch noch öfters vorkommen wird, musst Du nun in Kauf nehmen. An mir soll's da nicht fehlen. Und dann zu Punkt zwei: So wild, wie das in den Zeitungen steht, sieht's hier nun auch nicht aus. Gewiss sieht's manchmal toll aus, das kein PK-Bericht schildert, aber dann muss man eben Glück haben. Wie oft trifft's einen ganz weit hinten wo man gar nicht damit rechnet. Wenn's einen treffen soll, so triffts einen doch.

Ehrlich gesagt, man denkt nicht immer so und sagt sich manchmal es wäre besser, wenn die Luft nicht so eisenhaltig wär. Aber das geht doch alles vorbei. Die Haltung, die man zu Tage legen soll, hat unser Divisionspfarrer beim letzten Feldgottesdienst umrissen. Er sprach vom Gebet des Soldaten. Ein Soldat würde auch seinem Herrgott nicht um sein Leben bitten und betteln. Denn wenn die Stunde gekommen sei, möge der Herrgott ihn nur rufen. Ergeben in Gottes Willen und dennoch soldatisch und gerade. So zu denken ist zwar nicht leicht, aber es lässt sich so besser in die Zukunft schauen. Also liebe Mutter, vertrauen wir unser Schicksal dem an, der alles Geschehen leitet. Mach' Dir also keine Sorgen, sie bringen doch nur graue Haare.

Meine letzte Post war datiert vom 14.10., 17.10., 20.10., 23.10., 24.10., 25.10., 27.10., 31.10. und 2.11.42. Am 1. Nov. habe ich 65 RM nach Hause geschickt. Dann hätte ich noch einen Wunsch. Und zwar brauche ich noch einige Dekorationsstücke, einen Gefreitenwinkel, wenn möglich in dreifacher Ausführung. Sollte so'n Ding schwerer als 20g sein, so steckt's mit in eine Zeitung. Bis Weihnachten sind ja Sendungen über 20g ohne Zulassungsmarken gesperrt. Zeitungen sind ja ausgenommen. Das wär nun alles für heute. Es grüsst Dich wie auch alle anderen Lieben daheim herzlich

Gustav.

Dr. Erich Weber
** 1911, Major u. Stabsarzt, vermißt*

auf d. Marsch, 4.11.1942

Mein liebstes Frauchen!
Heute kann ich Dir nun doch wieder mal ein bissel was zur Bereicherung Deines Speisezettels schicken! 2 Dosen Öl-Sardinen, 1 Päckchen Käse, 100 g Schokolade und einige »Gutzle«! Laß Dir alles recht gut schmecken! Außerdem liegt das entzwei gegangene Feuerzeug bei, versuch doch mal, ob Du es reparieren lassen kannst, es funktionierte so ausgezeichnet!

Recht liebe Grüße und viel innige Küsse von Deinem getreuen Erich.

Otto Flick
** 1911, Gefreiter*

Stalingrad, 5.11.42

Meine Lieben!
Recht viele herzliche Grüße aus der Hölle von St. Wir liegen nun hier seit einigen Tagen hier in schwersten Kämpfen. Mir selbst geht es bis jetzt noch gut. Ich führe eine Gruppe und habe dadurch auch eine große Verantwortung. 3 meiner Männer habe ich schon verloren, aber trotzdem lassen wir den Kopf nicht hängen. Unkraut vergeht ja nicht. Soeben mußte ich wegen Alarm das Schreiben unterbrechen. Heute ist nun schon der 9.11. Ich schreibe im Bunker, im Schützengraben weiter. Also am 5. wurden wir alarmiert. Der Russe hatte angegriffen, der Angriff wurde glänzend abgeschlagen. Wir liegen Tag und Nacht im schwersten Artilleriefeuer. Die Feuertaufe habe ich nun schon einige Tage hinter mir. Uns kann nichts mehr erschüttern. Einige gute Kameraden habe ich inzwischen wieder verloren. Am Freitag zu Sonnabend in der Nacht griff der Russe wieder unsere Stellung an. Ich lag mit meinem Mg. Schützen in Stellung, plötzlich flogen Handgranaten vor unser Loch und bei den Gruppen links von mir begann der Angriff. Ich war von rechts ohne Anlehnung. Unser Mg. hatte Hemmung und der eine Gewehrschuß war Sand und Dreck auch nichts. Aber dann haben wir den Angriff durch Handgranaten doch abgeschlagen. Der Russe hatte wieder einmal eine gehörige Schlappe erlitten.

Ich glaube, wenn Ihr mich jetzt so sehen würdet, Ihr würdet mich nicht erkennen. 14 Tage keinen Tropfen Waschwasser, nicht rasiert. Jede Woche eine Kniebeuge und der Dreck platzt ab. Mein Bart ist schon bald so lang wie Papa seiner war. Ich werde mich Freitag rasieren lassen und Euch ein Bild davon schicken. Heute nun setze ich zum dritten Mal bei diesem Brief an. Inzwischen sind wir nun für 3 Tage von der Front abgelöst und liegen in einem Keller etwas weiter hinten. Bomben und Granaten hageln auf uns nieder. Aber das hatte uns nicht aus der Ruhe bringen lassen. Soeben haben wir unsere Wäsche gewaschen. Die alte lief auch schon allein. Jede freie Minute wird unter Lausejagd zugebracht. Wir haben nicht die Biester, sondern sie haben uns.

Anbei schicke ich Euch einige Päckchenmarken. Jede Marke gilt für ein Kilopäckchen. Schickt aber bitte keine Wurst- oder Fleischwaren, sondern nur Gebäck, Zucker, Süßstoff, Zigaretten und ein Feuerzeug, Talgkerzen, Feuersteine, Seife, Rasierklingen, Hautcrem, Tabakpfeife.

Für heute nun die herzlichsten Grüße hier zu einem frohen Wiedersehen. Ist meine Ursel gesund und munter? Sie ist ja nun auch schon bald 3 Jahre alt.

Nun seid herzlich gegrüßt und geküßt von Eurem Otto.

Hans Michel
Alter und Dienstgrad unbekannt, vermißt

5. Nov. 42

Meine liebe Hanna!
Denk nur, soeben kam ein Luftpostbrief vom 29.10., er war also nur 7 Tage unterwegs, das ist allerhand. Wir hatten heute Stellungswechsel und sind nun näher bei St. wie vorher, anliegend ein Zeitungsausschnitt, bei × sind wir. Wir bauen jetzt Winterstellungen. Als ich heute hier ankam, war es 5 Uhr und längst Nacht. Seit die Zeit zurückgestellt ist, wird's um 3 Uhr dunkel. Ich fahre mit dem LKW wieder zurück in die alte Stellung, um Holz zu Bunkern zu holen. Vorgestern war ich mit dem Spieß per Rad in St. beim Gefechtsstand, um Wehrsold auszuzahlen. Ich soll wieder Rechnungsführer machen, ich tu's nicht gern wegen der Verantwortung, es geht dabei immer um tausende, aber ich müßte sonst zum V 2 (Verpflegung 2) nach hinten oder als Fernsprecher nach vorn. Man will mich aber schonen. Auf der Tour nach St. (Nordteil) fanden wir zuerst den Gefechtsstand nicht und fuhren mit dem Rad in St. herum, bis nahe zur Front, auch sah ich die Wolga, breit wie ein See. In der Unterstadt wird immer noch gekämpft. Es war auch für uns gefährlich. St. ist vollständig zerstört, wer es nicht gesehen hat, glaubt es nicht. Der neue Stadtteil war ganz nett, hier sieht man noch Zweifamilienhäuser (Ruinen) mit Vorgär-

ten. Wo Holzhäuser standen, ist nur der blanke Boden zu sehen, es sieht aus wie ein Acker. Wo die Bahn war, sieht man kaum mehr. Massive Häuser mit Betondecken stehen noch, und in einem solchen fanden wir endlich um 3 Uhr, es war beinahe dunkel, unsere B-Stelle. Unterwegs begegneten uns Verwundete, die den Verbandsplatz suchten. Man warnte uns, so offen durch die Straßen, wenn man das so nennen will, zu fahren. Es pfiffen auch die Kugeln wie früher, nur weiter hinten. In der Nacht mußten wir dann 8 Gefangene durch die Dunkelheit etwa 13 km zurück bringen. Wir kamen dann auch gut an. Heute abend hatte ich wieder Glück, ich habe ja tags keine Zeit zum Schreiben, auch war unser seitheriger Bunker zu klein. Nun baue ich hier einen neuen, es werden zum Bau gefangene Russen benützt. Überläufer, die sich als Hilfswillige einstellen ließen und beinahe wie Soldaten gestellt sind. Da dieser noch nicht fertig ist, suchte ich mir noch in der Nacht ein Quartier, und hatte das große Glück, einen prima Russenbunker zu finden, es ist nur ein längliches Loch, oben mit Knüppeln abgedeckt, etwa so [kleine Zeichnung] Da zog ich ein. Im Freien schlafen ist so eine Sache. Nun liege ich hier, habe 4 Decken und noch 3 von Kameraden, die im Urlaub sind, so daß ich nicht friere. Eine Kerze habe ich auch und eine Taschenlampe, so ist's recht gemütlich. Draußen dröhnt es wie fernes Donnerrollen von St., das etwa 8 km von hier liegt. Hier machen die Russen furchtbare Bombenangriffe, das letzte ihrer Stadt noch kaputt. Es ist mir im Bunker auch so sicherer, denn wenn nicht gerade ein Volltreffer kommt, passiert mir nichts, denn die Russen schmeißen ihre Bomben auch hier in der Gegend herum und treffen auch mitunter. Das Wetter ist andauernd schön und am 5.11. tagsüber warm wie beinahe im Sommer. Es ist ein großes Glück, daß das so ist. Übrigens mit Wintersachen sind wir gut versorgt, ich habe zusätzlich gefaßt 1 Paar Strümpfe, einen feinen, wollenen Schal, einen zweiten Pullover, Ohrenschützer, Pelz, warme Leibwäsche ua. Es sind alles Sachen aus der Wollsammlung. Man muß lachen, wenn man den einen oder anderen sieht mit einem Damenpullover oder dergleichen. Für die Wache gibt's Filzstiefel und Pelzmantel.

Nur vorläufig brauchen wir das noch nicht. – Übrigens Telegramme kannst Du schicken, und zwar gewöhnliche, nur muß es von der NSDAP beglaubigt sein. Dann durch Radio Berlin, hier gibt man die Feldpostnummer an und den Text, etwa Soldat X, FNr. Soundso, Mutter schwer erkrankt oder dergleichen. Das Regiment nimmt zu einer bestimmten Zeit [...] nachts solche Nachrichten auf und gibt sie weiter. Wie es mit dem Urlaub wird, weiß ich noch nicht. Ich schrieb Dir ja schon unter welchen Umständen vielleicht ein solcher Urlaub möglich ist. Ich warte Deine Antwort ab und mach dann den Versuch, wenn es nicht geht, müssen wir halt warten bis Frühjahr, das wäre auch nicht schlimm. Vielleicht geht der Krieg auch aus, man hört so eine Scheißhausparole, wie man es bei den Soldaten nennt, wenn so ein Gerücht auftaucht, von Waffenstillstandsverhandlungen zwischen Molotow und Ribbentrop in der Türkei. Es könnte etwas davon wahr sein, es wäre herrlich! Ich glaub's jedoch noch nicht recht. – Nun habe ich im ganzen 7 Paketmarken, ich lege zunächst 4 bei, für den Fall, daß sie verloren gehen. Es soll schon einmal Post verbrannt sein. Die Pakete müssen vor 1. Dezember aufgegeben werden. Nütze nur das Gewicht voll aus, es können ja 2 oder 3 kg-Pakete sein, pro Marke ein Kilo. Es sind bis jetzt alle Pakete angekommen, auch Himbeerbrötle, Rasierklingen, Keks und Äpfel. Herzlichen Dank für alles. Deiner Mutter habe ich mal geschrieben, sonst niemand. Den Brief von Onkel Ernst habe ich noch nicht erhalten. Sonst schreibe ich niemand, bin als froh, wenn ich dir wieder geschrieben habe. Ob man Mutter eine Paketmarke schickt oder ist das eine Zumutung? Sie schickt mir hin und wieder was, ebenso Jule und sogar Rita, schreibe ihnen, ich ließe herzlich danken. Gesundheitlich geht es mir ganz ordentlich, ich hoffe sehr, ich halte es durch. Als Rechnungsführer (Refü) sitze ich viel im warmen Bunker. Wir haben heute eine ganze Anzahl kleine, aber praktische Öfen samt Rohren bekommen. In den nächsten Tagen soll ich auf dem Gefechtsstand in St. (in einem ausgebrannten Krankenhaus) Öfen bauen, aber ich glaube, bei den Gefangenen gibt es auch Ofenbauer. Es ist gut, daß man diese Leute hat, 10 Mann kann man sich nehmen. Die

Kost ist gegenwärtig sehr gut, es gibt Kartoffeln, Linsen, Erbsen, öfter Braten, Pudding, dann Feigen und Schokolade, Schnaps und Rauchwaren in Hülle und Fülle. Ich rauche nicht und verkaufe oder verschenke meinen Anteil. Pakete an andere brauchst Du keine schicken, wir geben denen, die keine bekommen, die Päckle gefallener oder verwundeter Kameraden, die man im allgemeinen nicht zurück schickt, nur Gebrauchsgegenstände werden wieder zurückgeschickt. Sollte ich je an Weihnachten in Urlaub gehen, so bekommen die Päckle andere, die sonst keine bekommen. Ich möchte Dir auch für die herzigen Bildle danken. Was Du von Helga schreibst, ist allerhand. Was Jörgle betrifft, so ist das allerdings eine Sorge, aber andrerseits war ich auch so ein Kerle wie Jörg, und bin nun doch auch groß geworden. – Läuse haben wir allerdings, wenn man jeden Tag laust, geht's. Dein roter Pullover ist eine richtige Lausefalle, da habe ich schon manche gefangen. (Entschuldige den Gedankensprung, aber mich biß gerade eine): Nun hört man wieder so einen verdammten Flieger. Dieser Tage wurde einer dicht bei uns abgeschossen, das russische Flugzeug wurde gegen einen Berg gejagt, der Flieger blieb am Leben. Auch in Fallschirmen sah ich schon abspringen. So ein Luftkampf ist immer interessant. Bei Nacht, wenn die Scheinwerfer das Flugzeug erwischt haben, macht die Flak mit Leuchtspurmunition großartiges Feuerwerk. Nun will ich so langsam zum Schluß kommen. Ich könnte Dir ja noch manches schreiben, aber ich bin so müde, und ich fürchte, Du wirst dir Deine Augen mit meinem Gesudel verderben. Was Du da abscheulich von mir träumst, ist doch allerhand, das läßt tief blicken. Nun muß ich mich eben anstrengen, daß dieser Traum bleibt, wenn ich heimkomme. – In St. tun die Flieger wieder was, es bombert furchtbar, aber es hört sich an wie ein ferner Donner. Wenn in der [...] ein Flieger Bomben schmeißen will, so stellt er seinen Motor ab, dann hört man nur ein starkes Rauschen und ein hartes Rums, Rums, Rums. Meist kommen 3 Bomben hinter einander. Es gibt viele Blindgänger. – Ich lege Dir also 4 Päcklesmarken bei und schicke die andern im nächsten Brief. Nun habe ich Dir ja viel geschrieben oder besser gesudelt und nachher fällt mir ein, daß ich das wichtigste vergessen habe. Sei also mit den Kinderle recht herzlich gegrüßt und geküßt von Deinem Hans.

Das gibt es bloß in Rußland, daß man neben dem Bett ein Loch in den Sand macht und liegend freihändig hineinrollt! Was ich eben tat, gell ich bin ein Wüster!

Hoffentlich ärgerst Du Dich nicht zu sehr über mein Geschreibsel. Herzl. Dank für Hanspeters lieben Brief.

Hans Joachim Martius
** 1920, Oberleutnant, gefallen*

F. d. H., den 6.11.42

Lieber Ite!
Seit einer halben Stunde – regnets. Bisher war – außer 2 Tagen – nur das herrlichste Wetter. Die schönste Sonne, seit Du weg bist. (Einige Wolken nicht gerechnet). Aber ich habe so'n Animus, jetzt fängts langsam an – aufzuhören mit dem guten Wetter. Wir hausen in Bunkern. Die Einsatz(truppen)teile in St. haben dicke Luft und windige Häuserecken. (20 m gegenüber. Handgranatenduelle. Stündlich). Luftwaffe gibt in der Dämmerung den anderen die Luftherrschaft ab. Tags wir, nachts die! Das einzig Schöne, der Blick auf die Wolga, aber er reizt auch nicht mehr! Die Kameraden sind märchenhaft, sie wollen fast nicht auf Urlaub fahren – sie wollen nicht abgelöst werden. Sie sind fabelhaft. Und haben's doch so schwer, so beschwerlich. Was die leisten, ist garnicht zu sagen. – Du hast mich jetzt bei Hochstetters abgelöst? Ist Martin nicht ein netter Bube, ein Wonnekloß? Grüß sie alle recht herzlich, die von der Blumenstraße 3 a in dem klitzkleinen, niedlichen Hüseken. Nun schreib endlich mal, vor allem auch öfter an […] und alte Bekannte hier.

Es ist sooo wichtig!! Horridoh. Hanne

Dr. Willy Meyer
** 1911, Oberleutnant, vermißt*

6.11.42

Liebe Lucie, lieber Johannes!
Ich danke Euch für Lucies Briefe vom 9. und 15.10. recht herzlich. Die Briefe kamen gestern zusammen hier an, ausgerechnet an deinem Geburtstage. Die Bilder sind sehr gut geworden, leider hat der eine Film einige Flecken, was wohl auf die Hitze oder Lagerung zurückzuführen ist. Jedenfalls stellen sie eine gute Erinnerung dar, und mir genügt das. Wenn Ihr [...] mal schreibt, dankt ihr doch auch von mir aus. Ihr müßt mal sehen, wie Ihr es begleichen oder gutmachen könnt. Von mir ist auch nicht viel Neues zu berichten. Wir sitzen immer noch an derselben Stelle und werden es auch wohl den Winter über bleiben. Na wir haben uns damit abgefunden. Hoffentlich setzt uns der Russe nicht allzu sehr zu. Seine verfluchten Flieger allerdings belustigen uns jetzt schon recht erheblich. Vor allen Dingen sind wir aber soweit, daß wir wenigstens in der Erde sitzen, einen selbst gebauten Ofen dazu haben. Mehr verlangt man ja kaum noch. Na Ihr werdet meine Briefe an Mutter und Frieda auch gelesen haben. Wir haben noch zu essen und wollen deshalb auch noch zufrieden sein. – Wie war es denn auf Deinem Geburtstage? Mutter schrieb mir, daß sie auch rüberfahren wollte. Daß es Euren Kindern gut geht, freut mich. Ich glaube schon, daß sie für genügend Abwechslung und auch Arbeit sorgen werden. Ich weiß ja auch daß Ihr dadurch viel Arbeit habt und nicht zu oft schreiben könnt. Übrigens die Zeitungen sind auch angekommen, und ich danke auch noch herzlich dafür. Man erfährt so doch noch einiges, was einen interessiert. – Gestern haben wir wieder Luftpostmarken bekommen, und ich lege Euch noch eine Paketmarke ein. Eigentlich mag man es garnicht mehr tun, denn ich habe schon an Mutter mehrere geschickt. Ihr habt ja auch nichts zum schicken. Aber es braucht ja nicht zu Weihnachten zu sein. Die Marke kann ja auch bis später bleiben. Zu essen haben wir ja noch immer bekommen und Ihr habt ja auch wenig zu schicken.

Es ist jetzt erst vier Uhr, aber vollkommen dunkel, draußen regnet es seit einigen Stunden. Bisher hatten wir noch sehr gutes Herbstwetter. Wir fangen jetzt langsam an zu essen, denn um 11 Uhr gibt es unsere Mittagssuppe und um 4 Uhr bekommt man wieder Hunger. Anschließend geht man bald ins Bett, oder besser auf den Strohsack, gestopft mit hartem Steppengras. Aber es schläft sich gut. Licht ist ja bei uns auch knapp, wir probieren gerade neue Pakete aus. Man hilft sich eben mit allem.

Euch allen herzliche Grüße

Willy

Friedrich Waldhausen
** 1918, Oberleutnant*

Im Felde, 6.11.42

Liebes Zwillingsschwesterlein!
Heute will ich Dir schnell zu Deinem Geburtstag gratulieren und Dir gleich für Deinen lieben Brief vom 28.9. danken, den ich vorgestern bekam. Also ich wünsche Dir einen kräftigen, tüchtigen, gesunden Jungen und im übrigen viel Glück und Gesundheit für Euch vier. – Sonst kann ich Dir nicht viel schenken. Da mußt Du schon bis nach dem Krieg warten. Aber daß Dein Otto so ein Glück gehabt hat, ist Dir wahrscheinlich Geburtstagsgeschenk genug. Wo steckt Otto denn nun? Du kannst für ihn von meinen letzten Päckchenmarken ein paar nehmen, wir haben 7 Stück gekriegt und er wahrscheinlich keine, weil er zu der Zeit nicht bei seiner Kompanie war. – Was Du von dem Offiziers-Anwärterlehrgang schreibst, war auch einer der Gründe, warum ich Otto besuchen wollte, um vielleicht auch mal mit seinem Chef sprechen zu können. Ich hatte ihm (Otto) ja letztes Jahr schon mal geschrieben deswegen, aber da wollte er nichts davon wissen. Die Geschichte ist so: Leute, die Offz. werden sollen, müssen grundsätzlich einen Kurs auf der für ihre Waffe zuständigen Waffenschule mitmachen. Sind die dafür ausgesuchten Leute jedoch über 30 Jahr (– was die Ausnahme bildet) brauchen sie nicht mehr auf die Waffen-

Nach der Einschließung wurden ab dem 6. Dezember
Briefe nur noch per Luftpost befördert.

schule sondern werden – um den Gang zu verkürzen – von ihrem Regimentskommandeur zum O.A. (Offz.-Anwärter) ernannt und dann nach meistens etwa 2-monatiger Bewährung zum Feldwebel befördert und nach nochmaligen 2 Monaten zum Offizier vorgeschlagen. Alle irgendwie für die Offz.Laufbahn in Frage kommenden Soldaten werden voraussichtlich beim

Regiment – auch schon bevor sie zum O.A. ernannt sind – in der Liste der K.O.B. [...] aufgeführt. Das sind im Wesentlichen alle »Intellektuellen«! Längst nicht alle K.O.B. werden O.A. Aber wer einmal zum O.A. ernannt ist und nicht gerade silberne Löffel stiehlt, d.h. sich auch weiter bewährt, der wird mit ziemlicher Sicherheit Offizier. – Das ist im Wesentlichen der Gang der Dinge. Nun ist Otto ja erst ganz kurz in dem Inf.regt. gewesen. Ob er da also schon zum O.A. ernannt worden ist, ist zumindest fraglich. Aber höchstwahrscheinlich ist er als »KOB« geführt. Da mußt Du ihn mal daraufhin erheblich ausquetschen. Und man hätte das Anlaufen des ganzen OA-Ernennungskrams etwas beschleunigen können, wenn man den Chef auf die neue Perle in seiner Kompanie aufmerksam gemacht hätte. Das ist leider daneben gegangen. Aber laß man, er *wird* schon noch Leutnant werden, wenn er sich nicht mit Händen und Füßen dagegen sträubt. Solange dauert der Krieg wohl doch noch! Das ich den [...] auch gekriegt habe, schrieb ich ja schon im letzten Brief nach Hause. Ich hab dem Ernst Fischer gleich geantwortet, ich hab mich furchtbar gefreut über das Lebenszeichen. –

Ich glaube wenn Du mich jetzt sehen würdest, hättest Du erheblich etwas dagegen, meine Zwillingsschwester genannt zu werden. Mein Bart ist *fast* so lang – ich sage *fast* – daß ich ihn in die Feldbluse einknöpfen kann. Hoffentlich kommt nicht wieder irgendein Vorgesetzter, den diese Barberouge stört. Weißt Du, ich muß doch jetzt als Kommandeur recht würdig wirken. Und außerdem ist es wunderbar bequem und warm. Hoffentlich kann ich ihn Euch mal im Urlaub zeigen. – Übrigens, mein neuer Oberleutnant Baumert, von dem ich kürzlich schrieb, ist AWV-er, da wird nun bei jeder Gelegenheit – leider nicht oft – gesungen u. musiziert.

So, Schwesterlein! Nochmal alles Gute, besonders für, Du weißt schon!

Dein bärtiger Zwillingsbruder.

7. November 1942

Karl Lichtenberg
Alter unbekannt, Obergefreiter, vermißt

Russland den 7.11.42

Meine lb. Mutter u. Geschw.!
Nachdem ich heute wieder vergebens auf Post gewartet habe, will ich mal wieder ein Lebenszeichen von mir geben. Es geht mir nach wie vor noch gut, und hoffe ich dies auch von Euch. Ich freue mich schon riesig auf das Päckchen, wenn es doch bald kommen würde. Heute erhielt ich einen lb. Brief von Gretchen, letzteren hatt sie noch im Bett liegend geschrieben. Sie schreibt mir das die Operation gut überstanden wäre, aber das Herz sei mit angegriffen, u. hätte sie immer noch einen unruhigen Pulz. Sie hat also doch alerhand mitgemacht, ich bin froh das Katharinchen schon bei Ihr war. Das Wetter ist hier immer noch prima, schon ein großes Glück. In den letzten Tagen haben wir hier tüchtig arbeiten müßen, an einem Schützengraben bzw. ein Auffangstellung für alle Fälle. Einen Rückzug wie im vorigen Jahre möchte ich auch nicht mehr miterleben.

Vorgestern habe ich sogar einmal Nachtschicht gemacht ganz nahe bei den Russen, man konnte die Brüder deutlich sprechen u. handtieren hören. Da sind uns die Kugeln aber um die Ohren gepfiffen doch Gott sei dank hat keine getroffen. Wir haben zu vier Mann eine Nacht tüchtig geschafft, daß uns der Leutnant eine lobende Anerkennung aussprach. Man hatte aber eingesehen, daß es zu gefährlich war, und hat jetzt Gefangene dahin gestellt. Ich selbst bin ab morgen wieder zu dieser Munitions-Kolonne komandiert. Ich bin dann wieder weiter zurück u. habe es auch besser. Das ist so, mein Wagen ist ja wärend meines Urlaubs in die Luft gegangen, u. nun bin ich im Augenblick Mädchen für alles. Löse bei den Kameraden einen Fahrer ab der in Urlaub fährt. Im übrigen liegen wir noch an der alten Stelle, und müßen u. werden sie halten.

Wie ist es nun noch zu Hause mit der Arbeit, die Zuckerrüben bald aus? Wie ist das Wetter? Ist der Gefangene gut eingeschlagen? Viele Fragen, ja ich denke oft u. gern an Euch, nun ist es in diesem Jahr schon die drite Weihnacht, die ich fern der lb. Heimat feiren werde.

Aber es geht ja alles vorüber, es geht alles vorbei auf jeden Dezember folgt wieder ein Mai. Und einmal, da könnt Ihr Euch drauf verlassen wenn Gott will, werde ich wieder bei Euch sein. Es grüßt recht herzl. Euer Karl.

Max Breuer
** 1909, Gefreiter, in Gefangenschaft gestorben*

Rußland, den 7. Nov. 42

Mein liebes Frauchen!
Ueber Nacht ist hier der Winter eingebrochen. Gestern hatten wir noch das schönste Wetter und heute haben wir schon eisigen Frost mit leichtem Schneetreiben. Wir werden wahrscheinlich ca 6-7 Grad haben, aber man empfindet die Kälte umso stärker, da sie so plötzlich ist. Wir schlafen noch immer in Erdlöchern, aber jetzt bauen wir uns auch einen stabilen Bunker. Ich habe die ganze Nacht und den ganzen Tag eiskalte Hände und Füße gehabt. Ich denke mit Schrecken daran, wenn es jetzt noch kälter wird. Jetzt lerne ich meine Pelzmütze erst richtig schätzen, besonders wenn man nachts 2 Stunden auf Wache stehen muß. Heute abend haben wir uns bei einem Kameraden, der einen Ofen im Bunker hat, gesetzt, um unseren Frauen einen Brief zu schreiben. Morgen bin ich 2 Tage in Feuerstellung und dann habe ich 4 Tage Ruhe. Wenn ich in Feuerstellung bin, habe ich keine Zeit zum Schreiben, zudem ist es auch dort zu kalt. – Am 11.11. wird ein Kamerad von der Stabsbatterie, den Du dem Aussehen nach kennst, nach Hamburg auf Urlaub fahren. Er wird Dir telefonisch Grüße übermitteln. Wenn Du mit ihm sprichst, kannst Du ihm mal vorschlagen, daß Du ein Päckchen für mich mitgibst. Wenn er das macht, werde ich ihm auch eins von seiner Frau mitbringen. Der Kamerad heisst Handschuh. Ich glaube, seine Frau hat Dich schon mal angerufen. Das ist die Frau, die mit den beiden Kindern damals auch in Celle war. – Onkel Albert hat mir auch geschrieben, ich füge Dir den Brief bei. Schicke ihn bitte sofort wieder, da ich ihn noch beantworten will. Und nun seid alle 3 recht herzlich gegrüßt und geküsst von Eurem
Vati

Da bis zum 25.12. nur Briefe bis 20 gr. zugelassen sind, klebst Du die Briefe von Tante Emmi u. Onkel Albert wieder mit einem Klebestift zu und wirfst sie in den nächsten Briefkasten.

Simon Krings
** 1911, Dienstgrad unbekannt, vermißt*

Am Don, den 7.XI.42.

Liebe Mutter!
Schnell will ich Dir wieder einige Zeilen schreiben, da man ja hier nie weiss, wann man dazu kommt. Es regnet seit heute in Eimern – ich habe meinen freien Tag. Morgen wird es wohl wieder schön sein. Es ist aber bei diesem Wetter richtig gemütlich in unserem Bunker. Die Kälte dringt durch den Lehm nicht ein. Die Türen, – es sind ihrer 3 hintereinander –– sehr kleine, so daß ich beim Eintritt schon ordentlich in die Knie gehen muss. Jetzt haben wir schon 3 Lampen gebastelt. Es ist aber nicht heller geworden, weil man vor Russ nichts sehen kann. Aber gemütlich. Nach der Umstellung der Uhr kommen wir Abends um 16^h ins Quartier. Es ist dann schon 1 Stunde dunkel. Um 17^h liegt alles schon im tiefen Schlaf bis Morgens 4^h. Dann gehen wir unten im Tal – etwa von Scherburg bis Adamsmühle Kaffee holen. Das Essen ist in der letzten Zeit sehr gut geworden. Es gab sogar einige Kartoffeln, wieder einmal eine Fl. Rotwein, zusammen mit Deinem Spekulatius ein Festabend. Wir 4 möchten garnicht zur Kolonne zurück. Jetzt haben wir keinen Ärger mit den Pferden; vor allen Dingen brauchen wir nachts keine Wache draussen zu stehen. Das ist uns viel wert. Post kommt jetzt 2-3 × die Woche. Wenn allerdings Regen kommt, wird es wohl Stockungen geben. – Die Aussichten eines Weihnachtsurlaubs verdichten sich. Sicher werde ich dann an Vaters Grab fahren. Trotzdem wäre es mir lieb, wenn Du jetzt schon ins Auge fassen würdest, hl. Abend in Berlin zu sein, d.h. eine ordentl. Zeit vorher und nachher auch. Ich würde mich zu sehr freuen, an diesem Abend mit Euch allen zusammen zu sein. Selbst wenn die mir von Maria angedeuteten Sachen klappen

sollten, wird es ja kaum früher sein. Ich freue mich inzwischen auf die angekündigten Päckchen, die noch nicht hier sind. – Ich nehme an, daß Du Vaters Grab etwas herrichten lässt. Mit Absicht habe ich vorerst keinen Blumenauftrag von hier aus gegeben. – Inzwischen habe ich mir eine 4. Decke organisiert, eine schwere Pferdecke 2.20 × 2.20. Ein 2. Übermantel ist auch in Sicht. Aber die Läuse! Hier nicht zu bekämpfen. Am besten gewöhnt man sich an das Zusammenleben mit ihnen. Ich persönlich bin auch noch nicht am ärgsten heimgesucht. Aber einige Tausend habe ich auch schon geknipst. Auch damit wird eines Tages Schluss sein. Dann stehe ich aber bei denen, die dabei gewesen sind. Beten wir also darum, daß mich der Herrgott weiterhin so beschützen möge wie bisher. – Nächste Woche bekomme ich wieder eine Luftpostmarke. Ich schreibe dann wieder.

Für heute alles Gute u. viele Grüsse
Dein Simon

Alfred Brandau
Alter unbekannt, Obergefreiter

Sonntag, den 8. Nov. 1942

Meine liebe Anni!
Heute ist Sonntag, der erste dienstfreie Sonntag, den ich seit langer Zeit hier erlebe, d.h. Dienst haben wir schon (Leibwäsche), aber ich benütze die Zeit dazu, Dir endlich wieder einmal zu schreiben. Also, mir geht es noch gut, obwohl wir eine aufregende Woche hinter uns haben. Die schleifen uns hier, da ist alles dran. Die Ausbildung ist zwar mehr für den Ersatz gedacht, aber wir müssen doch mit. Daß das Essen hinterher manchmal so gut geschmeckt hat, kannst Du Dir denken. Die erhaltene alte Wurst hat mir dabei prima Dienste geleistet. Ein Stückchen habe ich aber noch aufgehoben für kommende Zeiten. Vorgestern erhielt ich die Geburtstagsglückwünsche von Deinen Eltern. Ich werde Ihnen anschließend meinen Dank schreiben. Gefreut hat es mich, darin zu lesen, daß es Dir gutgeht und Du gesundheitlich voll auf der Höhe bist. Mach

nur weiter so! Eine gesunde Frau ist mir lieber als RM 50 000,– auf der Sparkasse, das weißt Du ja.

Hier ist es inzwischen kälter geworden. Bis vorgestern hatten wir das schönste Wetter mit Sonnenschein. Gegen Abend setzte dann Regen ein und gestern Morgen war es gefroren. Seitdem nun bläst ein kalter Wind, aber er läßt sich ertragen. Nachts muß man sich im Zelt allerdings schön warm zudecken. Und das besorge ich schon, darauf kannst Du Dich verlassen! Wenn der Winter so bleibt, dann wollen wir zufrieden sein. Schöner allerdings wäre es, wenn man ein Dach über dem Kopf hätte. Aber wer weiß, was unsere Herren mit uns vorhaben?

Ihr werdet jetzt wohl den Morgenkaffee schon eingenommen haben und sicherlich werden jetzt die letzten Arbeiten für die sonntäglichen Klöße verrichtet. Könnte ich doch nur manchmal dabeisein!

Wie ist denn das Leben sonst so jetzt in der Heimat? An Marken habt Ihr doch wohl jetzt mehr als im Sommer? Wie ist das mit Dir, liebe Frau, bekommst Du als werdende Mutter nicht besondere Zuteilungen? Ich würde mich freuen, wenn Du mir gelegentlich darüber mal etwas mitteilen würdest. Wo bekommst Du eigentlich die Pralinen- u. Schokoladeneinlagen in den Päckchen immer her? Die behalte man ja für Dich und iß sie selber! Wir bekommen immer mal Drops u. Bonbons, manchmal auch Schokolade. Die wollte ich Dir überhaupt schon schicken, wenn es nicht verboten wäre. Hoffentlich habe ich bis zu meinem Urlaub etwas zusammensparen können, d.h. solche, die so verpackt ist, daß sie nicht schlecht wird.

In Deinen zukünftigen Briefen bitte ich Dich, den Ort unseres Einsatzes öffentlich nicht zu erwähnen. Wir dürfen Euch ja nicht schreiben, wo wir sind, deshalb dürft Ihr das ja auch gar nicht wissen.

Von der übrigen Verwandtschaft außer Onkel Wilhelm, habe ich bis jetzt keinerlei Post empfangen. Das ist grade kein schönes Gefühl für mich, aber in Frankreich war es auch schon so, deshalb bin ich darüber nicht weiter erstaunt. Nur wird man sich das für die Zukunft merken müssen. Erwähne das aber bitte nicht zuhause, auch nicht in Widdershausen. Eine rühmliche Ausnahme allerdings bildeten z. Zt. Gräfenhains. Was macht übrigens seine Augengeschichte? Wie geht es Tante Marie? Grüße sie bitte von mir. Ich wünsche ihr gute Besserung. Wegen des lfd. Kontos habe ich entsprechend nach Heringen geschrieben. Sind die RM 100,– schon eingegangen?

Ich will nun schließen. Liebste Frau, verbringe den Sonntag froh u. angenehm. Du denkst ja wohl auch an mich, so wie ich an Dich. Laß Dir alles gut schmecken! Bleibe weiterhin vor allem schön gesund! Mit herzlichen Grüßen an Dich und allen andern und in festem Glauben an ein frohes, gesundes Wiedersehen bleibe ich

Dein Fred

Heinrich Becker
** 1919, Funker, gestorben 1944 in Rostock*

Rußland, d. 8.XI.42

Meine liebe Mami,
ich muß Dir wieder für zwei Briefe danken, die mich sehr, sehr erfreuten, wie freue ich mich über jeden Brief von Dir, es ist so eine ganz andere Welt, eine schöne, liebenswerte Welt, die von Euch kommt, und die man hier so sehr nötig hat. Jeder Brief ist ein Geschenk für mich, für das ich Euch leider nur auf diese Weise danken kann. Wenn die Post mal länger ausbleibt, ist es bald schlimmer, als wenn es mal nichts zu essen gibt.

Von einer Stunde zu anderen ist es hier plötzlich Winter geworden, und die Kälte ist gleich so groß, daß wir wie gelähmt sind. (Von +10 Grad auf –15 Grad gesunken), Oh Mami, ich bibbere nur noch, kein Haus, kein Ofen an dem man sich jedenfalls mal eine Stunde wärmen könnte. Der Kaffee friert beim Trinken, das Brot ist hart gefroren. Eine Hoffnung haben wir, in den nächsten Tagen soll's in einen Unterkunfts*ort* gehen, hoffentlich, hoffentlich, halt uns den Daumen. Aber ich schreib Dir dies nur, wie es bei uns aussieht, und will Dir nicht vorstöhnen, meinen noch nicht verlorengegangenen Humor habe ich heute mal wieder bewiesen, jedenfalls haben sich einige heute bald warm gelacht, wenn es nicht zu sehr soldatisch-drastisch wäre, würde ich es schreiben. Wir waren beim Bunker bauen, denn es hieß erst wir sollten noch ca. 12 Wochen hier bleiben, kaum waren nach langer Arbeit, denn die Erde ist entsetzlich hart und jedes Stück muß mit der Hacke herausgewürgt werden, die ersten Bunker ungefähr fertig, als es hieß, daß die Arbeiten eingestellt werden sollten, da wir in den nächsten Tagen in einen anderen Raum kämen, also hatte man sich mal wieder umsonst abgequält, wie so oft. –

Gott sei Dank ist das schöne Paket von Isa eingetroffen und ich habe warme Sachen. Ich muß aufhören und mir Handschuhe anziehen, sonst erfrieren noch meine Finger. Leb wohl und Gruß an Hilde.

Herzlichst Dein Heinrich

Mit dieser Post geht auch ein Päckchen an Dich ab, mit Briefen von mir zur Aufbewahrung und einer Zahnbürste und Zahnpasta für Dich.

Max Breuer
** 1909, Gefreiter, in Gefangenschaft gestorben*

Rußland, den 10. Nov. 42

Mein liebes Frauchen!
Nun habe ich 4 Tage Ruhe. Ich bin froh, daß die 2 Tage in der Feuerstellung herum sind. Wir haben zwar nicht geschossen, aber die Unterbringung ist zu schlecht. Wir haben dort die 2 Tage gewuchtet, um uns ein großes Erdloch zu machen, wo wir uns tagsüber und nachts etwas wärmen können. Und nachts kommt dann immer noch die Wache dazu, heute nacht habe ich 2 Stunden 25 Minuten Wache gestanden. Das war eine sehr große Kälte, wir hatten ca 20° Kälte. Zwischendurch waren wir noch zu 4 Mann vor die feindlichen Linien, um dort Telegrafenmaste abzusägen, die dann als Brandholz verwendet werden. Tagsüber kann man das nicht machen, da dann das Gelände vom Russen eingesehen werden kann. Bei dieser Kälte ist es mehr als angenehm, glücklicher Besitzer einer Pelzmütze zu sein.

Dieser Brief wird von einem Kameraden, der auf Urlaub nach Hamburg fährt, in Deutschland in einen Kasten geworfen. Dann erreicht er Dich schneller. Ich hatte Dir dieser Tage geschrieben, daß Dich der Kamerad Handschuh in den nächsten Tagen mal anrufen würde. Wenn er Dir dann Grüße von mir ausrichtet, sage nichts von einem Päckchen, das er mitnehmen soll. Du hast ja jetzt genügend Zulassungsmarken und ich möchte nicht, daß ein Kamerad mir ein Päckchen den weiten Weg nach Rußland mitnehmen soll.

Nun habe ich noch eine Bitte. Um mit meiner Pelzmütze nicht wie ein Russe auszusehen, muß ich daran dieselben Abzeichen haben, wie ich sie an der Feldmütze habe. Bitte doch Herrn Schade, daß er mir diese in dem Uniformgeschäft in der Schauenburgerstr. (gleich am Rathaus) holt. Herr Schade ist in solchen Dingen bewandert und wird er Dir diese Gefälligkeit gerne beweisen. Es handelt sich um folgende Abzeichen an der Feldmütze

[gezeichnete Hoheitszeichen]

Nun hätte ich aber gerne, wenn Du Dir diese Sachen sofort besorgst und sie dem Weihnachtspäckchen beilegst, das Du *zuerst* wegschickst. Hoffentlich ist es Dir möglich, mir diese Bitte gleich zu erfüllen.

Heute habe ich den beiliegenden Brief von Deinen Eltern erhalten. Ich werde Ihnen morgen auch schreiben. Mit Zigaretten erfreust Du mich garnicht mehr. Daran habe ich zurzeit großen Mangel. Hoffentlich behellige ich Dich nicht zu viel mit meinen Bitten. Du wirst jetzt schon ohnehin mit meinen Weihnachtspäckchen beschäftigt sein. Aber es wird Dein ganzer Stolz sein, dafür zu sorgen, daß die Päckchen rechtzeitig zur Post kommen. Weihnachten werde ich bestimmt genug zum Schnuppern haben. Es ist so gut wie ausgeschlossen, daß ich Weihnachten auf Urlaub bin, da der andere Kamerad dann noch nicht zurück sein wird. Aber ich hoffe bestimmt, daß ich in den ersten Januartagen bei Euch sein werde. Das mir geschickte Brotmesser ist etwas groß. Ich hatte an eins gedacht, das so groß wie unseres oder noch etwas kleiner ist. Ich weiß garnicht, wo ich das unterbringen soll. Vielleicht kann Dein Vater Dir eins besorgen.

Und nun was macht der Nachwuchs? Schreibe und erzähle mir möglichst viel von ihnen in Deinen Briefen. Ich lese das zu gerne, auch die Ungezogenheiten von Heidi. Für heute grüße und küsse sie recht herzlich von mir. Dir besonders herzliche Grüße und Küße

Euer *Vati*

Viele Grüße an Deine Eltern, ich schreibe ihnen morgen. Auch eine Schachtel Heftzwecken und etwas (50 cm) Leinenband (etwa 2 cm breit) beifügen.

Friedrich Waldhausen
** 1918, Oberleutnant*

Im Felde, 11.11.42

Liebe Eltern und Geschwister!
Heute bin ich furchtbar müde, aber morgen kann ich wieder einen Brief mit Kurier-Post schicken und das will ich doch ausnutzen. – Der Winter ist nun gekommen. Er hat freundlicherweise nicht solange gewartet, bis ich meinen Pelz hatte, sondern genau solange, bis die Wintersachen für unsere Leute da waren. Lange Webpelze, Filzüberstiefel, Pelzunterjacken, warme Kopfschützer usw. Und dann waren es über Nacht –15°. Und dazu weht ein ziemlich unfreundlicher Wind. Aber es ist auszuhalten. Wenn Ihr diese Wintersachen sehen würdet, dann wäret Ihr auch beruhigter. Es hat natürlich nicht jeder Soldat einen langen Pelzmantel, aber wir haben doch so viele, daß wir die damit ausstatten können, die gerade draußen stehen müssen als Posten oder am Scherenfernrohr. Die schöne Pelzhose trage ich über der Unterhose als zweite Unterhose. Und darüber eine lange Tuchhose. Und unter der Feldbluse eine Kaninchenfelljacke, dann brauche ich nicht mal einen Mantel. – Hier bei uns war in den letzten Tagen viel Betrieb. Daß ich die beste Beobachtungsstelle in der ganzen Nordstadt habe, schrieb ich Euch ja schon. Vorgestern kam unser Kommandierender mit dem Chef, um sich von einer B-Stelle das Kampfgelände zeigen zu lassen u. seit gestern wohnt in meinem schönen Bunker der Divisions-Kommandeur und der I a um von hier aus einige

Tage lang die Kämpfe in der Stadt zu führen. Viel Ehre für eine kleine Abteilung, aber auch viel Betrieb. Wir haben den General mit seinem Stab auch zu einem Tee eingeladen, mußte den Samowar sogar 2 × aufsetzen, so gut hat es ihm geschmeckt. –

Also, Ihr merkt es ja, für heute bin ich zu müde, um weiter zu schreiben. – Es geht mir noch gut, das ist für Euch ja die Hauptsache.

Vielleicht schicke ich gelegentlich mal einen Urlauber vorbei, um ein paar Bücher abzuholen. Viele viele Grüße! Euer Bruder.

Hans Michel
Alter und Dienstgrad unbekannt, vermißt

Ortsunterkunft, 11.11.42

Meine liebe Hanna!
Weißt Du, wo ich sitze? Im Trümmerfeld von St. in einem famosen Bunker, den unsere »hilfswilligen« Russen uns bauten. (Das sind Russen, die sich freiwillig dem deutschen Heer zur Verfügung stellten). Dieser Bunker ist aus Holz gebaut und für den Gefechtsstand 1, Herrn Hauptmann, Batteriechef und Adjutant bestimmt. Ich bin als Ofenbauer kommandiert und habe zwei tadellose Öfen gebaut, ähnlich wie die Herde in Brasilien. Seither ist der Gefechtsstand, wo ich als »Gast« unterkam, in einer Krankenhausruine untergebracht, deren Betondecken halten und nicht einstürzen. Aber es ist dort sehr kalt, es hat heute Nacht –20° gehabt, in dem Raum –8°. Nun habe ich heute den Ofen eingeweiht. Im Bunker ist mollig warm. Ich habe ein Tischle gefunden und will nun auch etwas haben für meine Mühe. Morgen sollen die Herren einziehen, und ich werde wohl wieder in die Protzenstellung gehen, die etwa 7 km weiter hinten liegt. Die Front ist nur 400 m von hier. Heute war Großangriff, um den Russen vollends herauszuwerfen, aber der Russe ist zäh. Das war ein furchtbares Getöse heute morgen, morgen früh soll es nochmals los gehen. Ich selbst habe ja bei den Kämpfen nicht zu tun, aber gefährdet ist man doch. Heute mittag schlug eine schwere Granate nur etwa 50 m ent-

fernt ein. Hinter eine Mauer ist da die einzige Rettung. Ich bin froh, wenn ich wieder heraus komme. Es eilt mir arg, infolge dessen ist auch die Schrift danach. Es geht heute alles durcheinander. Herzlichen Dank für Deine Briefe vom 31. und 2., die sehr rasch (nach 7 Tagen) ankamen. Infolge der Zeitverschiebung wird's hier jetzt bereits um 3 Uhr dunkel, das sind lange Abende, es wird 5 Uhr hell. Paketmarken habe ich Dir im ganzen etwa 9 geschickt, nur 1 Paket ist bis jetzt angekommen, die kleinen wohl alle. 3 Marken lege ich bei. Man kann auch Mehrkilopakete schicken mit den nötigen Marken. Die Pakete sollen, wie ich höre, vor 1. Dez. abgeschickt werden. Ob ich Weihnachten in Urlaub komme, ist sehr unwahrscheinlich, weil Leute da sind, die 10 Monate nicht heimkamen. – Gesundheitlich geht's noch, wie's später wird, weiß man nicht, ob ich den harten Winter durchhalte. Seither war das Wetter schön, nun sieht's nach Schnee aus. Ich bekomme wohl eine Erkältung, nun, man wird ja sehen. Ich will sehen, daß ich das Rechnungsführergeschäft richtig bekomme, dann bleibe ich auch meist in unserem Bunker in der Protzenstellung, der auch ganz nett und warm ist. – St. sieht schlimm aus, es stehen nur noch Schornsteine, sonst ist alles dahin. In den Ruinen sieht man viele eiserne Bettgestelle, Zivilisten sieht man fast keine mehr. Hausrat, Decken findet man in den Unterständen, wo sich die Bevölkerung vor der Evakuierung aufhielt. Tote Russen, oft halb verwest, liegen vor den Hausresten. Man steigt kalten Blutes darüber, auch Bombeneinschläge und Granatfeuer läßt einen kühl. Draußen ist es wieder lebhaft. Hier innen ist's friedlich und still. Im Raum nebenan schläft ein Pionier, der heute früh am Kampf teilnahm, im anderen Zimmer haben sich die 8 Russen einquartiert, die die Gelegenheit ebenfalls benützen, erzählen sich was oder singen, allerdings auf ihre Art. Nun soll ich auch anderen Öfen bauen, habe aber hierzu keine rechte Lust. Wenn ich nur Dienstmädchen für alles sein soll beim Spieß, bleibe ich noch hier, trotz der Gefahr, andernfalls will ich als Rechnungsführer gehen. Nun ich lasse es darauf ankommen. Die Herren Offiziere sind mit dem Ofenbau zufrieden und das ist die Hauptsache. – Über deine Briefe habe ich mich sehr gefreut, man sollte allerdings mal wieder beieinander sein können, um sich alles zu erzählen. Daß Helga so Fortschritte macht, ist doch allerhand, und so an ihrem Vater hängt. Die gepreßten Blümle haben mich sehr erfreut. Nimm es mir bitte nicht übel, wenn ich auf deine Briefe so wenig eingehe, aber ich habe wenig Gelegenheit zum schreiben und muß es benützen, wenn es geht. Auch mit dem Schreiben ist es so, es eilt eben immer, heute ist das Licht oder besser das Nichtlicht, das mich zur Eile zwingt. – Eben hauen Bomben in der Gegend ein, soeben noch ein Artillerieeinschlag direkt neben dem Bunker, aber das läßt einen ziemlich kühl. Der Dreck ist auf dem Brief. Gegen Artillerie sind wir ziemlich geschützt, bezw. ausprobiert ist es noch nicht. Es liegen ½ m Erde und 2 Lagen Balken, dann 4 cm starke Bretter übereinander. Ich will doch sehen, daß ich in die Protzenstellung komme. Meine Ohren sind voll Dreck, aber trotzdem wird weiter geschrieben. Ich weiß Dir so viel zu schreiben und trotzdem fällt mir nichts ein. Das Licht geht zu Ende. Ich habe wohl noch von Deinen Lichtern, aber die sind sehr dunkel. Mir selbst ist heute abend fiebrig, wer weiß, vielleicht lande ich doch nochmal im Lazarett, aber wie oft war es mir schon so und immer hielt ich es durch, vielleicht auch jetzt. Hoffentlich komme ich lebend und unversehrt aus diesem Hexenkessel von St. heraus. Es bumbert wieder gewaltig, man hört russische Flieger, »Rattas« genannt. Flak schießt, das kann heiter werden heute Nacht, trotzdem schläft man. Nun hört man eine Stalinorgel, das ist ein Geschütz, das 30 Schuß auf einmal schießt, die machen ein Heidenspektakel, wehe, wen es trifft. Nun wieder ein Einschlag, ich höre jetzt auf und lege mich zur Sicherheit an die Ostwand. Ein Bomber schmeißt Bomben, das kracht. Nun leb wohl mit den Kinderle und sei herzlich gegrüßt von deinem Dich innig liebenden Hans.

Ich danke Dir für alle Liebe, die Du mir gezeigt hast. Hoffentlich dürfen wir uns wiedersehen.

In vielen Stadtvierteln blieben von den abgebrannten Holzhäusern nur die gemauerten Kamine stehen.

Max Breuer
** 1909, Gefreiter, in Gefangenschaft gestorben*

Rußland, den 12.11.42

Mein liebes gutes Frauchen!
Gestern habe ich viel Post erhalten. Es waren Brief Nr. 7 v. 13.10.42, Nr. 8 v. 18.10.42, Brief v. Frau Schade v. 16.10.42, Brief v. der Wiener Feuerzeugzentrale und Päckchen Nr. 3 v. 8.10.42, das von der Wiener Feuerzeugzentrale angekündigte Feuerzeug habe ich noch nicht erhalten. Ich bitte Dich aber trotzdem die Rm 1,50 sofort unter Vorzeigung des Briefes zu bezahlen. Eventuell kann Herr Schade dort mal vorbeigehen oder Du zahlst den Betrag mit beiliegender Zahlkarte bei der Post ein, macht Porto –,10. Den Brief von Frau Schade füge ich Dir bei, ich werde ihn zu Weihnachten beantworten. Das Päckchen Nr. 3 mit den Esbit-Tabletten kann ich gut gebrauchen. Nur schade, daß da eine Zulassungsmarke für draufgegangen ist.

Es wirklich Unsinn, daß Du Dir wegen mir immer solche Sorgen machst. Deine Eltern schrieben mir dies schon im letzten

Brief. Ich bin zwar des öfteren in unserer Feuerstellung, aber die liegt immerhin 6 km hinter der Front, vor uns sind die Infanterie, Pioniere und Panzerverbände. Es muß da schon großes Pech sein, wenn einem da etwas zustoßen sollte. Das einzig Unangenehme ist, das man ein Leben schlimmer als ein Zigeuner führt. Im Sommer konnten wir in Zelten schlafen, jetzt haben wir uns Bunker in die Erde gebaut. Es ist überall ein Ofen drin und läßt sich das Leben einigermaßen ertragen. Die langen Winterabende sind gräßlich, da jetzt die Zeit um 1 Stunde zurückgestellt ist, ist es auch früher dunkel. Mittags um ½ 3 Uhr ist es hier schon stockfinstere Nacht. Dann sitzt man mit den Kameraden bei Kerzenlicht im Bunker und vertreibt sich die Zeit mit Skat oder Briefeschreiben. Wenn man dann noch genügend Zigaretten hat, qualmt man wie ein Schlot. Mit Rauchwaren hast Du mich in letzter Zeit nicht gut versorgt. Es müßten doch noch eine Menge von den Rußenzigaretten dort sein. Inzwischen bin ich auch dazu übergegangen, Zigarren und Pfeife zu rauchen. Das ist Dir doch besonders sympathisch. Ich kann deshalb Deinem Vater keine Zigarren mehr schicken. Morgen bekommen wir jeder eine Menge Marketenderwaren: 100 Zigaretten, 10 Zigarren, 1 Flasche Wein und vielleicht auch Schokolade. Bohnenkaffee haben wir diesertage auch bekommen. Die Verpflegung ist auch an der Front nicht schlecht. Es fehlt nur die Abwechselung. Jeden Tag Eintopf kann einen auf die Dauer nicht befriedigen. Deshalb freut man sich über jedes Päckchen, dann kann man mal etwas außer der Reihe essen. Schmalz wird ja jetzt sicher an mich unterwegs sein. Schicke mir auch nochmal etwas gemahlenen Pfeffer.

In meinem letzten Brief hatte ich Deinen Eltern einen Brief angekündigt. Das ist noch nicht geschehen, morgen wird das Versäumte nachgeholt. Mit unserer Herausziehung ist es Essig, wir haben uns damit abgefunden, daß wir den Winter über hier bleiben müssen. Daß Deine Eltern eine Kusine von dir eingeladen haben und diese zeitweise bei uns schlafen wird, dagegen habe ich nichts einzuwenden. Aber in meinem Bett darf kein Besuch, außer Deinen Eltern, schlafen. *Unsere Batterie hat zurzeit viele Ausfälle an Erkrankungen. Viele haben hier schon die Gelb-*

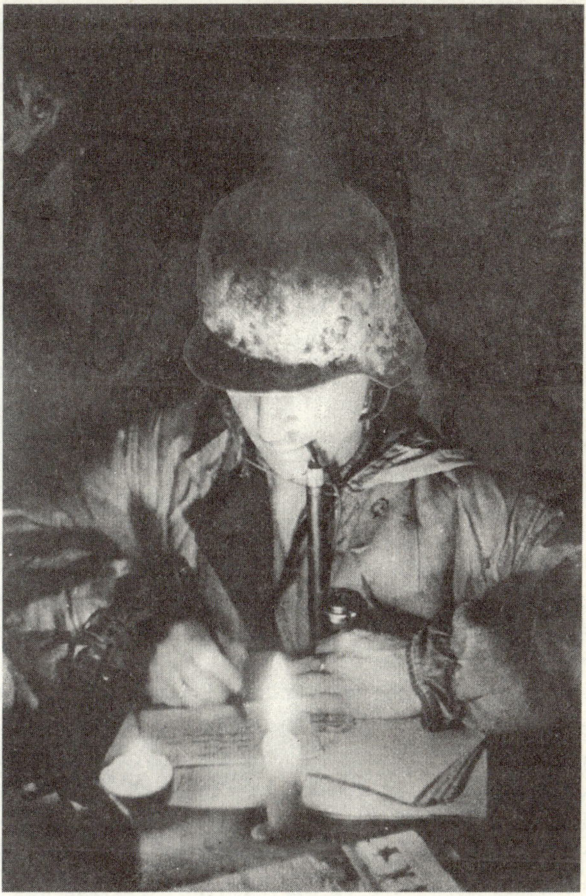

Insgesamt wurden ca. 2,9 Millionen Postsendungen aus dem Kessel befördert.

sucht und sind ins Lazarett gekommen. So gerne ließ ich mich auch mal von dieser Krankheit beglücken. Heute sind 3 Kameraden nach Bremen gekommen, sie kommen zum Afrikakorps. Da wäre ich auch schon gerne mitgegangen. Gestern habe ich mein Holzlineal mit einigen Zeitschriften an Dich gesandt Nr. 4723.

Und nun ist mein Wissen restlos erschöpft. Grüße und küsse unsere beiden Sprößlinge recht herzlich von mir. Dir ebenfalls recht herzliche Grüße und 1000 Küße.

Euer *Vati.*

Simon Krings
** 1911, Dienstgrad unbekannt, vermißt*

Russland, den 12.XI.42.

Liebe Mutter!
Weil die Post so lange läuft, muss ich heute schon daran denken, Dir zum Namenstag zu gratulieren. Mit einem Geschenk kann ich ja leider nicht kommen. Ich hoffe aber immer zuversichtlicher auf baldigen Urlaub. Die Kolonne ist sehr klein geworden, so daß es mit dem Urlaub schnell vorangeht. Weihnachten sollen insbesondere die Verheirateten mit Kindern berücksichtigt werden. Ich hoffe, nächste Woche einmal zur Kolonne zu kommen und die Frage beim Leutnant anzuschneiden. Wenn nicht Weihnachten, bin ich bestimmt Anfang Januar an der Reihe. Ich wiederhole aber heute nochmals meinen Herzenswunsch, Dich auf einen längeren Besuch in Berlin einzurichten. Wenn ich ja wüsste, daß ich schon einige Tage vor Weihnachten kommen könnte, würde ich zuerst nach Aachen fahren und Dich dann mitbringen. In jedem Falle musst Du Hl. Abend bei Maria sein – Von mir selbst ist nichts Neues zu berichten. Nun hat der Winter seinen strengen Einzug über Nacht gehalten mit Frost bis 20° unter Null und scharfem Nordostwind. Unser Quartier ist aber schön warm. Auch sonst leiden wir keine Not. Es gibt hin u. wieder einen Rotwein und etwas Schnaps. Statt Marmelade jetzt morgens 30 g Butter. Auch das Essen ist mehr dem Winter angepasst worden. Seit einigen Tagen gehen unsere Flieger wieder in großen Mengen hinüber. Es scheint »vorn« wieder von uns angegriffen zu werden. Die russ. Gefangenen bzw. Überläufer machen einen gotterbärmlichen Eindruck. Sie sind alle verhungert und erfroren. Man kann tatsächlich den Eindruck haben, daß in diesem Jahr der General

Winter auf unserer Seite steht. Täglich werden Berge von neuen Pelzmänteln und Filzstiefeln angefahren und zunächst an die kämpfende Truppe ausgegeben. Alles neue Sachen. Wir haben schon seit 5 Tagen tägl. Kartoffeln zum Essen. Ganz unbekannte Sachen bisher. 2 × wöchentl. gibt es dicken Reis mit richtigem Zucker, Zimmt und Himbeersaft. Ich entwickele aber auch einen Appetit wie ein Wolf. 3 Liter dicke Erbsensuppe verdrücke ich ohne mit der Wimper zu zucken. Tägl. Erhalten wir 750 g Brot und abends 100 g Büchsenwurst. Also keine Sorge um mich. Trotzdem freue ich mich auf die angekündigten Päckchen, hauptsächlich wegen der Abwechslung, die sie mir bringen. Und dann freue ich mich auf den Urlaub, auf ein Bett, ein Bad, einen weissgedeckten Tisch, Licht in der Wohnung, Wäsche ohne Läuse und die anderen Angenehmlichkeiten, auf die wir hier verzichten müssen. Hoffen und beten wir also weiter für ein baldiges Ende meines Aufenthaltes im »Paradies«. Vielleicht klappt doch noch eine Sache. Jedenfalls bin ich auch in dieser Beziehung auf die kommende Post gespannt.

Ich hoffe, daß es Dir noch gut geht, daß Ihr Glück mit den Alarmen habt usw.

Sei für heute herzl. Gegrüßt
Von Deinem Simon

Hermann May
Alter und Dienstgrad unbekannt, vermißt

Osten 12.11.42

Lieber Heinrich und Familie!
Hoffentlich treffen Euch meine paar Zeilen bei bester Gesundheit an, mir geht's auch noch so leidlich lala. Auch bedanke ich mich vielmals für Euren Brief. Ich freue mich schon sehr, etwas von Euch und aus der Heide zu erfahrn. Ich befinde mich noch in Stalingrad und haben unsere Winterstellung an der Wolga ausgebaut. Seit 8 Tagen haben wir große Kälte, mit Schnee können wir auch bald rechnen.

Ja, Heinrich heute habe ich die ersten Kartoffeln seid sieben Monate gegessen, ich habe sie mit Schale gefressen, die Sehnsucht war groß. Hoffentlich bekomme ich mal Urlaub, damit ich mich erholen könnte, ich bin fertig. Meine Scheißerei habe ich glücklich überstanden, aber der Magen ist noch nicht in Ordnung. Ich wünsch Euch ein frohes Weihnachtsfest

Viele Grüße an die Heidjer

Sendet Euch Hermann May

Eine Marke lege ich bei

Albert Michaelis Grüße Brief erhalten.

Werner Ansel
** 1923, Panzergrenadier*

Osten d. 13.11.42

Meine lb Eltern u. Bruder!
Habe den Brief vom 1.11. mit Freuden erhalten. Das Päckchen habe ich noch nicht erhalten. Das dauert ja immer länger. Sie werden wohl bald ankommen. Am meisten habe ich mich über die Bilder gefreut. Habe sie in meiner Brusttasche trage sie immer bei mir. Habe heute auch Post von Liesekette Lina bekommen. Von Erna Gothe habe auch die Woche einen Brief bekommen. Sie schreibt Helmut wäre es zu wohl zu Hause. Der soll froh sein das er noch daheim sein kann. Er bekommt noch früh genug die Nase voll. Nur nicht so drängen. Wenn ich in seiner Stelle wäre, würde ich versuchen das ich von Militär frei käme. Ihr wisst ja was ich meine. Wie ich lese wird ja bei Euch viel geklaut. Die Sache hat schon zu lang gedauert. Hoffentlich ist bald Schluß. Bei uns ist es jetzt schön kalt. Wäre der Winter auch schon gut rum. Könnt mir einen Kamm schicken. Sonst gibt es bei uns nicht viel Neuigkeiten. Ich sitze hier beim Kerzenlicht. Da kann man nicht gut schreiben. Man hat keinen Tisch und gar nichts. Ich will dann nun für heute beenden und hoffe auf ein baldiges Wiedersehen.

Es grüßt Euch Werner.

Dr. Erich Weber
** 1911, Major u. Stabsarzt, vermißt*

auf d. Marsch, 13.11.1942

Mein liebstes Frauchen Du!
Gestern kam Dein Zeitungspaket (Schwabenland und 1 franz. Zeitung) mit Deinen lieben Grüßen, hab recht, recht herzlichen Dank dafür! Wenn ich auch anfangs etwas unzufrieden war, weil es kein Brief war, so habe ich mich doch riesig darüber gefreut. Auf diese Art kann ich nun doch meine franz. Kenntnisse auch wieder etwas auffrischen, allerdings möchte ich Dich doch bitten, wenn Du mir die Zeitungen regelmäßig zuschickst, mir das Wörterbuch auch zuzustellen, weil ich sonst doch so manches nicht ganz verstehe, gell?

Gestern kam nun auch der U.-Offz. Reiber wieder zu uns, er hat mir nun heute so manches erzählt, und ich habe aus seinen Schilderungen entnommen, wie auch Du noch immer unter der »Anzeige-Geschichte« leidest! Es tut mir ja wirklich sehr leid, daß ich Dir gerade in dieser Zeit nicht hilfreich zur Seite stehen kann. An die Bewilligung eines Sonder-Urlaubs ist nach wie vor nicht zu denken, auch U.-Offz. R. hat Dir ja anscheinend diese Unmöglichkeit schon auseinandergesetzt. Ich hoffe ja nach wie vor, daß über den Wehrkreisarzt Dir die nötige Hilfe zuteil geworden ist! Ich muß mich halt vorläufig gedulden, was ich von Dir und vom Wehrkreis selbst darüber zu hören bekomme, wenn mich die Lösung nicht befriedigt, werde ich eben erneut schreiben bzw. muß die Sache wieder aufnehmen, wenn ich mal wieder Urlaub habe. Einfach damit abfinden kann ich mich jedenfalls damit nicht!

Beiliegend mal wieder eine Serie Bilder, die ich hab erstehen können, der nächste Teil kommt im nächsten Brieflein. Es sind noch viele Erinnerungsbilder aus dem letzten Jahr dabei, aber auch für Dich mögen sie sehr interessant sein, weil sie ja einen kleinen Spiegel der hiesigen Zustände abgeben.

Sonst ist ja von hier und mir nicht viel Neues zu berichten. Draußen ist's nach dem Witterungsumschlag unverändert kalt, immer so zwischen –10 und –15°. Da ist man halt froh, wenn man in seiner Bude bleiben kann und nicht dienstlich im Gelände herumlaufen muß.

Heute hätte ich auch wieder mal eine Bitte: es handelt sich um eine elektrische Taschenlampe, in die ein kleiner Dynamo eingebaut ist, der durch den Druck der Hand betrieben wird, sodaß man keine Batterien braucht. Ich habe hier ein Fabrikat gesehen, es heißt: Manulux Braun. Ich wäre Dir jedenfalls sehr dankbar, wenn Du etwas derartiges auftreiben könntest, es ist für die dunklen Nächte doch sehr praktisch! Allerdings kostet es etwa 20.– Mk.

Für heute Du mein Liebstes Du will ich schließen, da die Post gleich weggeht. Der nächste Brief wird dafür wieder länger, auch beantworte ich dir dann das bereits von U.-Offz. Reiber mitgebrachte, aber noch nicht erhaltene Paket. Heute aber auch dafür schon innigen Dank.

In Gedanken begleite ich das Brieflein, und wenn Du mit dem Lesen bis an diese Stelle gekommen bist, dann schlüpfe ich aus dem Umschlag und falle Dir voller Sehnsucht um den Hals! Ganz lieb und doll möchte ich Dich dann küssen, meine Hände möchten Dich zärtlich liebkosen und all mein Wünschen wäre es, Dich ganz und restlos glücklich zu machen!!!

Laß Dich aus diesen Traumbildern heraus recht lieb und innig grüßen

von Deinem allzeit getreuen

Erich.

Karl Lichtenberg
Alter unbekannt, Obergefreiter, vermißt

Russland den 13.11.42.

Meine Lieben!

Nach langem warten auf Post, erhielt ich gestern, die lb. Karte zum Namenstag von Willi, den lb. Brief vom 19.10. und zwei kleine Päckchen, habe mich sehr gefreut und danke ich recht herzlich dafür. Ich nehme an das daß 2 Pf. Päck. aber auch bald kommt. Es sind noch einige Säcke Post gekommen, aber noch nicht sortiert, u. da ich ja wieder bei der Munitions-Kolonne bin, müssen wir erst mal wieder warten bis die Post von vorne wieder zurück kommt. Ich will aber doch jetzt schon schreiben, weil gleich ein Mann zurück fährt und Post mitnimmt. Von Anna habe ich mit gleicher Post auch einen Brief erhalten, auch von Berta. Sie schrieb, daß man Ihr schon schon wieder zwei mal erzählt habe, ich sei gefallen. Ich möchte nur wissen wer sich so für mich interessiert u. wie die Leute dazukommen. Ich kann Gott sei dank noch schreiben das es mir sehr gut geht, u. werde hoffentlich auch den Winter gut überstehen. Habe wieder einen guten Wagen vorne schön zu, da wirds bei der Fahrt vom Motor schön warm. Viel fahren muß ich ja Munition und Holz von Stalingrad hohlen zum heitzen, so lange ich gesund bin will ich es gerne machen. Muß nun schließen habe nicht viel Zeit. Bis ein andermal dann schreibe ich mehr.

Es grüßt Euch viel 1000 mal!

Euer Karl.

Erwin Guhl
** 1918, Obergefreiter, vermißt*

Im Osten, den 14. Nov. 1942

Meine liebe Friedel!

Heute komme ich nun wieder dazu, Dir einige Zeilen zu schreiben. Es ist mit der Schreiberei immer so eine verflixte Geschichte. Wenn ich mal glaube regelmäßig schreiben zu können, dann kommt aber bestimmt etwas dazwischen, wo es dann immer wieder aufgeschoben wird. Es ist jetzt ja noch nicht so schlimm, ich habe ja vor fünf Tagen geschrieben, aber es wird auch so noch recht sein. Bei mir ist ja alles noch beim alten, jeden Tag Arbeit genug. Es ist aber besser so wie anders. So hat man wenigstens nicht so viel Zeit über sein Elend nachzudenken. Der Krieg geht ja immer weiter so oder so. Man darf dabei nur nicht verzagen. Man muß sich halt mit seinem Los zufrieden geben. Ich will nur sehen, was uns der Krieg noch alles bringt. In Afrika steht die Sache zur Zeit auch nicht so günstig. Die neuesten Nachrichten weiß ich ja auch nicht, ab u. zu erfahren wir auch mal wieder einen Wehrmachtsbericht, aber gerade in den letzten Tagen habe ich keinen mehr gelesen, wo es in Afrika so hart zugeht, aber eines Tages werden wir auch wieder einmal etwas erfahren. Wir können zur Zeit von Stalingrad nichts Neues berichten, da ist ein großer Hexenkessel draus geworden. Der ganze Krieg steckt voller Geheimnisse. Momentan sieht man nicht hinaus, was aus dem Krieg noch alles werden soll. Man hofft halt immer das Beste u. daß doch noch alles gut ausgeht.

Liebe Friedel! Wenn Du auftreiben kannst so schicke mir mal ein Fläschchen Essig Esenz, daß wir uns als einen Essig anmachen können. Wir können uns dann auch ein bischen Abwechslung machen. Wir sind jetzt mit 8 Mann in einem Haus u. ab u. zu machen wir uns selbst etwas u. da fehlen oft einem die richtigen Zutaten.

Damit will ich nun für heute schließen. Hoffentlich geht es den Kindern u. Dir noch gut, was ich von mir auch schreiben kann.

Es grüßt u. küßt Euch vielmals

Euer Papa.

Gruß an Vater, Mutter u. Geschwister.

Heinrich Brakelmann
** 1915, Stabsgefreiter, vermißt*

Rußland, d. 14.11.42

Liebe Eltern und Schwester!
Eure Briefe habe ich dankend erhalten. Es freut mich, daß alles wohlauf und munter zuhause ist. Von mir kann ich Euch das gleiche mitteilen. Von Else erhielt ich gestern den Brief mit dem Bild. Ich muß sagen, daß sie sich sehr rausgemacht hat, ich werde sie wohl kaum wiedererkennen.

Heute haben wir den ersten Tag Schnee. Es ist schon ganz schön kalt hier, man kann wohl sagen saukalt. Die Stellung, die wir jetzt zu halten haben den Winter über, ist bedeutend schlechter als im letzten Winter. Vor allen Dingen, man hat kein Haus in der Nähe. Wir sind nur auf unsere Erdbunker angewiesen. Wie alles noch werden soll, weiß der Teufel, müssen uns unserem Schicksal fügen. Alles für Deutschland, nichts für uns. Der einzige Trost, den man hat, ist der Urlaub. Dann ist man mal 4 Wochen raus aus der Scheiße.

Ihr schreibt mir, es wartet schon ein großer Hase und ein Kanickel auf meinen Urlaub. Donnerwetter, da muß ich mich aber ranhalten, denn das wäre so ein Festessen. Mit meinem Urlaub muß ich mich überraschen lassen, vorläufig noch keine Aussichten. Wann wollt Ihr denn schlachten? Vielleicht bin ich dann gerade da. Freuen würde ich mich, wenn ich gerade zu Weihnachten zu Hause sein könnte. Als Weihnachtsgeschenk werde ich Euch 200 Mark überreichen, dann könnt Ihr damit machen was Ihr wollt. Sonst wüßte ich nicht, wo ich Euch eine Freude mit machen sollte.

Die Ohrenschützer, die mir Else gemacht hat, habe ich jetzt wieder rausgeholt, sie tun einem gute Dienste.

In Stalingrad ist wieder ein Höllenlärm. Es fällt und fällt nicht. Es sind da noch einige Werke, die unheimlich ausgebaut sind. Wieviel Millionen Tonnen Bomben da schon raufgegangen sind, da könnt Ihr Euch gar kein Bild von machen. Von Helene erhielt ich gestern auch zwei Briefe. Sie will auch wieder eine Paketmarke haben. Die habe ich aber schon abgeschickt ohne ihr Wissen.

Wie geht es Vater, wie hat er seine 4 Tage Urlaub verlebt? Heute nacht geht es wieder mit Munition nach vorn, da fahre ich gegen 16.00 Uhr ab und bin dann am andern Morgen wieder bei der Munistaffel. So geht es jeden Tag. Als Kutscher habe ich einen Russen. Ein guter Kerl, nur will er dauernd Papirossi, also Tabak, aber die rauche ich lieber allein.

Nun für heute wieder Ende. Seid alle herzlich gegrüßt von Sohn und Bruder Hein.

Paul Wortmann
** 1922, Gefreiter, vermißt*

z. Zt. Noch in Russland, 15.11.42

Ihr Lieben!
Anfang Dezember fahre ich in Urlaub!

Es geschehen noch Zeichen und Wunder!

Erwartet mich etwa um den 10.12. in Köln. Hoffentlich sind alle da!

Wir feiern also Weihnachten 1942/43 zusammen!

Hoffentlich kommt nichts dazwischen! Urlaubsdauer 21 Tage. Die Fahrt wird zwar kein Vergnügen, aber das sind Bagatellen gegen die Urlaubsfreuden!!!! Ich fahre 9 Tage hin, und 9 Tage zurück, also etwa am 2.12. Abfahrt, 10.12. in Köln, 31.12. Rückfahrt, am 9.1. wieder hier.

Hoffentlich freut Ihr Euch auch so! Auf Wiedersehen! Paul

Hans Joachim Martius
** 1920, Oberleutnant, gefallen*

Fern der Heimat, den 15.11.42.

Lieber Ite!
Dank für Deinen ausführlichen Brief! Also Ihr studiert Einsatz der PD nach Vorschrift. Sag Ihnen allen, Einsatz der Pz. in einer Stadt wie St. nicht möglich, hat aber gewisse Folgen! Ist an sich Wahnsinn. Wenn man also einen [Einsatz] ansetzt muss sie »vinum bonum« haben! Und wir haben keinen Tropfen. Schon sind bei jeder Abt. und Schwdr. Pferde!! – Jetzt habe ich bei Wagners Tristan u. Isolde zu Abend gegessen und – da um diese Zeit Konzert war, gleich festgestellt, es ist – Sonntag!! Und er ist schon fast vorbei!! Ite, es ist zum Kotzen! – Beyersdorf jetzt zum dritten Mal am Arm im Lazarett – verwundet. Es ist bald kein Mensch mehr da. Alles fremde Gesichter. Die »5.« hat heute ihren 7. Chef verloren! In der Stadt ist der Teufel los. Man liegt sich auf 20 m gegenüber. Zwischen soviel Stahl u. Eisen, daß Herrmann [Göring] sich daran aufgeilen könnte!! Die Leute schlagen oft dem Russen mit dem Spaten den Schädel ein. Gestern zogen an einem MG hinten der Landser und vorn der Russe. Eine Handgranate machte ihm eine Ende! Wegen der Pz-Vernichtungsabzeichen muss ich Gelegenheit abwarten! Such doch bitte mal in Krampnitz den Obltn. V. Arnim und grüße herzlich von mir! Er ist eine so gute Seele. Und er kann feiern! – Was ist mit Christels Tagebuchalbum? – Im Übrigen habe ich jetzt langsam hier – ohne noch einen alten netten Krieger – die

Nase sooo voll! Scheiße! ist Trumpf! Tu mir den Gefallen und schreib mal an den Spieß und die Schwdr. *Sehr* wichtig!! Allerherzlichst Dein alter Bruder!!

Erwin Guhl
** 1918, Obergefreiter, vermißt*

Im Osten, den 15.11.1942

Meine liebe Friedel!
Heute war wieder großer Postempfang. Ein Kilo Päckchen N° 5, 4 Hundert Gramm Päckchen N° 1-4 u. ein Brief von Mutter sind heute eingetroffen. Es ist alles sehr gut erhalten geblieben. Jetzt kann ich wieder leben wie der Herrgott in Frankreich. Ich werde schon dafür sorgen, daß der Kuchen nicht alt wird. Die Zigaretten können ruhig noch etwas lagern, denn durch das kalte Wetter haben sie etwas angezogen, aber sonst alles ganz prima in Ordnung. Überhaupt alle Päckchen sind bis jetzt gut angekommen. Besten Dank für alles.

Liebe Friedel! Habe gestern einen Brief geschrieben, worin ich Dir geschrieben habe, daß er wohl einige Tage liegenbleiben wird. Jetzt geht aber morgen wieder Post weg. Da geht es diesmal doch schneller wie ich gedacht habe. Jetzt gehen halt beide Briefe zusammen weg, aber das ist auch nicht schlimm. Es wird Dir auch recht sein wenn zwei Briefe auf einmal kommen. Habe heute wieder 100,– RM weggeschickt. Das soll mein Weihnachtsgeschenk für Euch sein. Etwas anderes kann ich Euch nicht zukommen lassen, weil wir nichts haben. Du wirst das Geld für die Kinder und Dich auch gebrauchen können. Geld ist das einzige was wir im Überfluss haben u. das aus dem einfachen Grund, weil wir für unser Geld nichts kaufen können. Wenn wir noch lange in Russland sind, kann ich Dir noch viel Geld schicken. Es wäre aber besser ich könnte bei Euch sein u. das Geld zu Hause zu verdienen. Aber es ist halt einmal so, daran läßt sich nun einmal nichts ändern. Es wird auch wieder einmal anders werden, aber wann?

Liebe Friedel! Gerade haben wir besprochen, daß wir in den nächsten Tagen ein paar Bilder machen wollen in meiner Wintergarnitur als Kraftfahrer. Den Mantel aus Schaffellen sollte ich nur mit nach Hause nehmen können. Der hält einen schön warm. Wenn ich aber wieder mal zu hause bin, werde ich schon dafür sorgen, daß solche Sachen ins Haus kommen für den Winter. Die sind besser für den Winter wie alles andere. Bis dahin wird aber noch viel Wasser den Rhein hinunterfließen.

Damit will ich nun meine Zeilen für heute beenden. Hoffentlich geht es den Kindern u. Dir noch gut, was ich von mir auch schreiben kann.

Es grüßt u. küßt Euch vielmals

Euer Papa.

Gruß auch an Vater Mutter u. Geschwister.

Heinrich Becker
** 1919, Funker, gestorben 1944 in Rostock*

Rußland, d. 16. XI. 42

Meine liebe Mami,
heute erhielt ich Deinen herrlichen Kuchen, er ist tadellos bei mir angekommen und ich danke Dir sehr dafür, auch im Namen einiger Kameraden, die ihn eben mit genossen haben. Heute gab es pro Mann auch einen halben Liter Rotwein, von dem wir uns einen köstlichen Glühwein bereitet haben, und dazu Deinen Kuchen, wunderbar.

Wir haben jetzt einen neuen Unterkunftsraum bezogen, von dem ich Dir schrieb. Es ist zwar kein Dorf, aber es waren gute Bunker, das sind in die Erde gegrabene Höhlen mit Holz und Stroh überdacht, vorhanden, die wir nun noch, so weit es möglich ist, vervollkommnen. Es sind jetzt auch Öfen drin und wir haben uns heute selbst Pritschen zum Schlafen gebaut, es ist also doch um vieles besser als vorher, man sitzt doch am Tage in einem geheizten Raum und friert auch des Nachts nicht mehr. Wir haben mit sechs Mann einen Raum (je zwei Betten übereinander), es ist zwar eng, aber doch gemütlich. Auch einen Brief vom 27.X. habe ich von Dir erhalten, herzlichen Dank. Isa schrieb aus Polen nun von ihrer Verlobung, auch ihr Verlobter, nun mein dritter Schwager, hat mir schon ein paar freundliche Zeilen geschrieben. Ich freue mich doch sehr für Isa. Ursel hat auch endlich was von sich hören lassen. Ich denke, daß Du nun schon mit Hilde und meiner großen Nichte zusammen wohnst, wie gerne würde ich Euch dort einmal besuchen und mit Dir einen schönen Weg machen, wie Du es mit Bergern gemacht hast.

Es freut mich, daß Du keine Furcht vor dem Tod hast, aber Du darfst Dich trotzdem nicht so viel damit beschäftigen. Der eigene Tod ist immer nur schlimm für die Angehörigen, und diesen gegenüber darf man daher nicht so oft von seinem Tod reden. Ich denke einfach nicht daran, daß einer von uns mal sterben muß. Du denkst immer, Du bis alt, dabei bist Du noch so jung, dafür, daß Du schon vier, so alte, und bald drei verheiratete Kinder hast. Deine Mutter ist doch auch 77 Jahre (glaube ich?) alt geworden, und Du bist doch nicht krank, warum so viel an seinen Tod denken?! Die Einsamkeit kann, wie Du sagst, wirklich schön und erhaben sein, dies aber wohl nur in den selteneren Fällen. Trotzdem glaube ich, daß sich jeder denkende Mensch einmal so von ganzem Herzen einsam fühlen muß, um zu lernen und später aus der Einsamkeit sicher und geläutert hervorzugehen. Ein Leben, das nur aus Einsamkeit und Verlassenheit besteht, ist besser nicht gelebt worden zu sein.

Ja, und die Jugend, liebe Mami, haben wir noch, ihren wahren Wert wird man wohl erst im Alter erkennen, aber ich glaube es geht auch viel von unserer Jugend verloren, weshalb wir aber nicht verbittert, sondern wohl mit Recht traurig sind. Am schwersten wird es hier jetzt den Dreißigjährigen und älteren, die meist jung verheiratet sind und kleine Kinder haben, man kann es ihnen auch nicht verdenken. Jetzt ist von uns wieder einer gefallen, er hatte drei wonnige kleine Kinder.

Josef Müller ist zurückgekommen, gestern von seinem Urlaub. Du bist recht besorgt um Louise Krone aus Bad Münder, aber so schlimm bin ich ja nun auch wieder nicht, wie Du befürchtest, im Gegenteil, ich will nur keinem Mädchen erst falsche Hoffnungen machen und muß dann etwas hart werden. Es ist aber alles wieder in bester Ordnung, sie war für ein junges Mädchen ausnehmend vernünftig.

Einen wunderbaren Brief erhielt ich wieder von Frau Aichinger, sie ist doch ein fabelhafter Mensch, und versteht es glänzend auf einen Menschen einzugehen. Sie bat mich um eine Zulassungsmarke für ein Päckchen, die ich ihr schickte.

In einem Brief mit der Luftpost sandte ich Dir 6 Marken, hoffentlich hast Du ihn bekommen. Du mußt sie dann verteilen.

Herzlichen Gruß an Hilde.

Es grüßt Dich herzlichst

Dein Heinrich.

Erwin Guhl

** 1918, Obergefreiter, vermißt*

Im Felde, den 17. Nov. 1942

Meine liebe Friedel!

Gestern erhielt ich zwei Briefe von Dir. Einen vom 30. X. N° 9 u. einen Luftpostbrief vom 7.XI. N° 11, wofür ich Dir von Herzen danke. Es freut mich ganz besonders, daß Du mir schreiben kannst, daß Du von mir Post erhalten hast. Zwei Päkchen mit Puddingpulver u. Zucker habe ich auch erhalten. Besten Dank. Eines steht noch aus, aber das wird auch bald eintrudeln. Jetzt können wir Pudding kochen. Gestern hat auch einer von uns kondensierte Milch erhalten, dann kann es ja losgehen. Aber heute haben wir noch keine Zeit dazu.

Liebe Friedel! Du fragst an, ob ich noch Wintersachen brauche. Nein, vorerst nicht, das was ich habe ist reichlich, mit dem komme ich gut aus. Du brauchst also nichtsmehr wegschicken. Ich habe so schon [...] genug, daß ich also nichtmehr weiß, wohin damit. Wir sind nämlich so beschränkt, daß alles zuviel ist, was noch dazu kommt. Wir wohnen in einem Haus mit 8 Mann, das zwei Räume hat u. die beiden zusammen sind vielleicht so groß wie die Wirtschaftsküche. Da kannst Du Dir denken, daß wir nicht soviel Bewegungsfreiheit haben. Aber wir sind froh, daß wir das haben. Viele sind in Bunkern. Aber so ein Bunker ist nicht das, was Du Dir vielleicht unter einem Westwallbunker vorstellst. Da wird ein großes Loch aus der Erde ausgehoben mit Balken u. Brettern verspießt, mit Balken eine Decke mit der Erdoberfläche eben gemacht u. dann wieder ein bis zwei Meter Erde drauf. Das sind die Wohnbunker der Soldaten der Ostfront. Im letzten Krieg hat man Unterstand dazu gesagt. Wenn geheizt wird, ist es ganz schön warm drinnen aber in der Erde steckt doch immer zuviel Feuchtigkeit u. das ist auf die Dauer ungesund. Wenn diese Bunker nicht gut gebaut sind, besteht mit der Länge der Zeit Einsturzgefahr. Wir sind also froh, daß wir noch über der Erde wohnen können.

Liebe Friedel! Wie Du mir schreibst, sind die Kinder zur Zeit sehr lebhaft u. daß sich Günther zu einem richtigen Bub entwickelt. Wir können froh sein wenn unsere Kinder Leben zeigen, es ist doch so viel besser, als wenn sie den ganzen Tag mäuschenstill in einer Ecke sitzen u. vor sich hinträumen. Zu gerne würde ich mal wieder bei Euch sein, dann könnte ich mich auch mal wieder mit den Kindern abgeben. Ich habe Dir aber schon oft geschrieben, daß sich da vorerst noch nichts machen läßt. Wir müssen halt warten, bis das Schicksal uns auch wieder einmal gnädig ist. Einmal wird es ja auch wieder soweit kommen. Nur die Hoffnung nicht verlieren. Damit will ich nun für heute schließen. Hoffentlich geht es den Kindern u. Dir noch gut was ich von mir auch schreiben kann. Es grüßt u. küßt Euch vielmals Euer Papa.

Gruß an Vater Mutter u. Geschwister.

Paul Wortmann
** 1922, Gefreiter, vermißt*

Osten, 20.11.42

Ihr Lieben!
Es wäre so schön gewesen … und hat nicht sollen sein!

Wie ein Blitz aus heitrem Himmel kam heute über uns die Urlaubssperre!

Also ist es aus mit dem Urlaub.

Ich komme nicht.

Es ist zum K… Ich bin in der richtigen Stimmung. In 10 Tagen sollte ich abfahren, in 20 wären wir zusammen gewesen, in 30 hätten wir ein schönes Weihnachtsfest feiern können. Alles K ...

Das ist der Lohn, das ist der Dank. Wenn die Urlaubssperre so lange dauert wie im letzten Jahr, so braucht Ihr bis zum Sommer nicht mit meinem Erscheinen zu rechnen. Es wird so sein, wie es allen älteren Kompanieangehörigen gegangen ist: 21 oder mehr Monate ohne Urlaub! Diesmal war es die einzige Gelegenheit, aus der Reihe zu tanzen. Kaum wird diese Gelegenheit wiederkommen.

Innerlich wie äußerlich hatte ich mich schon auf diese 21 Tage vorbereitet: Meine schwarze Hose tipp topp sauber gemacht, Mantel genäht und den Schlips gebügelt (nachts beim Schlafen). Umsonst!

Ich ärgere mich weniger meinethalben, als vielmehr deswegen, weil Ihr Euch in jedem Brief auf ein baldiges Wiedersehen gefreut habt. Mir tut deswegen Mutti leid und Vati nicht minder.

Auf denn im nächsten Jahr und seid nicht zu optimistisch! Sperre ist Sperre! Da gibt es kein plötzliches Erscheinen in der Heimat

In der Hoffnung, Euch alle noch einmal gesund wiedersehen zu können, bin ich Euer treuer Paul

Unbekannt

Rußland, den 20.11.42

Meine liebe gute Mutti!
Endlich komme ich wieder mal dazu Dir einen Brief zu schreiben. Inzwischen hab ich vier Briefe vom 15.10. 2. 5. 9.11. und zwei Päckchen, für alles recht vielen Dank. Ich schrieb Dir schon im letzten Brief das Du eine weile warten mußt. Unser Munitionstransport hat sich wieder erübrigt, wir haben aber nicht in Stalingrad gefahren sonder ein ganze Stück rückwärts. Es war so kein schlechter Posten bloß mit den Essen war es anfangs schlecht ebenfalls mit Quartier. Die ersten vier Tage haben wir in Fahrzeugen geschlafen, bei 10° bis 15° Kälte da kannst Du Dir vorstellen das daß ganz schön gemütlich

war. Als wir uns nun eingerichtet hatten war der Traum wieder aus. Jetzt fahre ich einen Störtrupp in der Nähe von Kallatsch. Hier haben wir natürlich den Vogel abgeschoßen, kein Mensch sagt uns etwas und ein Essen haben wir hier das ist ganz groß hoffentlich kann ich recht lange hier bleiben. Eh ich hier her machte war Erich bei mir, er erzählte mir das er diesen Monat noch auf Urlaub fahren will dann wird er Dich schon mal mit besuchen und Dir näheres erzählen. Den Kaffee habe ich Dir nach Hause geschickt das Du in trinken sollst wenn Du den aufheben willst bis mal nach Hause komme dann schmeckt er bestimmt nicht mehr der ist vielleicht jetzt schon versogen. Die Bilder die Du mir hier mit geschickt hast sind ganz groß ich bin bloß gespannt wie wir uns beim nächsten Urlaub verstehen werden, jetzt ist ja Brigitte grade richtig. Wolln wir hoffen das es bald wieder mal Urlaub gibt. Was soll ich Dir schon Böse sein wenn Du Dir auf Deinen Mantel Pelz machen läßt, wenn ich gleich schimpfen würde so ist es ja doch zwecklos, Du hast den Pelz drauf und warum auch nicht Du kannst doch auch bischen aufschneiden wenn das Geld nicht zulangt dann kann ich allerdings auch nicht helfen. Hoffentlich hast Du das Radio gekauft so etwas kann man schon gebrauchen wenn mal nichts mehr dazu ist kann man es ja allemal noch wegschmeißen.

Mit dem Schnaps das ist schon richtig seh nur zu das Du recht viel erwischen kannst damit wir uns mal alle beide voll saufen können wenn ich auf Urlaub komme. Die Hauptsache ist das Du auch richtig mit trinkst damit wir mal so eine richtige tolle Nacht verleben können aber mit allen raffinessen, lieber eine Dummheit mehr als eine zu wenig. Aber unser kleine Schneke macht sich jetzt bestimmt ganz gut raus wenn sie an zu erzählen anfangen dann sind die kleinen Käfer richtig da kann man sich doch wenigstens auch bischen mit ihnen abgeben, ich bin gespannt wie das beim nächsten Urlaub wird. Nun möchte ich aber aufhören denn unser Licht ist ausgegangen vielleicht kann ich Dir bald wieder mal schreiben. Ich würde jetzt gern mit Dir zu Bett gehen mal so richtig austoben da dürfte kein Stock mehr gerade stehn.

Gute Nacht meine gute Mutti.

Es grüßt Dich und meine Schneke Euer sich nach Euch sehnender

Vati

Viele Grüße an alle Meißner.

Hans Joachim Martius
** 1920, Oberleutnant, gefallen*

Fern der Heimat, den 21.11.42.

Lieber Papi!
Nach einer Spritztour als Sturmschwadronführer bin ich wieder als Adjutant gelandet. Ich kam an dort unten, 130 m westl. des westl. Wolgaufers und eben zurecht, den Befehl zum Herauslösen der Schwdr. entgegenzunehmen. Da die Schwdr. einer anderen Div. unterstellt war und diese gerade Schokolade empfing, telephonierte ich mit dem Regts.Kdr. wegen derselben und – konnte Abends für jeden Mann der Schwdr. 4 dicke Tafeln Schokolade abholen. Großes Hallo. Dazu gabs Schnaps und die Stimmung war gerettet, obwohl es saukalt war. Als ich wie ein Weihnachtsmann mit dem riesigen Sack Schock ankam, sagte einer: »Wie Weihnachten« und fing an: »Ihr Kinderlein kommet« zu singen. Sind doch gut, die Landser. Die Ablösung selbst war etwas schwierig, da es gerade geschneit hatte und alles auf dem Vorderhang – 20 m gegenüber den Russen – stattfand. Mit 4 Verwundeten kamen wir davon. Heute gab's viel Post. Die Bilder vom Hirsch aus Schönlanke, die wirklich klotzig sind. Dazu Dein und Gerhards Jagdlagebericht. Beide stellt Ihr übereinstimmend die Schönheit der guten Gastgeberin fest! Martius bleibt Martius. Wie? Der Oberstltn. von Hallermann ist Chef des Personalamtes in Berlin. Er ist ein Kavallerist und ein prima Kerl.

Hier tut sich im Moment recht Erhebliches. Ich glaube, die Posten in St. werden nicht ganz abgelöst werden können! Ich bin nur gespannt, was Fritsche sagt. »Die Kriegskunst ist verwunderlich« sagt Baade. – On verra! – Das Bunkerleben ist oft recht romantisch. Etwas primitiv ja, aber – oft jagdhausmäßig, bloß sind die Leute nicht immer danach. Und überall was Nettes dran zu finden, ist auch schon Kriegskunst.

Wie wohl dieser Winter verläuft? Ohne Jagd, ohne Weihnachten. Es wäre, trotz Krieg, das erste Mal, daß die Familie Weihnachten nicht zusammen sein könnte! Aber auch das kann ja noch werden. Viele liebe Grüße an Mami und Lilli mit Brüdern. Waldheil, Dein alter Sohn Hanne

Erwin Guhl
** 1918, Obergefreiter, vermißt*

Im Felde, den 21. Nov. 1942

Meine liebe Friedel!
Gestern erhielt ich wieder drei Päckchen, wofür ich Dir von Herzen danke. Eines mit Puddingpulver, eines mit Zigaretten, u. eines mit Gebäck. Ein Päckchen hatte die N° 4, die anderen waren wieder ohne N°. Ich habe Dir ja schon geschrieben, daß es besser ist, wenn Du die Päckchen auch nummerierst. Ich habe dann eine bessere Übersicht ob sie alle ankommen oder nicht.

Liebe Friedel! Habe auch zwei Päckchen mit Bonbons zusammen gerichtet, die ich morgen mitnehmen werde, wenn ich wieder an der Feldpost vorbeikomme. Vielleicht kommen sie auf Weihnachten noch rechtzeitig an, dann habt Ihr auch etwas von mir, wenn es auch nicht viel ist. Von dem Zeug haben wir ja genug u. Du weißt ja, daß ich darauf nicht so scharf bin. Zweimal haben wir jetzt von meinem Pudding gekocht aber wir hatten immer so viel Milch, dann ist er uns nicht festgeworden, das macht aber nichts aus, gegessen wird er trotzdem. Jetzt ist es bei uns vollends winterlich geworden. Gestern hat es geschneit. Viel ist es ja noch nicht, aber er ist da. Die Kälte hat nicht so lange angehalten u. doch haben die Russen gezeigt, daß sie auch noch da sind. Sie haben bei den Rumänen einen Durchbruch versucht mit stärkeren Kräften. Er wird sich aber den Kopf schon noch einrennen. Der Winter wird hoffentlich gut vorüber gehen. Das ist dem Russe seine Stärke. Bei uns war er heut schon mit Fliegern da, war aber weiter nicht schlimm. Von uns hat er nichts gewollt. Der Russe hat scheinbar wieder Nachschub bekommen vom Amerikaner, weil er wieder Panzer u. Flieger zeigt. Das kann man schon merken, wenn er wieder etwas bekommen hat, dann steigen gleich wieder Großangriffe u. Durchbruchversuche, so stark wie im letzten Winter wird es aber hoffentlich nicht werden. Wir wollen mal hoffen, daß alles gut vorbei gehen wird u. daß der Krieg bald zu Ende geht.

Damit will ich nun für heute schließen. Hoffentlich geht es den Kindern u. Dir noch gut, was ich von mir auch schreiben kann.

Es grüßt u. küßt Euch vielmals

Euer Papa.

Gruß an Vater, Mutter u. Geschwister.

Alois Müller
** 1912, Gefreiter, vermißt*

22./11.

Mein liebes Putzerl
Liebes Elsekind, Du mußt heute alles entschuldigen, ich schreibe heute in einer ganz ungünstigen Zeit.

Ich grüße Dich herzlich und küsse Dich in Sehnsucht. Heute ist Sonntag und bei uns ist ein Durcheinander, wie Du es Dir nicht vorstellen kannst. Ich habe heute mit großer Freude Deinen Luftpostbrief vom 16.11. erhalten. Gottseidank ist das Öl angekommen. Das ist prima zum Backen, Elselein, das kannst Du mir glauben; ich habe es schon selber ausprobiert.

Elselein, Du mußt nicht jeden Tag schreiben, wenn Du keine Zeit oder Lust hast. Ich bitte Dich nur, mach es nicht den anderen nach, halte zu mir, Elselein. Es wäre schrecklich und ich könnte es nicht ertragen. Laß die anderen Frauen machen, was sie wollen. Das schönste auf der Welt ist doch, wenn sich zwei Menschen lieben und sich unter allen Umständen treu bleiben, alles andere ist Schwachheit und Ausschweiferei. Das wird sich erst dann beweisen, wenn Friede ist.

22. November 1942

Wir gehen heute an die Front, Elselein, ganz plötzlich geht es heute los. Abend um 7 Uhr hauen wir ab, ja, so schnell. Ich bin heute den ganzen Tag nicht einmal zum Essen gekommen. Ein Durcheinander, das sich nicht beschreiben läßt.

Ich habe noch meine Uhr, meine Pistole bei der Einheit und viel, viel anderes Zeug. Ich komme nicht mehr dazu, das Zeug zu holen und habe mich deswegen schon halb tot geärgert. Wir dürfen keinen Schritt weg und warten auf den Abtransport zum Bahnhof. Adjeu, Charkow, hier hatten wir noch schöne Zeiten, jetzt geht es hinein ins Elend. Was werden wird, weiß ich selber nicht. Sie stecken uns einfach zur Infanterie, mit neuen unbekannten Waffen und hinaus an die Front. Na, ich sehe schwarz, wenn man wenigstens dorthin käme, wo man ausgebildet ist. Aber es geht alles drunter und drüber. Aber trotzdem, Elselein, ich kann noch lachen und habe es nicht verlernt. Wenn Du das Zigeunerleben hier sehen würdest, müßtest Du bestimmt auch lachen. Also mache Dir keine Sorgen um mich, schreibe ruhig weiter an die alte Anschrift und bleibe mir gesund und munter und verzage nicht, wenn länger keine Post kommt. Jetzt müssen wir erst recht beweisen, daß wir uns lieben, gelt!? Ich drücke den Daumen, daß sie Dir nicht gleich die Annemarie wegnehmen und zu den Blitzmädchen schicken. Um Gotteswillen! Ich verliere kein Wort dazu.

Sonst bin ich soweit gesund, Elselein. Ich hoffe, wenn wir diesen Winter gesund überstehen, dann fahre ich zu Dir in Urlaub. Unser neuer Kompanie-Chef ist ein Aussiger, sogar aus der großen Wallstraße: Familie Geisiger. Ich kenne sie aber nicht. Heute früh mußte ich ihn rasieren, da hat er es mir erzählt. Nun, Elsekind, ich hoffe, daß Dich diese Zeilen bald und in Gesundheit und Freude erreichen. Ich wünsche Dir alles Gute. Nur so, wie es mir geht, das wünsch ich Dir nicht. Ich küsse Dich, mein Liebling. Bleibe mein Elsekind, ja?!

Dein Zigeuner

22. November 1942

Hans Michel
Alter und Dienstgrad unbekannt, vermißt

Ortsunterkunft 22.11.42

Meine liebe Hanna!
Herzlichen Dank für die beiden Pakete mit den Wintersachen und für die Päckle, von denen bis jetzt 7 ankamen und eine Schokolade. Der Apfel im Päckle war verfault, die anderen sehr gut. Einen gab ich gegen 1 Pf. Leberwurstfett zum Kartoffelrösten einem kranken Kameraden. Mit Wintersach bin ich gut versorgt. Ich habe 3 Paar Handschuhe, 5 Paar Strümpfe, 4 Wolldecken, 1 Russensteppdecke, 2 wollene Halstücher, 3 Kopfschützer, usw. Ich sitze im Kühlraum eines sonst völlig zerstörten russischen Internats. Ich habe in diesem Raum einen Ofen gebaut, der mollig warm gibt. Es ist 3 Uhr, aber schon völlig dunkel. Deine Gutsle schmecken herrlich mit Glühwein. Als Licht habe ich eine primitive Erdölfunzel, aber die ist besser als keine. Draußen weht Schneeluft, aber es ist nicht mehr so kalt, wie es schon war. In dem Viertel von St. sind sehr nette Häuser gestanden, die Leute waren wohlhabend, aber es ist alles zerstört, es ist furchtbar. Ich denke oft an Euch, wenn ich so kaputte Spielsachen, Puppen, Schaukelpferde, Christbaumschmuck u.s.w. zwischen den Trümmern finde. Zwischendrin liegen tote Russen, die zum Teil von wildernden Katzen angefressen sind. Es läßt einen kühl, man steigt kalt darüber hinweg. Meine Arbeit hier oben ist, außer dem Bau verschiedener Herde in den einzelnen Bunkern, die sich in verschiedenen Kellern eingestürzter Häuser befinden, die Beaufsichtigung von 4 hilfswilligen Russen, die dem Offiziersgefechtsstand gehören. Das ist die Führung der Abteilung, die bei uns aus 2 Batterien mit je 4 Geschützen von 10 cm Durchmesser, also leichten, und der Stabsbatterie, zu der ich gehöre, besteht. Die Stabsbatterie hat keine Geschütze, sondern sie hat die Feuerleitung, die Berechnung der Schießentfernungen, ferner die Besetzung der B-(Beobachtungs) Stellen, die Anlage der Fernsprechlinien zwischen Gefechtsstand und den Feuerstellungen und den B-Stellen und den Protzenstellungen durchzuführen. Die B-Stellen sind meist

vorne bei der Infanterie. Der Gefechtsstand ist etwa 500-700 m hinter der Front, (wo ich gegenwärtig bin). Ich bin mit den Meldern der 2 Batterien zusammen, außerdem sind noch Funker und Fernsprecher und die Vermittlung da, das ist das Fernsprechamt, wo die ganzen Leitungen zusammenkommen beim Gefechtsstand. Die Feuerstellungen, wo die Geschütze sind, sind etwa 4 km weiter hinten. Die Protzenstellung, wo der Gepäcktroß und die Pferde sind, ist etwa 8 km weit von hier. Ich war ja in den letzten Monaten dort als rechte Hand vom Spieß oder als Dienstmädchen für alles. Da mir dies aber zu dumm ist und ich fast keine Zeit für mich hatte, bleibe ich vorläufig hier oben, wo ich es ruhiger habe, vor allem ganz mein eigener Herr bin, soweit man dies beim Kommiß überhaupt sein kann. Ich bin nun 14 Tage hier. Der Spieß will mich aber wieder haben, aber da mir der Hauptmann, das ist der Abteilungschef, und auch der Stabsbatteriechef freundlich gesinnt sind und diese mich auch brauchen können, eventuell als Fernsprecher, (Ich habe ihnen aber auch einen feudalen Bunker eingerichtet, vorne mit Backsteinpflaster und Stufen, einen herrschaftlichen Eingang, usw), werde ich in St. bleiben. Andrerseits soll ich wieder Rechnungsführer sein, aber das kommt hier oben nicht in Betracht. Es ist bedeutend gefährlicher als unten, aber der Russe schießt nicht mehr so wild, es ist zeitweilig still wie im Frieden. Der Russe schießt meist zu kurz und planlos in die Gegend. Er schießt über die Wolga, die von weitem wie ein großer See aussieht. Unten am Ufer sieht man die Reste der Geschützfabrik und des Traktorenwerks. Wir sind am nördlichen Teil von St. Weiter südlich sieht man die Reste einer riesigen chemischen Fabrik. Die Stadt zieht sich kilometerweit längs der Wolga entlang, alles zerstört. Das wäre interessant, die Trümmer nach noch brauchbaren Sachen zu durchsuchen, aber es ist sehr gefährlich, da der Russe mit Zielfernrohren schießt oder mit Minen oder Granatwerfern oder mit der »Stalinorgel«. Das ist eine Art Raketengeschütz, mit dem er 24 oder 36 Schuß feuern kann. Der Krach ist fürchterlich, die Wirkung nur lokal (örtlich). Es ist in ganz St., eine Stadt wie Stuttgart, kein ganzes Haus. Gestern fand ich auf meinen Streifzügen nach »Sach« ein ganzes Fenster, das ich an unserm sonst absolut dunklen Bunker eingebaut habe. Ich fand ferner Tassen, von denen ich die größte, eine rote mit gelben Blumen, für mich behielt, dann Teller, Bratpfannen zum Kartoffelrösten. (Die Kost ist sehr gut, wir bekommen Schokolade, Bonbons und viele Rauchwaren. Das Rauchen habe ich mir nicht angewöhnt, obwohl ich manchmal rauche, schicken brauchst Du mir nichts zum Rauchen.) Weiter haben wir in unserem Haus eine Uhr, 4 eiserne Betten, die kunstvoll 2-stockig gemacht sind (aus einem unverbrannten Raum stammend, ebenso der Fußboden), ferner einen runden Tisch mit Wachstuch und 4 Stühlen, Geschirrständer, Wasserkessel, Spülschüssel und anderes. Morgens machen die Melder sauber. Die Melder müssen schriftliche Meldungen zu den B-Stellen oder Feuerstellen der Batterie bringen, haben aber sonst nichts zu tun. Sie sind allerdings nebenher Bursche beim Hauptmann und den 2 Offizieren. Ich habe die Russen zu beaufsichtigen. Man arbeitet nur vormittags, nachmittags wird es schon um ½ 3 dunkel, sodaß man nichts mehr anfangen kann. Da machen uns die Russen Holz und holen Wasser. Nun will ich Läuse fangen, die sind schlimm.

Die Läusefangerei ist beendet, ich habe nur 2 gefangen. Ich habe mich nun mit Petroleum eingerieben, will sehen, ob das hilft, will mich mal wieder gründlich waschen. Da wäre ein Bad herrlich, o, wie schön wird so ein Bad sein. Leider sind die Badewannen in St. rar und die wenigen kaputt. Also die Aussicht ist vorläufig in weite Ferne gerückt, da seit gestern Urlaubssperre. Es sind zu viele krank und die Urlauber kommen vielfach nicht mehr zurück, da sie zu Hause krank werden. Nun will ich dem Kameraden helfen, Kartoffeln schälen für die 3 Offiziere, die lassen sich bedienen wie im Frieden.

Nach dem Essen. Es hat geschmeckt. Es gab Linsensuppe (die von Mittag aufgewärmt), dazu geröstete Kartoffeln, 125 gr Jagdwurst. Die Kartoffeln wurden in Leberwurstfett gebakken, das ich, wie gesagt, gegen eine Apfel eingetauscht habe. Es geht bei uns eine Krankheit herum, Gelbsucht genannt, die mit Appetitlosigkeit anfängt. Ich habe diese Krankheit noch nicht, trotz Rheuma. In dem Gedanken beiße ich mich durch, will

Kampfpause vor dem Getreidesilo, einem der bekanntesten Gebäude Stalingrads.

sehen, wie lang. Leider wird es nun Weihnachten nichts werden, es müßte gerade ein Wunder geschehen. Von unseren Kameraden haben einige das E.K. bekommen. Wenn die Sache nicht so brenzlig gewesen wäre, hätte ich mich auch gemeldet, aber 3 sind gefallen, eine Anzahl verwundet, und zwar waren es Funker an den B-Stellen und Störungssucher bei den Fernsprechern.

Dazu will man mich wieder verwenden, da es an Fernsprechern fehlt. Man nimmt aber andrerseits auch Rücksicht auf meine Person. Nun, ich will sehen, was alles kommt. Wie es an Weihnachten wird, weiß ich nicht. Es wird jedenfalls schon Wein zurückgehalten. Auf alle Fälle wird es einfach werden. Ich bedaure es außerordentlich, nicht bei Euch sein zu können an Weihnachten. Daß Du das Zimmer nicht warm bekommst, ist nicht schön. Unseres wird warm, es ist dafür bloß 2 m hoch, 3,5 m breit und 5 m lang. Neben mir steht eine dicke Kaffeemadam mit Kaffee, der nahe an Bohnen vorbeiging, der schmeckt zu den Gutsle ganz gut. Leider sind die schon bald alle, aber dazu hat man sie ja. Daß die Leute so nett sind und mir alles gönnen, freut mich sehr. Ich habe kürzlich ein Briefle von Helga aus Calw bekommen und heute das von Jörg, ich danke dafür. Nun bekommst Du einen langen Brief, ich bedaure es, daß Du so lange warten mußt, aber ich kam wirklich nicht zum schreiben. Wir mußten uns erst einrichten, und dann wartete ich täglich auf Briefe und Päckle. Dieses Warten war nicht vergeblich. Ich lege Dir wieder eine Marke bei, die Päcklesmarken hast Du wohl bekommen, in einem Brief 4, im andern 3. Man kann auch 2 kg-Pakete machen. Nun, bis Du diesen Brief bekommst, sind die Pakete fort. Die Äpfel sind gut, wenn Du schickst, dann nur in großen Päckle. Die Lebensversicherung laß auf Deinen Namen auszahlen, das ist selbstverständlich. Sei nun, meine liebste Hanna, recht herzlich gegrüßt und geküßt von Deinem Dich innigst liebenden Hans.

Dr. Erich Weber
** 1911, Major u. Stabsarzt, vermißt*

Feldlazarett O.U. am 24.11.1942

Mein liebstes Frauchen Du!
Nun sind wir doch noch mal unterwegs! Allem Anschein nach wird es nun vorläufig doch noch nichts mit unseren Einsatz. Aber man weiß ja nicht, was man von oben mit uns vorhat, sodaß es immer zwecklos ist, sich darüber den Kopf zu zerbrechen. An sich tat es mir ja leid, daß sich der Einsatz nun für uns

wieder verschiebt, obgleich es ja auch an dem geplanten Ort noch längere Zeit gedauert hätte, ehe es soweit gewesen wäre. Vielleicht ist grade auch das der Grund, weshalb man uns wieder »auf die Achse« gebracht hat! Zum Marschieren ist's allerdings schon ein bissel kalt, reiten kommt natürlich gar nicht in Frage, sonst friert man allzu sehr an den Füßen. Da heißt's eben »wozu ist die Straße da? Zum Marschieren!« Und nachts kriecht man eben unter, so gut es geht! Die Kameraden rücken halt etwas zusammen, und wo bisher 2 oder 3 Mann schliefen, da haben eben auf einmal auch 8-10 Platz!! Die Pferdchen müssen eben wohl oder übel im Freien stehen, denn die wenigen Stallungen, die es jeweils in einem Ort gibt, haben die ortsfesten Truppen schon alle engstens mit Beschlag belegt. Wenn's nicht noch kälter wird, dann geht es ja vorläufig noch, aber damit ist natürlich doch über kurz oder lang zu rechnen!

Durch unsere »Umzieherei« ist's mit der Feldpost natürlich schlecht bestellt, seit 8 Tagen habe ich schon keine Nachricht mehr von Dir! Aber auch diese Frage wird sich ja lösen, sobald wir wieder unseren »festen« Wohnsitz (!) haben! Hoffentlich brauchst Du wenigstens nicht auch so lange auf meinen Brief warten! Damit Du nicht unnütz in Sorge zu sein brauchst!

Schade ist es ja, daß wir über die allgemeine Lage zur Zeit etwas im Dunkeln tappen, da unser Radio auf dem Marsch entzwei gegangen ist. Gerade die Vorgänge in Nordafrika stehen ja zur Zeit im Mittelpunkt der Ereignisse, aber auch hier im Osten ist es ja – wie es als Parallel-Unternehmen zu erwarten war! – wieder lebhafter geworden! Da muß man halt sehen, daß man so gut wie möglich Nachrichten von anderen Truppen aufschnappt!! Aber gerade in solchen Zeiten sind ja »Gerüchten« Tür und Tor geöffnet! Da ist es dann schwer, das Wirkliche herauszukristallisieren!!

Sei bitte nicht bös, wenn ich heut schon schließe, die Verhältnisse zum Schreiben sind halt gar so ungünstig. Und wenn das Brieflein kurz ist, dafür verweilen meine Gedanken umso länger bei Dir! Sie erzählen Dir noch so viel, das auszudrücken ja Worte doch nicht vermögen! Wenn ich die Augen schließe, sehe ich Dich leibhaftig vor mir!! Da breite ich meine Arme aus und drück Dich fest, und doch so zärtlich an mich!! Mit Küssen möchte ich Dich überschütten, so voll Sehnsucht und Liebe, und meine Hände möchten Dich liebkosen!!! Laß Dir von diesen Zeilen die innigsten Grüße bringen von Deinem allzeit getreuen Erich.

Leo Stevens
** 1921, Infanterist, vermißt*

Russland, den 24.11.1942

Liebe Eltern!
Heute will ich mir mal wieder etwas Zeit nehmen, Euch ein paar Zeilen zu schreiben, aber zuerst vielen Dank für die lieben Päckchen, die ich vorige Woche in bester Gesundheit erhalten habe. Die schmecken mir immer noch ganz prima, das kommt mir prima aus. Dann auch noch vielen Dank für den lieben Brustwärmer und den Rasierpinsel mit Seife, da habt Ihr ja noch einen guten Pinsel bekommen, aber Vater wird schon noch was bekommen. Wie ist es, nach Essen wird er wohl nicht viel mehr hinfahren, denn das wird wohl bald zu gefährlich sein. Wie Ihr schreibt haben die [englischen Bomberverbände] Euch in Lingen auch mal wieder besucht, aber ich werde Euch schon wieder finden, wenn ich mal auf Urlaub komme, aber wann?

Jetzt gibt es auch noch wieder Urlaubssperre, aber hoffentlich wird die bald wieder aufgehoben, das wir doch auch mal in Urlaub fahren können. Es wird ja doch allmählich Zeit. Aber den zweiten Weihnachten werde ich wohl wieder in der Ferne verleben müssen. Muss man sich drin fügen. Was wäre die Freude groß, wenn wir Weihnachten zusammen feiern könnten, wenn wir uns zusammen um den Weihnachtsbaum scharen könnten, was doch die Zeit vergeht. In vier Wochen haben wir schon wieder Weihnachten, aber jetzt an den langen Winterabenden werde ich mal sehen, dass ich immer etwas in der heiligen Schrift lese, denn was denkt Ihr wohl, um drei Uhr Nachmittags ist es hier dunkel.

Jetzt will ich schließen, es grüßt Euch vielmals Euer Leo.

Wie geht es den beiden Mädeln denn in Epe?

24. November 1942

Paul Gerhardt Möller
** 1903, Sanitätssoldat*

24.XI.42

Meine teure Magdalena!
Wenn ich diesen Brief schreibe, ist es ein Versuch, wohl ein letzter, mit der »Aussenwelt« Verbindung zu bekommen. Wir sind umzingelt. Die Tage, die hinter uns liegen, waren grauenvoll. Eine Beschreibung zu geben, ist mir nicht möglich. Diese Scharen Verwundeter, die wir bekamen! Sie gehen nun wieder alle durch meine Hand. Ich trage sie ein + schicke die, die gehen können, in einen Nebenraum, in dem sie heute standen, ganz dicht, Mann an Mann. Die Liegenden + solche, die nicht weiter können, bleiben in meinem nur durch einen gemauerten Ofen erträglich erwärmten Raum. Er ist meist voll von Tragen. Einige liegen, hocken, kauern auf einem Haufen Decken. Da will einer umgebettet, ein anderer zugedeckt, eingepackt werden. Hier wimmert einer in seinen Schmerzen + bekommt eine Spritze. Und dann muß ich fieberheiße Lippen kühlen + streiche wohl dabei einem Jungen mit der Hand über die Stirn. Das tu' ich gern, + es ist oft das einzige, was ich neben einem freundlichen Wort an »Trost« spenden kann. Ach es ist so wenig, so bitter wenig. Daneben muss das Telephon bedient werden. Sechzehn Stunden geht der Dienst, – dann kommen 8 St. »Ruhe«, in denen ich versuche, ein wenig zu schlafen, soweit die Bilder des Tages, das pochende Herz + die Beschießung des Feindes es zulassen.

Und wie schneidet es ins Herz, wenn ein Offizier kommt und meldet, das er 4, 12, 15 Schwerverwundete auf dem Lastwagen hat – aus einem aufgelösten Feldlazarett einer anderer Truppe – + um Aufnahme bittet, + ich muß ihm sagen, dass er weiter muß mit seinen Leuten (Befehl vom General!), weil wir überbelegt sind. Heute morgen meldete ich 285 Mann Belegung! Und etwa 60 warteten noch auf ärztl. Versorgung! – 1000 Mann, Verwundete, teils schwere, sogar Leute mit Lungen- + Bauchschüssen, bewegten sich in einem Elendszuge 40 km weit zu uns + – mussten weitergeschickt werden. Es ist ein unbeschreiblicher Jammer, der durch die – menschlich – hoffnungslose Lage weit, weit größer ist als alles im Herbst Erlebte. –

24. November 1942

Jetzt sollen morgen die ersten Abtransporte stattfinden mit der Sanitäts-»Ju«. Ich bin *so* froh; denn das Geschick der Verwundeten in der Gefangenschaft ist ja wohl noch furchtbarer als das der Gesunden, das – auf uns wartet, wenn nicht Ersatz kommt vom Süden (Rostow) her. Noch hoffe ich darauf, dass es gelingt, + ich zweifle nicht daran, das man alles versuchen wird, weil doch fast der ganze Erfolg des Sommerfeldzuges auf dem Spiel steht. Gott allein weiss, was die nächsten Tage bringen werden!

Ich freue mich des Trostes, mit dem mich der Heiland tröstet. Am Sonntag las ich eine Predigt von Althaus über Matth. 5,4, die mich tief ergriff. Und dann waren entweder Losung oder Lehrtext oder ein Wort aus der Offb.-Tageslese immer eine starke Hülfe. Freilich, ich gestehe, dass ich »um einen sanften Tod« bete + darum, dass ich Jesus keine Schande mache, wenn's zum Sterben kommt. »In der Welt habt ihr Angst.« Der Herr tadelt seine Jünger nicht darob. Er kennt unser »trotzig + verzagt Herz« + ist barmherzig. –

Mein Herzensweib! Ich will Dir das Herz nicht unnötig schwer machen. Aber Du sollst wissen, wie es um mich steht. Ich danke Dir noch einmal für alle Treue + Liebe, die Du mir geschenkt hast. Ich kann *nur danken*, wenn ich an das denke, was Du mir warst + bist. Dass ich oft – besonders in den ersten Jahren unserer Ehe – Dich betrübt habe, macht mir Kummer. Vergib!

Wie es nun auch kommen mag, – der treue, treue Gott helfe Dir durch und tröstet Dich, wenn es dunkel wird! Unsere Hoffnung ist, das unser Weg zum Heiland und in seine Herrlichkeit führt, wo er *alle* Tränen trocknen wird.

Ich habe Dich *sehr* lieb. Dein Paul Gerhard

Dr. Horst Rocholl
** 1908, Arzt, hat überlebt*

am Don, den 21.11. 1942

Meine heißgeliebte Gis!
Nach einem zwölfstündigen Marsch sind wir fast an der Stelle, an der der Russe durch die rumänische Linie durchgebrochen ist. Gesehen haben wir den Feind noch nicht. Er soll schon von einer anderen Truppe einen Schlag bekommen haben.

Wie groß das feindliche Unternehmen war, weiß ich nicht. Östlich vom Don lag noch kein Schnee. Westlich war es weiß wie Weihnachten. Mein Wagen, von mir persönlich gesteuert, schaffte die Sache ausgezeichnet. Vierradantrieb, Geländegetriebe und Differentialsperre!

Eben bekomme ich Bericht, daß der Feind mit 150 Panzern in Stärke von 20 Divisionen bereits eingekesselt ist. Dann kann das Remi-Demi losgehen. Wir sind typisch etwas zu spät hier angekommen.

Einen langen Kuß, Dein Paps.

Geschlafen haben wir heute zu 15 Mann in einem kleinen Zimmer, es war aber wenigstens warm.

Einen ganz lieben heißen Kuß, dein oller Paps.

25.11.42

Es ist ruhig. Wir haben heute nacht gut geschlafen und sehr schön warm.

Zum Schreiben kam ich noch nicht, weil die Finger steif kalt waren. Geschlafen wurde im offenen Wagen, im Panzer, aber nie in Häusern, weil es so etwas eben in der Gegend nicht gibt. Ab heute hat sich die Lage wieder etwas konsolidiert. Wir singen das Lied: »Kesselchen hin, Kesselchen her, Kesselchen kreuz und quer.« Da die Sache nicht endgültig klar ist, kann es mit der Post etwas länger dauern. Ich versuche, diesen kurzen Brief einer Ju mitzugeben, einen anderen Postweg gibt es zur Zeit nicht, der wird aber hoffentlich bald wieder ingangkommen. Von zu Hause gibt es natürlich auch keine Post. Wenn Du mir etwas Wichtiges mitzuteilen hast, dann über den Kameradschaftsfunk des Senders Donau etc. pp. Mach Dir keine

Sorgen um mich. Ich behalte den Kopf schon oben. Unkraut vergeht nicht. Kuls hat von all der Überanstrengung einen Herzknacks bekommen. Er wird zur Kur wegmüssen.

Vor einem stärkeren Feind weichen müssen, ist finster. Bleibt der Motor weg, muß der Wagen verlassen und zerstört werden. Bei der geringsten Kleinigkeit kann das nötig werden. Meinen MTW (Mannschaftstransportwagen) konnten wir neulich gerade noch wieder ingangsetzen, sonst wäre er futsch gewesen. Es handelte sich um fünf Minuten. Diese kritischen Tage sind jetzt vorbei. Es steht. Es geht bald wieder. Näheren Bericht kann ich Dir erst später geben, wenn ich durch alles besser durch schaue.

Einen ganz heißen lieben Kuß, dein Paps

Küß die Fünf!

Dr. Horst Rocholl
** 1908, Arzt, hat überlebt*

Im Kessel, den 26.11.42

Meine heiß geliebte Gis!

Nun wohne ich wieder in meinem alten Bunker, den wir vor etwa drei Wochen gebaut haben, vor der Stadt. Wie lange wird der von den Russen nach deutschem Muster angelegte Kessel wohl halten? Wir können ihn wohl jederzeit durchbrechen, aber das hieß die Erfolge einiger Monate aufgeben, was nicht in Frage kommt. So geschieht nicht, was die Roten erwarten. Wir rennen nicht gegen die Kesselwand, sondern sind friedlich, wehren ab und warten ab, was unser Führer befiehlt. Das das richtig sein wird, ist klar. Vielleicht endet es mit einem Kessel, in dem wir Wand sind und nicht Inhalt. Das Vertrauen zum Führer ist nach zwei, drei unruhigen Tagen stärker denn je. Auch in den unruhigsten Stunden zweifelte niemals ein Mensch an ihm.

Die Tage, die am 20.11.42 begannen, werden alle nicht so schnell vergessen. Ich habe den Krieg nie so dramatisch empfunden.

Im Eilmarsch ging es gegen den Feind. Nachtquartier bezogen wir dann in einem Haus mit Rumänen, die noch ganz erschüttert von ihrer Niederlage waren. Am nächsten Morgen fing ich den ersten Kosacken, halb erfroren, müde, fertig. Am Abend verließen wir das Dorf, nachdem wir zerstört hatten, was den Russen hätte in die Hände fallen können. Im hinhaltenden Widerstand ging es dann zurück an die befohlene Widerstandslinie, wo dann unerbittliche Kämpfe losgingen. In der Nacht war dann nicht mehr festzustellen, wer Freund und wer Feind war. Nur dadurch bekamen wir die Kosacken so nah vor die Waffe.

In der Hoffnung auf baldiges gesundes Wiedersehen mit Dir und den Fünfen, einen heißen Kuß von Deinem alten Paps

Friedrich Waldhausen
** 1918, Oberleutnant*

28.11.42

Liebe Eltern und Geschwister!
Gestern abend schickte der Feldmarschall v. Manstein folgendes Telegramm an unser eingeschlossenes Häuflein:

HALTET AUS
ICH HAU EUCH RAUS
MANSTEIN

Das hat eingeschlagen bei uns! Das ist mehr als ein Zug voll Munition und eine Ju voll Verpflegung!

Ich hab es gleich allen Soldaten bekanntgeben lassen.

Wir *werden* aushalten! – Die Stimmung der Truppe ist musterhaft. Alles pfeift und singt. Die meisten Kranken sind schlagartig wieder gesund geworden. Alles ist zuversichtlich:

Haltet aus – ich hau Euch raus!

Mein Fieber ist wieder abgeklungen. Ich bin heute zum ersten Mal wieder etwas auf. Aber es will noch nicht so recht wieder. Ich werde meine Abteilung also auch eine Zeit lang vom Bett aus führen müssen. Das geht auch mal. –

Hab ich Euch eigentlich schon für die beiden Päckchen gedankt mit dem Honig, den Vitamin-Tabletten, den Kerzen und den Schulterstücken? Habt recht schönen Dank für alles!

Kochend heißer Tee mit Honig drin ist seit 10 Tagen das einzige, was ich »esse«. Ich bin ja so froh um den Honig!

Post gibt es jetzt natürlich nicht für uns. Ebenso weiß ich nicht, wann dieser Brief von hier weggehen kann.

Aber ich mußte Euch doch mal wieder schreiben, daß es mir noch gut geht, daß es uns allen gut geht und daß ich immer an Euch denke!

So, jetzt muß ich wieder ins Bett.

Euch allen viele herzliche Grüße! Und keine Angst: Manstein haut uns raus!

Euer Frieder

Gestern ist das 6. Ritterkreuz in die Division gekommen.

Karl Erhard Frank
** 1914, Unteroffizier, gefallen*

O.U. d. 28.XI.42

Meine gute, liebe Erika!
Wie wirst Du nur auf Post gewartet haben? Vielleicht habt Ihr alle die Nachrichten gehört: »Eine eingekesselte Panzerdivision kämpft heroisch um ihre Freiheit.« Vielleicht genügt Euch das. Na ja, es war alles viel schlimmer anzusehen. Hätte aber toll für uns werden können. Kein Wasser, eisige Kälte, 8 Tage und Nächte keinen Schlaf, der Russe 100 m. vor uns. Endlich am 26.XI. sind wir eben mit Gewalt ausgebrochen. Verpflegung und Munition, Benzin kam nur aus der Luft. Am 20.XI. hatten wir eine Verteidigungslinie zu halten. Die Rumänen ließen alles im Stich und hauten einfach ab. Unsere (Kom) Division stand allein im großen Rußland. Das Btl. wurde eingeschlossen und von meiner Komp. sind alle Offz. und Uffz. geblieben. Der Hauptfeldwebel und 2 Uffz. ist alles was blieb. Willi Bröckling ist Uffz. geworden und nicht mehr da. Wahrscheinlich erschlagen. Der Russe erschlägt und erstickt alle Gefangenen. Ich kann Dir nur sagen, es waren grausame Tage und Nächte. Augenblicklich ist eine Ariemusik hier bei mir. Am 22.XI. mußte ich einen Spähtrupp führen. Ich bemerkte die Russen erst, als ich 15 m vor den Stellungen war. Kurz kehrt gemacht und da

war es auch schon zu spät. Einen Packtreffer von 7,5 cm in den Tank und mein Benzin war alle. Zum guten Glück brannte die Kiste nicht aus, und ich konnte sie dann im Schutze von künstl. Nebel abschleppen. Habe dem lieben Gott gedankt, daß er wieder einmal so wunderbar bei mir war. Gestern haut 2 m vor mir eine Granate ein. Nichts passiert!

So, nun zu Dir meine Gute. Was macht meine Heidi? Hoffentlich hat sie sich gut erholt? Und Du meine Gute? Was macht das Bäuchlein? Ich glaube nicht daran. Meine Gute, ich will nur hoffen, daß diese Zeilen gut durchkommen, denn es sieht fast so aus als wolle der Russe wieder zumachen. Schreibe bitte meinen Eltern einmal. Seid mir nun tausendmal gegrüßt

Von Eurem Vati!

Gruß an alle daheim!

Heino Graf Vitzthum
** 1914, Rittmeister*

vor Stalingrad, 29.XI.1942

[...]
Die letzte Woche war wohl die kritischste, die die meisten von uns in diesem Kriege erlebt haben – aber wir haben sie überstanden, ohne den Russen allzu viel Raum überlassen zu müssen und das war weiß Gott bei den Gewaltanstrengungen, die er machte und noch macht, wie Ihr aus dem Wehrmachtsbericht wißt, nicht einfach. Das Schwerste scheint überwunden, wenn auch die nächste Zeit noch von jedem alles verlangen wird! Wir werden seine nicht übel ausgedachten Pläne vereiteln und hoffentlich in Bälde den Spieß herumdrehen können. Die Heimat kann jedenfalls ohne Sorge sein, auch diese Sache wird geschmissen werden. Aus Gründen, die ich im Augenblick nicht näher erläutern kann, bekommen wir zur Zeit keine Post, so daß ich seit 20.11. keine neuen Nachrichten von Dir habe, obwohl wahrscheinlich viel unterwegs ist. Wir hoffen alle, daß dieser Zustand in Bälde sein Ende finden und alles wieder seinen »normalen« Gang gehen wird. So kann ich denn für die nächste Zeit nur von Herzen hoffen, mein Kleines, daß Ihr geliebten

Menschen alle wohlauf seid und es besonders Dir und den Kindern gut geht. Gebe Gott, daß Dich wenigstens meine Post irgendwie erreicht, Nr. 22 schickte gleichlautend doppelt am 26.1. auf verschiedenen Wegen ab. Von Dir hatte ich als Neuestes am 20.1. Nr. 16. Davor fehlen Brief 9, 13, 15, Päckchen b vom 27.10. und c vom 11.11. Leider eine ganze Menge und gute Sachen darunter, für die man grad jetzt *so* empfänglich wäre, hoffentlich kommt eins oder das andere später doch noch an. Von mir gingen zuletzt ab: 16.11. Nr. 20 über Berlin, 21.11. Päckchen b mit 2 Büchern u. 1 zu entwickelndem Film (von dem ich nicht glaube, daß er jemals bei Dir ankommt), 20.11. Brief Nr. 21 über Luftfeldpost zugleich mit Geburtstagsbrief für die gute Mutti, und am 26.11. Nr. 22 doppelt auf zwei Wegen. – Wir sind inzwischen mal ein Stück umgezogen und haben die alten Bunker von Dohnas Verein übernommen, der weg ist. Auf diese Weise habe ich jetzt meinen eigenen Bau, der recht gemütlich sein könnte, wenn man nicht dauernd auf dem Sprung sein müßte und vorläufig besser nicht zuviel auspackt. Ich habe sogar eine Bunkerkatze mit übernommen, eine lebende Mausefalle, die mich etwas von dieser Plage befreit und täglich ihre »Abschüsse« hat. Hab ein kleines herrliches Öfchen und sogar mit herumliegenden Papier und Kartenfetzen – tapeziert. Hoffentlich bleiben wir nun auch hier. Bin im übrigen viel unterwegs und hab jetzt mehr zu tun, da Stenzler noch immer sehr elend ist und die letzten harten Tage ihn wieder zurückgeworfen haben. Heut nun ist 1. Advent und Muttis Geburtstag. Wie innig sind aus beiden Anlässen meine Gedanken bei Euch! In Adventsstimmung ist man nicht gerade, aber vielleicht kommt sie abends, wenn der Radio die ersten Weihnachtslieder aus der Heimat bringt. In Ermangelung richtiger Tannenzweige und weil Kerzen gespart werden müssen, haben wir uns beides an die Wände gemalt, viele können nicht einmal das heute tun. Es sieht im übrigen ganz hübsch aus. Vielleicht muß auch der Christbaum auf diese Weise ersetzt werden. Hoffentlich sehen wir unsere Weihnachtspäckchen, noch sind ja 3 Wochen Zeit, da kann sich vieles ändern und das wollen wir hoffen. Mir geht es im übrigen sehr gut, und Du brauchst Dir keinerlei

Sorgen zu machen, mein Liebstes. Grüß Mutti und die Eltern sehr herzlich. Sag auch bitte Cramers oder Leo, daß es Heintze gut geht, wir haben vereinbart, jetzt immer von einander zu berichten.

[...]

Walter Kahre
** 1919, Unteroffizier, vermißt*

29. November 1942.

Liebe Eltern und liebe Margret!
In meinem Brief vom vorigen Sonntag schrieb ich, daß bei uns ein Tag wie der andere verliefe. Das kann ich von der vergangenen Woche nicht behaupten. Wir haben mehr erlebt, als uns lieb ist. Infolge besonderer Umstände war es nicht möglich, einen Brief abzuschicken. Darum füge ich meinen Brief vom 22.11. heute bei. Leider werdet Ihr nun wieder einige Zeit ohne Nachricht von mir sein. Dieser Brief wird aber auf dem Luftwege abgehen (auch ohne Luftpostmarke) was hier im einzelnen geschehen ist, darf ich aus militärischen Gründen nicht erzählen. Ihr müßt Euch an den Wehrmachtsbericht halten. Ich erzähle sowieso nicht gern etwas vom Kriegsgeschehen, und außerdem möchte ich Euch und auch mir eine Schilderung der vergangenen Tage ersparen. Aber glaubt mir, die Tage waren schwer für uns; nächtliche Fahrten bei eisiger Kälte, Bau von Stallungen im gefrorenen Boden, Feldwachen bei Ostwind und Schneesturm liegen hinter uns. Das schöne Winterquartier, unsere selbstgebauten Bunker mußten wir leider am vorigen Sonntag verlassen. Wir hausen wieder in einer Bodenmulde dieser trostlosen Steppe, nur weiter ostwärts. In vorgefundenen verlassenen Bunkern fanden wir notdürftig Unterkunft. Mit unseren selbstgebauten Bunkern garnicht zu vergleichen; aber man muß froh sein, wenn man ein Dach über'm Kopf hat. Trotz allem, was geschah, habe ich nie meinen Humor verloren, wenn es auch oft nur noch ein Galgenhumor war. Ich bin zuversichtlich wie immer. Seid auch Ihr unbesorgt. Mir geht es gesundheitlich gut. Post haben wir noch nicht wieder erhalten

und wird es auch vorläufig nicht geben. Heute morgen war mein erster Gedanken, daß heute Dein Geburtstag sei, lieber Vater. Auch hier habe ich das nicht vergessen. Es ist mein größter Wunsch, daß Ihr alle den heutigen Tag bei bester Gesundheit und in angenehmer Stimmung verleben möget. Euch weiterhin alles Gute wünschend grüßt recht herzlich

Euer Walter.

Paul Wortmann
** 1922, Gefreiter, vermißt*

Russland, 29.11.42

Meine lieben Eltern, liebe Geschwister!
Zum Weihnachtsfest wünsche ich Euch alles Gute und hoffe, dass Ihr es in altgewohnter Weise froh und lustig begehen könnt. Für mich ist es das zweite Weihnachten in der Fremde. Vor einiger Zeit lebte ich etwa eine Woche mit Urlaubsfreude und ich war sicher, dass ich Euch nicht schriftlich zum Feste beglückwünschen brauchte. Hätte man mir keine Hoffnungen gemacht, mir wäre alles viel leichter gewesen!

Trotzdem habe ich mich damit abgefunden.

Ihr feiert sicher irgendwo in einem stillen Ort in Westfalen und habt sicher alle Urlaub. Ich hatte mich so darauf gefreut, dabei zu sein!

Wenn es gut geht, feiere ich das Fest in unserem Unterstand, unserem Bunker im Kreise unseres Trupps. Die erste Front – Weihnachten hat natürlich auch gewisse Reize, die zwar das Heimat-Weihnachtsfest nicht im Entferntesten aufwiegen können.

Es geht uns in diesen Tagen leider nicht so gut. Einige zarte Andeutungen im OKW-Bericht dieser Tage geben das bekannt. Doch das wird hoffentlich bald eingerenkt sein. Macht Euch aber nicht unnötig Sorgen, dank einiger aufgesparter Verpflegungsreserven leiden wir noch keine Not. Es ist aber anzunehmen, dass dieser Zustand nicht lange dauert. Ich kann Euch beim besten Willen nichts schicken, so gern ich das täte. Ich bin froh, wenn dieser Brief Euch erreicht!

So bitte ich Euch, für jeden, Vater, Mutter, Rosel und Eberhard je 10 Mark von meinem Sparbuch zu holen und das für zwei Opern oder Schauspiele zu verwenden. Schreibt mir aber, was Ihr gesehen habt und wie es Euch gefiel. Theaterbesuch ist mein sehnlichster Wunsch, doch da er unerfüllbar ist, freue ich mich, wenn Ihr gehen könnt.

Gestern kam etwas Post, und für mich war ziemlich viel dabei. Von Rosel kam ein Kilo-Päckchen mit einem Ärmelpullover, einem Heftchen und Gebäck. Ich danke Dir, liebe Schwester, aber macht um Gottes Willen Schluss mit den Wintersachen! Ich bin ausgerüstet wie zu einer Polarexpedition!

Von Vater habe ich wieder zwei Heftchen technischen Inhalts bekommen. Ich möchte nur wissen, woher Du den Riecher hast! Du triffst genau das, was ich wollte. Im Ganzen erhielt ich jetzt bisher 4 dieser Heftchen, eine willkommene Sendung!

Eberhards Brief machte mir viel Freude, weil er mir das erste Mal von der Schule berichtete. Dass Du, lieber Eberhard, KV (kriegsverwendungsfähig) bist, ist ja wohl selbstverständlich, sonst hättest Du Prügel verdient!

Wie die Post zu uns kam, ist mir bis jetzt noch ein Rätsel, vielleicht per Ju, jedenfalls war es eine freudige Überraschung.

In dieser Zeit lese ich viel von Friedrich Hebbel und den Roman von Anzengruber »Sternsteinhof«. Ferner fange ich an, aus den technischen Heften Altes und Neues durchzukauen und es erwacht in mir wieder die alte Freude am Lernen und an meinem künftigen Beruf. Könnt Ihr mir noch einen kleinen Rechenschieber irgendwo auftreiben? So'n Ding könnte ich hier prima gebrauchen, vor allem, wenn er handlich ist.

Nun wünsche ich Euch nochmals zum Weihnachtsfest alles Gute und Schöne und viel Freude bei der Bescherung.

Viele Grüße Euer Paul

Helmut Gründling
** 1923, Dienstgrad unbekannt, vermißt*

29.11.42

Ihr Lieben zu Hause!
Obwohl leider keine Post hier abgeht und dieser Brief daher wahrscheinlich längere Zeit in meiner Tasche verwahrt werden muß, will ich heute doch an Euch schreiben, damit ich ihn sofort abgeben kann, wenn wieder Post angenommen wird. Er soll Euch die herzlichsten Adventsgrüße von mir bringen und Euch gleichzeitig, denn so lange wird er wohl bis zu Euch brauchen, für das Weihnachtsfest und für das neue Jahr alles Gute wünschen.

Es ist nun zum ersten Mal der Fall, daß ich Weihnachten und Neujahr nicht mitfeiern kann, aber ich werde hoffentlich dann wieder Post von Euch erhalten, und wir werden umso mehr aneinander denken und werden, in dieser unsichtbaren Verbindung vereint, trotz unserer räumlichen Trennung diese Festtage ebenso froh und zuversichtlich begehen wie bisher.

Dieser Brief soll Euch außerdem Dank aussprechen, meinen Dank für alle die Sorgen und Mühe, die Ihr Euch mit mir und um mich gemacht habt als ich noch zu Hause war, besonders aber, seitdem ich hier draußen bin. Wie habt Ihr mir durch Eure Briefe und Päckchen geholfen, körperlich und seelisch, durchzuhalten, wie oft hat mich der Gedanke an Euch mit Ruhe und Zuversicht erfüllt. Also vielen, vielen Dank für das alles. Macht Euch um mich keine Sorge und laßt an den Festtagen keine trüben Gedanken aufkommen. Wir halten unsere Stellungen auf jeden Fall. Der Führer hat selbst den Befehl dazu gegeben und leitet jetzt selbst die Operationen in unserem Abschnitt. Er war gestern oder vorgestern sogar selbst hier in unserer Nähe, ein Kamerad von uns hat ihn gesehen. Ihr könnt Euch denken, wie ruhig und zuversichtlich wir seitdem sind. Schade ist nur, daß Euch diese Mitteilung erst so spät erreichen wird, wenn hier alles wieder klar ist, so daß sie nicht dazu beitragen kann, daß Ihr Euch unnütze Sorgen macht. Aber diese Gewißheit habt Ihr wenigstens. Wenn dieser Brief bei Euch ankommt, ist hier alles wieder in Ordnung.

Nun gute Nacht für heute! Es ist gleich Mitternacht. Der erste Advent ist nun vorüber. Ich freue mich schon auf Weihnachten! Es wird sicher auch hier ganz schön werden. Zum Schluß nochmals viele Grüße an Euch alle! Ich wünsche Euch ein frohes und fröhliches Weihnachtsfest und ein gutes Neues Jahr

Euer Soldat Helmut

Paul Wortmann
** 1922, Gefreiter, vermißt*

30.11.42

Lieber Vater!
Einen fröhlichen Weihnachtsgruß aus dem ganz und gar unfröhlichen Russland! Ich wünsche Dir alles Gute, viel Tabak und baldmöglichst eine neue Wohnung.

Nun werdet Ihr das Fest ohne mich feiern. Wie hatte ich mich darauf gefreut; und gerade Dir hatte ich am meisten zu erzählen! Ich glaube aber, dass Du den Grund meines Hierbleibens kennst! Auf denn im nächsten Jahr! Ich feiere das zweite Weihnachtsfest fern von zu Hause, im Bunker an der Wolga. Wolga – Rhein, welche Entfernung! Wir werden uns aus dem dürren Steppengras einen Christbaum zurechtschustern, einen Holzscheit mehr in den Ofen legen und mal nicht an den Komiss denken. Und dann werden die Päckchen ausgepackt, ich glaube, man kommt dann um den »toten Punkt« rum.

Ich glaube, dass Du Dir vor einem Jahr unsere Lage heute doch anders vorgestellt hast, ich nämlich auch! Der Feind ist stark geworden und es wird noch viel Wasser die Wolga hinunterfließen, bis die Ostsoldaten zurückkehren können. Auch der westliche Gegner ist frecher geworden. Alles in allem ist die Lage ernst, aber noch lange nicht hoffnungslos.

Im nächsten Jahr wird auch der letzte von uns dreien das Elternhaus verlassen und Ihr werdet allein sein. Ab und zu kommt dann wohl mal ein Rekrut oder eine ewige Studentin oder vielleicht »sogar« einer aus Russland ins Haus geflogen und immer wird auf beiden Seiten die Freude groß sein.

Drum nochmals: Frohe Weihnachten! Ich weiß, wenn Du da bist, dass Du die Feier wie immer wieder mit viel Freude und Überraschungen, mit viel Geschmack und Geschick ausstattest und bin mit vielen Grüßen

Dein Sohn Paul

Paul Wortmann
** 1922, Gefreiter, vermißt*

30.11.42

Liebe Mutter!
Ich wünsche Dir zum Feste alles Gute, und dass Du es bei voller Gesundheit und Fröhlichkeit begehst. Gerade die Fröhlichkeit ist es, an die ich oft denke, wenn ich Dich in diesem verfluchten Land lebendig werden lasse. Die hat Dich eigentlich nie verlassen und half uns auch immer über vieles hinweg. Und sicher haben auch die Tommys Deine Frohnatur nicht stehlen können.

Eigentlich habe ich noch nie davon geschrieben, wie doch hier draußen eine Mutter fehlt. Ein gewisser Stolz hielt mich davon zurück. Ob ich nun beim Knöpfeannähen bin, oder ich stopfe gerade Strümpfe, wasche die Kleidung, oder ich koche, – immer muss ich dann an Dich denken, denn das hast Du uns früher alles abgenommen, ja, ich hatte noch nicht einmal daran gedacht. Wenn ich mit dem Messer ein Stück Butter holen will, dann höre ich Deine mahnende Stimme: »Langsam mit der Vigeline, sie ist noch neu!«, dann schmiere ich mir nur die Hälfte aufs Brot. So hast Du uns das Wirtschaften beigebracht, und wer das kann, hat hier schon halb gewonnen.

Dir steht nun wieder ein Umzug bevor. Ich weiß, wieviel Arbeit und Sorge das ist. Dein jüngstes »Blag« wird Dich dann auch verlassen, Du hast dann zwar weiter Sorgen, aber auch Kurzweil weniger.

Für die vielen Päckchen dankend verbleibe ich Dein treuer Sohn, der Dir nochmals alles Gute wünscht.

Heil Mutti! Paul

Willst Du mich nicht einmal hier besuchen?

Paul Wortmann
** 1922, Gefreiter, vermißt*

30.11.42

Liebe Schwester!
Zu Weihnachten, das Du hoffentlich zu Hause, das heißt: irgendwo mit den Eltern verleben kannst, wünsche ich Dir alles Gute, einen Berg von schönen Sachen und viel Fröhlichkeit.

Es ist eigenartig, dass wir uns jetzt auf einmal recht gut verstehen. Weise Leute sahen das voraus. Wie Katz und Maus verbrachten wir doch oft unsere Kinderzeit und wie oft lagen wir uns in den Haaren! Als Überbleibsel aus dieser Zeit taucht in meinen Briefen noch ab und zu eine kleine Gemeinheit auf, und sei es nur in einem Bild oder einer Andeutung. Ich weiß aber, wie Du es auffasst und Du weißt, wie ich das meine. Dass wir uns darüber im Klaren sind, beweisen Deine liebevollen Päckchen mit den leckeren und warmen Sachen. Ich habe Dir viel zu danken. Aus diesem Grund erwähne ich auch nichts mehr von meiner Beförderung durch Dich, die mich bei jedem Postgang rasend machte.

Nun verlebst Du die immer schöne Studentenzeit mit aller Arbeit und Freude. In gewisser Hinsicht hast Du es da noch etwas besser, da Du so eine geheimnisvolle kleine Bude besitzt. Zusätzliche Finanzen ergaunerst Du Dir noch von geistig Minderwertigen (wie gemein!). Ist es Dein erstes selbst verdientes Geld?

Ich bin gespannt, wann und wie die ersten Produkte Deiner sturen Pädagogik herumlaufen werden! Ich sehe schon deren lebensmüde und abgearbeitete Gesichtszüge! Doch heute will ich einmal nicht gemein werden.

Ein schönes Fest im Kreise der Lieben (also ohne mich) wünscht Dir Dein »großer« Bruder Paul

Paul Wortmann
** 1922, Gefreiter, vermißt*

30.11.42

Lieber Bruder!
Zu Deinem letzten Weihnachtsfeste vor Deiner militärischen Karriere wünsche ich Dir alles Gute und viel Freude. Im nächsten Jahr feierst Du sicher das Fest außerhalb der Familie, genieße darum noch einmal das Schöne und ewig Wunderbare eines Weihnachten im Kreise der Familie. Mir liegt jede Sentimentalität fern, obwohl man mir das gerne nachsagt, aber das kann keiner leugnen: Erinnere Dich doch noch all der schönen Heimlichkeiten, Vorfreuden und Überraschungen der Heiligabende der letzten Jahre! Wie wunderschön und feierlich hatten es die Eltern immer gemacht, es hatte bestimmt keiner so gut wie wir!

Das vergangene Jahr war für Dich, das musst Du zugeben, kein arbeitsreiches gewesen, vor allem hast Du Dich in der Schule nicht übermäßig anzustrengen brauchen. Du hast Ferien gehabt und Reisen gemacht, hast zwar im Büro geholfen, aber Du warst doch im Großen und Ganzen Dein freier Herr, die meiste Zeit ohne Geschwister, die ja bekanntlich zu allem Knüppel zwischen die Beine werfen. Das Leben führt leicht zu Ausschreitungen, die den Eltern Sorgen machen.

Welch anderes Leben steht Dir nun bevor. So wie Du hatte ich vor meiner Dienstzeit noch bestimmte Ideale und dank jener fällt einem sehr vieles leichter. Aber Du wirst ganz bestimmt mit Sehnsucht an jene Zeit zurückdenken, wo Du noch differenzieren oder Vokabeln lernen durftest, wenn Du schweiß- und schlammbedeckt mit müden Knochen keuchend und mit heraushängender Zunge am Boden liegst.

Nimm zu Deiner kommenden Soldatenzeit eins mit: Humor und viel Geduld!

Nochmals fröhliche Weihnachten wünschend und eine fröhliche Komisszeit, verbleibe ich der, mit dem Du fast immer im Streit warst, und mit dem Du Dich oft verkloppt hast,

Dein Bruder Paul

Heino Graf Vitzthum
** 1914, Rittmeister*

Vor Stalingrad, 30.XI.1942

[...]

Ob Du wohl irgendeine Nachricht jetzt von mir bekommst? Seit einer Woche ist es reiner Zufall, wenn man mal einen Brief los wird, und dann weiß man auch noch nicht, ob er je ankommt. Heimatpost gibt's gar nicht, wie lange dieser wenig schöne Zustand andauert, ist ungewiß, hoffentlich gleitet wenigstens noch vor Weihnachten alles in »normale« Bahnen zurück, so daß wir die Weihnachtspost bekommen. Wir müssen uns leider darüber klar sein, mein Russenkind, daß wahrscheinlich eine Menge Post sowohl von Dir als auch von mir in letzter Zeit verloren gegangen ist, außerdem auch sicher welche von den guten Eltern und einige Glückwünsche, die gerade begannen zu »strömen« bevor der große Stop kam, und uns der Russe die Verbindungen abkniff. Wenn ich nun auch auf unbestimmte Zeit völlig ohne Nachricht von Dir sitze – es geht uns ja allen so – hoffe ich doch, daß Du wenigstens weiter mit Post von mir versorgt bist. Du kannst und sollst natürlich deshalb ruhig weiter wie sonst schreiben, mein Liebstes, sowohl über Westphalen als auch über Feldpost, wenn es sich auch vielleicht noch eine Weile irgendwo staut und erst dann zu uns kommt, wenn die Verbindungen wieder da sind. Wir malen uns die Freude schon täglich aus, wenn diese ganze Post dann in einem großen Schwung mal eintreffen wird. Sicher ist es nicht allzu verfrüht, wenn ich Euch allen zu Haus und so ganz besonders Dir und unserem Pärchen schon heut all meine innigsten Weihnachts- und Neujahrswünsche mitschicke. Man muß ja jetzt mit ganz anderen Laufzeiten rechnen und darf sich nicht daran stoßen, daß wir hier erst den 1. Dez. schreiben. Es wird nun dies wirklich das erste Weihnachten, mein Rösekind, an dem wir nicht zusammensein werden. Der Gedanke daran macht die Sehnsucht nicht geringer, aber das Glück, das uns das letzte Jahr geschenkt hat, muß den Verzicht auf ein Zusammensein wettmachen. Hoffentlich könnt Ihr, wenn auch kriegsmäßig stille, so doch gemütliche und gemeinsame Weihnachtstage feiern. Die Vorstellung, die ich schon jetzt dauernd so stark habe: Du mit den Kindern unterm Baum, wird für mich hier draußen das schönste Geschenk sein. Wenn Du in die Motette gehst, wirst Du sicher all der vergangenen Jahre gedenken, in denen wir diese feierliche Stunde zusammen andächtigen Herzens erlebten. Tu mir nur einen Gefallen, mein Öschalein, und sorge Dich nicht zu sehr um mich, sondern erfreu Dich unserer kleinen Kinderschar, die uns ja auch auf die Entfernung so eng und innig verbindet. Bei uns ist es jetzt ganz winterlich, und oft erleben wir ganz herrliche, glasklare Frostnächte, in denen jeder Schuß auf weite Entfernung hin hörbar wird. Am 18. Dezember ist Alex nun schon ganze 10 Jahre tot. Grüß Muchen herzlich von mir und sage ihr, wie sehr ich an diesem Tag ihrer gedenken werde.

[...]

Paul Gerhardt Möller
** 1903, Sanitätssoldat*

30.XI.42.

Du, mein Weib!
Noch lebe ich, und noch geht es mir gut! Gott sei tausendmal gedankt dafür! Ich weiß nicht, ob es möglich ist, diesen Brief zu befördern; denn noch immer sind wir abgeschnitten. Aber wenn wir der Gefangenschaft entgehen, wirst Du ihn ja irgend einmal erhalten.

Lass mich ganz kurz Dir berichten, was ich erlebt habe, seit ich Dir zuletzt – am 24.11.42 (236.) – schrieb! Das war *Dienstag*. – *Mittwoch* schrieb ich an Vater und gab den Brief einem Kranken mit, der zum Feldflughafen gebracht werden sollte. – Um 17.00 Uhr bekam ich plötzlich den Befehl, alle in meiner Verwahrung befindlichen Akten zu verbrennen. Das deutete auf nichts Gutes hin. – Um 20.00 Uhr mussten wir die etwa 150 Verwundeten verladen: Richtung Flugplatz. Um Mitternacht waren wir damit etwa fertig. – damit wurde der Hauptverbandsplatz aufgelöst. – In der Nacht um 1.00 Uhr bekamen wir Befehl, um 3.00 Uhr marschbereit anzutreten. Das war am

Donnerstag. Teils auf Lastwagen, teils auf Panjewagen, teils zu Fuß oder Rad (ich fuhr Rad) zogen wir uns zurück – in die Mitte des Kessels, in dem wir sitzen. Das Tempo war unheimlich. Ach, am Morgen früh, als wir packten, ist so manches liegen geblieben, von dem ich mich nicht gern trennte! Aber Dein Adventspäckchen kam mit, in meine Decken eingerollt. Das sollten die Russen doch nicht bekommen! – Um 15.00 Uhr (es war schon dunkel) kamen wir am Ziel an: in ein paar Schluchten mitten in ödester Steppe. Da gruben wir uns für die Nacht ein: ein Loch für 2 oder 3 Mann, die Zeltbahn oder ein gefundenes Stück Blech darübergelegt, – das war unser Bett. Jetzt ist kein Unterschied mehr zwischen unserer Unterbringung und der Infanterie. Mit Fr.-J. Haggeney und Matthias Müller »schlief« ich in einem Loch. Wir lagen so eng – auf der Seite natürlich –, dass wenn sich einer rührte, alle wach waren. Verpflegung gab es den ganzen Tag nicht, nur morgens Kaffee und abends Tee. *Freitag* entdeckte ich eine Höhle, in die wir 3 dann zogen. Damit hatten wir das beste »Quartier« der Kompanie gefunden. Wir können nun doch wenigstens auf dem Rücken neben einander liegen und unser Gepäck lassen. Auch das Sitzen geht, ohne dass man den Kopf oben anstößt. Den Boden haben wir mit Munitionskisten ausgelegt, so dass wir nicht auf dem Erdreich, sondern auf Holz schlafen. Das ist nun unser »Heim«! Am Abend bewegte mich Jer. 39,11 – 18, die Abendlesung aus dem Losungsbüchlein, sehr stark. Ich habe die Nacht viel gebetet, dass wir nicht »den Leuten zuteil werden möchten, vor denen wir uns fürchten.« Und ich bin dann ganz stille geworden. – Den Tag durch bis in die Nacht toller Schneesturm. Um Mitternacht ließ er nach: sternklare Frostnacht. Schnee wäre für die nahenden Panzerarmeen von Süden und Westen sehr notvoll. »Du hast's in Händen, kannst alles wenden!« – *Sonnabend* heftige Kämpfe rings um uns auf allen Seiten und wahre Luftschlachten. – Gestern war *Sonntag: I. Advent.* Und wir wussten es nicht. Ich auch nicht. Wir sind einfach zu mitgenommen von der Lage, über deren mögliche Besserung wir nichts ahnten. Es kam ja nicht durch, nur ein Tagesbefehl Hitlers, in dem er Hilfe in Aussicht stellt. – *Heute,*

Montag, haben wir nun in unserem Loch Advent gefeiert. Dein feines Transparentlein steht, während ich dies schreibe, auf dem Feldbecher; dieser auf der Feldflasche, die im Schaftstiefel steckt. Die rote, feine Kerze, auf der Papierserviette, stand zwischen uns auf dem umgestülpten Kochgeschirr. Wir sangen: »Macht hoch die Tür« und O Heiland, reiß den Himmel auf«, und dann las ich eine kleine weihnachtliche Geschichte vor. Es war schön, wirklich schön. – Die Kuche haben gut dazu geschmeckt, besonders *Deine*, und ich habe viel, viel an Dich gedacht. Ach, überhaupt bin ich eigentlich unausgesetzt, wenn ich mit dem Heiland rede, im Gespräch mit Dir, Du, mein herzgeliebtes Weib!! Die letzte Nacht (Samstag/Sonntag) hatte ich 8 Stunden Wache und musste die Höhen abschreiten und auf etwa nahende Kosaken achten. Es ging aber alles gut. – Der Wochenspruch und Dein schöner, schöner Wandspruch haben mich heute köstlich getröstet. – Heute mittag kam die Nachricht durch, dass im Süden von uns die Russen abgeriegelt seien. Wie herrlich! Ein Hoffnungsschimmer! Nun mag auch uns Hilfe kommen! Ich glaube, das Gott sie uns noch einmal schenkt. Über dem Beten ist mir die Zuversicht je mehr und mehr gewachsen, wie ich auch ganz von der Hoffnung auf Menschen frei bin nach dem Wort: »aufsehen auf Jesum« und wegsehen von Menschen. – Herzgeliebtes Weib! Ich umarme Dich in inniger Liebe. Dein getreuer Paul Gerhard.

Josef Ritzenhoff
** 1916, Obergefreiter, vermißt*

31.11.42

Liebe Irene, liebe Christine!
Vor mir liegen gerade mehrere Briefe! Also meinen tiefsten Dank, natürlich auch für die Päckchen auch von Christine! Päckchen-Zulassungsmarken habe ich Penny geschickt zur Verteilung. Ich glaube es sind 6-8 Stck. Also bei Bedarf für Weihnachten dort melden! Ich kann Euch doch nicht so einfach die Dinger auf den Hals schicken. 1 Paket dort 3 usw. Mit Rauchwaren bin ich immer so einigermassen versorgt. Bei der

Küche hatte ich schon versucht, Kaffee zu erhalten, aber die hatte augenblicklich auch nicht so viel um uns die nötige warme Brühe zu machen, aber bei der nächsten Verteilung werde ich an Euch denken!

Es freut mich zu hören, dass es Euch sonst gut geht. Ich bin auch wohlauf und fühle mich ganz gut!

In der letzten Nacht hat sich der Russe mal wieder ein Stck. geleistet. Der versucht jedes und alles!

Am Radio spielte gerade »Schön ist's bei den Soldaten« und schon wurde abgedreht und wir hören: »Warum ist es am Rhein so schön?« Das möchte ich auch gern einmal wissen.

Den Vertrag habe ich erhalten, werde ihn hier aber erst noch mit einem Juristen durcharbeiten! Man soll eben Nägel mit Köpfen machen. Frau Paula schreibt mir auch nicht mehr, kann mir auch gleich. Luft habe ich jeden Tag. Heinrich hat doch mit ihr auch viele Sorgen geheiratet. Wenn ich das manchmal so sehe, dann denke ich, verliebe Dich oft, verlobe Dich selten und heirate nie! Mein jetziges Verhältnis habe ich erst einmal wieder etwas abgekühlt! Ich kann mich mit dem Gedanken so Anhängsel zu haben noch garnicht vertraut machen. Bei Vater habe so ein Wort lauten lassen. Er meinte ein gutes bürgerliches Mädchen. Von Betragen sagt er nichts. Ludwig schrieb von schön, gross und vollschlank. Bisher habe ich blond und schwarz geliebt, wie sie gerade über den Weg lief. Ob ich wegen Mangel an Bekanntschaften nun im Leo oder Schwarzen Korps inseriere, weiss ich noch nicht! Und ob überhaupt ist auch noch eine Frage, denn letzten Endes ist alles eine Frage des Glücks! Was meint Ihr?

Nun beste Grüsse an Franz, Josch und Kinder und seid selbst herzlichst gegrüsst

Euer Bruder Jupp!

Lieber Jürgen für Deine Karten meinen besten Dank. Sei nur recht fleissig, dass Du bald alleine schreiben kannst. Beste Grüsse. Dein Onkel Jupp.

Nur die wenigsten Soldaten hatten befestigte Bunker.

Dezember 1942

Paul Gerhardt Möller
** 1903, Sanitätssoldat*

2.XII.42

M. lb. Magdalena!
Wir »dürfen« heute eine Karte schreiben, die vermutlich auf besonderem Weg befördert werden wird. Ich nehme dazu eine von denen, die Du mir zu Advent vor. Jr. sandtest. Sie soll Dir sagen, dass es mir noch gut geht. An die Unbequemlichkeiten des Höhlendaseins hat man sich bald gewöhnt, + es ist mir fast leid, dass ich dieses enge Gedränge, in dem ich nur eben sitzen, nicht stehen kann, mit einer ungewissen Zukunft *morgen* werde vertauschen müssen. Einige von unserer Kompanie sind zu Hülfeleistung auf dem H.V.-Platz einer anderen Einheit angefordert worden. Zu denen gehöre ich auch, + in der Frühe marschieren wir ab. So ist diese Karte der letzte Gruss von hier. Wann magst Du ihn bekommen? Gell, Du machst Dir keine Sorgen um mich? Ich bin ganz ruhig + getrost. Auch die strategischen Ereignisse unterstehen dem Oberkommando des »Königs aller Könige«, + es geht *alles* nach *seinem* Plan. Nie bin ich so mit starkem Trost aus dem Wort Gottes geradezu überschüttet worden wie in diesen Tagen. Heute musste ich an Deinen Vater denken, der mir – siehe die Losung! – einmal zugerufen hatte: »Stärke genug! Stärke genug!« Ja, der Heiland lässt mich nicht im Stich, und *Du* selbst hilfst trösten durch den schönen Wandspruch: »denn *Du hältst* mich«. Das ist mir eine besondere Freude + Dir doch auch, nicht wahr?

Dass wohl meine Post verloren gegangen ist, ist bedauerlich. Hoffentlich bekommst Du doch meine Briefe 234-237. Lass mich's, bitte, wissen, welche von diesen Du hast!

Jetzt habe ich noch einen verspäteten Weihnachtswunsch: eine solche Hülle für die Bibel, wie Du sie mir zum Abschied schenktest. Dieser sind die letzten Wochen nicht gut bekommen, + jetzt ist sie kaum noch brauchbar.

Herzeli! Ich wünsch Dir, falls Du bis dahin nichts mehr von mir bekommst, ein Weihnachten voll der grossen Freude am Heiland + seiner Liebe. In ihm sind wir einander ganz, ganz nahe. Dein P. G.

August Stolze
** 1919, Gefreiter, vermißt*

O.U. den 3.12.42

Liebe Eltern u. Geschwister!
Hoffentlich erreicht Euch dieser Brief bei bester Gesundheit. Ich hoffe, daß es Euch noch recht gut geht. Zu Weihnachten wünsche ich Euch frohe Feiertage. Es ist das vierte Weihnachten, daß ich nicht zu Hause verleben kann. Ob wie dieses Jahr eine Kompaniefeier machen können weiß ich noch nicht. Sonst geht es mir noch gut und Ihr braucht Euch nicht allzuviel Kummer und Sorgen um mich zu machen. Ihr werdet in nächster Zeit weniger Post wie bisher von mir erhalten; da ich selten Gelegenheit habe zum schreiben u. auch die Beförderung jetzt im Winter schlechter als sonst ist.

Da ich nicht weiß ob ich dieses Jahr noch einmal zum schreiben komme, wünsche ich Euch auch gleich ein fröhliches Neues Jahr mit viel Glück und Segen und wenig Enttäuschungen. Im übrigen wollen wir abwarten was es alles Neues bringt. Hoffentlich auch den Sieg über Rußland. Hier hat der Winter nun seinen Einzug gehalten. Wenn er nicht schlimmer wird, ist er zu ertragen. Den Kopfschützer habe ich erhalten und kann ihn gut gebrauchen. Hat es bei Euch auch schon geschneit? Die Kinder fahren sicher schon feste Schlitten am Holzwege. Was macht denn Karl noch? Ich habe von ihm noch keine Post erhalten und weiß nicht wie es ihm noch geht. Nächstes Jahr bin ich auch dran mit Urlaub und ich hoffe, daß ich Euch dann alle gesund und munter Wiedersehe. Ich muß nun schließen; denn ich habe wenig Zeit und um 3^{00} Uhr ist es schon völlig dunkel.
Es grüßt Euch herzlich

Euer Sohn und Bruder
Gustl Stolze

Hans Michel
Alter und Dienstgrad unbekannt, vermißt

Am selben Ort wie bisher, 3.12.42

Liebe Hanna, lieber Hanspeter, lieber Jörg, liebe Helga!
Dies soll nun Euer Weihnachtsbrief werden. Wie Du aus den Heeresberichten ersiehst, geht es gegenwärtig bei uns in der Gegend etwas lebhaft zu. Mit der Post geht es daher wie im Sommer. Umso schöner ist es, wenn dann die ganze Post auf einmal kommt. Infolge dessen mußt Du eben auch warten. Hier am Ort ist es verhältnismäßig ruhig. Der Russe schießt immer noch, aber nicht so stark wie kürzlich. Es liegt seit gestern Schnee, aber wir haben es schön in unserm warmen Verließ. Seit heute haben wir einen Lautsprecher, der aber nicht laut spricht, aber immerhin hörbar, er hängt am Radio der Offiziere. Ich bin bisher nicht mehr in die Protzenstellung zurückgegangen, ich habe es satt, der »Segel« oder das Dienstmädchen vom Spieß zu sein. Ich werde wohl als Störungssucher gehen, das ist allerdings nicht ungefährlich, aber interessant. Die Leitungen sind im allgemeinen in Ordnung, so daß man ruhige Tage hat. Seit Montag habe ich mich krank gemeldet, da ich sehr heftiges Kopfweh habe, weißt Du, wie damals. Ein Arzt ist nicht hier. Tabletten helfen nicht, so bleibe ich eben auf meiner Falle liegen und ruhe mich aus. Mein Rheuma spüre ich sehr, besonders in den Armen. Erkältet bin ich auch, aber nichts desto weniger guter Dinge. Ich muß eben sehen, wie ich mit der Gesundheit zurecht komme. Der Winter war ja bis jetzt noch gnädig, will sehen, was noch kommt. Jetzt, wo es auf Weihnachten zugeht und Urlaub vorläufig keiner ist, überkommt einen oft eine Sehnsucht nach Euch Lieben. Nun müßt Ihr eben ohne mich feiern. Es ist das erste Weihnachten meines Lebens, das ich in der Fremde feiern werde, und was für einer Fremde. Wir dürfen jeden Tag dankbar sein, daß wir in Deutschland vom Krieg ziemlich verschont blieben. Es ist ganz furchtbar, wenn man sieht, was hier alles zerstört wurde. Wenn man so die Trümmer der zerstörten Häuser sieht, die meisten sind ja verbrannt, aber in den bloß zerstörten habe ich Furchtbares

gesehen. Im allgemeinen sind ja die Zivilleute weggekommen, haben aber fast alles hinterlassen. Die Wohnungen sind sehr eng und klein, waren aber meist gut eingerichtet, da findet man noch allen möglichen Hausrat, Kinderschuhe, Spielsachen, Betten, [...] aber meist alles zerstört. Christbaumschmuck haben wir auch gefunden, aber noch keinen Weihnachtsbaum. Die Leute standen hier auf der Höhe der Zivilisation. So habe ich auch Spiele gefunden, so ein Domino, aber unvollständig, dagegen Mühlesteine, da wird nun jeden Abend eifrig gespielt. Man sollte nur noch mehr Sachen haben. Unsern Haushalt haben wir ja sehr nett beieinander, Teller, Tassen, Spülschüssel, Suppenschüssel, Bratpfanne zum Kartoffeln rösten, dann Waschbrett und Waschtrog, der in Rußland aus einer länglichen Art flacher Blechmulde besteht. Seifenpulver habe ich auch gefunden, so daß das Waschen jetzt fein geht. Du siehst also, wir haben es ganz schön hier, aber daheim ist's halt schöner. Die Zeit geht ja wahnsinnig herum und so wird es ja noch, wenn es Gottes Wille ist, der Tag des Wiedersehens kommen. Wir können nun, und das ist das Wunderbare, die selbe Musik gleichzeitig hören. Wir hören den Deutschlandsender über Charkow. Wir sind nun sehr gespannt, ob und wann wir unsere Pakete bekommen. Es ist schade, daß ich Euch so gar nichts schicken kann. Ich habe dieser Tage in einem zerstörten Haus einen Aufstellbogen mit russischen Bildern gefunden, den schicke ich den Buben zum Ausschneiden in einem Brief. Im übrigen mußt Du, meine liebste Hanna, den Kindern allein bescheren. Es ist für Dich sicher sehr nett, aber andrerseits wird es Dir sicher auch nicht leicht sein, aber vor 2 Jahren, wo ich in der Klinik lag, war es ja ähnlich, aber ich war doch immerhin daheim. Wie Du mir schriebst, hast Du allerlei im Sinn, so mit der Puppenstube und -küche für Helga.

5. Dez. 42 Liebe Hanna! Gerade singt das Volkskonzert den armen Wandergesell. Ich habe einen russischen Lautsprecher wieder hergerichtet, der ziemlich laut tut. Ich freue mich des Gefühls, Dich beim Volkskonzert hören zu wissen. Es ist das erste Volkskonzert seit langer Zeit. Ihr könnt nun immer Radio hören mit dem Gedanken, daß ich es auch höre. Da es hier

½ 3 Uhr schon dunkel wird, so hat man abend
Wir haben es uns gemütlich eingerichtet, in der
der Tisch und eine Bank. Der ganze Raum ist ja
dunkel, aber es ist doch ganz gemütlich.

8.12. Gesundheitlich geht es mir etwas besser, aber ich muß mich doch sehr in Acht nehmen, da man sich sehr leicht erkältet. Sonst geht es uns gut, wie es einem halt geht unter diesen Umständen, aber Du kannst beruhigt sein, hungern und frieren brauchen wir nicht. Wir werden auch so ein fröhliches Fest feiern. Nun wünsche ich Euch ein fröhliches Fest. Ihr seid ja nicht die einzigen, die ohne Vater feiern müssen. Ob ich nach Calw schreiben kann, weißt ich nicht, jedenfalls nur eine Karte. Du mußt halt über mein Ergehen nach dort schreiben. (Habe kurz geschrieben). Inzwischen werden wir ja auch wieder Post bekommen. Ich lege eine Marke bei. Es soll nochmals Marken geben. Also meine liebe Hanna, lieber Hanspeter, lieber Jörg, und liebe Helga, feiert das Fest, das ja ein Fest des Friedens sein soll und seid dankbar, daß Ihr alle gesund seid. Leider weiß ich eigentlich nichts mehr zu schreiben, der Brief soll fort und nicht zu schwer werden. In herzlicher Liebe grüßt und küßt Euch Euer Vater.

Ich denke, daß es bis Frühjahr auch Urlaub gibt, dann werden wir ein Familienfest feiern wie Weihnachten!

Alfred Brandau
Alter unbekannt, Obergefreiter

Rußland, den 4. Dez. 42

Meine liebe Frau!
Endlich kann ich Dir wieder einmal schreiben. Bisher war das leider nicht möglich, da uns der Russe hier, was Du aus dem Wehrmachtsbericht gehört hast, ziemlich überfahren und eingeschlossen hat. Die Lage ist jetzt auch noch ziemlich die alte, aber wir dürfen wöchentlich wenigstens einen Brief schreiben, während es vorher unmöglich war, da keine Post wegging. Wir haben auch seit dem 16. XI. keine Post mehr empfangen. Das Heranschaffen von Munition und Verpflegung ist jetzt eben

ıchtiger. Unser Unterführer-Lehrgang hat nur wenige Tage gedauert, nämlich vom 15. bis 20. XI. Dann ging der Schlamassel los. Wir haben etliche Kilometer zurückgemußt, und es war kein schönes Gefühl, dann auch noch eingeschlossen zu werden. Ich selbst nun habe diese ganzen Tage nicht vorn bei der kämpfenden Truppe verbracht sondern hinten beim Troß als Patient. Ich habe nämlich seit dem 18. XI. die zweite Ostkrankheit (nach dem Durchfall) nämlich die Gelbsucht. Daß man dabei gelb wird, ist das Wenigste. Vor allem schmeckt nichts mehr, man wird vollkommen teilnahmslos, und interessenlos und verspürt in allen Gliedern eine bleiernde Schwäche. Dieses Stadium der Krankheit habe ich aber, Gott sei Dank, überstanden, zumal wir seit einigen Tagen Diätkost bekommen. Als unangenehme Begleiterscheinung aber sind bei mir die Beine, Arme, der Kopf usw. unförmig angeschwollen. Ich sehe aus wie ein Baby, so dick. Der Zustand ist insofern unangenehm, als ich in meiner Bewegungsfreiheit ziemlich gehemmt bin. Man hat mir deshalb heute morgen eröffnet, daß ich morgen ins Lazarett soll. Hoffentlich wird es dort besser bei der nötigen Pflege. Vor allem freue ich mich, daß ich mich dort einmal gründlich waschen bzw. baden kann, und daß wir endlich mal entlaust werden. Liebe Annemarie, Sorgen brauchst Du Dir und Ihr alle zu Hause um mich nicht zu machen. Die Krankheit ist an sich harmlos, und ich bin nicht der erste u. letzte, der sie hat. Auch in Bezug auf die sonstige Lage sind wir ziemlich optimistisch. Wir bekommen wieder volle Portionen, und der Führer vergißt uns nicht. Die Gelbsucht selbst ist auf eine einseitige Ernährung zurückzuführen. Ich habe Dir ja schon öfter geschrieben, daß mir vor allem Kartoffeln, Gemüse und Obst fehlen.

In drei Wochen nun haben wir Weihnachten! Welcher Unterschied gegen voriges Jahr! Hoffentlich bin ich bis dahin wieder bei meinen Kameraden, und die Lage ist eine andere u. bessere. Dir, liebste Frau, wünsche ich alles, alles Gute zum Feste und zum Neujahr. Vor allem wollen wir an ein frohes Wiedersehen glauben und darauf warten. Grüße bitte Deine u. meine Angehörigen von mir und übermittle Ihnen meine besten Wünsche zum Fest und zum Jahreswechsel. Auch alle anderen Verwandten grüße von mir. Ich wollte allen schreiben, kann es aber nicht, da ich, wie oben schon erwähnt, nur einen Brief wöchentlich schreiben darf.

Wie geht es Dir nun, mein Lieb? Hoffentlich erfreust Du Dich nach wie vor bester Gesundheit. Du wirst sicherlich wieder schon auf Post von mir warten. Ich weiß, wie das ist; denn ich bekomme seit drei Wochen auch keine mehr. Aber sei zuversichtlich und stark, es geht alles vorüber und wird wieder besser. Hoffentlich kann ich vom Lazarett aus öfter schreiben. Ich habe in den letzten Tagen öfter an vergangenen Winter gedacht, als wir immer nach [...] zum Bahnhof gelaufen sind. Wie froh bin ich, daß das nun für Dich vorbei ist. Es war doch ziemlich anstrengend. Liebe Anni, mach Dir bitte keine unnützen Sorgen um mich, glaube immer an das Beste und denke an Dich und unser Kind zuerst. Am Weihnachtsfest werde ich unterm Lichterbaum bei Dir stehen und Dich liebhaben und dankbar Deine lieben Hände streicheln. Ich bin so froh und glücklich, daß uns das Leben zusammengeführt hat und warte auf den Tag, da uns nichts mehr trennen soll, nämlich auf den Tag, da wirklich »Friede auf Erden« herrscht. Sei Du, liebste Frau, tausendmal gegrüßt und geküßt von deinem Fred.

Dr. Erich Weber
** 1911, Major u. Stabsarzt, vermißt*

Feldlazarett am 4.12.1942

Mein liebstes Frauchen Du!
Hoffentlich gelingt es mir, diesen Brief in Deine Hände gelangen zu lassen, damit Du Dir wenigstens keine Sorge zu machen brauchst. Hier hat sich ja inzwischen einiges geändert. Seit etwa 10 Tagen sind wir im Einsatz, d.h. ich bin mit einer Operationsgruppe zu einer San.-Komp. kommandiert. Wir haben allerhand Arbeit, die umso schwieriger und unerfreulicher ist, da sie unter den bisher primitivsten Verhältnissen erledigt werden muß! Die Post ist ja seit längerer Zeit gesperrt, ich will versuchen, Dir diesen Brief durch einen von mir Operierten,

der mit dem Flugzeug zurücktransportiert wird, zuzuleiten. Von Dir habe ich ja nun auch seit langer Zeit kein Brieflein, von ganzem Herzen hoffe ich, daß es Dir gut geht! Und mach Du Dir um mich keine Sorgen weiter. Wenn auch die nächsten Wochen sicher noch nicht gerade schön für uns werden, so halten wir doch auch dies durch, die Stimmung ist allseits gut und zuversichtlich. Gott sei Dank ist das Wetter noch leidlich, hie und da etwas Schnee, aber noch keine große Kälte! Hie und da sogar Tauwetter mit etwas »Matsch«, aber kein Vergleich mit dem gefürchteten Morast!

U.-Offz. Reiber ist auch bei uns, ruf doch bitte mal bei ihm zu Hause an, daß es auch ihm gut geht, ausführliche Post folgt – wie ja auch bei mir! – später!!

Heut in drei Wochen ist Weihnachten, hoffentlich hast Du wenigstens bis dahin diese Nachricht in Händen! Daß es auch diesmal wieder kein schönes Fest für Dich wird, weiß ich, aber trotzdem bitte ich Dich, nicht allzu traurigen Gedanken nachzuhängen!!

Was magst Du wohl auf meinen Brief hin vom Wehrkreisarzt gehört haben? Ich hoffe ja, daß Du wenigstens vorläufig vor Fam. [...] Deine Ruhe hast, etwas Weiteres kann ich ja zur Zeit überhaupt nicht unternehmen!

Für heut, Du mein liebstes Herzel Du, leb wohl! In Gedanken fliege ich mit diesem Brief zu Dir in Deine Arme, drück Dich fest an mich und küsse Dich heiß und innig! All meine Liebe und Sehnsucht möchte ich Dich fühlen lassen, sie sollen Dir sagen, wie lieb ich Dich hab!!!

Das Brieflein aber bringt Dir die innigsten Grüße von Deinem allzeit getreuen

Erich.

Blick aus einem deutschen Scherenfernrohr auf die zerstörte Stadt.

Wernfried Senkel
** 1922, Gefreiter, vermißt*

O. U. 4.12.42

Liebe Eltern – Wolfgang – Jutta!
Ihr werdet mit Schmerzen auf Post von mir warten. Aber ich will es Euch nun schreiben, wie das alles zusammenhängt. Ob dieser Brief erst die Kontrolle passiert, weiß ich nicht. Wir bekommen es gesagt, was und wem wir schreiben können. Wir sind nämlich eingeschlossen. Was das heißt für uns, könnt Ihr gar nicht ermessen. Das ist eine schwere Zeit. Müssen neue Bunker und Fahrzeugboxen bauen. Seit gestern nacht arbeiten wir in der vordersten Linie und bauen die Stellung besser aus. Schlafen ist Luxus. Dasselbe Waschen. Wollen heute gleich mit

vorziehen, sonst müssen wir über 2 Stunden laufen. So kaputt und matt war ich noch nicht. Die Augen fallen bald vor Müdigkeit zu. Wie sehen wir dreckig und zerlumpt aus. Was anderes darf ich ja nicht schreiben. Es ist auch besser so. Ihr würdet Euch nur unnötige Sorgen machen. Habe ja auch für Jutta einen Brief fertig, kann ihn aber noch nicht wegschicken, da nur einer genehmigt worden ist. Sagt es dem Mädel, denn sie sitzt bestimmt wie auf Kohlen. – So einen täglichen Feuerzauber haben wir noch nicht bekommen. Dazu die russ. Luftangriffe. Das war oft nicht mehr schön. Sie haben zum Glück aber keinen größeren Schaden angerichtet. Wir haben Mehl erbeutet und da wurde mit Wasser ein Teig angerührt und Plätzchen auf der Ofenplatte gebacken. Das ist ja nicht die Masse gewesen. Wurde aber mit einem Appetit verzehrt. Der Russe hat hier eine Offensive los gelassen. Da war alles dran. Zu Massen hat er seine Menschen und Panzer gegen unsere Stellung gejagt. Einmal, es war Sonntag, sind wir sogar stiften gegangen. Da haben wir die Komp. in letzter Minute aus der Stellung herausgeholt mit Fahrzeugen. Seitdem ich den Chef-Kübel fahre, haben meine beiden großen Zehen einen Frostschaden weg. Wenn ich da in die Wärme komme dann krappelt es unheimlich. Wenn Ihr mich mal sehen würdet, so wild und unrasiert, ich glaube, Ihr würdet mich nicht erkennen.

Die Läuse fressen uns bald auf. In Mengen kann man sie jetzt knacken.

Ich habe nur einen großen Wunsch, und das wäre: Wenn diese Scheiße bald ein Ende hätte. Daß wir Rußland den Rücken kehren könnten. – Ob wir das mal noch mit erleben werden. Wir sind alle so niedergeschlagen.

So nun grüßt mir Jutta und sagt, sie soll sich mit mir trösten. Wir bekommen ja auch keine Post. Das wird aber noch nachgeholt.

Die besten Weihnachts-Neujahrsgrüße
Sendet Euch alle Euer
Großer
Wernfried

5. Dezember 1942

Paul Gerhardt Möller
** 1903, Sanitätssoldat*

5.XII.42

Mein liebes Herz!
Es ist wieder nur ein Gruss, den Du am Vorabend des II. Advent bekommst – aus besonderen Gründen. Wir liegen zu 21 Mann in einem Bunker, der erträglich warm ist. Ich habe eine Ecke, + neben mir liegen M. Müller und Fr.J. Haggeney. Du siehst also, ich bin in guter Gesellschaft. – Unser Dienst ist sehr verschieden: ich hatte gestern ein Holzholekommando nach St., wo es unsagbar viele zerstörte Häuser gibt. Eine wunderliche Stadt! Ich möchte sagen: riesige Laubenkolonien wie in Rudow, und mitten drin ragt ein riesenhaftes Haus, ein Verwaltungsgebäude oder eine Fabrik empor. – Mit unserem LKW blieben wir in einem Nebenflüsschen der Wolga stecken und kamen nur mühsam wieder heraus: Ein etwas nasses Vergnügen! Die Berge hinauf mussten wir schieben. Ja, es gibt wirklich Berge hier in der Stadt, und zwischendrin liegen tiefe Täler. Ein mächtiger Viadukt für die Eisenbahn geht mitten durch den Ort. In einem Hause bei einer Ingenieursfamilie bekamen wir wundervoll starken Tee, auf echt russische Art auf dem Samowar gekocht. Dazu gab es Brötchen aus Roggenmehl: fein im Geschmack. Es ist bewegend, wie die Leute von ihrem Wenigen, das sie haben, uns abgaben, weil sie sahen, dass wir Hunger hatten. Orientalische Gastfreundschaft! – Heute musste ich als Melder zur Kompanie gehen: 2 ½ Std. durch knietiefen Schnee, durch die weglose Steppe im Nebel. Dort gab's eine gute *dicke* Erbsensuppe, die herrlich wohltat. Aber denk' Dir: unser Bunker, in dem wir noch den I. Advent feierten, ist eingebrochen. Wenn wir drin gewesen wären!! »Du hältst mich ...!« Das ist immerzu ein Trost. Ich bin immer bei Dir! In Liebe, dein P.G.

Werner Ansel
** 1923, Panzergrenadier, vermißt*

Osten, den 6.12.42

Meine lb. Eltern und Bruder.
Endlich kann ich Euch wieder einen Brief schreiben. Ich weiß Ihr werdet die ganze Zeit auf Post gewartet haben. Aber wir konnten nicht schreiben. Vieleicht habt Ihr ja gehört, daß Stalingrad eingeschlossen ist. Wir liegen ja in Stalingrad. Und zwar in einer Fabrik. Da kam keine Post durch. Wir mußten uns mit allem einschränken. Sogar das Essen ist sehr knapp. Aber wie man hört, soll es wieder besser werden. Wir sind jetzt schon 2 Monate im Einsatz. Wir haben eine Verteidigungslinie gezogen. Ich aber bin schon 1 Woche im Hauptverbandsplatz. Habe mit den Füßen zu tun. Geschwüre und dick angeschwollen, ich konnte kaum noch gehen. Es ist weiter nicht schlimm. Die Hauptsache ist, ich bin mal aus der Stellung raus. Wie lange ich dann hier noch bleibe weiß ich nicht. Ich habe einen schönen Bart ich kenne mich bald selbst nicht mehr. Haben uns schon drei Wochen nicht gewaschen. Morgen muß ich wieder zum Verbinden. Hier wird immer die Zeit so lang, man hat keine Unterhaltung. Heute ist ja der zweite Advent und Nikolaus. Ja könnte man jetzt zu Hause sein. Bald ist Weihnachten. Schade das ich nicht mit Euch feiern kann. Man freut sich die ganze Zeit schon auf die Päckchen. Aber wenn ich hierbleiben sollte, oder zurück in ein Lazarett kommen sollte dann werde ich sie nicht bekommen. Braucht mal vorläufig nichts zu schicken und zu schreiben. Ich will mal abwarten wie das wird.

Vater hat ja jetzt auch Geburtstag, ich wünsche ihm noch viel Glück.

Mutter wird jetzt wieder schöne Weihnachtsplätzchen backen und kaufen. Da würde ich mal mitessen. Was macht Helmut noch? Hoffentlich seid Ihr noch alle gesund. Ich will dann nun für heute Schluß machen. Und wünsche Euch recht frohe Weihnachten. Und hoffe wenn Gott will, daß wir nächstes Jahr zusammen feiern können.

Es grüßt Euch vielmals Euer Werner
Gruß an alle Bekannten.

Dr. Erich Weber
** 1911, Major u. Stabsarzt, vermißt*

Feldlazarett am 6.12.1942

Mein geliebtes Frauchen Du!
Die Feldpost scheint nun doch so langsam wieder in Gang zu kommen, wenn auch noch nicht mit regelmäßiger Abgabe unsererseits gerechnet werden kann! Aber ich will doch die angeblich erste Gelegenheit benutzen, ein paar Zeilen an Dich auf den Weg zu bringen! Du wirst sicher sehnsüchtig und mit Unruhe darauf warten! Obgleich zu letzterer wirklich kein Anlaß besteht!! Wenn auch die Lage zur Zeit für uns noch etwas unklar ist, so sind wir doch alle voller Zuversicht, daß bald wieder die restlose Bereinigung hergestellt ist. Wie ich Dir ja schon schrieb, bin ich mit einer Chirurgengruppe zu einer San.-Komp. kommandiert, mein Wunsch nach Arbeit ist also rascher in Erfüllung gegangen als ich dachte! Und ich bin froh darum, vergehen doch die Tage nun wieder rascher denn je. Es gibt auch allerhand zu tun, aber ich bin schon Schlimmeres gewohnt gewesen. Gesundheitlich geht es mir gut, sodaß Du Dir auch in dieser Hinsicht keine Sorgen zu machen brauchst. Allerdings ist das »Höhlenleben«, das wir nun zu führen gezwungen sind, nicht gerade nach meinem Geschmack, aber auch das wird sich ja wieder ändern! Wesentlich unerfreulicher ist es, daß wir unsere Arbeit unter den allerprimitivsten Verhältnissen ausführen müssen, aber verständlicherweise geht auch das! Dich aber, mein liebstes Herzel Du, bitte ich, Dir nur ja keine größeren Sorgen um mich zu machen, hoffentlich kann ich bald wieder regelmäßig schreiben, damit Du immer beruhigt sein kannst!

U.-Offz. Reiber, der ja auch mit mir hier ist, bekam heute einen Luft-Feldbrief, aus dem ich von dem Luftangriff auf Mgt. hörte. Da scheint ja diesmal doch so einiges passiert zu sein! Von ganzem Herzen hoffe ich, daß Du wohlbehalten und munter bist! Meine besten Wünsche begleiten Dich auch weiterhin! Auch ich warte ja so sehnsüchtig auf Post von Dir, aber leider werde ich mich wohl noch etwas gedulden müssen!?!

Für heute, Du mein Lieb Du, leb wohl! Meine Gedanken sind ja so oft bei Dir, jetzt aber tragen sie mich zu Dir in Deine Arme!! Ganz fest drücke ich Dich an mich und küsse Dich heiß und innig!!! Jeder Kuß aber soll Dir sagen, wie lieb ich immer Deiner gedenke!!!

Das Brieflein aber bringt Dir die herzlichsten und innigsten Grüße von Deinem allzeit getreuen

Erich.

Walter Gehr
Alter und Dienstgrad unbekannt, gefallen

Stalingrad, 6.12.1942

Meine Lieben!
Herzlichen Dank für Eure Briefe, auch den nachträglich empfangenen, sowie für erhaltene Liebesgabenpäckchen.

Jetzt ist es leider aus mit den Päckchen, denn wir haben schon lange keine Post mehr erhalten und werden wohl noch sehr lange ohne Post sein. Die schönen Weihnachtspäckchen können wir wohl auf dem Mond beschauen, trotzdem sie uns gerade jetzt in unserer Lage so gut tun würden; also es ist nichts damit zu tun, wir müssen uns in unser Schicksal dreinfinden.

Ich kann nicht viele Worte mehr machen, ich habe nur eine große Sehnsucht im Herzen – die Heimat, denn das Leben ist hier nicht mehr lebenswert, denn ich bin ein richtiger »Läusejunge« geworden. Die Läuse lassen mir keinen Schlaf und treiben mich zum Wahnsinn. Von anderem will ich gar nicht reden, denn auch an größte Gefahren gewöhnt man sich; man gewöhnt sich eben so lange, bis man selbst an die Reihe kommt.

Ich danke Euch von Herzen, daß Ihr Gerda und meine Kinder nicht vergessen habt und wenn die Not einmal groß war, mit etwas Nahrhaftem einspringen konntet.

Wie lange das noch so gehen wird – wir wissen es vielleicht am wenigsten, denn wir sind müde und apathisch geworden und leben von einem Tag auf den anderen.

Vielleicht bekommt Ihr mehrere Briefe lange nicht, vielleicht überhaupt nicht, es war sinnlos, eben jetzt zu schreiben, also ich schrieb, weil ich gerade Zeit hatte.

Sage bitte auch vielen Dank an Friedel für Brief und Päckchen und seine guten Wünsche an mich. Ich kann ja nicht jedem einzeln schreiben. Wenn jetzt auch vielleicht die Zeit oft da wäre, dann fehlt es am Licht, die Kerzen sind alle und die Nacht ist so lang. Um ½ 3 Uhr nachmittags ist es jetzt bereits Nacht hier.

Nochmal vielen Dank und die besten Grüße an alle Göppinger, insbesondere Friedel, Elsa, Vater Geiger, Staudinger senior und an Euch beide mit den besten Wünschen für Eure Gesundheit

Euer Walter Gehr

Herwig Schürl
** 1921, Unteroffizier*

Im Felde 6.12.1942

Liebe gute Eltern!
Vor allem recht Herzliche Grüsse und hoffe dass bei Euch alles gesund und wohlauf ist.

Mit der Post lb. gute Eltern zu mir wird es jetzt wieder ein bischen länger dauern und hoffe das Ihr inzwischen alle meine Briefe erhalten habt.

Wenn Ihr die Bücher um die ich geschrieben habe noch nicht weggeschickt habt, dann lasst sie einstweilen zuhause bis ich Euch wieder schreibe.

Sonst lb. gute Eltern geht es mir gut, bin gesund und wohlauf, nur das Wetter ist recht saumässig, nachts schneit es wie verrückt, bei Tags liegt der Nebel recht tief und ein Tauwetter, das man Schnellbote als Verkehrsmittel verwenden könnte. Na es wird auch das wieder vorüber gehen, es ist halt nur dann der saumässige Schnupfen nicht ausbleibbar, aber das sind einstweilen unsere kleinsten Sorgen.

Jetzt aber lb. gute Eltern komme ich mit meinen Weihnachtsgeschenken an meine Schwesterln und so schwer es mir auch immer ist nur mehr für meinen einzigen Bruder Werner und dann für Euch beide lb. gute Eltern. Unseren lb. guten Walter wollen wir an diesem Abend fest in unsere Herzen schliessen und einen ruhigen Schlaf im Jenseits vergönnen, er hat wie so viele tausend Deutsche für sein Vaterland alles geleistet.

Nun aber lb. gute Eltern nochmals zu meinen Geschwistern, beschert ihnen soviel als nur möglich, es ist mir kein Groschen zuviel den Ihr ausgebt, denn lb. gute Eltern Ihr könnt mich hier heraussen nur glücklich machen wenn Ihr mir dann schreibt, wie schön die Weihnachtsfeier und die glücklich strahlenden Gesichter waren. Für meinen kleinen lb. Hosenscheisser gilt natürlich dasselbe, macht es ihm schön, so als wir noch klein waren, den der kleine Schlankel soll ja doch noch nichts wissen das Krieg auf Erden ist.

Für Otti und Karl lb. gute Mutter wirst Du ja sicher wissen, was sie gebrauchen können, und vergesst bitte ja nicht meinen kleinen Neffen, nicht das er am heiligen Abend ohne Geschenke von seinem Onki dasteht. Wie es mit den Besorgungen sein wird kann ich mir ja vorstellen, aber ich bitte Euch gerade heute, tut was Ihr könnt damit ich recht grosse Freude habe.

So will ich für heute wieder schliessen, wünsche Euch allen lb. gute Eltern, recht schöne glückliche Feiertage, vor allem Gesundheit und die Hoffnung das ich Euch alle wieder einmal so richtig froh und unbesorgt zuhause antreffe und dann für das deutsche Volk der Frieden für Jahrhunderte sicher ist.

Zum Schlusse noch lb. gute Eltern richtet an Tante Maltschi, Otti, Jultschi, Hans, Grete, Heinz, sowie an Familie Stern und Mann ebenfalls meine herzlichsten Feiertagswünsche aus, es geht leider mit dem Briefschreiben nicht so, wie man möchte, vielleicht schreibe ich Euch nächstes Jahr mehr, für heute weiterhin alles Gute von Eurem dankbaren

Sohn Herwig

Paul Gerhardt Möller
** 1903, Sanitätssoldat*

6.XII.42

Meine Magdalena!
Wie bin ich glücklich, dass ich in all diesem Erleben + Erleiden *so* schreiben kann! An festlichen Tagen – heute ist der II. Advent! – spürt man das Alleinsein + Fernesein ja doppelt. Und wenn dann das müde Herz ausruhen darf daheim, bei Dir, + weiss, dass viele, viele kleine Gebete von Dir zu Gott aufsteigen, – dann ist das schon etwas ganz Grosses. Ich danke Dir so, daß Du mein bist + bleiben willst.

Ja, II. Advent! Es ist *sehr* anders als der I. vor 8 Tagen. Mein Dienst war heute von 6 ½ bis 12 Uhr – Totengräberarbeit. Kannst Du Dir Deinen Eheliebsten vorstellen mit Schaufel und Spitzhacke? Damit haben wir den schweren Lehmboden bearbeitet, um für 12 Tote ein Massengrab zu graben. Das war heute Arbeit, + mein Herz, das seit dem Malariafieber zuweilen bei Anstrengungen weh tut + nicht mehr so will wie sein Besitzer, hat oft recht kräftig sich gemeldet. Aber ich konnte doch durchhalten. Nach dem Essen (seit gestern gibt es mittags *1* l Suppe! Heute war's eine gute Haferflockensuppe, zu meiner Freude ohne Fleisch) warteten wir auf »Ju's«, in die Verwundete verladen werden sollten; aber sie kamen nicht, brummen vielmehr erst jetzt heran, während ich schreibe. Um 16 h war ich dann im Bunker, habe mir mit Schneewasser *1* Becher von Deinem guten Kaffee gemacht, das Papierserviettchen auf einer Schachtel ausgebreitet, das rote, ach, so liebe Kerzelein entzündet + daraufgestellt + das Transparent – allen sichtbar als einzige, kurze, eindringliche Adventspredigt – auf meinen Stiefelschaft gestellt. Dann las ich (es war ganz still, weil alle müde + »fertig« sind) Ep. + Evgl. Welch kostbarer Wochenspruch!!! Gerade in unserer Lage! O was werden Bibelworte oft lebendig! — Dann lagen Dein + m. Mutters Bild vor mir, + ich habe »mit Euch« Kaffee getrunken. Bin ich nicht reich? (Meine Advents[...] waren diesmal 2 St. Knäckebrot, unsere tägl. Ration an Brot.) – Und nun will ich noch mein tägl. Kapitel theol. Wissenschaft treiben. – Herzli, es ist ja nun wieder ein kurzes Berichten, + viel, viel muss ungesagt bleiben; aber ich bin schon froh, Dich grüssen zu können. Es tat gut, so ein wenig »Ansprache«, wo hier eigentlich keiner ist, der ganz einen versteht.

So grüsse ich Dich – menschlich in tiefster Ungewissheit – in grosser adventlicher Freude + umarme Dich voll starker Liebe.

Dein Paul Gerhardt.

Max Breuer
** 1909, Gefreiter, in Gefangenschaft gestorben*

Rußland, den 7. Dez. 42

Mein lieber guter Engel!
Viel weiß ich Dir nicht zu schreiben, da sich zwischenzeitlich nicht und ich aus besonderen Umständen keine Post zurzeit erhalte. Im Wehrmachtsbericht vom 6.12.42 wirst Du sicher gelesen haben, daß wir zurzeit in einem großen Kessel sind. Aber das brauchst Du durchaus nicht tragisch zu nehmen und Dir Gedanken zu machen. Es ist dem Russen zwar schon mal gelungen, die Deutschen einzukesseln, aber bisher ist der Kessel immer durchbrochen worden. Und wir werden auch wieder herausgepaukt werden. Dessen bin ich sicher. Zumal ein Tagesbefehl des Führers uns bestimmte Hilfe versprochen hat. Du brauchst Dir also nicht die geringsten Sorgen zu machen, das ist völlig unnötig. Wir haben alle paar Tage Gelegenheit einen Brief an unsere Angehörigen zu schreiben. Und da mache ich für Dich in aller erster Linie Gebrauch. Die Post gelangt auf dem Luftwege ins rückwärtige Gebiet und von da in die Heimat. Nur schade, daß wir zurzeit darauf verzichten müßen, Post aus der Heimat zu bekommen. Aber das wird in Kürze auch wieder der Fall sein. Hoffentlich bis Weihnachten, damit noch ein Teil der Päckchen ankommt. Ich freue mich schon richtig, was Du mir Leckeres geschickt hast. Hoffentlich hast Du nicht die Päckchen allzu sehr vor dem 30.11.42 abgeschickt, damit den Russen nichts in die Finger gefallen ist. Naturgemäß ist die Verpflegung etwas knapper zurzeit. Aber heute kam schon der Befehl durch, daß wir auf dem Luftwege

zusätzlich mit Verpflegung versorgt werden. Du siehst also, für alles ist gesorgt. Diesertage haben wir das erste Mal Pferdefleisch bekommen, was mir fabelhaft geschmeckt hat. Kurt Schramm und Heinrich Hinselmann wohnen direkt ein paar Häuser weiter und sind guter Dinge.

Wieder bin ich Weihnachten nicht bei Euch. Das ist das einzigste, was mich drückt. Schnaps und Rauchwaren sind für Weihnachten schon in genügender Menge vorhanden. So kann man sich dann gut über die Tage weghelfen. Weihnachten und Neujahr werden wir uns doch so nah sein. Und nun wünsche ich Dir, Heidi und Kai sowie Deinen Eltern ein recht frohes Weihnachtsfest und ein glückliches Neues Jahr. Vergeßt mir nur Euren Vati nicht. Mit den allerherzlichsten Grüßen und vielen 1000 Küssen Euer Vati, der in jeder Stunde bei Euch ist.

Einmal werde ich wieder bei Dir sein!

Über Langeweile brauche ich nicht zu klagen, da ich mit meiner Rechnungsführerei mehr als vollauf beschäftigt bin.

Euer Vati

Wolfgang Berg
** 1911, Obergefreiter, vermißt*

Im Osten, den 7/12.42

Mein liebes gutes Frauchen und Jungens!
Wenn Du diesen Brief erhältst wirst Du wohl 2 Briefe vom 2/12 u. 4/12 von mir erhalten haben. Sonst geht es mir aber noch gut. Ich hoffe ja meine Lieben, daß das bei Euch auch noch der Fall ist. Nun sind schon 3 Wochen her, daß ich keine Post von Dir erhalten habe. Ich hatte Dir doch am 14.11. einen per Luftpost geschickt, ist der schon angekommen. Augenblicklich geht das alles per Luftpost, schreib mir gleich wieder, wenn Du diesen Brief erhältst. Ich warte sehnsüchtig darauf. Gestern haben wir mal wieder etwas Post erhalten, von Dir war nichts dabei nur von Emmy sie schrieb mir daß sie ein Päckchen abgeschickt hat. Mein Liebling, wie uns heute erzählt wurde, ist die Lage jetzt besser geworden, es kann sich nur noch um Tage handeln, dann geht alles seinen gewohnten Gang wieder, es ist auch man

gut. Es wär doch nicht schön gewesen, wenn wir Weihnachten garkeine Post und die Päckchen auch nicht erhalten hätten, so haben wir doch die eine Hoffnung. Sonst ist aber alles beim alten. Mein Liebling was gibt es denn sonst neues zu Haus? Was machen meine beiden Jungens. Sind sie auch immer artig oder ärgern sie die Mutter viel? Mein Liebling nun sind es noch ein paar Tage u. dann ist Weihnachten, dieses Jahr bin ich ja nicht bei Euch meine Lieben, aber wir wollen hoffen u. wünschen, daß ich nächstes Jahr wieder ganz bei Euch bin. Darum mein Liebling halt immer den Kopf hoch u. mach Dir nicht so viel Gedanken u. Sorgen um mich mir wird schon nichts passieren. Heute haben wir zur Verpflegung einen halben Liter Rum bekommen, ich glaube damit wollen sie uns bloß müde machen, damit keiner an zu meckern fängt.

Mein Liebling gleichzeitig wünsche ich Euch heute ein frohes u. gesundes Weihnachtsfest, ich schreibe es heute schon mit, wer weiß wann der nächste Befehl kommt zum schreiben.

Für heute viele tausend Küsse u. Grüße an Dich u. meine Jungens

Dein lieber Papa

Karl Kaufmann
Alter unbekannt, Unteroffizier, gefallen

7.12.1942

Lieber Kurt!
Sicher wirst Du schon einmal auf Zeilen von mir gewartet haben; aber nicht Faulheit, sondern die große Lage ist schuld, daß unsere Verbindung so mangelhaft ist, denn im Norden, Süden, Osten und Westen von mir sind Russen. Seit einiger Zeit sind wir eingekesselt. So leben wir das Leben von Insulanern, ohne jeden Nachschub anfangs ohne Postverbindung auch noch heute. Aber stell Dir vor, eine Armee mit allem was sie nötig braucht, durch die Luft versorgen, da gibt es nur kleine Portionen und Post geht schon überhaupt nicht. Diese Zeilen schreibe ich in der Hoffnung, daß doch einmal ein Pilot Erbarmen hat, und so dann, privat, die Post über den von Russen

besetzten Teil bringt. Na, ich werde ja hören, wann diese Zeilen in Deine Hände gelangt sind. Ich selber bin trotz der 4 ½ Monate ununterbrochenem Einsatz noch gesund und stehe jetzt als Zugführer hier im Abwehrkampf. Lange wird es nicht mehr dauern und wir werden wieder Luft haben, denn starke, ausgeruhte Einheiten sind im Anmarsch, zum Teil schon haben sie Feindberührung. Und dieses Spiel wird den Russen teuer zu stehen kommen, natürlich im Moment sind wir es, die kein leichtes Los haben. Denn man verblödet hier, ohne Nachrichten, keine Post, nicht eine Zeitung und wäre sie ein Monat alt. Stumpf sitzt man in seinem Bunker und wartet, worauf? Ach, da gibt es Tausend unerfüllte Wünsche, und wird man aus seinen Sinnen herausgerissen, dann aber nur durch irgend etwas unangenehmes, den Zustand unbelastet froh zu sein, den kenne ich schon seit langem nicht mehr. Nur Galgenhumor oder bissige Ironie, bringt noch einmal für kurze Zeit ein Lachen über das Gesicht. Und wie gern haben wir doch eine frohe Stunde gehabt, und sie uns selber gestaltet.

Warten wir auf die Zeit, die sich dieser »großen« anschließt, sie soll ja uns alle entschädigen für die Entsagung und Entbehrung die wir jetzt auf uns nehmen müssen. Lassen wir uns überraschen!! Ich habe noch besonderes Pech entwickelt bei dieser Kesselei, sollte ich doch im Dezember noch auf Urlaub fahren und nun sitze ich hier und halte durch, denn Aufrufe zum Durchstehen haben schon eine ganz Reihe Männer an uns erlassen. Und wir werden stehen, das ist mal klar, nur dann, dann möchten wir doch einmal eine Pause machen, denn was haben wir noch mit einem Menschen gemeinsames, nur bei genauem Hinsehen, sieht man das doch, denn ein würdiger Vollbart verziert mein Gesicht, und ich nehme das hin als Kälteschutz. Und die Vernichtung von Ungeziefer ist noch die einzige Beschäftigung, die Sinn hat, denn wenn man das nicht ⅓ des Tages betreibt, dann hat man keine ruhige Minute. So siehst Du, Kurt, was einem hier so blühen kann, halte darum Deine Stellung so lange Du kannst, dort wo Du bist. Denn stelle Dir vor, wie Leni zu Mute sein wird, in der Vorfreude, daß ich komme und vielleicht einen Teil der Festtage mit ihnen zusammen verbringen würde. Und nun weiß ich nicht einmal, wann sie die letzte Nachricht von mir bekommen hat. Eine herrliche Zeit.

Was treibst Du so? Ich hoffe, daß Du bei bester Gesundheit, noch irgendwo im G.G. bist und dort die große Zeit erlebst? Den deinigen in der Heimat, geht es doch sicher auch, soweit es die Gegenwart zuläßt, gut? Einen Gruß auch ihnen, wenn Du wieder schreibst.

Uns allen wünsche ich nur, daß alles bald ein Ende hat und wir so ein Wiedersehen feiern können. Irgend ein Gebrechen, wird dann doch jeder mitbringen, denn Rheuma macht sich bei mir schon jetzt in einem Maße bemerkbar, das nicht das Beste erhoffen läßt. Aber was hilft alles, wir sind drin im Mist und er breitet sich noch aus, hier müssen wir nun erst durch, um wieder nach dort zu gelangen, wo unser aller Sehnen hingeht.

Und so, lieber Kurt, sei für heute einmal wieder recht herzlich gegrüßt von Deinem Freund Karl

Heino Graf Vitzthum
** 1914, Rittmeister*

vor Stalingrad, 7.12.1942

[...]
Draußen schneit es fast ohne Unterbrechung, leider, und macht die Bewegung von Mensch und Maschine immer schwieriger. Auf den Höhen pfeift ein ordentlicher Wind, meist herrscht dichter Nebel, der die Gegend noch öder erscheinen läßt. Ich vertrete Stenzler noch immer ganz, er befindet sich aber endlich auf dem Wege der Besserung. Am gemütlichsten ist es jetzt im warmen Bunker, an dem man aus Langerweile immer noch bastelt und werkt. Sogar einige aus Zeitschriften ausgeschnittene Bilder sind jetzt als Wandschmuck dazugekommen. Ich bedaure immer wieder, daß Du nicht mal eine solche Erdwohnung sehen kannst, die für uns in dieser Jahreszeit der Inbegriff von Gemütlichkeit und Geborgenheit bedeutet, obwohl sie höchst primitiv ist und nicht allzuweit hinter der Front liegt. Ich lese viel, soweit noch Stoff vorhanden ist, der alte

Herr Faust verschafft manche Stunde der Besinnlichkeit. Im übrigen lese ich gerade das Lebensbuch von Sheridan. Der schönste Moment am Tag ist entschieden der, wenn *die* Tasse Kaffee fertig ist und ganz heiß geschlürft wird (hier stört's ja niemand!). Aber ich muß lausig haushalten mit meinen abnehmenden, geringen Beständen, da ja noch keinerlei »Nachschub« zu dem Mitgenommenen da ist. Scheinbar hast Du ja schon 2 × welchen geschickt. Gott sei Dank gab mir Onkel Fritz noch ein bißchen Zucker. Der Zigarettenvorrat schwindet bedenklich und wird durch viel Pfeife gestreckt. Ich muß Dir noch berichten, daß ich mir einen kleinen, angeblich sehr komisch aussehenden, »Balbo« stehen lasse, wie wir es im übrigen alle ohne Ausnahme hier machen. Dazu die Wintervermummung, zu der ich jetzt auch noch eine Pelzmütze bekommen habe, alles in allem wird man einem Kosaken immer ähnlicher! Heut sprach ich mit dem Ia über mein weiteres Programm, danach werde ich wohl höchstens noch bis Weihnachten bei Stenzler bleiben und dann noch je 14 Tage zur Nachrichtenabteilung und den Pionieren und die letzten 4 Wochen zum I a gehen. Meinem mit Liebe eingerichteten Bunker werde ich wohl sehr nachtrauern. Mit Heintze stehe ich z.Zt. nicht mehr in so enger Verbindnung, desgleichen mit Dohna, dagegen liegt meine alte Schwadron bezw. teile davon in meiner Nähe und Weißenborn wird hoffentlich bald mal kommen und mir von allem berichten, was sie in der letzten, bewegten Zeit erlebt haben. –

Mitternacht. Ich mußte unterbrechen und regieren, meist gehen wir zeitig schlafen, da es ja bereits ½ 3 Uhr dunkel wird und wir Licht sparen müssen, dafür beginnt früh der Tag zeitig. Eben ist auch mein Kater von seinem Nachtstreifzug zurückgekehrt und zieht nun bei mir auf Mäuseposten. Wenn ich jetzt zu Dir denke, mein Russenkind, wie Du wahrscheinlich schon in tiefem Schlummer in Deinem schönen weißen Bettchen liegst, dann überkommt mich doch eine riesengroße Sehnsucht, und das halbe Jahr, das noch bis zu einem Wiedersehen vergehen soll, erscheint mir endlos lang. Gute Nacht, mein Liebstes, grüß alle zu Haus, ich wünsch Euch nochmals von Herzen ein schönes gemütliches Weihnachten und ein gutes Neues Jahr.

[...]

Paul Gerhardt Möller
** 1903, Sanitätssoldat*

8.XII.42

Mein liebes Herz!
Es ist still geworden im Bunker: die meisten haben Nachtdienst + müssen Flugzeuge beladen mit Verwundeten, + die Übrigen sind müde + haben sich in ihre Decken verkrochen. Hinter mir liegt auch ein anstrengender Tag, aber ich muss noch schnell zu Dir kommen. Letzte Nacht tat ich's – nicht im Traum; ich war ganz wach (ob Du gerade an mich dachtest?) – + und ging durch unsere Stuben, sass eine Weile am Ecktisch im blauen Sessel in Deinem Zimmer, stand bei mir in der heimatlichen Ecke + streichelte meine Fahne, war im Schlafzimmer + stand in der Küche am Herd ... und es war alles so wirklich, so echt, so schön; denn Du warst ja überall da.

Weisst Du, was ich gestern mit Freuden entdeckte? Ich schaute beim Gräbergraben auf meine schwarzen Hände, die seit 14 Tagen nicht mehr gewaschen sind (!!!). Da glänzte der *Ring* so hell + rein, + ich habe mich in ihm spiegeln können. Das einzige Blanke – *unser Ring!*

Heute bekam ich den Auftrag, die verantwortliche Betreuung der Verwundeten in einem Zelt zu übernehmen. Ich tat's gern, wenn auch der Platz zeitweise so ausgefüllt war, dass ich nicht mehr durchkommen konnte, weil die Leute sogar im Gang hockten. Über 100 Mann hatte ich. Es war ein Kommen + »Gehen«, d.h. Abtransportiertwerden. Hast Du schon einmal mit der Hand allein für 100 Leute Brot geschnitten (seit heute gibt's wieder Brot; tagelang nur 50 g Knäckebrot!) + Marmelade ausgegeben + Büchsenwurst zerteilt? Meine Hand ist noch ganz lahm davon. Aber schön war's doch, + es war ja wieder ein Stücklein Diakonie, die ich ja liebe. Die meisten Patienten waren Oesterreicher: recht wehleidige Leutchen. Aber es ist ja auch keine Kleinigkeit, in so einem kalten Zelt zu liegen mit Wunden + dazu noch Erfrierungen. –

Ach, ich möchte wissen, ob Dich meine Grüsse erreichen, + wie es Dir geht, Du herzgeliebtes Frauli Du... Mir geht es »müde«, aber gut. Bloss – »meine Knie wanken«, wie's in einem Silvesterlied heisst – von der mageren Kost der letzten Tage. Und ich wüsste gar gern, ob das Entsatzheer schon da ist. Wir sitzen *völlig* in Ungewissheit. »*Aber Gott* ...«! Er behüte Dich, mein teures Weib! Ich grüsse Dich innig als

Dein Paul Gerhard

Friedrich Meyer
** 1898, Oberst, in Gefangenschaft gestorben*

9.12.42

Mein Lieb!
Heute nur einen kurzen Gruß, damit Du siehst, daß es mir gut geht. Wir haben zur Zeit ein wunderbares Wetter. Es liegt etwa 30 cm Schnee und doch ist es nicht sonderlich kalt. Es macht ordentlich Freude am Morgen einen Marsch zu machen. Leider ist die Sicht nicht gut und macht mir viel Ärger. Ich laufe alle Tage fast zu den B.Stellen um mich genau zu orientieren und immer ist es vergeblich. Es macht Mühe und Arbeit und ist nur selten von Erfolg gekrönt. Auf der anderen Seite wird man gezwungen seinen Bunker zu verlassen und bleibt in Bewegung und das trägt sehr zu meinem Wohlbefinden bei. Ich wollte Du könntest Dir auch mal diese Landschaft ansehen. Besonders hier in der Steppe, die eigentlich im ganzen Jahr ohne jeden Reiz ist, empfindet man den Schnee als Wohltat. Man sieht nicht alles so genau, sondern freut sich über den Schnee und vor allen Dingen, daß es nicht so kalt ist. Sonst geht alles seinen alten Gang. Der Russe macht seine üblichen Angriffe, wird abgeschlagen und hat dann wieder seine Ruhe. Man muß sich wundern daß er immer seine Leute trotz der starken Verluste noch immer vorbekommt. Das Menschenleben spielt bei ihm auch nicht die geringste Rolle. Es wird immer wieder versucht, wenn auch nicht der geringste Erfolg zu erwarten ist. Nach

unseren Begriffen eine völlig unmögliche Auffassung. Es würde mich interessieren, zu wissen was er allein in unserem kleinen Abschnitt täglich verliert. Wenn es überall so ist, dann hat er in ein-zwei Monaten bis jetzt mehr Verluste, als wir im ganzen Ostfeldzug gehabt haben. – Ich hoffe, daß ich in den nächsten Tagen mal wieder Post von Dir habe. Kannst Du Dich mal erkundigen, ob mein Adjutant noch immer sich im Lazarett in Celle befindet. Es ist Leutn. Dirks. Ich würde Dir dann empfehlen Dich wegen Fritz seiner H.J. Angelegenheit in Verbindung zu setzen. Er kennt genau meine Auffassung und wird Dir einen guten Rat geben, besonders da er die ganzen Verhältnisse genau kennt. Ich wäre Dir dankbar, wenn mich darüber mal orientieren könntest, denn ich verfolge diese Angelegenheit mit großem Interesse.

Grüße und küsse die Kinder von mir und sei Du besonders gegrüßt und geküßt von Deine Jung.

Ist […] noch dort? Sag ihm er soll versuchen zur III/53 ja kommen, dann kann ich mich seiner annehmen.

Anton Rieser
** 1911, Obergefreiter, vermißt*

9. Dezember 42.

Liebe Emma, wir haben gegenwärtig Muße, nach Haus zu denken. Es ist so, wie wenn etwa wir die Mainau und das Wasser der Russe wäre. Man ißt in guter und großer Gesellschaft »vom Pferd« und vertraut gleichmütig darauf, daß alles irgendwie wieder ruhig wird. Persönlich geht mir es gut, ich bin wohlauf und munter. Hoffentlich kommt auf Weihnachten die naturgemäß schon einige Zeit ausgebliebene Briefpost von daheim. Und wie geht es Dir? Anna besorgte mir Reclam-Bändchen, von denen ich jetzt froh bin, die Abende beginnen hier um 2 Uhr und sind lang. Von Sepp hörte ich schon einige Zeit nichts mehr, damals lag er einige 100 km. südwestlich von mir.

Alles Gute, schöne Weihnachten und ein glückliches 1943.

T.

Rudolf Löbel
** 1914, Dienstgrad unbekannt*

9.12.42

Liebe Eltern!
Heute ist mir nun wieder die Möglichkeit gegeben, Euch ein Lebenszeichen von mir zu geben. Ihr werdet schon in Sorge um mich sein, weil es doch sehr wenig Post jetzt gibt. Aber es ist alles gesperrt, es kann nichts rein & nichts raus. Da es dieses mal der Russe der verdammte, verstanden hat, uns alle Zufahrtswege abzuschneiden, sodaß alles nun per Flugzeug ran gebracht werden kann. Es sind aber schon große Unternehmungen im Gange, uns hier wieder raus zuschlagen. Der Führer wird uns schon nicht im Stich lassen. Seit 14 Tagen stehe ich nun wieder mit in vorderster Front. In dieser Zeit nicht gewaschen, nicht rasiert, keine Stiefel ausgezogen, verlaust bis obenan, in Erdlöchern schlafend, bei Wind, Regen & Schnee, man friert oft wie ein junger Hund, so liege ich fern von Stalingrad im Nordteil, wo der Russe immer wieder versucht durchzubrechen, er sich aber schon sehr blutige Köpfe geholt hat. Über der Wolga muß er Hunderte von Geschützen stehen haben, da legt er uns Tag um Tag einen tüchtigen Feuerzauber hin, aber unsere Arie läßt sich natürlich auch nicht lumpen. Bin nun blos gespannt, ob wir unsere Weihnachtspakete erhalten, oder ob man selbige, weil man uns eben umzingelt hat, auch zurück behalten muß. Es war jetzt alles so schön, in der letzten Zeit, viel Verpflegung, auf Urlaub fuhren viele, sodaß ich auch bald wieder mit dran gekommen wäre, mit einem Schlage ist vorläufig alles gesperrt, aber na, es muß ja auch die Sonne eines Tages wieder mal für uns scheinen. In 14 Tagen steht nun unser schönes Weihnachtsfest vor der Tür & abermals stehe ich noch in Rußland, wer weiß, wie lange noch. Wie man da oft an zu Haus denkt, vor allen Dingen Nachts, wenn man so auf Posten steht & man gut aufpassen muß, daß sich der Russe nicht ranschleicht.! Man malt es sich nun so aus wie schön es doch wäre, jetzt in der warmen Stube, bissel was gutes zu essen & dann mal ein schönes Bett, wo man sich mal so richtig ausschlafen kann. Ich will lieber 12 Stunden am Tag arbeiten, wenn ich

aber Abends nach Hause komme, habe ich doch meine Wohnung. Wer das hier nicht miterlebt, kann sich die Entbehrung garnicht vorstellen.

Für heute möchte ich Euch nun Lebewohl sagen. Bis jetzt ist alles noch in Butter & so wünsche ich Euch hiermit von ganzem Herzen ein recht fröhliches & gesundes Weihnachtsfest & macht Euch keine Sorgen, auch wenn mal Post nicht so zahlreich eintrifft. In alter Frische, Euer Sohn Rudi

Günther Merbold
** 1921, Sanitätsunteroffizier, vermißt*

9.12.42.

Lieber Vater!
Endlich habe ich Gelegenheit, Dir nach der langen Zeit der Ungewißheit wieder eine Nachricht zukommen zu lassen. Ich nehme an, daß Du über die militärischen Ereignisse besser informiert bist, als mancher andere, der nur die amtlichen Berichte erfährt, und nur zu gut weißt, was seit dem 20.11. etwa hier los ist. Jetzt können wir wenigstens durch die Luftpost Nachrichten nach Hause gelangen lassen. Ich fürchte, daß Du Dir ernstliche Sorgen gemacht hast. Von dort aus muß die Sache auch verdammt gefährlich ausgesehen haben. Aber wenn man dabei ist, ist alles halb so schlimm. Wer hätte gedacht, daß man in eine so verzwickte Lage kommen könnte! Jetzt habe ich auch so etwas einmal erlebt und kann später davon erzählen. Ein etwas gruseliges Gefühl war es mir doch, als ich am 21. so richtig erfuhr, wie es stand, aber inzwischen habe ich mich daran gewöhnt. Mit der Verpflegung ist das Unangenehme recht fühlbar geworden, aber mir geht es sonst noch gut, und ich bin ganz gesund. Am 22. rückten wir aus [...] ab, wo wir die ganze Zeit gelegen und uns zum Winter eingerichtet hatten, wo unsere Bunker sind. Weit sind wir nicht gewandert und sind jetzt noch ganz gut untergebracht, warm, jedenfalls, noch wärmer als in den teilweise schlecht gebauten Bunkern. In Häusern wohnen wir mit prächtigen Öfen und allerhand Läusen. Schade ist es nur, daß wir unsere schönen Tische, Stühle, Strohsäcke,

Wanduhr, Schüsseln, Teller und Trinkgläser u.s.w. zurücklassen mußten. Arbeit gibt es viel, ich bin von früh bis abend im OP-Haus und leide nicht an Langerweile. Diese Beschäftigung hat den Vorteil, daß ich dabei im Warmen bin und nicht so viele Kalorien verbrauche, etwas Kostbares im Augenblick, als wenn ich mit Außenarbeiten beschäftigt wäre. Ich bin dabei immer im Beruf, erwerbe praktische Kenntnisse, besonders im Verbinden, einer Arbeit, bei der man nie auslernt, wenn man von der Theorie zur vollendeten Praxis kommen will. Ich sehe, wie dieser Arzt arbeitet und wie es jener macht, was ich für richtig halte und was nicht. Mit dem, was ich mir unter wirklichem Arzttum vorstelle, hat das alles nur sehr wenig zu tun, es ist viel Schematismus und bestenfalls geschicktes Handwerken. Dinge, die man sehr wohl durch hinreichende Übung erlernen kann, ohne besondere Fähigkeiten zu besitzen. Zu beachten bleibt aber ärztlicher Eifer und Ausdauer, sowie Einsatzfreudigkeit und Verantwortungsbewußtsein.

Dazu habe ich mir ein Lehrbuch vorgenommen, das mit dem letzten Paket zu mir gelangt ist, [...] es ist das erste, mit dem ich mich seit langer, unendlich langer Zeit beschäftige. Ich sehe dabei, wie der Geist eingerostet ist. Vergessen ist alles, fortgeschwommen in Lethesfluten, aber was man einmal wußte, kann man schnell wieder aufnehmen. Des Trainings bedarf die Lernfähigkeit aber scheinbar nicht, denn man ermüdet rasch, wenn ich ein bestimmtes Quantum durchgearbeitet habe, muß ich erst wieder etwas aussetzen, sonst wird es zuviel. So wie ein lange ausgeruhter Denker ist der Geist noch nicht. Denn die Nervenkraft wird hier immerhin einiger Beanspruchung ausgesetzt, und eine Nervenerholung täte einmal ganz gut. Freuen würde ich mich, wenn es Urlaub gäbe, aber die Aussichten sind augenblicklich schlecht, vorläufig. Unsere Hoffnung gilt dem Stichwort: »Manstein«. Wenn Du den Brief liest, hat sie sich vielleicht schon erfüllt. Ich wünsche Dir ein recht frohes Weihnachtsfest und alles Gute.

Dein Günther

Alfred Brandau
Alter unbekannt, Obergefreiter

Rußland, den 10. Dez. 42

Meine liebe Anni! Nun liege ich bereits seit vergangenem Sonnabend im »Lazarett«. Du darfst Dir nun darunter nicht ein Lazarett im herkömmlichen Sinne mit schönen weißen Betten, freundlichen Schwestern u. dgl. vorstellen. Unser Lazarett ist ein russisches Haus. Wir liegen in der Stube auf errichteten Holzpritschen, und zwar gleich mit 20 Mann. Wenn ich nicht so gute Nerven hätte, dann würde ich hier bei längerem Aufenthalt, so glaube ich, noch kränker als ich tatsächlich bin. Nur im Gesicht bin ich noch etwas rundlich. Wir bekommen hier Diätverpflegung, ich morgens, mittags u. abends Griessuppe oder Haferflocken ohne jeglichen Zusatz von Zucker oder Salz. Die gesamte Ration pro Tag macht + etwa 1 ½ Kochgeschirr aus, also zum Leben zu wenig und zum Sterben zu viel. Gerade war der Arzt da und hat mir den Blutdruck gemessen (95), anschließend sagte er, daß ich noch etwas Diät und dann wieder Vollkost bekommen soll. Ich schließe daraus, daß meine Krankheit so ziemlich als geheilt anzusehen ist. Ich werde dann wohl bald zur Kompanie zurückkommen. Froh bin, wenn ich hier wieder herauskomme, denn die Nächte sind immer furchtbar. Infolge der Menge Leute mit allen möglichen Leiden ist immer ein furchtbarer Mief, wegen der herrschenden Wärme fressen einen die Läuse bald auf, so daß man kaum zum Schlafen kommt. Die Nacht beginnt hier bereits um ½ 3 Uhr und ist zuende am andern Morgen um 7 Uhr, das sind 16 Stunden. Da ich an und für sich wenig Schlaf brauche, wälzt man sich dann auf der Holzpritsche hin und her, kratzt sich am ganzen Körper alles auf und ist mit den Gedanken im schönen Deutschland bei seinen lieben Angehörigen. In den kurzen Zeiten des Schlafes quälen mich unmäßige Träume. So habe ich schon zweimal von einem wunderbaren Stück Kuchen geträumt, aber wenn ich hineinbeißen wollte war es weg, und ich wachte auf und war bitterlich enttäuscht.

Sonst ist unsere Lage unverändert. Wir sind noch immer im Kessel, hoffen aber weiter, daß es bald anders wird, denn das ist ja auf die Dauer kein Zustand. Was sonst so gespielt wird wissen wir nicht. Man lebt wie Robinson, d.h. man hört und sieht von nichts. Bis gestern war hier Frontkino. Ich bin auch drin gewesen. Es wird »Wiener Blut« gespielt. Die Vorstellung hat 3 ½ Stunden gedauert, da dauernd der Strom wegging. Es war also nicht überwältigend schön. Wie geht es nun Dir noch, liebe Frau. Ich habe Dir ja nun genug meine »Leidenszeit« hier geschildert. Was machen die Widdershäuser u. [...] Verwandten? Hoffentlich bekomme ich bald wieder einmal Post von Dir. Du wirst ja wohl auch ziemlich unruhig und in Sorge um mich gewesen sein, als solange keine Nachricht kam. Siehst Du, mir geht es hier ähnlich. Vor allem bin ich gespannt, wann die ersehnten Weihnachtspäckchen hier eintreffen werden. Hast Du an Wintersfall eine Zulassungsmarke abgegeben? Im Kalibergmann stand, wir sollten ihnen eine schicken, aber da hatte ich meine schon alle abgesandt. Vielleicht hat man ja eine von Dir angefordert. Hoffentlich können wir das Weihnachtsfest in einer besseren als der augenblicklichen Lage feiern. Am schönsten wäre es ja, ich könnte zuhause bei Dir sein. Das wäre wohl für uns beide das schönste Weihnachtsgeschenk, nicht wahr? Aber was nicht geht, geht eben nicht, und man muß sich damit abfinden.

Unsere letzte Löhnung konnte wegen Geldmangel nicht ausgezahlt werden. Wir haben dafür eine Postanweisung geschrieben. Es ist also wieder Geld unterwegs. Kaufe Dir etwas, was Dein Herz begehrt und nimm es als mein Weihnachtsgeschenk an. Sind die ersten 100,– RM schon eingegangen? Die zweite Sendung von RM 100,– gab ich einem Urlauber mit. Er soll sie Dir von Gotha aus zuschicken. Teile mir bitte auch deren Eingang mit.

Nun, liebste Frau, wünsche ich Dir weiterhin alles, alles Gute. Vor allem bleibe mir schön gesund. Der Krieg geht ja auch einmal zuende, dann müssen wir wieder vieles nachholen. Am liebsten möchte ich mit Dir einmal ein ganzes Jahr lang reisen, dahin, wo man Sehnsucht hin hat. Grüße bitte alle von mir und sei Du, liebe Anni, herzlichst gegrüßt und geküßt in treuer Liebe von Deinem *Fred.*

Beiliegenden Brief gib bitte mit nach Widdershausen.

Herwig Schürl
** 1921, Unteroffizier*

Im Felde, 10.12.1942

Liebe gute Eltern!
Post aus der Heimat ist nun leider für eine Zeit eine große Rarität geworden und ich finde sie einstweilen auch nicht so wichtig, obwohl ich mich ungeheuer nach ein paar lb. Zeilen sehne. Damit Ihr Euch keine allzugroßen Sorgen macht, behalte ich die Flugpostmarken für mich, damit Ihr immer am laufenden seid. Der Otti schreibt bitte auch immer gleich wenn ihr von mir ein paar Zeilen bekommt und sie soll nicht böse sein, wenn es wieder besser mit dem Postverkehr wird, bekommt auch sie wieder ihren Anteil.

Was eigentlich los ist, werdet Ihr ja sicher im Radio gehört haben, oder durch Urlauber, die ja sicher genau Bescheid darüber wissen. Macht Euch aber bitte keine allzugroßen Sorgen, es ist noch lange nicht soweit, und dann ist ja unser einziger Glauben der Führer, der noch keinen Soldaten alleine ließ.

Daß es mit unseren schönen Unterkünften auch Essig ist, ist zwar schmerzlich, aber nicht zu ändern, haben uns zwar wieder ein Erdloch gebaut, einen Ofen selbst gebastelt und so hausen wir halt in einem verhältnismäßig kleinen Loch. Doch trotz der schweren Lage sind wir guter Laune und haben schon ganz schöne Erfolge erzielt und sie eines Besseren belehrt. Wenn halt dort an dieser Stelle deutsche Truppen gelegen hätten, wäre es nie soweit gekommen. Aber Hilfsvölker haben lange nicht den Glauben an Sieg als wir.

Sonst aber lb. gute Eltern bin ich guter Laune gesund und wohlauf, das Wetter hat sich auch etwas gebessert und nach 30 Tagen habe ich mich heute wieder rasiert. Wenn ihr das Photo einmal zu Gesicht bekommt, dann könnt Ihr Euren Sohn behaart wie ein Esau sehen. An Privateigentum besitze ich fast gar nichts mehr, außer meinem Waschzeug und ein paar Hemden. Wird wahrscheinlich dann später eine größere Bestellung von Eurem Sohne kommen, erschreckt dann aber bitte nicht. Eines bin ich nur froh, dass ich die Bücher noch nicht erhalten habe, entweder sie kommen zurück oder sie werden aufgehoben. Es wäre auch schön gewesen, wenn alles so geklappt hätte, wie ich es mir vorgestellt habe.

Nun zu den 3. Kriegsweihnachten. Bitte Euch nochmals besorgt mir alles für Hilde, Otti Werner, Hansi und Hartmuth wie für Euch lb. gute Eltern und schreibt mir aber dann auch dafür einen recht, recht langen Brief über die Augen des kleinen Vagabunden Hansi.

Das lb. gute Eltern will ich hoffen daß mir das Jahr 43 eine etwas lichtere Zukunft bringt, wenn auch noch keine Kriegsentscheidung im Westen und Süden, wenigstens in dem grauenvollen Osten der uns allen schon zum Halse heraussteht.

So will ich für heute wieder schließen u. hoffe Euch mit den wenigen Zeilen eine Weihnachtsfreude bereitet zu haben, denn mehr zu geben sind wir nicht imstande. Schreibt bitte der Otti auch gleich, habe jetzt noch 4 Flugpostmarken u. da schreibe ich Euch halt jede Woche einmal, damit Ihr so lange es geht auch Post bekommt. Hoffen ja wieder welche Marken zu bekommen aber rechtzeitig einteilen ist besser als auf neue hoffen.

So wünsche ich Euch allen gesegnete Weihnachten, mit Sieg Heil 1943

Euer Sohn
Herwig

Heinrich Balgenorth
** 1918, Obergefreiter, vermißt*

Im Osten den 11.12.42

Liebe Eltern!
Endlich nach langer Zeit komme ich mal wieder dazu Euch einige Zeilen zu schreibe. Es geht mir bisher noch gut was ich von Euch hoffe. Von Vater den Brief habe ich soeben mit großer Freude erhalten. Er schreibt ja das er viel Arbeit hat. Was ich auch gerne glaube jetzt bei den Aufräumungsarbeiten. Ich kann mir lebhaft vorstellen das ihr zu Weihnachten die Stadt sauber und in Ordnung haben wollt. Ich hatte diesen Sommer immer gehofft dieses Jahr Weihnachten daheim zu feiern. Aber es geht nicht. Wir werden hier noch gebraucht. Wo und wie ich das

Fest verlebe weiß ich noch nicht. Ich nehme an das wir dann noch in Stellung sind. Der Russe macht uns zuviel Kopfschmerzen. Das Stück was er sich vor einiger Zeit erlaubt hat ist doch ein bißchen toll. Vielleicht habt Ihr es schon gehört im Radio das er im Norden und Süden durchgebrochen ist und uns eingeschlossen hat. Aber das er uns vernichtet soweit kann er doch nicht. Dazu ist der ja viel zu dämlich. Durch dieses Unternehmen wird er ja wieder schwer lernen. Das es doch keinen Zweck hat zu versuchen uns zu vernichten. Noch ein paar Tage dann ist er vernichtet. Hoffentlich waren es seine letzten Reserven die er zusammengezogen hat. Wäre ihm dieser Schlag geglückt dann wäre für uns der Krieg aus aber so wird für ihn der Krieg bald aus sein. Hoffentlich gibt er auf wenn wir diesen Ring welchen er um uns gebildet hat vernichtet ist. Vater schreibt in seinem Brief das er wohl den Garten von Onkel Georg kaufen möchte. Das soll er ruhig tun dann habt Ihr wenigstens zuzusetzen im nächsten Sommer. Das dort ein Fremder zwischen kommt ist ja nicht schön. Es ist doch so unter Geschwistern schöner als wenn Fremde dabei sind. Ich lege eine Luftpostmarke bei das Ihr sofort wieder schreibt ob ihr es kauft oder nicht. Nur Geld wird ja wohl da sein sonst habe ich ja noch was auf der Kasse. Nun will ich schließen in der Hoffnung das wir uns bald wiedersehen. Ich wünsche Euch auch noch ein recht frohes Weihnachtsfest. Und denkt an den Feiertagen auch an mich. Es grüßt Euch alle Euer Sohn und Bruder Heinz

Max Breuer
** 1909, Gefreiter, in Gefangenschaft gestorben*

Rußland, den 11.12.42

Mein liebes Frauchen!
Wir haben mal wieder Gelegenheit einen Brief zu schreiben. Viel weiß ich ja nicht, da *ich seit 3 Wochen keine Post mehr von Dir erhalten habe.* Aber ich werde versuchen, diesen Brief voll zu bekommen.

Meinen letzten Brief, er war vom 8. oder 9.12, vergaß ich zu numerien. Gib ihm bitte die Nr. 35. Zu unserer Einheit sind jetzt auch 5 Rumänen gekommen. Das sind ganz nette Kerle, 2 davon sprechen deutsch. Heute abend hatten sie mich zum Essen eingeladen. Sie hatten sich eine Menge Pferdefleisch organisiert und hatten das gebraten. Das hat tadellos geschmeckt, ich habe jetzt keine Antipathie gegen Pferdefleisch mehr. Unsere Verpflegung ist noch ziemlich gut, da unsere Küche noch Reserven hatte. Nur das Brot ist knapp. Alle 4 Tage bekommen wir ein Brot, sonst bekamen wir alle 2 Tage ein Brot. Aber das wird nicht mehr lange dauern, dann ist der Kessel wieder auf und der Nachschub rollt. Hoffentlich ist bis Weihnachten alles wieder im Lot, damit unsere Päckchen zu Weihnachten da sind. Sonst wäre es Weihnachten beschissen. Aus Marketenderwaren bekommen wir Weihnachten 60-70 Zigaretten und zu 4 Mann eine Flasche Schnaps. Also ganz so trocken wird es nicht. Du wirst Dir bestimmt Gedanken machen, daß ich im Kessel bin. Aber wir sind hier alle guter Dinge und das muß Dich auch beruhigen. Hoffentlich bekommen wir bald Post aus der Heimat, die Verpflegung wird mit Flugzeugen gebracht, die auf dem Rückflug die Post mitnehmen.

Wieder ist es ein Weihnachten, den wir nicht zusammen verleben können. Leider hat es noch keinen Weihnachten gegeben, den wir schön verleben konnten. Immer kam etwas dazwischen. Also nochmals, meine Lieben, ein recht frohes Weihnachtsfest und ein recht glückliches Neues Jahr. Im neuen Jahr seht ihr Euren Vati wieder.

1000 Küsse Euer *Vati*

Paul Gerhardt Möller
** 1903, Sanitätssoldat*

11.XII.42.

Meine Magdalena!

Ganz kurz muss ich Dir gleich sagen, daß ich heute morgen in meinem Zelt, das ich als Sanitätsdienstgrad betreue (ich hatte wohl 80 Verwundete darin), verwundet wurde. Wir haben schon gestern den ganzen Tag grimmige Luftangriffe, durch die meine Zeltdecke durchsiebt wurde. 6 m von mir zerstörte ein Volltreffer eine Maschine (Flugzeug), 3 m von mir schlug eine andere Bombe ein, und mir passierte nichts, obwohl ich auf freiem Felde lag. Und heute um 11 Uhr bekam ich eine Kugel in die rechte Schulter. Das Geschoss ging seitlich in den Muskel, drehte sich in ihm und prallte auf dem Knochen ab: Durchschuss u. Steckschuss* zugleich. Das erste, was der Ob.-Stabsarzt der Luftwaffe, der mich operierte, sagte, war: »Sie haben unerhörtes Glück gehabt!« Es hätte wohl leicht ein Lungenschuss +, wenn ich mich hingeworfen gehabt hätte, ein Herzschuss werden können. Gott hat es sehr sehr freundlich gefügt. Er meint es ja so gut, so gut mit mir! Als ich den furchtbaren Schlag bekam, der mich – ich kniete gerade – hinschleuderte, dachte ich nur 2 Dinge: »Ich bin verwundet, – ›aber *Du hältst mich*‹!« Gell, das freut Dich doch auch?

Ich kam dann gleich mit dem Flugzeug, einer Heinkel-Transportmaschine, die *gestern* noch als Kampfmaschine gegen russ. Panzer eingesetzt war, in 4500 m Höhe (!) etwa 150 km weit zurück, aus dem Kessel heraus. Hier gab es Essen …! Das konnte man wirklich Essen nennen; um 3 Uhr eine Graupensuppe und eben – es ist 6 Uhr – einen Riesenberg Milchreis. Ich fühle mich endlich wieder einmal satt.

Die Schmerzen sind auszuhalten, wenn ich mich ruhig verhalte, + die Verwundung ist ja, wenn auch nicht ganz leicht, so doch auch nicht gefährlich, denke ich, umso mehr, als ich ja sofort versorgt wurde. Das ist ein grosses Glück.

Morgen geht die Reise nach Stalino, wie man uns sagte.

Herzgeliebte, ich grüsse Dich in Innigkeit.

Dein Paul Gerhardt.

* Kugel wurde entfernt.

Wernfried Senkel
** 1922, Gefreiter, vermißt*

12.12.42

Liebe Eltern – Wolfgang!
Habe noch 1 Stunde Zeit, bis wir wieder vor zum Stellungsbau gehen. Arbeiten dort jede 2. Nacht. Da wird am Tage dann ge-

Nahrung und Post waren die Hauptthemen,
um die das Denken kreiste.

schlafen. Da hat man wenig Lust zum Schreiben. Das ist ja selbstverständlich. Vor einigen Tagen gab es Post. Von Euch war leider nichts dabei. Hoffe aber, daß das nächste Mal was mit dabei ist. Heute ist Sonnabend. Wir merken nichts davon.

13.12.

Liebe Eltern – Wolfgang, heute ist nun Sonntag. Ich habe mich mal gründlich gewaschen. Da fühlt man sich wieder mal wie ein Mensch. Morgen früh will ich auf die Schnelle mal meine Wäsche waschen. Das wird auch höchste Zeit. Die sieht alle schwarz aus. Oft ja kein Wunder. Nebenbei habe ich mir eine Haferflockensuppe gekocht. Bald habe ich auch davon nicht mehr. […]

Es muß doch auch wiedermal besser werden. Wenn wenigstens die Kilopäckchen ran kämen. Da ist doch was zu beißen drin, nicht wahr. Das wird dieses Jahr ein ganz trauriges Weihnachten werden. Wir können aber nichts daran ändern. Tuen unser Pflicht, wie es verlangt wird.

15.12.

Heute komme ich nämlich dazu, meine Wäsche zu waschen. Wir haben uns ein Waschbrett besorgt und da geht alles viel leichter. Habe Glück gehabt und habe sie am selben Tag noch trocken bekommen. Wir haben ein Ofenrohr aus Asbest und da kann man alles schnell trocknen ohne daß es verbrennt. Wenn man schon mal denkt man ist fertig, da kommt bestimmt etwas dazwischen. Mußten die Fahrzeuge noch weiß streichen mit Kalk. Sehe aus wie ein Maler. Dazu habe ich auch noch die Scheißerei. Was bin ich die letzten Tage und Nächte gelaufen. Mein Körper ist so schlapp. Das liegt aber nur am Wasser. Das stinkt nämlich nach Jauche. Und das Zeug haben wir getrunken. – Dann noch folgendes: Sollte Heinz oder ich in diesem Kampf das Leben lassen. Dann wendet Ihr Euch ans Wehrmeldeamt und macht einen Antrag, damit der Eine nicht mehr zum Einsatz kommt. Das ist eine Verfügung unseres Führers. Hier sind schon welche, die haben diese Bescheinigung. Damit wenigstens einer erhalten bleibt.

Ab Morgen Mittag ist Marschbereitschaft. Wir greifen an, um den Kessel zu sprengen. Wo werden wir da Weihnachten verleben? Ich nehme an im Führerhaus. Das ist nun unser Los.

Grüße alle recht herzlichst von mir und wollen hoffen, daß das neue Jahr endlich den lang ersehnten Frieden bringt.

Ein frohes neues Jahr wünscht Euch alle

Euer Wernfried

Hans Joachim Martius
** 1920, Oberleutnant, gefallen*

Fern der Heimat, den 12.12.42.

Liebe Mami!
Hier ist eben Krieg, aber in unserem Bunker kann man auch diesen aushalten. Warm. Was zu tun. (Bei Preußens hört das Schreiben nie auf). Immerhin was zu lesen. Ja, und dann in einer stillen Stunde: Äffchen im Zoo spielen: *Läuseknacker!* (Wer hat noch nicht? Wer will noch mal? Hier kann jeder!) – Frag Ite mal, was eine Stalinorgel ist! Nur 15 Stück stehen hier vor uns, wir freuen uns alle auf morgen! Weißt Du, die Kameraden sind herrlich, nicht klein zu kriegen – unsere Kameraden! Man sieht die letzten Reiter, die allerletzten! Es ist was dran, am Reitertum! Sie sind – oder werden – durch das Pferd, dadurch, daß sie 3 Fuß höher sich bewegen als jeder andere und ein lebendiges voranstrebendes Tier unter sich haben – Reiter! Und dies hier sind die letzten! Grüß den Lohberg! Herzliche Grüße an alle Dein alter Hanne

Karl Dercks
** 1921, Dienstgrad unbekannt, vermißt*

Im Felde, den 12. Dez. 42.

Ihr Lieben!
Die herzlichsten Grüße hier aus Rußland sendet Euch Karl. Ich hoffe ja, daß auch Ihr noch alle gesund und munter seid. Jetzt haben wir ja schon ungefähr Mitte Dezember. Hier liegt etwa 50 cm. Schnee und heute war es auch empfindlich kalt, aber wir haben ja schöne Bunker und da können wir es schon aushalten. Nur morgens um 4 bis 5 Uhr, dann merkt man, daß es kalt wird, aber dann stehe ich schnell auf und mach das Öfchen an. Heute abend habe ich mich mal wieder ganz gewaschen und reine Wäsche angezogen, dann ist man nochmal so frisch. Dann habe ich morgen wieder große Wäsche, aber das schaffen wir schon. Heute Morgen sind wir auch angefangen einen Holzfußboden im Bunker zu legen, denn auf dem Lehm ist es

doch ziemlich kalt. Betten haben wir uns auch schon gebaut. Ihr würdet ja staunen, wenn Ihr sähet, wie schön wir uns eingerichtet haben. Wir haben natürlich keine Matratzen in den Betten, wir schlafen auf Holz, das ist wohl hart, aber man gewöhnt sich daran. Schließlich haben wir ja schon den ganzen Sommer nur auf dem Erdboden gelegen, das war ja auch nicht weicher.

Augenblicklich werdet Ihr wohl wenig Post von mir bekommen, aber daran ist nichts zu ändern. Ich schicke Euch auch ein paar Luftpostmarken, aber schickt die nicht an Hein oder Josef, sondern schreibt mir sofort einen Luftpostbrief und den anderen Luftpostbrief schickt Ihr dann 8-14 Tage später. Vielleicht bekommen wir in nächster Zeit noch ein paar Luftpostmarken, dann könnt Ihr mir ja alle 8 Tage einen Luftpostbrief schicken. Zwischendurch könnt Ihr natürlich auch einfache Feldpostbriefe schreiben, aber die werden wohl allzu lange unterwegs sein.

Mit den Läusen haben wir Gott sei Dank nichts mehr zu tun. Das kommt wohl daher, weil wir uns selber Bunker gebaut haben und nicht mehr in die Russenhäuser kommen. Dann kann man sich hier auch regelmäßig waschen und seine Wäsche ausziehen. Wenn man vorn ist, dann fällt das alles flach. Hoffentlich kommt der Brief noch vor Weihnachten oder am Weihnachtstage an, damit Ihr Euch keine Sorgen macht und so ein recht schönes Fest verlebt. Möge das Christkind bei Euch allen einkehren und Euch die Gnade schenken, weiterhin alle Unbilden dieses Krieges standhaft und tapfer zu ertragen. In Gedanken sind wir ja doch alle bei Euch um dieses schönste aller Feste mit Euch allen zu verleben. Mit diesen Gedanken will ich nun dieses Brieflein beenden und verbleibe mit den besten Grüßen

Euer dankbarer Sohn und Bruder Karl

Ferner wünsche ich Euch allen noch ein gesegnetes Neues Jahr

Karl Erhard Frank
** 1914, Unteroffizier, gefallen*

Russland d. III. Advent 42

Meine liebe Erika!
Deinen Brief N° 6 habe ich am 12. also gestern erhalten. Wir haben ja in den letzten Tagen etwas Ruhe gehabt. Aber der Russe rennt an allen Fronten an. Unsere Infanterie hat einen schweren Stand. Wir sind nur zeitweilig eingesetzt. Aber in Bereitschaft liegen wir jeden Tag. Das ist noch viel toller. Man kann sich nicht einmal ausziehen, Mit der Kälte ist es zu ertragen. Wir sind ja mit Winterbekleidung versorgt. Also keine Bange. Bin gespannt auf Deine Weihnachtspäckchen. Tut nicht nötig. Wir haben das ganze Weihnachtsgepäck der Kameraden und damit vollkommen genug. Wäre uns ja lieber, die Kameraden könnten sie selbst essen. Ich habe heute nicht den richtigen Schneid zum Schreiben. Das ist manchmal so, da ist man mit sich selbst nicht im Reinen. Aber das vergeht wieder.
Wollte Dir nur mitteilen, daß es mir gut geht.

Erbarm dich Gott, der jungen Jahr! Der Tod war weit, nun ist er nah! – Der Tod bleibt immer, wo er war bei Gott.
Auch ich und Du sind da.

Walter Flex

Seid mir Ihr beide nun tausendmal gegrüßt von
Eurem Vati
Erhard

Simon Krings
** 1911, Dienstgrad unbekannt, vermißt*

Russland, den 13.12.42.

Meine allerliebste Ria und liebe Kinder!
Ich will den Versuch machen, Euch rechtzeitig doch noch zum bevorstehenden Fest der Liebe u. des Friedens einige Nachrichten zu geben, die wohl trotz fehlender Luftpostmarke von der braven Ju 52 Euch gebracht werden. Am 21.11. war mein

Kommando beendet und wir machten uns auf den Weg zu unserer Kolonne zurück, die aber schon am 19. auf Reisen gegangen war. Dadurch holten wir sie erst später ein, sind dann noch einige Tage u. Nächte mit ihr der aufgehenden Sonne entgegen gezogen und sind dann seitdem liegen geblieben. Auf der Fahrt hatte ich einen 3tägigen Hexenschuss, wofür ich eine Ia Katzenfelljacke *er*halten u. *be*halten habe. Vielleicht habt Ihr meine Karte aus dem Wagen erhalten. Inzwischen habe ich ein kleines Pech / Glück gehabt. Ich bin 2 × auf den rechten Arm gefallen, Kälte hereinbekommen und dadurch in 3 Tagen einen Ellenbogen wie ein Schweineschinken. Kurz! Ab ins Lazarett! Das bedeutete für mich einen Wechsel von 3 Wochen Kälte in einen I a großen u. warmen Bunker. Die Geschichte ist auch inzwischen aufgegangen und ich warte jetzt im Bunker, daß die Geschichte heilt, daß die Kolonne ihren Bunker fertig buddelt oder, was bald der Fall sein wird, die ganze Situation hier sich in Wohlgefallen auflöst. Meine Urlaubsaussichten sind zwar etwas hinausgeschoben. Auch diese Tage werden aber kommen. Nur wird leider viel von Deiner Post zum Teufel sein. Deine letzte Nachricht habe ich vom 31.X. Hauptsache ist aber: Ich habe meine heiles Fell behalten und darum steckt ein kerngesunder Kerl von einem Lebensmut, der noch manchen anderen Kameraden mitreissen kann muss und auch schon in den letzten Tagen gerissen hat, d.h. praktisch dem Erfrierungstod entrissen hat. Ich habe viel Neues inzwischen gesehen, die Wolga auch.

Nun wirst Du mit den Kindern eine stille Weihnacht begehen. Ich möchte deshalb wünschen, daß Euch diese Zeilen noch erreichen, damit Du die Ruhe hast, die eine Voraussetzung eines solchen Weihnachtsfriedens ist. Setze Dich auch wieder mit meiner Mutter in Verbindung, da ich nur diesen Brief schreiben kann.

Ich wünsche Dir also ein starkes Herz, damit Du den kleinen Rückschlag, den die Erwartung unseres Wiedersehens nun erfahren hat, so gut trägst wie ich. Das Soldatenglück ist mir treu geblieben. Ich hoffe Euch auch alle gesund und wünsche Euch nochmals eine Weihnacht des inneren Friedens. Möge Euch der Lichterbaum eine neue starke Hoffnung geben, daß ich doch bald bei Euch bin. Beten wir an diesen Tagen also gemeinsam zu unserem Herrgott, daß er uns weiter beistehen möge.

Mit vielen, vielen Grüßen + Küssen
Für Dich u die Kinder
Dein Simon

Max Breuer
** 1909, Gefreiter, in Gefangenschaft gestorben*

Rußland, den 13.12.42

Mein Liebes Frauchen!
Da Du mich zurzeit nicht mit Post verwöhnen kannst, will ich es tun, damit Du nicht in Unruhe bist. Wenn wir jetzt mal wieder Post erhalten, werde ich ja einen ganzen Schwung Post von Dir erhalten. Zurzeit ist es hier ziemlich ruhig, im Wehrmachtsbericht ist von unserem Kessel noch nichts erwähnt worden. Es wird auch nicht lange dauern, dann wird der K. gesprengt sein. Uns geht es zurzeit ja nur wegen dem Nachschub an Verpflegung, da diese zurzeit etwas spärlich ist. Aber ich hoffe, daß es bis Weihnachten geschafft ist.

Da ich zurzeit nur immer einen Brief schreiben kann, richte Familie Schade und Familie Schmidt recht herzliche Weihnachts- und Neujahrsgrüße aus. Einen Weihnachtsbrief an Deine Eltern habe ich diesertage noch durchgeschmuggelt.

Wenn es Dir möglich ist, schicke mir mal etwas Backpulver zum Plinsen backen. Jetzt können 100 gr. Päckchen ja wieder geschickt werden.

Hier ist jetzt alles mit einer weißen Schneedecke überzogen. Aber so kalt ist es nicht. Man merkt doch, daß man ziemlich im Süden Rußlands ist. Im Mittelabschnitt muß es bedeutend kälter sein.

Und nun was machen unsere beiden Sprößlinge? Schreibe mir immer etwas von ihnen in Deinen Briefen. Ich kann mir garnicht ausmalen, wie das Wiedersehen mal sein wird. Und nun nochmals ein frohes Weihnachtsfest und ein glückliches Neues Jahr »gehabt zu haben«. Für heute herzliche Grüße und 1000 liebe Küsse

Euer *Vati*

Herwig Schürl
** 1921, Unteroffizier*

Im Felde 13.12.1942

Liebe gute Eltern!
Der 3te Advent ist nun auch schon angerückt, draußen scheint herrlich die Sonne, Schnee soweit das Auge reicht, u. um wieviel wäre es schöner wenn man jetzt in den Geschäftsstraßen Wien's herumlaufen u. schauen könnte, was es noch alles schöne gibt um daheim den Lieben eine Freude zu bereiten. Wie schön wäre es erst wenn ich jetzt mit Hansi am Christkindlmarkt sein könnte, die strahlenden Augen u. überhaupt die große Freude, die die Vorbereitungen zu diesem Feste geben mitzuerleben, wird eines meiner glücklichsten Tage sein.

Doch Krieg ist auf Erden u. viele Tausende Menschen stehen hier im Ringen gegen den Weltfeind, alle unsere Gedanken sind ja bei Euch daheim, doch steht uns allen groß und klar vor Augen, zuerst ein Ende und dann mit doppelter Freude alles dies genießen, was man in den Jahren der Dienstzeit alles hat versäumen müssen. Und ich u. wir alle hier heraußen nehmen dieses Opfer gerne auf uns, damit unsere Jugend, frohe u. lichtere Tage hat u. nie das Wort Krieg in den Mund nehmen muß. So wie alles ein Ende auf der Welt hat, wird auch dieses Ringen sich seinem Ende nähern, vielleicht vergeht nochmals ein Weihnachtsfest oder noch mehrere, aber es kommt auch einmal wieder der Friede auf Erden, den die Menschheit notwendig gebrauchen kann.

So wandere ich heute in Gedanken mit Euch durch die Straßen, sehe Euch mit Hansi vor den Auslagen stehen, gehe mit Euch in die Geschäftshäuser kaufe da für Otti u. Hilda, Hansi Werner u. Hartmuth überall eine Kleinigkeit, die am Tage der Bescheerung soviel schöne Minuten u. Stunden auslösen.

Nachmittags verschwinde ich ohne gesehen zu werden, kaufe für Euch lb. gute Eltern u. trage mein Geschenk im dunkel der Nacht durch den Hof zu Frau Stovicek, wo ich es verstecke damit die Überraschung nochmals so groß ist. Dann naht der Abend heran, zuhause sitzt alles beim Tisch u. die Erzählungen unserer Kindheit sind das Hauptthema, bis dann der lb. Sandmann kommt u. in süßen Träumen der nächste Tag heranbricht bis es Weihnacht geworden ist.

Doch alles einstweilen Gedanke u. Träume u. so bitte ich Euch lb. gute Eltern seid nicht kopfhängerisch u. macht Euch keine allzugroßen Sorgen, so schnell ist ein Krieg nicht zu Ende geführt u. bevor sie uns haben, dauert es schon noch ein paar Monate, einstweilen kommt ja doch schon von außen all das heran, was den Russen das Maul verstopfen wird. Solange unser lb. guter Führer dies in den Händen hat, da lebt in uns ein Willen, der nie zu versiegen vermag. Es ist lange nicht so schlimm wie es ausgesehen hatt, er hat ein Anständiges aufs Maul bekommen u. gibt wieder Ruh'.

Die eine ewige Bitte schreibt, schreibt u. schreibt wieder, es geht auch ohne Luftfeldpost zu uns, aber Euer Herwigl – wogl sehnt sich nach ein paar lb. Zeilen wie noch nie.

So will ich für heut wieder schließen, hoffe daß Euch dieses Schreiben bei voller Gesundheit antrifft, wünsche Euch ein frohes u. glückliches Weihnachtsfest sowie ein Heil Neujahr u. ein Wiedersehen in der Heimat.

Viele Bussi an Hansi, sowie an Euch herzliche Grüße u. Küsse von Eurem

Sohn Herwig

Dr. Erich Weber
** 1911, Major u. Stabsarzt, vermißt*

Feldlazarett am 14.12.1942

Mein liebstes goldiges Herzelchen Du!
Gestern kam endlich wieder mal die lang ersehnte Post, gleich 5 Briefe auf einmal, hab recht innigen Dank dafür (vom 31.10. sowie 2.3.5. u. 27.11. (Lu)). Nun will ich Dir auch umgehend

antworten, vor allem auch in der Hoffnung, daß dieses Brieflein ein »Weihnachtsgruß« von mir wird! Zur Zeit sind ja unsere Briefsendungen etwas »beschränkt«, aber ich hoffe, daß Dich die Luftpost gerade rechtzeitig erreichen wird! Die kleine Schrift wirst Du ja entschuldigen, ich will ja möglichst viel Dir berichten.

Zuerst mal ausnahmsweise von mir und hier! Wie ich Dir schon schrieb, bin ich mit einer Chir.Gruppe bei einer San.-Kompanie seit 2 ½ Wochen eingesetzt. Wir liegen hier in einer der üblichen »Schluchten«, hausen in den Erdlöchern – genannt Bunker! – und sind froh, daß wir wenigstens ein »solches Dach« über dem Kopfe haben! Gott sei Dank ist es noch nicht allzu kalt, ja, teilweise haben wir sogar Tauwetter, sodaß der Boden morastiger ist als uns lieb ist! Ganz abgesehen von der Feuchtigkeit in den Bunkern selbst! Da tropft es halt manchmal von der Decke, das muß man aber eben in Kauf nehmen! Geht es ja den Verwundeten nicht besser, ja, zum Teil müssen sogar die Leichtverwundeten noch mit Zelten vorlieb nehmen, sodaß wir wirklich keinen Grund zum Klagen haben! Die Operationsgelegenheit ist primitiver denn je, ich hätte früher nie für möglich gehalten, daß man unter solchen Umständen überhaupt noch eine einigermaßen gute Arbeit leisten kann. Ein kleiner Omnibus ist als »Operationssaal« hergerichtet, daß sich da alles im Raum stößt, wirst Du Dir denken können. Dazu die Misere mit der Beleuchtung, manchmal klappt es mit dem elektrischen Licht, aber noch öfter müssen wir beim Schein einer Kerze oder Karbidlampe operieren. Da die anderen Kollegen an schwierigen Sachen keine Freude haben – sich vielleicht auch nicht herantrauen! – bleibt mir die ganz große Chirurgie. Darüber bin ich zwar nicht böse, aber bei all den schlechten äußeren Umständen strengt die Arbeit doppelt und dreifach an! Und sie will und will nicht abnehmen!! Aber ich bin ja überzeugt, daß diese augenblicklich schwierige Lage bald behoben sein wird! Bis dahin heißt es eben »durchhalten«, es kann halt im Krieg nicht immer alles so gehen, wie man es sich wünschen möchte! Hinzu kommt noch, daß man in einer fremden Einheit nicht über alles so Bescheid weiß, sodaß auch dadurch so manche Übelstände auftreten! Alles in allem aber bin ich – wie könnte es auch anders sein! – zuversichtlich in jeder Beziehung! Auch gesundheitlich fühle ich mich im allgemeinen wohl, wenn mich auch hie und da mal das Rheuma etwas zwickt und zwackt! Trotzdem aber bitte ich Dich, Dir keine Sorgen um mich zu machen, dazu ist wirklich kein Grund vorhanden!!

Und nun zu Deinen lieben Briefen! Daß Du in der Sache [...] noch immer keinen Bescheid vom Wehrkreisarzt hast, verstehe ich eigentlich nicht, ich hatte bestimmt gehofft, daß die Sache wenigstens im Rollen sei! Wenn die Post wieder regelmäßig ist, und ich dann von Dir noch immer keinen positiven Bescheid habe, werde ich nochmals schreiben! Wenn Dir mein Brief dorthin zu »lau« erschienen ist, so darfst Du nicht verkennen, daß ich bei solchem Schreiben gewissen Bindungen auferlegt bin, daß ich selbst die Sache so empfinde, wie Du selbst auch, haben Dir ja wohl meine Briefe gesagt. Und ich bin nach wie vor nicht gewillt, die Sache ohne entsprechende Genugtuung an uns vorübergehen zu lassen. Ein Sonderurlaub ist ja leider – jetzt weniger denn je! – nicht möglich, wenn eben die Sache nicht zu unserer Zufriedenheit geregelt wird, muß ich die nötigen Schritte dazu in meinem nächsten Urlaub unternehmen. Ich schrieb Dir ja schon, daß Du Dir von der Gestapo eine schriftliche Fixierung geben lassen sollst, weshalb die »Verwarnung« ausgesprochen wurde. Teile mir doch sofort mit, ob Du sie bekommen hast und was für einen Wortlaut sie hat, oder ob man sie Dir verweigert hat. Im letzteren Fall würde ich nämlich noch einen anderen Weg gehen, der mir evtl. über unseren Kriegszahnarzt offen steht!

Offen gestanden habe ich mich gefreut, daß Du nun doch über Weihnachten schon nach Bad R. gefahren bist, da hast Du doch wenigstens etwas Ablenkung und Abwechslung gerade in diesen Tagen! Hat Dich denn mein Weihnachtsbrieflein schon erreicht? Daß all meine Gedanken und Wünsche in diesen Tagen wieder mehr denn je bei Dir sind, weißt Du ja, von ganzem Herzen hoffe ich, daß es das letzte sein wird, das wir getrennt verleben müssen!!

Wegen »Urlaubs« in dieser Zeit brauchst Du Dir wohl keinerlei Gedanken zu machen, daran ist ja jetzt noch nicht wieder zu denken! Die einzigste Möglichkeit wäre, daß die Div. abgelöst würde, aber dann hätte ich ja noch rechtzeitig Gelegenheit, Dich davon zu verständigen! Ich wünsche Dir jedenfalls für die Zeit deines Dortseins von ganzem Herzen alles Gute, erhol Dich recht gut und versuche, all das Erleben der letzten Zeit in etwa zu vergessen! Hoffentlich findest Du auch ein bissel nette Gesellschaft, die Dir den Aufenthalt recht froh und angenehm machen kann!

Für die »französ. Aufgaben« herzlichen Dank, zur Zeit komme ich natürlich nicht dazu, mich mit ihnen zu beschäftigen, aber es kommen ja auch mal wieder ruhigere Zeiten! Von einer Reise nach Paris – selbst wenn Du die Genehmigung dazu bekommen solltest, was ich aber schon an sich bezweifle! – möchte auch ich Dir eigentlich abraten! Ich kann zwar verstehen, daß es für Deine [...] Prüfung sehr wertvoll wäre, auch würde ich Dir die Freude von Herzen gönnen, aber andererseits erscheint mir eine solche Reise zur Zeit zu gewagt und anstrengend, und außerdem glaube ich, daß Du nur enttäuscht zurückkehren würdest! Wenn Dir aber sehr viel daran liegt, dann kannst Du es ja über das Seminar versuchen, ob Du eine Einreise-Erlaubnis bekommst, dann kannst Du es Dir ja noch immer überlegen.

Daß Du Dich gesundheitlich noch immer nicht ganz wohl fühlst, tut mir wirklich ganz besonders leid, und ich kann nur hoffen und wünschen, daß Du Dich in Bad R. recht gut erholst. Denn daß dabei die Aufregungen der letzten Zeit eine ganz große Rolle spielen, wissen wir ja beide, umso mehr freue ich mich, daß Du wieder mal ein paar Wochen davon verschont bleibst.

Daß Herr Dähn oft »wunderlich« ist, weiß ich ja, ob er mich für geizig oder dumm hält, weil ich damals in Frankr. so wenig eingekauft habe, ist mir wirklich gleichgültig. Du weißt ja, was ich Dir alles von meinem Wehrsold gekauft habe, vielleicht hätte ich mir von Dir noch Geld schicken lassen sollen, aber ich habe damals offen gestanden nicht geglaubt, daß der Krieg noch solche Ausmaße annehmen würde!

In diesem Monat konnte ich ja leider das Geld noch nicht wieder an Dich abschicken, hole es aber nach, sobald es wieder möglich ist. Ich werde es dann wohl am zweckmäßigsten auf mein Bankkonto überweisen, gelt? Ich nehme an, daß auch Dir das recht ist!

Eine neue Frisur hast Du Dir zugelegt? Und da fügst Du nicht einmal ein Foto bei?? Ich hätte mich doch so gefreut, wenn ich mir zwar auch nicht vorstellen kann, wie nett mein liebes Frauchen darin ausschaut! Wie macht sich denn das »Einrollen« weiterhin??

Eine Bewerbung um das Kr.H. in Potsdam kann ich ja z.Zt. wegen der Postsperre garnicht loslassen, sie hätte auch keinen Zweck, da an solche Häuser nur Professoren kommen. Abgesehen davon habe ich mir ja auch vorgenommen, diese zwecklose Schreiberei jetzt zu lassen und mich erst darum zu bemühen, wenn die Aussicht besteht, daß ich mal vom Militär entlassen werde!

Für heute, Du mein liebstes Herzelchen Du, leb wohl. Meine Gedanken fliegen zu Dir und nehmen mich mit, ach, könnte ich doch bei Dir sein!! Ganz lieb würde ich Dich in meinen Arm nehmen, würde Dich an mich drücken nur herzen und küssen!!! All meine Liebe, all meine Sehnsucht möchte ich Dich fühlen lassen, möchte ich Dir beweisen mit so vielen zärtlichen und heißen Küssen!!!

Dir aber, Du mein Lieb Du, wünsche ich von ganzem Herzen schöne und frohe Tage in Bad Reichenhall, hoffentlich findest Du die Ruhe und Erholung, die Du suchst und die Dir so nötig ist!!! Meine besonderen Wünsche aber begleiten Dich für die Weihnachtstage und auch für das nun vor der Tür stehende neue Jahr!!! Hoffentlich ist es das letzte, daß uns getrennt sieht!!!

Diese Zeilen aber, mein liebstes Herzelchen, bringen Dir die innigsten Grüße von Deinem allzeit getreuen

Erich.

14. Dezember 1942

Hans Michel
Alter und Dienstgrad unbekannt, vermißt

O.u. 14.12.42

Meine liebste Hanna!
Nun weihnachtet's sehr. Der Radio tut noch. Heute hörten wir zum ersten Mal Weihnachtslieder. Da gegenwärtig die Post, ähnlich wie seinerzeit, wegen anderer heereswichtiger Transporte zurückstehen muß, sind bis heute noch keine Pakete eingetroffen, es ist aber anzunehmen, daß diese noch vor Weihnachten ankommen. Flugfeldpostbriefe werden befördert, deshalb legen ich Dir zunächst 2 Marken bei, damit wir öfters und schneller etwas von einander hören. Ich hoffe sehr, es geht Euch gut und Ihr seid nicht in Sorgen um mich. Wir haben es hier gemütlich warm, ein runder Tisch in der Ecke, eine 4-fache Betondecke über uns. Gesundheitlich ging es mir in den letzten 14 Tagen nicht besonders gut, immer Kopfschmerzen. Ich mache dafür nur Innendienst, d.h. ich mache keine Wache mehr, was sehr viel wert ist. Sonst treibe ich um, es gibt hier sehr viel zu basteln und zu machen. Draußen ist es mitunter gefährlich, da der Russe Störungsfeuer schießt. Was militärisch geht, darüber kann ich aus begreiflichen Gründen nicht schreiben. Wenn Du von dem Ort hörst, wo ich bin (eben sprach im Radio einer davon), so kannst Du daraus ermessen, was los ist. Was weiter kommt, wissen wir nicht, aber wir sind zuversichtlich. Weihnachten werden wir wohl ohne Christbaum feiern, aber wir werden uns zu helfen wissen. Es wird eine Art Adventsring gemacht, einige Kerzen haben wir noch, unten kommt der gefundene Christbaumschmuck dran. Auch wenn keine Pakete da sein sollten, wird trotzdem gefeiert, aber wir glauben, daß sie noch kommen. Jedenfalls bin ich stolz darauf, an einer Stelle mit dabei zu sein, von der die Welt spricht, und nicht bloß hinten in der Protzenstellung, sondern vorn. Allerdings an die Infantrie können wir nicht heran, diese haben allerhand zu leisten und auszuhalten. Gegenwärtig ist es ziemlich ruhig, wenn man so sagen will, aber in der Umgebung nördlich und südlich regt es sich lebhaft, aber Erfolge haben sie nicht. Darüber erfährst Du Näheres in

Heeresberichten und in Kriegsberichten, in den Illustrierten kannst Du Bilder noch und noch lesen. In Gedanken bin ich sehr bei Euch, aber es ist doch eine lange Zeit her, daß ich fort bin, nur traumhaft erinnere ich mich an Euch. Im Traum bin ich sehr oft in Brasilien, der damalige Grundstücksverkauf geht mir immer noch nach. Aber meist alles durcheinander, in Deutschland Calw oder Liebenzell. Unsere Mutter, Tante Lilly oder auch Quasts kommen darin vor. Sonstige Träume habe ich nicht, warum auch. Heute hatte ich große Wäsche mit Waschbrett und Seifenpulver. Wir haben auch gute Seife gefaßt. Die Wäsche wird am Ofen getrocknet, es ist bei uns eine Beckenhitze. Es ist jetzt gleich 8 Uhr. Wir haben ein Fäßchen Petroleum organisiert, da wir ein kleines Lämpchen haben. Ich will jetzt aufhören, die Kameraden wollen spielen. Ich habe eine Mühlespiel und ein Domino organisiert und auch ein »Mensch ärgere dich nicht« gemacht, außerdem haben wir Spielkarten – Weil es mir gerade einfällt, schicke mir bitte einige 20 Pf-Marken. Man kann nur Geld heimschicken, wenn wir Marken haben. – Morgen weiter.

16. Nun muß der Brief fort. Gesundheitlich geht es mir nicht besonders, ich habe eben immer Kopfschmerzen, die sich durch nichts vertreiben lassen. Ich weiß nicht, was daraus werden wird. Für den Fall, daß ich doch noch ins Lazarett komme, können Briefe zurückkommen, sei deshalb nicht in Sorge. Im übrigen bin ich wohl versorgt.

In herzlicher Liebe Dein Hans.

Unbekannt

Im Kessel, 15. Dez. 1942

Meine Liebe Mutter!
Dieser Brief wird geschrieben in der Hoffnung, daß er Dich noch vor den Feiertagen erreichen möge.

Wiederum war es uns nicht vergönnt in diesem Jahr das Weihnachtsfest gemeinsam zu verleben. Darum begleiten diesen Brief meine herzlichsten Wünsche für einen frohen Verlauf der Festtage. Ich weiß, daß Du die Feiertage im Kreise von guten

Angehörigen verbringst und daß es Dir dabei gut ergeht. Vergiß in diesen Stunden das Bittere an diesem kommenden Schicksal und versuche alles froh hinter Dich zu bringen. Alles andere hilft uns Beiden zur Zeit ja doch nicht. Du versteht mich doch richtig.

Nun erzähle ich Dir einiges von mir. Am 22.11. griff der Russe links von uns mit stärksten Kräften an. Bei uns selbst war alles sehr ruhig. Dem Russen gelang es bei den Rumänen durchzubrechen und durchzustoßen. Da nun auch unsere Front vom Rücken her gefährdet war, kam der Befehl für uns die Stellung zu räumen. Am 27.11. ging es über den Don nach Osten. Hier sammelten sich wieder die Truppen. Der Marsch selbst war sehr anstrengend, da es ohne jede größere Rast Tag und Nacht weiterging. Pferde fielen aus, Kraftfahrzeuge kamen wegen Benzinmangel nicht mehr weiter. Leider verlor ich alles was ich besaß. In einem ungünstigen Augenblick verließ ich zum Füßewärmen mein Fahrzeug und ging einige Kilometer voraus. Während dieser Zeit trat ein Motorschaden auf und wegen der drohenden Feindnähe mußte alles gesprengt und verbrannt werden. So kam es, daß ich nur mehr das besaß, was ich am Leibe trug. Jetzt sieht es mit uns wieder besser aus, da ich mir schon wieder manches besorgen konnte. In einem Brief an Bertl habe ich schon aufgezählt, was mir noch fehlt. Alles andere habe ich schon wieder.

Nun sitzen wir zwischen Don und Wolga, westlich Stalingrad-Süd und verteidigen uns gegen die von Tag zu Tag schwächer werdenden Angriffe der Russen. Sie hatten große Verluste. Trotzdem sitzen wir noch vollkommen von außen abgeschnitten im Kessel. Alles was wir brauchen wird mit dem Flugzeug gebracht. Auch Post, aber leider keine Päckchen. Ich selbst schätze, daß wir Ende Januar aus dem Schlamassel heraus sind. Starke deutsche Kräfte sind zu unserer Befreiung schon im Kampf mit dem Russen von außen her. Da aber der Russe vollkommen in diesem Abschnitt vernichtet werden soll, wird die ganze Aktion etwas länger dauern. Ich habe mich damit abgefunden, daß wir Weihnachten im Bunker hier feiern. Mir persönlich geht es den Verhältnissen entsprechend immer noch gut.

Nun weißt Du genau was mit mir los ist. Also keine großen Sorgen, es wird alles wieder gut. Ein besonders beruhigendes Gefühl ist es für mich, daß ich mich um Dich keine Sorgen zu machen brauche. Hoffentlich geht es Dir auch gesundheitlich gut. Fein ist, daß Du Dich zur Zeit ausruhst von der vielen Arbeit. Vielleicht gelingt Dir doch noch Dein Vorhaben mit der Halbtags-Arbeit.

Ich kann nun nicht an alle Bekannten schreiben wie es mir ergeht. Grüße sie bitte alle recht herzlich von mir.

Für Dich wünsche ich noch einmal ein frohes Weihnachtsfest, gute Gesundheit, und ein frohes, baldiges Wiedersehen im glückhaften Jahr 1943

Dein dankbarer Sohn

Albert

Schreibe mir bitte mit Luftpost!

Friedrich Waldhausen
** 1918, Oberleutnant*

Im Felde, 15.12.42

Liebe Eltern und Geschwister!

15. Dezember = Mitte Dezember = 10 Tage vor Weihnachten! Und wir sind immer noch nicht mit dieser dreimal verfluchten Stadt fertig. – Aber ich wollte Euch ja von meiner »Reise« erzählen. Also ich habe mich neulich aufgerafft und bin zurückgepilgert, um »Hinten in der Etappe« mal wieder nach dem rechten zu sehen. Zunächst habe ich mir die Feuerstellungen noch mal angesehen. Die Leute sitzen wie die Hamster in ihren tiefen, warmen Bunkern. Die Stellungen findet man kaum, da wir jetzt während der weißen Zeit auch unsere Geschütze weiß angestrichen haben. Dann bin ich weitergewandert bis zurück zum Regiment. Das war fast wieder eine Tagreise. Jetzt in den stationären Verhältnissen sitzt das Rgt. so weit hinten. Da hat man mal wieder andere Gesichter gesehen, andere Sachen gehört, und was von der Lage und all so Sachen erledigt, Kommandeur-Angelegenheiten, die man telefonisch nicht gut verhandeln kann und die sich so im Laufe der Zeit so angesammelt hatten.

Beim Regiment hab ich den Hamster aus dem Mantel und den Kragen abgeknöpft, so zum Marschieren war es doch zu warm, und bin dann durch den fast knietiefen Schnee weitergestiefelt zu meinem Troß, wo der Zahlmeister residiert, wo die Pferde, die wir noch hier vorne haben, in ihren Bunkerställen stehen und wo man sich auch ab und zu mal sehen lassen muß aus verschiedenen Gründen. Da bin ich dann ein klein wenig zu spät weggegangen, um noch zur Division zu kommen, sodaß ich mich in Nebel, Dunkelheit und Schnee restlos verfranzte und erst spät am Abend ankam. Sowohl der General als auch der Ia waren sehr sehr freundlich und leutselig und wir haben erzählt und geklönt und Pläne gemacht und die Lage erörtert bis morgens um ½ 4. Auch Weihnachts- und Adventslieder haben wir gesungen (der I a hatte einen richtig schönen Adventskranz), es war mal wieder richtig wie ein Urlaubstag (natürlich nicht einer wie zu Hause!). Das erste, und sehr ergiebige Thema ist stets der Bart, *der* Musterbart in der Division, dessen Beispiel inzwischen schon viele Nachahmer gefunden hat. Ob ich ihn nachts unter oder auf die Bettdecke lege, ob auch keine Läuse drin seien, ob ich den Schnurrbart nach oben zwirbeln oder nach Mongolenart nach unten drehen soll und solcher Unfug mehr. – Aber schön war es doch. Nach 4 Tagen war ich wieder hier oben in meinem Bau. – Die Briefe dürfen jetzt nur 20 g wiegen, drum nur einen Bogen. – Die Nummern sind jetzt durch das Durcheinander verrutscht, daß ich wieder mit 1 anfange. – Viele viele Grüße an Euch alle

Euer Frieder

Max Breuer
** 1909, Gefreiter, in Gefangenschaft gestorben*

Rußland, den 15.12.42

Mein liebes Frauchen!
Schnell will ich Dir vor dem Schlafengehen noch einen Brief schreiben. Neues hat sich inzwischen nicht ereignet, auch aus dem Wehrmachtsbericht ist nichts zu entnehmen. Man erzählt, daß der Kessel offen sei und eine Reihe von Verpflegungsfahr-

zeugen schon durchgekommen sind. Ob das wahr ist, weiß man nicht. Jedenfalls hat sich unsere Verpflegung noch nicht gebessert. Sie ist zwar etwas knapp, aber man verhungert nicht dabei. Jedenfalls bin ich noch jeden Tag satt geworden. Und zudem kann Euer Vati ja auch organisieren. Mittags wird immer 2 mal Essen gefaßt, ein Kochgeschirr wird für abends aufgehoben.

Das Schlimmste hier sind die *Läuse*, du kannst Dich am Tag noch so oft entlausen, immer krabbelt es an einem rum. Ich habe mir schon den ganzen Körper mit Läusepulver eingepuddert. Ich habe besonders darunter zu leiden, da ich, wie Dir nicht unbekannt sein dürfte, ziemlich behaart bin. Meinen grauen Pullover kann ich garnicht mehr anziehen, da er vollkommen verlaust ist. Und nun wird auch noch der Pullover mit dem Rollkragen kommen. In Wollsachen setzen sich die Biester so fest. Zum Glück kann man auf solche Bekleidungsstücke hier verzichten, da es nicht kalt ist und ich immer im warmen Zimmer bin. Heute taut es sogar draussen.

Und nun mein lieber guter Engel und meine beiden Sprößlinge macht Euch keine Sorgen um Euren Vati. Laßt Euch herzlichst grüßen und viele 1000 mal küssen von

Eurem *Vati*

Günther Merbold

** 1921, Sanitätsunteroffizier, vermißt*

15.12.42

Liebe Mutti!

Heute kann ich Dir wieder 2 Zulassungsmarken für Päckchen schicken. Außerdem lege ich eine Luftpostmarke bei. Bis zum nächsten Brief kann es unter Umständen ein Weilchen dauern, weil dieser ohne Luftpostmarke abgeschickt wird. Die Marken gehen mir zu Ende, denn ich habe auch an Vater einen Luftpostbrief geschrieben. Ich werde sehr bald den nächsten Brief schreiben, weil er nicht so schnell befördert wird, damit sich der Unterschied im Tempo der Beförderung für Dich nicht zu sehr auswirkt. Hast Du meine beiden vorigen Luftpostbriefe und die Karte (vom 5.12.) erhalten? Ich bekam gestern wieder einen Brief von Dir, mit 3 schönen Postkartenbildern und einer Schilderung von Vater, wie er aus dem Urlaub zurückgekehrt war. Außerdem kam eine Weidaer Zeitung vom 16.11. und zwei Frankfurter Illustrierte. Die Post fängt also schon wieder an zu funktionieren, wir können ja auch wieder schreiben, soviel wir wollen. Ich hatte Gelegenheit, von der Marketenderin etwas Briefpapier zu kaufen, sonst könnte ich aus Mangel an Umschlägen gar nichts abschicken. So komme ich wieder ein bißchen hin. Nun zu Deinem Brief: Daß außer Herrn Schmidt nun auch Frau Schmidt so krank geworden ist, ist bedauerlich, besonders für Hanna, die nun immer noch bei Seiferths ist. Ich denk, da hat es ihr gar nicht gefallen? – Deine geheimnisvollen Andeutungen über Weihnachtsgeschenke, das eine Päckchen für mich, das andere zu Hause, als Willkommengeschenk, wenn ich einmal heimkehre, erwecken allerhand Vorfreude und machen mich interessiert. Zu Weihnachten werde ich wohl keins mehr erhalten [...], aber wenn nicht jetzt, dann etwas später. Einmal muß der Urlaub ja schließlich doch kommen. Erst dachte ich an die Adventszeit, dann gar an Weihnachten, dafür ist es aber jetzt schon zu spät, Neujahr, nun, so soll es nächstes Jahr werden. Das eine Paßbild habe ich auch erhalten, 2 Stück kannst Du mir noch schicken, damit ich etwas bei mir habe. Die Karte von Frau Winkel habe ich damals erhalten. – Diesen Brief, den ich gestern früh anfing, setze ich heute (16.12.) nachmittag fort, ich habe nicht immer Zeit zum Schreiben. Gestern früh kam eine Operation dazwischen, der sich eine ganze Reihe anderer anschlossen. Wir machen alles, behandeln jeden. Deutsche, Rumänen, Russen, Ukrainer, Hilfswillige, russische Zivilpersonen, alte Männer, Frauen, von Bomben und Granaten getroffen, verbrannte, verbrühte kleine Jungens, die mit Handgranaten gespielt haben, Säuglinge, Kinder jeden Alters, junge Mädchen mit verführerischen Augen, von Granatsplittern getroffen, wie es gerade kommt. Als Gegenleistung müssen die Russen dann Kleba (Brot) bringen oder Mehl oder sonst was. Das ist für uns eine wertvolle Aushilfe. Allmählich kann man ahnen, wie es einem praktischen

Arzt zumute sein mag, der vielleicht im Osten eingesetzt ist. Interessante Perspektiven, ja?

So wünsche ich Dir, und Dieter ein recht frohes und gesundes Neues Jahr. Stoßet einmal an, und denkt an Vater und mich!

Herzlichst Euer Günther

Leo Stevens
** 1921, Infanterist, vermißt*

Russland, den 16.12.1942

Liebe Eltern!
Ich habe mit Freuden heute Euren lieben Brief erhalten, einer vom 13.11. und einer vom 7.12. Ihr schreibt ja nichts von den Päckchen ob Ihr sie abgeschickt habt, aber Ihr werdet wohl sie nicht vergessen. Wie Ihr schreibt hat Martha die Masern, das ist ja keine gefährliche Krankheit, hoffentlich ist sie gegen Weihnachten wieder gesund.

Aber es ist keine schöne Weihnachten für Euch, wenn die ganze Familie nicht zusammen ist. Leider kann ich Weihnachten noch nicht in Urlaub fahren. Mir ist die Freude nicht vergönnt.

Und Otto macht auch eine Reise nach Afrika, hat er auch keine schöne Weihnachten, erlebt er auch sicher in diesem Jahr die erste Weihnacht in Feindesland. Und Alois hat auch die letzte Zeit schwere Tage verlebt, er liegt doch bei Leningrad. Wie er mir vor langer Zeit schrieb, werde er wieder als Infanterist eingesetzt, da hat er nichts schönes.

Und wie ist es mit Hermann, hab von allen dreien lange nichts mehr gehört. Aber hoffentlich geht es ihnen allen noch gut. Ist Karl auch immer noch in Holland? Vielleicht kommt er noch gegen Weihnachten auf Urlaub.

Aber jetzt, liebe Eltern, will ich schließen für heute.

Es grüßt vielmals Euer Leo.

Heino Graf Vitzthum
** 1914, Rittmeister*

vor Stalingrad, 16.12.1942

[...]

Vor 3 Tagen kam Dein Brief vom 4.12. Nr. 21 erstaunlich rasch, während Nr. 20 noch fehlt. Mit der Berliner Verbindung ist nun leider vorläufig Schluß, ich schrieb es Dir schon im vorigen Brief, und wir müssen uns ganz auf Feldpost umstellen. Du schriebst von einem Schub, der aus B. zurückkam, so erklären sich vielleicht einige der noch fehlenden Sachen. Hoffentlich hast Du von mir alles! Wirst vielleicht manchmal nicht ganz klug geworden sein aus meinen Andeutungen, mein Russenkind, in letzter Zeit. Wenn's an der Zeit ist, sollst Du alles einmal erfahren. Vorläufig aber mach Dir keine unnötigen Sorgen, mir geht es gut und ich hab ganz unsagbare Sehnsucht nach Dir und unserer kleinen Kinderschar, die mit Dir zusammen in Sicherheit zu wissen hier draußen mein größtes Glück bedeutet. Sehnsucht ist ja eigentlich überhaupt gar kein Ausdruck für das, was auch dem Stärksten in stillen Stunden im Bunker auf dem Herzen lastet. Man darf diesem Gefühl nur nicht allzu sehr unterliegen, denn grad jetzt wird ja jeder von uns mit vollen Kräften an seinem Platz gebraucht. Es ist eigentlich immer wieder überwältigend zu sehen, wie um einen herum – mit ganz wenigen Ausnahmen – jeder mit sich selbst und seinen Gedanken fertig wird und nichts von dem anmerken läßt, was jeden einmal packt und weichmachen möchte. Heut hielt der Divisionspfarrer in einem unserer Bunker eine ganz einfache, aber umso feierlichere Adventsandacht, kannst Dir vorstellen, mein Öschalein, wie einem wird, wenn man hier deutsche Weihnachtslieder hört. Nun ist es bald so weit, daß Du tapfere Frau mit Töttilein und Brüderchen vor dem Lichterbaum stehst. Was mag unser Wonnefloh wohl dazu sagen? Wie sehr inniglich Euer ferner Pappi an diesem Heiligabend und in diesen Augenblicken in Gedanken und Liebe bei Euch sein wird, das müßt Ihr einfach fühlen, Ihr geliebten Menschen. Hoffentlich könnt Ihr Euch trotz aller Einschränkungen die Tage ein bißchen gemütlich und schön machen. Von Mutti bekam ich auch einen Luftpostbrief vom 27. Nov. mit ganz begeisterten Beschreibungen von den Kindern, sie schreibt aber gar nichts davon, ob Pappi in Sicht ist. Ob Du Dir wohl schon Gedanken über die Taufe gemacht hast, Rösekind? Ilse wird nun schon wieder fort sein, sicher war's eine nette Zeit mit ihr für Dich. – Von mir gibt's nicht viel Neues zu berichten. Vor ein paar Tagen besuchte mich ganz überraschend der Hauptwachtmeister und der Schirrmeister meiner guten alten Schwadron, die wieder in der Nähe liegt. 2 Stunden waren sie zu Fuß durch tiefen Schnee gestapft und hatten unterwegs noch eine ganz tolle Begegnung mit Wölfen. Sie brachten mir rührend einige köstliche Dinge als Geschenk der Schwadron mit, so schön und selten jetzt, daß ich meinen Augen überhaupt nicht traute. Ich stellte wieder mal fest, daß es doch nichts Schöneres in unserem Beruf gibt, als ein derartiges Zeichen von Anhänglichkeit! Die beiden erzählten hochinteressante, wenn auch z.T. recht unerfreuliche Einzelheiten der letzten abenteuerlichen Zeit, leider ist mein alter Haufen nun auch recht mitgenommen. Rührend brachten sie mir auch einen ganz kleinen Lautsprecher mit, der an einem Radio in einem anderen Bunker angeschlossen, mir nun die einsamen Stunden etwas verkürzt. Am nächsten Tag kam auch noch Weißendorn, der Gute, natürlich war des Erzählens gar kein Ende! Man hängt so sehr auch jetzt noch an den Männern und ich muß grad jetzt so lebhaft der Zeit gedenken, als ich vor Jahresfrist in Krampnitz den Haufen begann aufzubauen. Gestern kam ein Paket vom guten Onkel Fritz, das wohl *das* Weihnachtspaket sein wird und zunächst alle übrigen noch eine Weile ersetzen muß. Er sitzt jetzt sehr viel weiter weg von mir und beschenkte mich ganz rührend mit den Dingen, die einem jetzt am meisten fehlen. Draußen herrscht klirrender Frost, der Russe ist einigermaßen ruhig, es ist aber nicht ausgeschlossen, daß er eine »Weihnachtsüberraschung« vorbereitet. Wir werden ihm schon die Freude verderben. – Nun leb innig wohl.

[...]

Max Breuer
** 1909, Soldat, in Gefangenschaft gestorben*

Rußland, 16.12.42

Mein lieber guter Engel!
Schrecklich ist es, wenn man keine Post bekommt. Jetzt ist es schon einen Monat her, daß ich keine Post erhalten habe. Man erzählt aber, daß in den nächsten Tagen Post kommen soll. Allerdings nur Briefpost und keine Päckchen. Päckchen nehmen die Jus nicht mit. Ich könnte das Heulen bekommen, wenn ich an die Weihnachtspäckchen denke, die Du mit soviel Liebe fertig gemacht hast. Morgen in einer Woche ist Heiligabend. Es wird der trostloseste Weihnachten sein, den ich je erlebt habe. Aus Marketenderwaren werden wir jeder 60-70 Zigaretten und 4 Mann eine Flasche Schnaps bekommen. Das ist ein kleiner und billiger Trost. Heiligabend möchte ich mich am liebsten sinnlos besaufen, um besser über diese Stunden hinweg zu kommen. Das soll nun nicht heissen, daß ihr euch den Weihnachten nicht schön gestalten sollt. Ich werde froh und glücklich sein, wenn Du mir mitteilst, daß ihr eine schöne Weihnachten verlebt habt. Schreibe mir mal, was Du unseren Sprößlingen geschenkt hast und wie sie sich gefreut haben. Noch 2 Tage dann sind wir schon 4 Wochen eingekesselt. Wie man erzählt, soll eine Truppe, die mindestens 4 Wochen eingeschlossen ist, einen Orden bekommen. Auf diesen will ich gerne verzichten, wenn wir nur bald mehr Brot bekommen. Zurzeit bekommen wir alle 4 Tage 1 Brot. Die Batterie, wo Kurt Schramm bei ist, gibt nur alle 8 Tage 1 Brot aus. Unsere Batterie hat noch schwarzen Bestand. Wenn Dich dieser Brief erreicht, sind wir schon im neuen Jahr. Möge uns das neue Jahr den lang ersehnten Frieden bringen. Für heute die allerherzlichsten Grüße und 1000 Küsse
Euer Vati

Friedrich Waldhausen
** 1918, Oberleutnant*

Im Felde, 17.12.42

Liebe Eltern und Geschwister!
Heute Abend ist es gerade so schön ruhig, da will ich doch schnell wieder einen Brief anfangen, wenn er vielleicht auch noch nicht fertig wird. Und wenn ich schon keine Post kriege, sollt Ihr doch wenigstens was von mir hören. – Heute früh bin ich wieder bei meinen vorgeschobenen Beobachtern unten am Steilufer des Flusses gewesen. Wir haben so feine Schneeanzüge gekriegt, die erst mal ganz weiß, dann aber vor allem regen-, schnee- und winddicht sind. Sie gehen von den Stiefeln bis über den Kopf, selbst weiße Handschuhe haben wir dazu an. Schon auf 100 m kann man keinen Menschen mehr in dem Schnee darin erkennen und so konnte ich vollkommen offen in vom Feind eingesehenen Gelände herumturnen und ganz sicher sein, daß ich nicht gesehen werde. Der »Bach« diesseits der großen Insel ist nun fest zugefroren, da heißt es doppelt wachsam sein, daß der Ruß uns da nicht rüberkommt. – Gestern Abend rief mich der Ia wieder an und meinte, nach Neujahr führen wir wieder alle in Urlaub. Nun hat man natürlich den ganzen Tag den Urlaub im Kopf. Wenn ich natürlich auch weiß, daß ich sobald nicht dran komme. Eigentlich wäre es sogar noch schöner, wenn ich bis zum Frühjahr warten müßte. Ich bin die letzten Jahre immer nur im Winter zu Hause gewesen. Ich würde Lauchröden und Saida so gern auch mal im Frühling sehen. Aber trotzdem macht man sich schon Gedanken, wie man die 21 Tage einteilt. Nach Aussig muß ich, zu Schultes, das könnte man mit Saida verbinden. [...] Nach Nürnberg möchte ich auch. Und schließlich will ich doch *zu Hause* sein im Urlaub! – Na ja, wollen erst mal abwarten, bis wir überhaupt mal wieder fahren können, wer weiß, was da noch alles dazwischen kommt. – Es ist uns mal ganz heilsam, die Lage, in der wir jetzt sind. Da weiß man erst, wie schön man es früher gehabt hat. Und man lernt das Brot, das einfache Stückchen Brot wieder schätzen! Wenn man teilen muß in zwei, in vier, in acht Teile, dann wird kein Krümchen weg-

geworfen, da kommt kein Stück Rinde um! – So hat alles auch eine gute Seite. –

So, jetzt hoffe ich, daß Weihnachten doch noch Post kommt, vielleicht sogar ein Päckchen – und grüße Euch zu Hause alle miteinander!

Euer Frieder.

Herz und Glieder sind wieder vollkommen in Ordnung, mir geht es ausgezeichnet!

Hans Spiess
Alter unbekannt, Unteroffizier

Osten den 17.12.42

Liebe kleine Erna
Möchte Dir heute einige Zeilen zukommen lassen. Post habe ich von Dir seit 4 Wochen keine mehr bekommen. Ja wir können nicht dafür, und die Feldpost auch nicht. Ab und zu kommen ein paar Briefe durch, aber es sind sehr wenig. Weihnachten wird es auch nicht viel besser werden, aber wir hoffen dass es nicht mehr lange dauert. Mir geht es noch gut, und ich hoffe von Dir dass gleiche. Wenn Du diesen Brief erhältst so ist Weihnachten längst vorbei. Hoffentlich hast Du recht schöne Weihnachtsfeiertage verlebt. Auf Post wirst Du wohl lange gewartet haben, aber Du wirst ja bestimmt wissen woran es wieder liegt. Bei uns wird Weihnachten nicht besonders sein, denn wir sehen schon im voraus wie es werden wird.

Diesen Winter den werden wir nie vergessen. Weihnachten 1942 wird für uns unvergesslich bleiben. Vor vier Wochen haben wir die Gedanken nur auf Urlaub zu fahren gehabt, aber jetzt denken wir gar nicht mehr daran. Wir haben nur noch ein Wunsch und den darf ich nicht schreiben. Na ja lange wird es nicht dauern, dann wird er auch in Erfüllung gehen, dann wird uns bedeutend besser gehen als vorher war.

Wie geht es Dir sonst liebe Erna? Ja es ist schlimm genug wenn wir die Post entbehren müssen, wo doch unser einzige Freude ist. Ja, dieser Krieg, der hat nichts Gutes in sich. Wer hätte das gedacht dass er so lange dauern wird. Unsere Jahre gehen dahin ohne dass man etwas davon hat. Das Leben wird, je länger der Krieg dauert desto unerträglicher, aber müssen es nehmen, wie es kommt.

Das Wetter ist auch nicht so sehr warm. Heute haben wir hier 22 Grad Kälte, und der scharfe Wind ist auch nicht zu verachten. Wir wohnen hier mit 40 Mann in so ein kleiner Halle und keine Fenster drin. Aber wir nehmen alles in Kauf wenn alles nur gut geht. Das neue Jahr wird uns auch Überraschungen bringen und sogar gute.

Nun liebe Erna ich werde Schluss machen müssen denn es ist schon dunkel daß man kaum sehen kann.

Lass es Dir weiterhin gut gehen, und mache Dir keine Sorgen, es wird bald gut werden.

Sei vielmals gegrüsst und auf Wiedersehen
Dein Hans

Max Breuer
** 1909, Gefreiter, in Gefangenschaft gestorben*

Rußland, den 17.12.42

Meine Lieben!
Da ich so lange nicht von Euch gehört habe, will ich mal wieder etwas von mir hören lassen. Von Anneliese werdet Ihr sicher gehört haben, daß wir seit dem 22.11.42 zwischen Don und Wolga eingeschlossen sind. Aber das ist nicht so tragisch, in kurzer Zeit werden wir schon wieder herausgepekt. An die eingeschlossenen Truppen hat der Führer einen Tagesbefehl herausgegeben, der mit den Worten schließt: Haltet aus, der Führer haut Euch raus. Schuld an der ganzen Kesselbildung haben die Rumänen, die sich von den Russen haben überrennen lassen. Eine Reihe unangenehmer Begleiterscheinungen sind mit einer solchen Einkesselung verbunden. Post haben wir schon über 4 Wochen keine mehr erhalten. Wir haben zwar die Möglichkeit, Post zu verschicken, die mit Jus zur Heimat befördert werden. Dann ist die Verpflegung natürlich auch kärglicher geworden. Während wir sonst alle 2 Tage ein Brot erhielten, erhalten wir zurzeit alle 4 Tage ein Brot. Bei anderen

Batterien gibt es teilweise sogar nur 1 Brot alle 8 Tage. Wir haben noch eine kleine Reserve.

Inzwischen bin ich wieder Rechnungsführer geworden, nachdem ich 2 Monate als Fernsprecher tätig war. Mein Vorgänger ist an Ostfieber erkrankt und ins Lazarett gekommen.

Morgen in 1 Woche haben wir Weihnachten. Es ist der 2. Weihnachten, den ich nicht zu Hause verleben kann. Die Weihnachtspäckchen, die Anneliese mit so viel Liebe fertig gemacht hat, werden mich nicht erreichen. Das bringt alles der Krieg mit sich. Mit Urlaub sieht es auch sehr mies aus, da ich zurzeit als Rechnungsführer keinen Vertreter habe.

Und nun wünsche ich Euch allen ein recht frohes Weihnachtsfest u. ein glückliches neues Jahr »gehabt zu haben«

Mit den herzlichsten Grüßen

Euer Max

Erhard Hillegrub
** 1923, Gefreiter, vermißt*

17.12.42 zwischen Donn und Wolga

Ihr *Lieben alle!*
Heute will ich Euch wieder ein kleines Brieflein schreiben. Es ist jetzt 01.13. Ich habe heute Nacht hier Telefonwache und will diese Gelegenheit nun gleich zum Schreiben benutzen.

Mir geht es noch immer sehr gut. Ich hoffe, daß auch von Euch niemand über seine Gesundheit klagen kann. Wie sieht es bei Euch so mit dem Wetter aus? Hoffentlich ist gutes Weihnachtswetter. Ich könnte mir so ein gemütliches Weihnachten bei Euch bestimmt vorstellen. Draußen schneit es, es ist kalt. Aber drinn in der Stube ist ein prima warmer Ofen. Der Weihnachtsbaum in der Ecke, auf dem Tisch steht eine Schale mit Pfefferkuchen und so ein paar Sachen zum leckern. Dann am Abend brennt ein paar Stunden, die gemütlichsten, der Weihnachtsbaum. Alle sitzen in der Nähe des Ofens erzählen sich etwas oder machen sonst etwas. Das würde jetzt für mich gemütlich sein. Na bei Euch wird es ja auch so sein. Ich muß eben noch warten bis es auch für mich wieder mal so gemütlich werden wird. Hoffentlich dauert es nicht mehr zu lange. Ich werde die Zeit nachher besonders zu schätzen wissen. Wenn man hier erst mal in Dreck und Kälte gelegen hat, dann weiß man doch wo und was schön ist. Aber die schönen Zeiten werden ja hoffentlich auch für mich bald wiederkommen.

Dann wird es schön! Das sage ich Euch ihr Lieben daheim!

Jetzt freue ich mich nun wie ein Kind auf die schönen Päckchen von Euch. Hoffentlich kommen alle an. Ich habe Euch in einem Brief so ein paar Wünsche wegen Backpulver usw. aufgeschrieben. Erledigt sie nur wenn es Euch möglich ist und es keine großen Umstände macht.

Wir haben es uns in unserer neuen Stellung wieder so gemütlich wie möglich gemacht. Unser Bunker ist nun fertig geworden. Betten sind leider noch nicht drin. Wir schlafen also noch unten. Es ist hier so schlecht Holz zu bekommen. Aber so geht es nun schon. Wir haben wenigstens ein Dach über dem Kopf und brauchen nicht draußen liegen. Einen Ofen haben wir auch drin. Nur Holz ist nicht immer da. Es gibt ab und zu mal ein Brett oder Balken. Aber trotzdem Kopf hoch und aushalten. Es gibt doch so ein Lied, daß wir hier oft singen. Der Refrenz heißt: Es geht alles vorüber – es geht alles vorbei – nach jedem Dezember folgt wieder ein Mai usw. Das sagen wir dann auch immer. Und wenn Ihr dieses Lied im Radio mal hört, so könnt Ihr an mich und uns denken die wir hier draußen zwischen Donn und Wolga für Euch die große Wache halten und Euch den Russen von der Grenze halten.

Ich hoffe nun, dass ich von Euch bald mal etwas höre und auch etwas über Hermann und Ernst und auch alle anderen die ich gut kenne.

Es sendet Euch nun die herzlichsten Grüße Euer Erhard!

Grüße an Büsows und alle die ich kenne

Richard Bark
** 1919, Unteroffizier, vermißt*

18.12.42

Meine lieben Eltern!
Eben bin ich mit backen fertig geworden und will nun wieder ein paar Zeilen an Euch schreiben. Ihr habt ganz richtig gelesen mit backen. Ich habe nämlich heute mal schönes Brot gebacken. Wir hatten Mehl und Backpulver bekommen und da haben wir uns eben zusätzlich noch Brot gebacken. So wie es auf den Backübertüten hinten drauf steht. Es schmeckt jedenfalls prima. Ihr wißt ja wie gerne olle Eddi solch frisches Brot ißt. Es ist aber bisher immer ziemlich schnell alle. Jetzt habe ich meinen ganzen Haufen auf den Geschmack gebracht und alles brüllt Brot. Die Affenhitze die hier herrscht müßt Ihr Euch vorstellen. Wir haben nämlich bloß einen eisernen Ofen und da gehen immer zwei Kochgeschirre mit Brot rein. Es dauert eine ganze Weile bis die Meute so durch ist. Sonst ist noch alles beim Alten hier. Fühl mich sau wohl essen und trinken schmeckt und auch sonst geht alles seinen geordneten Gang. Bloß von Euch hab ich jetzt noch keine Post mehr bekommen. Aber die wird auch noch eintreffen, denn von Mausi hab ich heute auch schon wieder einen Brief bekommen.

Na wie geht's Euch denn so und was macht und treibt Ihr so. Ich schicke Euch, sobald das Geld wieder angenommen wird, 100 M. Davon könnt Ihr 50 M frei verwenden so als verspätetes Weihnachtsgeschenk. Die anderen 50 M sollt Ihr zur Miete nehmen falls Ihr keine bekommen habt. Oder sonst als Grundsteinlegung meines neuen Kontos zu benutzen. Wenn Ihr sonst noch irgendetwas braucht schreibt es mir sofort. Schreibt es lieber mir als das Ihr einen anderen darum angeht.

Wie ist es denn mit meinem Gehalt. Habt Ihr darüber schon etwas zu hören bekommen, oder hat sich noch keiner gemeldet. Unser Zahlmeister meinte so bis Weihnachten wird es wohl durch sein.

So falls Ihr diesen Brief noch vor Weihnachten bekommt wünsche ich Euch nochmals ein recht frohes Weihnachtsfest.

Bleibt vor Allem hübsch gesund und seid herzlichst gegrüßt von

Eurem Eddi

Grüßt auch den anderen Haufen

Beiliegende Luftpostmarken bitte sofort benützen

Paul Wortmann
** 1922, Gefreiter, vermißt*

Russland, 19.12.42

Ihr Lieben!

Recht böse werdet Ihr wegen meines spärlichen Schreibens sein, gerade um die Weihnachtszeit müsst Ihr so wenig Post bekommen. Aber bewerft mich nicht gleich mit Schimpfwörtern übelster Sorte, es war nicht meine Schuld.

Mir geht es, Gott sei Dank, noch ganz prima, was man hier prima nennen kann. Iwan lässt uns jetzt so ziemlich in Ruhe, aber über die jetzige Zeit werde ich später viel zu erzählen haben.

In ein paar Tagen ist Weihnachten und ich muss immer daran denken, dass wir dieses Mal eigentlich zusammen feiern sollten. Aber…

Wir sind feste dran, unseren Bunker feierlich auszugestalten und man kann mit primitiven Mitteln ganz nette Wirkungen erzielen. Nur ein Weihnachtsbaum macht mir noch viel Kopfzerbrechen. Sicher müssen wir mit unserem stilisierten Adventskranz vorliebnehmen.

Hier ist es nach kurzer Tauperiode wieder arg kalt geworden und es liegt tiefer Schnee. Die Kältegrade sind noch nicht so schlimm, aber das dicke Ende kommt in ein paar Wochen.

Anbei ein paar Luftfeldpostmarken und eine Päckchenmarke. Zum letzten ein kleiner Wunsch, aber bitte nicht lachen! Ginge es, per Post etwas Mostrich und ein paar Gewürze zu schicken? Wir brotzeln oft und viel selbst und Senf habe ich seit Deutschland nicht mehr gesehen!

Zum Fest hat unsere Kompanie eine kleine Zeitung in Angriff genommen, dazu hat man mich natürlich wieder engagiert.

Unser Trupp hat sich das erste Mal selbst Brot gebacken und es ist besser geworden als das Komissbrot. Ich mach Euch das später mal vor! Kennt Ihr übrigens Raderkuchen, kennt Ihr Klietenmus? Die Finger werdet Ihr Euch danach lecken, wenn Ihr hier mal mitessen würdet!

Alles Gute und viele Grüße sende ich Euch und bin Euer
Paul

Max Breuer
** 1909, Gefreiter, in Gefangenschaft gestorben*

Rußland, den 19.12.42

Mein liebes Frauchen!
Immer näher rückt Weihnachten heran. Noch 5 Tage und es ist Heiligabend. Es wird für Euren Vati sowie alle Soldaten, die im Kessel sind, ein trostloser Weihnachten werden. Auf einen Weihnachtsbaum werden wir auch verzichten müssen, da in dieser weiten Steppenwüste kein Baum und Strauch wächst. Heute habe ich von unserem Zahlmeister erfahren, daß wir alle jeder 200 Zigaretten bekommen sollen. Das ist wenigstens ein Tropfen auf einen heißen Stein. Außerdem fährt morgen unser Zahlmeister zum Verpflegungsamt, um eine gute Verpflegung für die Weihnachtstage für uns herauszuschlagen. Voriges Jahr hat unsere Batterie an nichts zu Weihnachten Mangel gehabt. Schnaps war in Hülle und Fülle da. Das wäre auch dieses Jahr der Fall gewesen, wenn der Russe uns nicht eingekesselt hätte. Das schlimmste sind ja die Päckchen, die Du mit so viel Liebe fertig gemacht hast und die mich zu Weihnachten nicht erreichen werden. Ich hätte so gerne ein paar Makronen, ein Stück Kuchen oder ein schönes Schmalzbrot gegessen. Hoffentlich verlebst Du mit unseren Kindern einen schönen Weihnachten, das ist auch eine Freude für mich. Schreibe mir mal wie Weihnachten verlaufen ist und ob der Schlitten angekommen ist. Ich bin ja leider nicht in der Lage, einen von Euch irgendeine Kleinigkeit zu schenken. Das schönste Weihnachtsgeschenk für euch soll's sein, daß euer Vati recht bald auf Urlaub kommt.

In einem Schlußsatz eines Tagesbefehls an die eingeschlossenen Truppen hat der Führer gesagt: Haltet aus, der Führer haut euch raus. Hoffentlich bewahrheitet sich dieses Wort recht bald, damit ich wieder Post von Dir bekomme und eventuell bald auf Urlaub fahren kann.

In diesem Sinne grüße und küsse ich Euch 1000 mal.

Euer Vati

Ebenso herzliche Grüße an Deine Eltern.

Erhard Hillegrub
** 1923, Gefreiter, vermißt*

Zwischen Donn und Wolga 19.12.42

Ihr Lieben alle!

Heute sind nun schon wieder zwei Tage um. Ich habe mir vorgenommen, wenn es geht, alle zwei Tage an Euch zu schreiben. Immer wird es aber wohl nicht gehen. Darum macht Euch nicht gleich Sorgen, wenn meine Post dann doch mal ein paar Tage ausbleibt. Gestern ist hier bei uns wieder etwas Post empfangen worden. Heute Abend will ich nun erst mal sehen, ob für mich etwas dabei war. Es wird jetzt nur immer sehr wenig Post empfangen. Sonst würde ich bestimmt jeden Tag welche bekommen. Von Arnold habe ich vorgestern eine Zeitung bekommen.

Für Weihnachten ist hier von uns aus ein Geleitzug gestartet der etwa am 25.12. wieder hier sein soll. Da werden dann die mit Sehnsucht erwarteten Weihnachtspäckchen kommen.

Ich freue mich schon sehr darauf. Aber hier heißt es immer Geduld haben und Warten. Da müßen wir halt warten und nur immer das Beste hoffen. Aber wenn sie dann hier sind die schönen Päckchen aus der Heimat dann werde ich mich darüber her machen und dabei denken, ich wäre zu hause, säße auf der Bank meinen Kaffeetopf vor mir und eine Stulle nach der anderen oder ein Stück Kuchen nach dem anderen mit Behagen verzehren. Solange der Vorrat reicht. Wird bestimmt prima. Und dann ist für mich auch Weihnachten. Vielleicht ist es nächstes Jahr Weihnachten dann wirklich so.

Mein größter Wunsch den ich habe ist der, mit Euch mal wieder ein paar gemütliche Stunden und Tage zusammen zu sein. Und hoffentlich kommen diese Tage mal und hoffentlich dauert es bis dahin nicht mehr zu lange.

Aber na, Ihr wißt ja. Es geht alles vorüber, es geht alles vorbei, nach jedem Dezember folgt wieder ein Mai usw. nicht war. Ich habe jetzt hier schon zur genüge hoffen und warten gelernt. Und da werde ich auch warten bis es mal soweit ist und die Zeit da ist in der ich bei Euch bin. Man fühlt eigentlich garnicht, dass man sooo weit von zu Hause weg ist. Trotzdem sind es aber ein paar tausend Kilometer die einen von seinen Lieben trennen.

Diese paartausende Kilometer sind wir aber hergefahren, und wir werden sie auch wieder mal zurückfahren. Nur muß man da noch etwas Geduld haben. Es heißt doch so schön, mit Geduld und Tücke fängt man jede Mücke.

Mir geht es gesundheitlich noch immer gut. Ich hoffe, das auch Euch dieser Brief bei bester Gesundheit antrifft. Was macht eigentlich mein Kleiner Helmuth. Ist er immer recht artig? Ich glaube ja, er war doch immer sehr artig. Gerne möchte ich jetzt auf der Bank neben ihm sitzen und ein paar Zuckereier mit ihm verputzen.

Wäre doch schön nicht war Helmuth.

Also weiter! Was macht eigentlich Hermann und wo steckt er. Habt Ihr schon mal etwas von ihm gehört? Wie geht es Ernst. Ist er in Deutschland mit seiner Krankheit oder in Rußland.

Schreibt bitte alles was Ihr wißt.

Arnold hat mir auch so verschiedenes geschrieben. Ich weiß bescheid. Es ist jetzt bestimmt nicht leicht für ihn zu handeln. Er wird wohl den Kopf auch ganz schön voll haben.

Ich freue mich nur immer noch, dass er mich damals in Döberitz noch mal aufgesucht hat. Ich habe ihn da wenigstens noch mal gesehen. Wer weiß wann es nun mal wieder was wird. Am 23.7.42 04.45 rollte damals unser Zug an. Dann rollten wir der Grenze entgegen, darüber hinaus, bis das schöne Deutschland dann hinter uns verschwand.

So, das wäre nun heute wieder mal die letzte Seite.

Ich werde sobald es geht mein E.K. schicken. Hebt es dann bitte gut auf. Hier geht es mir sonst noch verloren. Und so habt Ihr einen schönen Gruß und ein schönes Andenken von mir.

Morgen ist nun Sonntag. Noch fünf Tage und Weihnachten ist da. Ich wünsche nun, dass Ihr die Feiertage recht gut und bei froher Stimmung verlebt.

Seit vielmals gegrüßt von Eurem Sohn, Bruder und Onkel Erhard!

Viele Grüße an Büsows und Hartrigs

Alfred Brandau
Alter unbekannt, Obergefreiter

Rußland, den 20. Dez. 42

Meine liebe, liebe Anni!
Nun bin ich schon seit über vier Wochen ohne jegliche Nachricht von Dir. Mit banger Unruhe und Sorge wandern meine Gedanken nach der Heimat und zu Dir. Ich will hoffen und glauben, daß es Dir noch gutgeht und Du gesundheitlich voll auf der Höhe bist. Unsere Lage ist noch immer unverändert. Ich selbst bin seit dem vorigen ganzen Sonntag wieder bei der Kompanie und wurde immer noch als Diät-Kranker behandelt, allerdings nur noch bis kommenden Dienstag. Dann bin ich, Gott sei Dank, wieder gesund, d.h. ich fühle mich jetzt schon wieder vollkommen mobil, nur muß die Kur abgeschlossen werden. Da wir ja eingeschlossen sind, ist es mit der Verpflegung jetzt so eine Sache, und mancher Landser schiebt schweren Kohldampf. Vor allem mit dem Brot ist es knapp. Ich stehe mich in sofern ganz gut, als ich ja Diätverpflegung (Pilze, Gries, Mehl, etwas Zucker, Diätmilch u. Kaffee) empfangen habe und von der Kompanie mit Mittagessen, Brot, Butter und Marmelade versorgt werde. Ich will und kann also nicht klagen, daß es mir schlecht geht. Allerdings entwickle ich in den letzten Tagen auch einen fürchterlichen Appetit. Ich kann immerzu essen. Du würdest, glaube ich, umfallen, könntest

Du mir mal zusehen. Das liegt aber wohl daran, daß ich vieles aufzuholen habe, wohl auch, daß es keine Kartoffeln und Fett im Essen gibt. Da ich mir meine Diät-Suppen selbst zubereiten muß, habe ich mich hier zum perfekten Koch entwickelt und bin so ziemlich den ganzen Tag über am Ofen und mit kochen beschäftigt. Warte nur, wenn ich wieder mal nachhause komme, dann wirst Du abgelöst, d.h. ich spiele Hausfrau und Du gehst Geldverdienen. Aber nein, mein Lieb, soweit wollen wir es doch nicht kommen lassen.

Heute ist nun wieder Sonntag! Der letzte vor dem Weihnachtsfeste. Uns ist es hier alles andere nur nicht weihnachtlich zumute. Mit Sehnsucht denken wir oft an die Päckchen, die unterwegs sind. Wir hocken hier mit 15 Mann in einem Bunker, d.h. einem Erdloch, etwa von der Größe der Küche in Widdershausen, jeder mit seinen Klamotten. Die fürchterliche Enge kannst Du Dir wohl vorstellen. Nun folgendes Bild. Der eine wäscht sich (soweit Wasser vorhanden), der zweite entlaust sich, der dritte ist am essen, der vierte ist am Herd mit brutzeln beschäftigt, der andere schläft usw. Das ist so ungefähr das Milieu hier. Glaubst Du mir, daß ich oft, um nicht zu sagen immer, mit Sehnsucht an Euch zuhause denken muß. Man kann sich gar nicht vorstellen, daß es noch Räume gibt, in denen ein Sofa, eine Couch oder ein Klavier oder ein Radioapparat steht. Wie schön war es doch noch vergangenes Jahr zum Weihnachtsfest! Weißt Du noch, wie wir beide liebe Ai, am ersten Weihnachtstag nachmittags von Obersuhl nach Widdershausen durch die herrliche, heimatliche Winterlandschaft gelaufen sind? Ach, waren das noch Zeiten. Und wie haben sie sich geändert. Wie werde ich das diesjährige Weihnachtsfest wohl begehen? Hoffentlich dauert es nicht mehr allzu lange, bis wir wieder frei sind. Begründete Hoffnung besteht ja. Aber mehr darf ich nicht schreiben. Hoffentlich haben wir dann einmal endgültige Ruhe und kommen aus dieser verruchten Ecke raus.

Wie geht es nun Euch zuhause noch? Was machen Deine Eltern, Erika, Fritz und Ingrid. Ich will hoffen, daß alles noch wohlauf und bei bester Gesundheit ist. Habt Ihr schönes

Weihnachtswetter mit Schnee und etwas Frost. Hier sind die beiden letzteren Bedingungen erfüllt, d.h. es liegt Schnee (wenn auch nicht viel), auch ist es, vor allem nachts, ganz schön kalt. Tagsüber scheint meistens die Sonne. Soweit ist alles ganz schön. Dazu aber kommt dann das dauernde Geschieße vorn an der Front. Dann schießt der Russe dauernd hierher nach der Rollbahn, auf der der Nachschub nach vorn rollt. In der Luft braust es den ganzen Tag, entweder sind es Russen, die Bomben schmeißen, oder es sind (meisten nachts) unsere braven Ju's, die Munition und Verpflegung hier in der Nähe ausladen. Jedenfalls ist immer etwas los. Ab und zu kommt hier auch mal Post an. Und so erhielt ich gestern einen Brief von *Sandrock*. Sie liegen jetzt im Kaukasus. Dieses Frühjahr haben sie die Kämpfe auf der Halbinsel Kertsch mitgemacht. Gefallen sind wieder einige alte Kameraden, u.a. auch *Obfeldw. Schmidt aus Vacha*, derselbe, den wir beide dieses Frühjahr noch in Eisenach auf dem Kornplatz getroffen haben. Er ist kurz nach seiner Rückkehr zur Kompanie auf Kertsch gefallen. Schade um den guten Kerl. Sandrock selbst war im Juli – August auf Urlaub zuhause. Er läßt Dich und alle Widdershauser herzlich grüßen. Hoffentlich kommt der gute Kerl auch gesund aus diesem Kriege wieder nach Hause.

Du meine liebste Frau, wartest auch sicherlich jeden Tag mit Ungeduld und Unruhe auf Post von mir. Uns beiden geht es in der Beziehung jetzt ähnlich, nur mit dem Unterschied, daß Du von mir, so hoffe ich, doch immerhin mal etwas bekommst, während ich nun schon über vier Wochen nichts von Dir bekommen habe. Soviel Platz haben die Ju's doch nicht, daß sie auch alle unterwegs befindliche Post ranschaffen können. Die erreicht uns dann sicherlich alle auf einmal. In Deinen Briefen, liebe Frau, fragst Du an, ob Du mir nicht einmal ein Päckchen mit einem fertigen Essen schicken sollst. Wenn Du das fertigbringst, warum nicht, warm bekomme ich es bestimmt. Ich hätte dann noch eine Bitte, kannst Du mir nicht ab und zu etwas Puddingpulver schicken? Aber ich glaube, das gibt es nur gegen Marken. Wenn es also so ist, dann laß es lieber sein und behaltet das Wenige zuhause. Vor allem weiß ich nicht, wie lange ich noch bei der Kompanie bleibe. Sicherlich muß ich noch einmal wieder zu einem neuen Unterführer-Lehrgang. Der dauert sicherlich vier Wochen. Wie lange es dann dauert, bis ich nach Deutschland zum Offiziers-Lehrgang komme und ob das überhaupt erfolgt, weiß ich noch nicht.

Bei den letzten überstürzten Um- u. Rückzügen habe ich den schönen Füllhalter, den mir Deine Eltern voriges Jahr Weihnachten geschenkt haben, verloren, ebenso den Drehbleistift u. das kleine Lederetui mit den beiden kleinen Scheren und der Nagelfeile. Opfer des Krieges!

Inzwischen geht es nun stark auf Mittag zu, und ich muß so langsam daran denken, mir etwas zu kochen. Ich glaube, heute gibt es bei mir Pilze mit etwas Soße. Was gibt es wohl bei Euch? Sicherlich etwas Besseres. Vor Hunger habe ich mir neulich mal Gehacktes von Pferdefleisch gemacht. Ich sage Dir, Annemarie, es hat prima geschmeckt. Ich hätte nicht geglaubt, daß Trab-Trab so gut schmeckt. In Zukunft werde ich es noch öfter essen, wenn etwas zu bekommen ist. Ich will nun schließen. Dieses Mal ist es ein langer Brief geworden. Hoffentlich erreicht er Dich bei bester Gesundheit. Ich denke immer an Dich und liebe Dich jetzt mehr denn je, liebe, liebe Anni. Könnte ich nur bei Dir sein. Grüße bitte alle Deine und meine Verwandten von mir. Ich wünsche Ihnen alles Gute. Du aber sei in treuer Liebe gegrüßt und geküßt von Deinem Fred.

Dr. Horst Rocholl
** 1908, Arzt, hat überlebt*

20.12.1942

Geliebte Gismutti!
Gestern abend war ich beim Regimentskommandeur eingeladen, der hier Rebhühner geschossen hat. Jeder bekam eins, das sehr schön zubereitet war. Brot war mitzubringen. Steinhäger wurde gereicht. Es war eine angenehme Atmosphäre. Welcher Wertschätzung Kuls und ich uns erfreuen, magst Du daran erkennen, daß der Kommandeur uns beide zur Vorpatentierung vorgeschlagen hat, was der Divisionsarzt allerdings nicht wei-

tergab, weil wir ohnehin befördert würden. Danach bin ich ab 1. November 1942 Stabsarzt, nur ist die entsprechende Verfügung noch nicht da.

Einen lieben Kuß, Dein Paps

Wolfgang Berg
** 1911, Obergefreiter, vermißt*

Im Felde, den 20/12.42

Mein liebes gutes Frauchen u. Jungens!
Heute erhielt ich Deinen Lieben Brief vom 15/11, hab vielen vielen Dank. Ich hab mich riesig gefreut, wieder von Euch meine Lieben zu hören. Aber so richtig befriedigt hat mich Dein Brief doch nicht, mein Liebling, ich weiß immer noch nicht was los ist seit dem letzten großen Fliegeralarm bei Euch. Es freut mich, daß Ihr da, meine Lieben, noch gesund und munter seid, hoffentlich ist es jetzt auch noch der Fall. Mir geht es sehr gut, bis auf viel Hunger, mein Liebling, jetzt gibt es nur noch 100 gr. Brot pro Tag, es soll noch schlechter werden und dann so wenig Mittagessen. Man mag an nichts mehr denken, Weihnachten u. Neujahr wird wohl große »scheiße« werden. Die Lage geht hier nicht voran es ist zu kalt, aber der Russe greift immer mehr an, lange kann dieser Zustand aber nicht mehr dauern. Aber mein Liebling mach Dir keine Gedanken u. Sorgen um mich, nach dieser Zeit kommt auch mal wieder eine bessere. Mein Liebling hattest Du den Brief nicht bekommen wo ich Dir geschrieben habe, dass Du meine Jacke nicht zuschicken brauchst. Die konntest Du dort zu Hause weiter anziehen ich bin hier schon warm genug. So Wolfg ist geimpft worden, seine dicke Brust wird wohl jetzt wieder vorüber sein. Ich wollt ich könnte mit Dir mein Liebling auch erst mal wieder ins Kino gehen, hier sieht man bloß jeden Tag den selben Mist u. wenn es dunkel ist um 3 ½ Uhr dann legt man sich aufs Bett, was man hier als Bett bezeichnet, aber Liebling man gewöhnt sich an alles. Um 5 Uhr sieht man sich sein

Abendbrot an, ist ein bißchen u. dann mit Hunger wieder hingelegt bis morgens 5 Uhr. Liebling dann wird es aber Zeit daß ich aufstehe vor Kohldampf den Rest Brot gegessen u. dann heißt es aufhalten bis Mittag 12 ½ Uhr dann gibt es ein bißchen essen. Ja mein Liebling so schlecht hab es mir noch nicht gegangen, Du kannst Dir ja denken daß hier alles am schimpfen ist. Aber was nützt es, es wird ja doch nicht besser. Wir wollen nur immer das beste hoffen. Meine Weihnachtspäckchen werde ich ja wohl erst nächstes Jahr bekommen.

Nun will ich Dir mein Liebling nichts mehr vorjammern sonst machst Du Dir noch mehr Gedanken. Es freut mich daß der Lütje in der Schule gut aufpasst wie Du schreibst.

Mein Liebling Euch 3 Lieben zu Hause von mir ein frohes u. gesundes Jahr 1943 ich will wünschen u. hoffen dass ich Euch im Jahre 1943 gesund u munter wieder zu Hause antreffe.

Für heute viele tausend Küsse u Grüße an Dich u meine Jungens

Dein lieber Papa

Max Breuer
** 1909, Gefreiter, in Gefangenschaft gestorben*

Rußland, den 21.12.42

Mein lieber guter Engel!
3 × werden wir noch wach, heissa dann ist Weihnachtstag. Wären doch erst mal die Tage vorbei. Es wird einem mies dabei, wenn man an die Weihnachtstage denkt. Sie sind es gerade, die so eng mit dem Familienleben verknüpft sind. Wenn ich doch nur Post oder die Päckchen erhalten würde. Ich glaube, Weihnachten hab ich das arme Tier. Dir wird es ja genau so gehen, da Du in Gedanken bei mir bist. Die Hauptsache ist, daß unsere Kinder ein paar frohe Stunden haben, denn für sie leben wir einzig und allein.

Letzte Nacht hatten wir hier einen heftigen Fliegerangriff. Ein Haus, das nur 50 m von uns abliegt, bekam einen Volltreffer. 5 Tote waren zu beklagen. Die Steine und Bretter flogen bis zu uns herüber.

21. Dezember 1942

Mein Brief vom 19.12.42 vergaß ich zu numerien. Gib ihm bitte die Nr. 40. Jetzt haben wir die Möglichkeit, alle Tage wieder zu schreiben. Ich werde meine bisherigen Termine einhalten und Dir alle 2 Tage schreiben. Es ist ja sehr schwer alle 2 Tage einen Brief zusammenzubekommen, weil es einem an Schreibstoff fehlt. Wenn ich Post von Dir bekäme, wäre das etwas anders. Aber das wird wohl hoffentlich bald anders.

Unser Kessel ist leider noch nicht gesprengt worden. Es wird höchste Zeit, da die Verpflegung immer kärglicher wird. Pferdefleisch ist jetzt an der Tagesordnung. Zurzeit bekommen wir alle 8 Tage nur noch 1 Brot gegen früher alle 2 Tage ein Brot. Gibt es noch das Zubrot, man weiß garnicht wohin damit, weil man kein Brot hat.

Heute war ich in unserer Feuerstellung zum Löhnen. Die Kameraden sind bei dieser kalten Witterung da draußen zu bedauern. Ich bin froh, daß ich wieder Rechnungsführer bin und in der warmen Stube sitzen kann. Arbeit habe ich genügend, die Rückstände habe ich alle aufgearbeitet und so werden jetzt angenehmere Tage für mich kommen.

Mein liebes Frauchen, jetzt zum Jahreswechsel, sind es 5 Jahre her, daß wir uns kennen, lieben und im Verlauf unserer jungen Ehe gegenseitig schätzen und achten gelernt haben. Pfingsten als unser Verlobungs-, 25. Aug. 38 als unser Hochzeitstag sind Tage, die wir immer uns ins Gedächtnis rufen wollen. So sollen es auch die Sylvesterstunden sein, die wir freudvoll im Hofbräuhaus durchlebt haben. So wie Du denke auch ich gern an diese Stunden zurück. In diesen Jahren hast Du 2 gesunden Kindern das Leben geschenkt, wofür ich Dir herzlich danke.

Ich schicke diesen Brief per Luftfeldpost und hoffe, daß er Dich zu Neujahr rechtzeitig noch erreicht. In diesem Sinne nochmals recht herzliche Neujahrsgrüße und alles alles Gute im neuen Jahr. Ebenso herzliche Grüße und 1000 liebe Küße

Euer Vati

Richte Deinen Eltern ebenfalls recht herzliche Neujahrsgrüße aus.

Euer Vati

Anbei noch 4 Luftfeldpostmarken

21. Dezember 1942

Karl Lichtenberg
Alter unbekannt, Obergefreiter, vermißt

Rußland den 21.12.42

Meine lb. Mutter + Geschw.!
Endlich werdet Ihr wohl denken mal wieder ein Lebenszeichen von unserem Jungen. Es geht mir gesundheitl. darf ich ehrlich schreiben sehr gut, aber jetzt kommts – Die Lage hier hat es von uns gefordert, daß wir sind Panzergrenadiere geworden also zu deutsch Infanteristen, aber doch nur vorübergehend. Und sitzen wir jetzt schon rund 14 Tage hier im Schützengraben, und Erdlöchern bei trockner Kälte 800 m dem Russen gegenüber. Ja was dies heißt Tag u. Nacht nach dem Feinde herüberstieren wenig zu essen kein Feuer, das muß man mitgemacht haben. Über Weihnachten sollen wir noch aushalten, werden dann nach Weihnachten über Neujahr kurze Zeit abgelöst. Ich kann Euch nur sagen ich danke unserem Herrgott auf den Knien, wenn wir wieder Arteleristen werden. Nun lb. Mutter ich weiß das Dich dieser brief wieder erneut in Sorge bringt, wir wollen hoffen und auf den lb. Gott vertrauen, bis Ihr diesen Brief erhalten werdet kann sich schon wieder vieles geändert haben. Die letzte Post waren zwei Briefe einer vom 27.10. u. einer vom 1.11. Die Post geht immer noch aber nur wenig. Liebe Mutter sonst fehlt mir nichts warme Winterkleider haben wir bekommen, auch Filsstiefel, da ohne würde man auch nicht aushalten. Die Weihnachtspäckchen werden etwas später kommen, aber bekommen tun wir die sicher ich freue mich schon darauf.

Also meine lb. Mutter bleibe mir gesund u. bete weiter gut für mich ich bete auch für dich, u. glaube mir, ich bin mit meinen Gedanken u. Träumen immer zu Hause. Ich hoffe das Ihr Weihnachten u. Neujahr alle bei bester Gesundheit verlebt. Für mich ist die größte Bescherung bald gesund aus dem Graben zukommen.

Es grüßt recht innig Dich lb. Mutter, lb. Schwester Kath. Lb. Bruder Willi, lb. Schwager Heinz u. Mari-Luise, Julchen
Euer Karl

21. Dezember 1942

Erich Born
Alter und Dienstgrad unbekannt

Osten, den 21.12.42

Liebe Eltern! ⊙

Weihnachten steht vor der Tür. Wenn Euch auch dieser Brief zu Weihnachten nicht mehr erreichen wird, so sollt Ihr aber wenigstens im neuen Jahr gleich Post von mir erhalten. Mir geht es jedenfalls noch gut, und was die Kämpfe anbelangt, na Gott, da macht Euch bitte keine Sorgen, ich halte den Kopf hoch und werde auch durchhalten. Es ist halt immer gut, wenn man was zusetzen kann. Zwar hat mein Bauch mächtig abgenommen, aber es geht schon noch. So lange wir noch Pferde haben, geht es, und außerdem wird uns der Führer nicht verlassen. An die Füße habe ich noch nicht gefroren denn ich bin in der glücklichen Lage, Filzstiefel zu haben. Außerdem ist es lange nicht so kalt wie im vergangenen Jahr. Auch habe ich einen gewissen Stolz, auch dieses Jahr wieder so richtig in der Scheiße zu sitzen. Entschuldigt den Ausdruck. Der Russe wird seine Pleite erleben, bis dahin heißt es Zähne zusammen beißen, und wir werden es schaffen. Wenn halt lange Zeit meine Post ausfällt, nehmt es nicht krumm, denn es geht nicht anders. Ich füge Euch wieder eine Luftpostmarke bei, hoffentlich erreicht Euch der Brief, und Euer Brief mich. Eine Weihnachtsaufmerksamkeit konnte ich Euch nicht zukommen lassen, das liegt an den Ereignissen. Ich kann mir gut vorstellen, daß Mama ihre Sorgen haben wird. Aber Du Papa wirst ihr schon Mut machen, denn ich werde mal kommen, auch die jetzige Lage wird vorübergehen mit einem stolzen Erfolg für uns. Wo mag Herbert stecken und was macht seine Frau?

So viele Fragen gibt es da zu beantworten. Richtet bitte an alle Grüße von mir aus. Auch die viele Post werden wir mal bekommen mit den vielen Päckchen. Aber vorerst heißt es warten. Also liebe Eltern, wenn es auch nicht leicht ist, aber den Mut verlieren, so etwas gibt es bei mir nicht. Macht es genau so, denn hinter jedem Dezember kommt auch wieder mal ein Mai, auch uns wird die Sonne mal scheinen. Ich wünsche Euch also im neuen Jahr alles, alles Gute bleibt frohen Mutes denn ich werde kommen. Ich habe das Gefühl, daß in diesem Winter der Krieg entschieden wird. Wir müssen und werden als Sieger hervorgehen, verlaßt Euch drauf.

Recht herzl. Grüße Euer Sohn Erich.

[Der Kreis mit dem Punkt unter dem Datum ist ein geheimer Hinweis, daß Stalingrad eingeschlossen ist.]

Werner Ansel
** 1923, Panzergrenadier*

Osten, den 21.12.42

Meine lb. Eltern u. Bruder!
Will Euch heute wieder einen Brief schreiben. Bin noch am Hauptverbandsplatz. Habe gestern von einem Kameraden Post mitgebracht bekommen. Euern Brief vom 18.11. und Helmut und von Liesekette Frieda erhalten. Ich habe mich sehr darüber gefreut. Es ist immer schön, wenn man Post von zu Hause bekommt. Wie Ihr schreibt, habt Ihr das Geld noch nicht erhalten, das kann ich nicht verstehen, das habe ich doch schon so lange abgeschickt. Hoffentlich kommt es noch an. Habt Ihr das Päckchen mit den Zigarren auch bekommen. Habe von Euch noch keine Päckchen erhalten. Wir sind ja auch noch eingeschlossen, da geht nur die Luftpost durch. Hoffentlich geht bis Weihnachten der Kessel auf, daß die Post und die Verpflegung durchkommt. Sonst verleben wir schlechte Weihnachten. Wir müssen öfter Hunger schieben. Morgens und abends bekommen wir nur eine Schnitte Brot. Mittags gibt es Wassersuppe. Da könnt Ihr Euch denken, daß ich sehr abgenommen habe. Weihnachten werde ich noch hier sein, ich werde nicht ins Lazarett kommen. Die Post bekomme ich hier. Werde auch nicht mehr so lange hierbleiben, dann gehts wieder zurück. Wenn der Kessel nach Weihnachten aufgehen sollte, hoffe ich, daß ich die Päckchen auch bekomme. Wenn man so eingeschlossen ist, das ist kein schönes Gefühl. Die Zeit wird immer so lang, man weiß manchmal gar nicht, wo man dran ist. Hoffentlich wird der Herrgott bald ein Ende machen mit dem

Krieg. Wie Helmut mir schreibt, hat er ja seine Prüfung gut bestanden, das ist ja schön. Die Bilder habe ich ja auch bekommen, da habe ich mich sehr darüber gefreut. Er schreibt mir hier vom Wehrpaß da hätte er das selbe Bild drin. Ich weiß gar nicht, daß er schon in der Musterung war. Wenn es geht könnt mir mal ein Päckchen Pudding mit etwas Süßstoff in einem Brief schicken. Dann werde ich mir mal kochen. Ich würde gern mal Schnapps trinken den Vater bei Ansels geholt hat. Ja, ich wollte ich könnte Weihnachten bei Euch sein. Es sind jetzt noch vier Tage. Es fängt jetzt schon an dunkel zu werden. Es ist ja nicht so kalt. Der Schnee liegt noch nicht so hoch. Aber hier kann man vor Hunger nicht schlafen. Tagsüber fängt man Läuse. Ich will dann nun für heute Schluß machen und hoffe, daß wir uns bald gesund in der Heimat treffen. Der Herrgott wird mich schon beschützen.

Es grüßt Euch herzlich
Euer Werner

Ernst von Oppen
** 1907, Leutnant, vermißt*

21.XII.1942

Liebe Mutter!
Du wirst wahrscheinlich und mit Recht auf eine etwas ausführliche Nachricht von mir warten. Ich hatte zwar kurz nach meiner Ankunft beim Regiment einen Brief geschrieben, weiß aber nicht, ob er überhaupt abgegangen ist, da die Postverhältnisse etwas bedrängt wurden und daher nur 1 Postkarte in Abständen erlaubt war.

Dieser Brief jedenfalls wird Dich kaum vor der Jahreswende erreichen. Ich gebe ihm deshalb alle meine guten Wünsche für 1943 mit und danke Dir für alles Gute und Liebe in 2 längeren Genesendenaufenthalten in Potsdam, die mir noch jetzt als Wegzehrung auf den verworrenen Wegen dieser Zeit und in der unendlichen Einsamkeit dieses Landes sind. Möge das neue Jahr den von Dir und uns allen so heiß ersehnten Frieden bringen und Dir Deine Gesundheit erhalten bleiben. Wie es bei uns zu Weihnachten werden wird, ist noch recht undurchsichtig. Unsere neu errichteten Unterstände sind zwar fertig, aber so klein und bescheiden, daß ein Zusammensein gleichzeitig mit der ganzen Kompanie, ja auch eines Zuges, kaum möglich sein dürfte. Daß die Päckchen rechtzeitig da seien, hoffe ich zwar von Herzen für meine Männer, kann es aber kaum glauben. Ein Brief oder ähnlicher Weihnachtsgruß wäre auch erfreulich. Ich freue mich von Herzen, daß es meinem Hauptfeldwebel mit viel Mühe gelungen ist, für jeden Zug einen kleinen Weihnachtsbaum zu besorgen, daß wir weiter durch Einsparung ein paar Kerzen haben, so daß wir wenigstens den Versuch machen können, weihnachtliche Wärme in unsere kleinen Behausungen zu bringen, immer allerdings in der Voraussetzung, daß der Russe uns in diesen Tagen nicht stört.

Über dies hinaus habe ich noch etwas Schnaps, einige Zigaretten und als kulinarischen Höhepunkt der Festtage 3 Gänse, die ich gestern verlost habe. Dazu bekommt dann jeder Mann ein paar Pfannkuchen und als Zusatz zur Verpflegung 2-3 Stück falschen Hasen aus Pferd – paradox, aber ganz wohlschmeckend.

Unsere Verpflegung ist überhaupt recht beachtlich. Man wundert sich wie das nach 3 Kriegsjahren noch alles möglich ist. Unsere Pferde gehen langsam in die Suppen bzw. den obengenannten falschen Hasen über.

Unser Tagesprogramm ist recht einfach. Spätestens 5.30 aufstehen, waschen und was fast noch wichtiger ist *Lausen*. Diese Tiere haben nämlich trotz aller Gegenaktionen die Gewohnheit, sich rasend zu vermehren. Ich selbst finde täglich 10-15 dieser Mitbewohner. Man kann wirklich sagen »jederman sein eigener zoologischer Garten«. Nach Erledigung dieser Dinge Frühstück und Gang zur B-Stelle, um einige Blicke dem Feind zuzuwenden und zu den Zügen. Um 11 Uhr ein kleines zweites Frühstück. Um 3 Uhr Mittagessen, und dann bald schlafen, da die Beleuchtung knapp ist. Dieser Tagesablauf ist durchsetzt und gewürzt von Angriffsversuchen des Gegners.

Ich schicke heute wieder einige Luftpostmarken, denen ich bitte den Vorzug bei der Postbeförderung zu geben, da Luftpost immer, sonstige Post nur manchmal kommt.

Hast Du schon einmal versucht wegen des Mantels?

Nun will ich für heute schließen und wünsche Dir und allen nochmals alles Gute für 1943.

Tausend Grüße dein dankbarer Sohn Ernst

Paul Setzepfand
** 1913, Obergefreiter, vermißt*

Russland, 22.12.1942.

Mein Geliebtes Frauchen, Kinder & Mutter!
Schnell noch ein paar Zeilen. Herzlichen Gruß aus der weiten Ferne mein Frauchen. Warte nun vergebens auf eine kleine Weihnachtsfreude von der Heimat, (Päckchen). *Übermorgen ist nun schon Heiligenabend und keine Post von der Heimat.* Hoffentlich kommt noch etwas. – Ja, Russland ist kein Frankreich, hier gibt's nicht mal einen grünen Tannenzweig zum Weihnachtsfeste. Trostlos nur einmal. Wenn ich noch in Frankreich wäre wie voriges Jahr, wäre ich bestimmt bei Euch meine lieben gewesen Feiertagsüber. Also mein Frauchen ich weiß daß Du noch bis den letzten Tag auf ein Wunder glaubst daß ich noch an Heiligenabend komme, diese Hoffnung ist aber vergebens, hatte Dir ja schon rechtzeitig mitgeteilt, daß es unmöglich ist. Wollen hoffen daß im nächsten Jahr wir in Frieden u. alle gesund zusammen Weihnachten feiern dürfen. Gott wird uns schon nicht im Stich lassen hier in der öden trostlosen Stebbe Russlands. Für heute Schluss meine Lieben grämt Euch nicht um mich ich denke oft an Euch

Euer lieber Papa
Herzliche Grüße + Küsse Dein Mann.
Schreib sofort!
Aufwiedersehen!
Anbei 4 Luftpostmarken!

Dr. Horst Rocholl
** 1908, Arzt, hat überlebt*

den 22.12.1942

Meine ganz heiß geliebte Gis!
In zwei Tagen ist nun Weihnachten, Heiliger Abend. Bei uns wird ein Kranz aus Kiefernästen an der Bunkerdecke hängen. Dann werde ich Roßleber zum köstlichen Mahle bereiten nach einem meiner Rezepte, von denen ich Dir mal eben berichten will:

1. Haferplinsen: Zutaten 5 gr fett, Salz, etwas Fleischgelee von Büchsenfleisch, Haferflocken und Wasser.

Haferflocken und Wasser werden zu einem steifen Brei verrührt, beim Rühren wird Salz hinzugegeben. Das Fett, 2.5 gr genügen zur Not auch, auf der Pfanne zergehen lassen, den Brei auflegen und mit einem Löffel plattdrücken. Dann wird über lebhaftem Feuer gebraten, mehrmals gewendet und am Schluß Fleischgelee aufgelegt, der in die Plinsen eindringt.

2. Roßhirn Wie anderes Hirn mit einer Spur Fett braten. Oh, heute würde ich einen Eichelhäher nicht mehr mit Speck umhüllen.

3. Pferdegehacktes, gebraten: Etwas Malzkaffee in die Pfanne, darauf Gehacktes und etwas Salz. Auf lebhaftem Feuer braten. Das Fleisch ist sehr saftig, es kocht im eigenen Saft gar. Einige Male wenden!

4. Gebratenes Roßrumpsteak: Zarte Stücke ohne Muskelhäute werden dünn geschnitten und ausgiebig geklopft. 5 gr Fett in die Pfanne. Auf lebhaftem Feuer braten. Pfanne dann etwas schräg stellen! Einbrenne aus einem Eßlöffel Mehl, etwas Wasser hinzufügen!

Eben versuche ich, aus ungemahlenem Weizen etwas Vernünftiges zu machen. Zwei Rezepte scheinen in Ordnung zu sein:

1. Weizen wird eine halbe Stunde gekocht, dann mit gehacktem Pferdefleisch gemischt gebraten.

2. Weizen wird eine Stunde gekocht, zu Brei zerstampft und Plinsen daraus gebraten. Ist ein Fleischwolf zur Hand, durchdrehen!

Einen lieben lange Kuß. Dein oller Paps

Max Breuer
** 1909, Gefreiter, in Gefangenschaft gestorben*

Rußland, den 23.12.42

Mein fernes Lieb!
Einmal werden wir noch wach, heissa dann ist Weihnachtstag. Je näher der Heilige Abend kommt, desto mieser wird die Stimmung. Aber so geht es nicht nur mir, so geht es den meisten Kameraden. Morgen bekommen wir jeder 100 Zigaretten, ½ Fl. Schnaps und 10 Zigarren als Weihnachtsgeschenk der Batterie. Über 1 Brot würde ich mich mehr freuen. Ich bin froh, wenn wir den 2. Januar haben und die Festtage vorbei sind. Gerade diese Feiertage empfindet man so recht, wenn man nicht bei seiner Familie sein kann. Aber im Leben geht alles vorüber, so auch diese Tage. Morgen abend bin ich in jeder Minute bei euch in Gedanken.

Seit einigen Tagen habe ich kranke Beine. Was es ist, weiß ich selbst nicht. In den Abendstunden habe ich in den Beinknochen vom Fuß bis unters Knie ein Gefühl, als wenn ich Blei darin hätte. Außerdem habe ich dann von Zeit zu Zeit ein wahnsinniges Reißen in den Beinen. Am anderen Morgen ist es dann wieder verschwunden, nachdem es die ganze Nacht über angehalten hat. Das Schlimmste ist nur, daß man die Nächte über wach liegt und nicht zum Einschlafen kommt. Vielleicht kannst Du mir gelegentlich einmal einige Tabletten gegen Schlaflosigkeit schicken.

Dann habe ich noch eine Bitte. Um mein Hemd nicht zu beschmutzen, ziehe ich unter dem Hemd meine neue schwarze Turnhose an. Diese ist allmählich völlig zerfetzt und unbrauchbar geworden. Könntest Du mir vielleicht eine Turnhose aus schwarzem Leinen machen lassen, wo vorne ein Schlitz zum Pinkeln drin ist. Achte darauf, daß ich ein Gummiband durchziehen kann, Gummiband habe ich noch von der alten Turnhose. Laß mir die Turnhose aber nicht so groß machen, mein Ärschen kennst Du ja.

Wahrscheinlich werden wir morgen oder übermorgen Post bekommen. Aber nur Briefpost u. keine Päckchen. Päckchen werden mit der Ju nicht befördert. Diese werden wir erst bekommen, wenn wieder normale Post geht.

Im Wehrmachtsbericht hört man immer von heftigen Kämpfen an Don und Wolga. Von unserer Einkesselung hat man noch nichts bekanntgegeben. Verfolge mal immer weiter den Wehrmachtsbericht. Eines Tages wirst Du doch etwas zwischen den Zeilen heraushören können.

Und nun, mein Schatz, mein Wissen ist erschöpft. Wenn morgen Post kommt, kriegst Du ausser der Reihe sofort einen Brief. Heute am Vorabend von Weihnachten grüße und küsse ich Euch alle auf das herzlichste.

Euer Vati

Dr. Horst Rocholl
** 1908, Arzt, hat überlebt*

23.12.1942

Meine heißgeliebte Gis!
Morgen ist Weihnachten, für uns ein etwas eigenartiges, das kann man wohl sagen. Trotz allem aber wird, wenn nicht der Feind gerade einen Angriff in Szene setzt, Feststimmung sein, wenn auch mit gemischten Gefühlen. Bei mir wird die Sehnsucht nach Dir und dem kleinen Volk alles andere beiseite drängen.

Es ist nicht das Härteste des Krieges, daß er Menschen trennt, das ist zu ertragen, wenn auch nicht leicht. Viel schwerer ist, daß man nie mit einem Wiedersehen rechnen kann, wenn man Abschied nimmt. Auch unser Schicksal birgt noch ein Fragezeichen, vielleicht viele.

Dieser Krieg wird noch harte Jahre bringen und viele Opfer fordern. Führt er zum Sieg, ist alles gut und eine neue Zeit beginnt, in der wir alle übriggebliebenen Menschen neben dem Willen auch die Kraft aufbringen werden, ein von Grund auf neues Europa zu schaffen, vor allem auch Menschen zu schaffen für dieses Europa.

Der Weg dahin scheint immer länger zu werden, je weiter man auf ihm kommt, auch immer steiler. Trotzdem muß es gelingen. Sonst wäre unser Leben umsonst gewesen.

Ruine im Stadtzentrum.

Jetzt habe ich eine Bitte: Hol Dir mal Auskunft über die Biologie der Kleiderlaus. Mich interessiert:

1. wieviele Eier sie legt, auf einmal oder im Laufe ihres Lebens, 2. Wie lange dauert es, bis die Larven schlüpfen, 3. Wie lange vom Schlüpfen bis zur Geschlechtsreife?, 4. Kann man Männchen und Weibchen unterscheiden, wenn ja, dann wie?

Eben entsteht unser Adventskranz aus Kiefernästen, die an einen dicken Telefondrahtring gebunden werden, eine Erfindung von Unteroffizier Janutta. Unsere braune Wachskerze kommt auch hinein.

Noch eins, der Krieg ist mir ein Erlebnis, das mich innerlich frei macht, mich reift. Ich weiß, er mußte sein. Er mußte kommen, wollten wir nicht kampflos vor den Gewalten kapitulieren, die dunkel, ekelhaft und den Menschen herabwürdigend nach der Weltmacht streben. Es war für uns der einzig richtige Zeitpunkt damals 1939, denn im engen Raum, mit den geringen Mitteln, über die wir verfügten, wären wir bereits 1940 rettungslos eingeklemmt gewesen, spätestens aber 1941.

Unsere Grundlage ist größer geworden, unsere Rüstung ebenfalls. Unsere Männer sind weniger geworden, das ist tragisch. Es ist unser Krieg, nicht der Krieg Hitlers, wie die Feindpropaganda uns erzählen möchte. Sie wissen nicht, daß Hitler einer von uns ist. Nichts hat er auf der Welt außer seiner Aufgabe, für die er Tag und Nacht lebt und schafft. Der Führer läßt keinen Kameraden im Stich, und wenn er einem nicht hilft, dann, weil es Wichtigeres gibt.

[...]

Dr. Horst Rocholl
** 1908, Arzt, hat überlebt*

24.12.1942

Meine heißgeliebte Gis!
Heute nun ist Heiligabend. Ich gehe meinen Hausfrauenpflichten nach. Die Fleischbrühe ist fertig. Die Leber ist geschnitten, damit ich heute abend nicht viel Arbeit habe.

An meinen nierenkranken Martin habe ich eine halbe Dose Pflaumen ausgegeben. Als ich sie öffnete, war ich in der Versuchung zu naschen. Wie gern äße ich mal etwas Obst. Man hat manchmal eigenartige unerfüllbare Wünsche.

Das Wetter ist gnädig mit uns. Leichter Schneefall, geringe Kälte. Das läßt sich ertragen. Neugierig bin ich, ob uns der Feind eine Weihnachtsfreude bereiten wird. Als Ungläubige halten die Brüder nichts vom Weihnachtsfest.

Ich denke an frühere Weihnachtsfeste zurück. Als Kinder feierten wir den Heiligen Abend zu Hause, dann gingen oder fuhren wir zu den Großeltern Osius, wo der Heilige Abend zu Ende gefeiert wurde. Da war es immer am schönsten. Großpapa und Großmama Osius hatten eine so nette, reizende Art, Gäste zu ehren.

Am I. Feiertag ging es zu den Großeltern Rocholl, wo es Frikadellen, Karotten und Erbsen und auch sonst nichts besonderes gab. Wir trafen uns da mit Onkeln, Tanten, Vettern und Kusinen.

Am II. Feiertag spielten wir in unserem Spielzimmer mit unseren Geschenken. Ich bekam »alle Jahre wieder« einen Kaufmannsladen, gefüllt mit allerlei Süßem. 1917 und 1918 fiel er aus, es gab nichts mehr, genau so wie in diesem Jahr, wo so manches unter den Tisch fallen muß. Im vergangenen Jahr in Paris bin ich beinahe unter den Tisch gefallen. Die Gefahr besteht dieses Jahr nicht bei vielleicht 100 Gramm Schnaps pro Mann. Das ist gut, obwohl ein alkoholisches Nirwana gar nicht so übel wäre.

Um 15 Uhr wird der Weihnachtsmann mit seinem Adjutanten im Bunker aufkreuzen. Gegen 17 Uhr dürfte er wohl überall gewesen sein. Um 21 Uhr werden wir Goebbels hören, wahrscheinlich lebhaft gestört durch gehässige Bemerkungen russischer Störsender. Um 22 Uhr geht es dann ins »Bett«.

Es wird ein Weihnachtsfest sein, an das wir unser restliches Leben hindurch immer wieder zurückdenken werden. Ich werde dann Dir und den Kindern davon erzählen.

Es wird für das ganze Leben heilsam sein, daß wir diese Zeit durchgestanden haben. Wir sehen, mit wie wenig man auskommen, an wie wenig man sich freuen, wie wenig Raum zum Leben genügen kann.

Heiligabend 1942

Geliebte Mutti!

Mit geringen Erwartungen haben wir diesen Tag begonnen, um so schöner wurde er in jeder Beziehung.

1. Der Wehrmachtsbericht meldete weitere Fortschritte zwischen Don und Wolga, was für uns von größter Bedeutung ist.

2. Der Weihnachtsmann kam mit seinen Gaben in jeden Bunker. Die Schwadron hatte es entzückend gemacht. Jeder Mann bekam ⅛ Flasche Branntwein, ein Paket Keks, 12 Zigaretten, 2 Zigarren, 1 Laib Brot, Hartwurst, eine Büchse Fisch in Tomatensoße, eine Kerze, 3 Rollen Dextropur, 1 ½ Tafeln Schokolade. Das war nicht das Wichtigste, wenn uns auch das Brot besondere Freude gemacht hat. Das Wichtigste war das Wie. Wir mußten dem Weihnachtsmann einen Spruch aufsagen und ein Lied singen, dadurch wurde die Stimmung weihnacht-

lich, wie wir sie nicht erwartet hatten. Es war etwas eigenartig Schönes an diesem Fest.

Als Goebbels sprach, habe ich Eure Bilder angesehen und mich an jedem so recht von Herzen gefreut. Der Feind feiert Weihnachten auf seine Art. Papier und einige Bomben fallen, das Papier zu dreckig zum Gebrauch für gewisse Zwecke, voller Unflat. Wir wissen, wofür wir hier in der Steppe stehen. Das wißt Ihr auch. Je mehr sie drohen und locken, um so klarer wird jedem Schaf die Niedertracht dieser Bande. Noch nie hat jemand bei uns einen Soldaten gesehen oder gehört, der anders auf diesen Schmutz reagierte als ich und meine Bunkerbesatzung. Das nebenbei.

Diesen Heiligen Abend werden wir als einen der schönsten im Herzen bewahren, in seiner Einfachheit, mit den Kameraden in ernster, harter Stunde. Die Liebe und Sorgfalt, die die Einheiten auf ihre Männer verwendet haben, ist ganz groß gewesen. Der Regimentskommandeur schenkte mir ein Päckchen Tabak und eine Tafel Schokolade und bedankte sich für meine Mitarbeit. Bei Oberstleutnant v. Winterfeld tranken wir einen guten Likör. So schön hatte ich das Fest nicht erwartet.

Einen ganz lieben, langen, heißen Kuß, Paps

Leo Stevens
** 1921, Infanterist, vermißt*

Im Osten, den 24.12.1942

Liebe Eltern!
Ich sende Euch heute am Heiligabend die besten Grüße aus der Ferne. Heute am Heiligabend sind meine ganzen Gedanken wieder bei Euch und besonders am morgigen Weihnachtstag bin ich im Geist bei Euch und besonders auch bei unserem lieben Herrgott, dass er mich bis jetzt so gnädig beschützt hat und er wird mich auch weiterhin beschützen. Oh, wie gerne möchte ich an den Weihnachtstagen bei Euch sein, und mit Euch die schönen Weihnachtslieder singen, denn es ist ja das Fest des Friedens und der Versöhnung, aber wann wird es wieder das Fest des Friedens sein?

24. Dezember 1942

Jetzt feiern wir schon die vierten Kriegsweihnachten und für mich ist es schon das zweite in Russland, hoffentlich wird es das letzte Kriegsweihnachtsfest sein, dass wir im nächsten Jahr das Weihnachtsfest im Familienkreise feiern können, denn es gibt ja nichts schöneres, wie im Familienkreise Weihnachten zu feiern. Wenn ich so an die früheren Jahre zurückdenke, was waren das für schöne Stunden, was haben wir uns als Kinder immer gefreut, wenn das Christkind kam.

Für mich ist es in diesem Jahr kein schönes Weihnachtsfest, denn Ihr wisst ja alle, daß wir hier nicht gerade in einer schönen Ecke liegen. Von Stalingrad werdet Ihr sicher schon viel gehört haben, denn hier ist es nicht ganz ruhig und was hat das schon für Opfer gekostet. Aber ich kann Gott nicht genug danken, dass er mich bis jetzt noch so gut bewahrt hat, da kann ich ihm wirklich nicht genug für danken. Uns wird der Herrgott nicht verlassen und wenn wir den Herrgott nicht verlassen wird er uns auch nicht verlassen.

Hoffentlich feiert Ihr das heilige Weihnachtsfest in bester Gesundheit. Karl wird wohl auf Urlaub kommen, ich hab eben noch keine Aussicht auf Urlaub, die Hauptsache ist, ich komme mit heilen Knochen heraus.

Also von den Weihnachtspäckchen ist bis jetzt noch nichts angekommen, aber die werden schon noch kommen. Wie viel habt Ihr abgeschickt?

Ich möchte mal wieder ein schönes Stücke echten Lohner Schinken essen.

Also jetzt muss ich schließen für heute Abend, denn ich muss noch gleich auf Wache und dann wünsche ich Euch noch zum Schluss einen guten Rutsch ins Neue Jahr.

Allen Verwandten und Bekannten wünsche ich ein gutes Neues Jahr.

Es grüßt Euch vielmals Leo.

24. Dezember 1942

Hans Joachim Martius
** 1920, Oberleutnant, gefallen*

F.d.H., den 24.12.42

Liebe Mami!
Früh am morgen! Ich mache Telephonwache. Noch düstert es, es scheint, es ist ruhig. Ich lese in einem gefundenen, mit anderen getauschten, sehr zerlesenen, mittelmäßigen Schmöker: Die Kadetten. Der neue und selbst gebaute Backsteinofen heizt tüchtig. Das Wasser kocht, zum Waschen hab ich's aufgesetzt. Früher war es ja so Mode, daß sich alle Martii am 24. Dez. mittags badeten und dann schliefen, um frisch um 6.15 h, wenn Kühn fertig rasiert war und Gold ihre Schürze abgebunden hatte, für die Bescherung bereit zu sein. Also in diesem Sinne werde ich mich waschen.

Erst habe ich mich rasiert – der Bart am Kinn à la Balbo blieb stehen – und dann oben angefangen den ganzen Hanne durchgewaschen. Die Füße jubelten vor Wonne, die Läuse verschwanden knackend im Talglicht. Das Wasser war trotz Bunkerdämmerung als sehr dunkel anzusprechen. Die gekochte Wäsche huschte sauber über den Korpus. Und dann beim letzten Schliff rauchelte Hanne eine gemütliche Zigarette – eben teilweise mit dem »wie-nach-dem-Bad-Gefühl«!

Da steckt einer den Kopf in den Bunker hinein, atmet pustend, und sagt: »Herr Leutnant, im Nachrichtenbunker Volltreffer!«. Ich glaube, ich höre falsch. Aber Jacke an, Schneehemd an – raus, hin. Da waren doch 4 Mann leicht verwundet, 1 schwer und 1 starb gleich darauf. – Das war ein Morgensegen! Gottseidank griff der Russe nicht an, so daß in aller Ruhe alle Verbindungen wieder hergestellt werden konnten!

Nun hat sich alles wieder beruhigt! Ich gab aus der Abteilungskiste jedem 1 Tafel Schokolade, was die Leute riesig freute. Wenigstens etwas am heutigen Tag nach solchem Schreck.

Jetzt wird gefrühstückt und geschrieben. Heute abend ein aus trockenen Biesen und ein par Ästen gebautes Bäumchen aufgestellt und vielleicht – sich etwas gefreut, am Licht, am Singen und an einem Fläschchen.

Man »parolt«, daß der Silberstreif am Südhorizont auf 30 Km heran sei! Weihnachtsparole? Wahrheit? Wieviel davon ist wahr? Eines steht fest, wir halten, bis er kommt, bloß bald müsste er kommen. Sonst wird es langsam unschön hier! Es hat aufgehört, interessant zu sein! Ja oder Nein! Ein wahres Glück ist's ja auch, daß so herrliches Wetter noch ist, das heißt, es ist eben um 0 Grad herum, nachts kälter, 10 cm Schnee, tags etwas tauig. Aber nicht eben »saukalt«.

Eben bringt der Bursche den Weihnachtsbaum.

Ein Ast, der fast rundrum Zweige hat, mit Silberpapier und Silberstreifen geschmückt, oben drauf ein großer 9-zackiger Stern, die Konservendose, in der er steht, mit Silberpapier verziert. Nur steht er nicht. Wir binden ihn an der Bunkerdecke an. Kerzen stellen sie darunter. Aber ein bißchen nett ist's doch. Und er erinnert eben an unseren Baum, wenn er entnadelt im Holländerzimmer liegt und Männ ihn verbrennen tut.

Aber es ist was, was einen erinnert an ein liebes Weihnachten mit allen zusammen.

Kömmt all' wieder! Sagt Mami! ja?

Ja, so ist es, man muss eben warten, bis – vieles sich ereignet. Auf alles eben warten, und glauben, daß alles sich gut dreht und zum Schönen wendet. Und so lange wir das noch tun, so lange kann nichts dazwischen kommen.

Nun werde ich noch an ein paar lieben Leute schreiben, ihnen ein fröhliches Jahr wünschen und den Jägern nur aktive Treibjagd. Passiv ist so eine Treibjagd unfein zumindest – und unangenehm – zum Anderen! Also Horridöhchen und Hals- und Beinbruch dem Kirchweg 5 und bleibt fröhlich und guter Dinge. Von Papi bis Kind, von Mami bis Lilli, von den ältesten Helferinnen des Hauses bis zu den jüngsten und natürlich der ganzen Großmütterlichkeit und Minna!!

Die allerliebsten Grüße und Küsse – wer verteilt sie? – von Eurem bärtigen Hanne

Alfred Brandau
Alter unbekannt, Obergefreiter

Rußland, den 24. Dez. 1942

Meine liebe Anni!
Heute nun ist Heiliger Abend! Meine Gedanken, all meine Liebe, Sehnsucht und Hoffnung wandern über tausende von Kilometern zurück zu Dir in die Heimat. Mögest Du den Abend gesund im Kreise der Deinen feiern. Ich stehe in Gedanken mit Euch allen unterm Tannenbaum. Unsere schlichte Weihnachtsfeier und Bescherung ist schon vorbei. Wir haben beim Zugführer, ein *Leutnant Mann aus Eisenach*, ein Bäumchen entzündet mit drei Kerzen. Dann haben wir »O Du fröhliche« gesungen. Darauf verlas der Leutnant einen Tagesbefehl des Regimentskommandeurs, richtete selbst noch einige Worte an uns, und dann sangen wir noch das Lied von der »Stillen Nacht«. Nach einigen Minuten unseres zwanglosen Beisammenseins sind wir dann in unsere Bunker zurückgekehrt. Nun läuft wieder der Dienst, d.h. es wird Wache geschoben. Zu Deiner weiteren Unterrichtung muß ich Dir nun folgendes mitteilen: Am Dienstag, also vorgestern, ist meine Krankheitszeit abgelaufen. Am selben Abend noch bin ich vor zur Kompanie und bin nun als Gewehrsführer beim MG (= schweres Maschinengewehr) eingeteilt worden. Ich bin also nunmehr leider nicht mehr bei der Pak. Als Offiziersanwärter wird man eben überall mal hingestellt, damit mußte ich rechnen und habe es auch getan. Meine Bedienung ist 5 Mann stark und im Ganzen ein bunt zusammengewürfelter Haufen. Darunter befinden sich zwei Versprengte, die bei dem Schlamassel ihre Einheit verloren haben. Der eine ist vom Nachschub, von Beruf Tennislehrer aus München (2. in der deutschen Meisterschaft), den ich nach Kursende unbedingt mal besuchen soll. Der andere kommt von der schweren Artillerie und ist mit seinen 22 Jahren ein rechter Miesmacher und Kopfhänger, wie überhaupt all die jungen Burschen Spitzbuben sind alle ersten Ranges, sonst taugen sie meistens fast nichts. Was nun die Bescherung anbetrifft, so habe ich erhalten: 1 Schachtel Knäckbrot (hier ein schon rarer und begehrter Artikel), etwas Scho-

kolade, eine Schachtel Zigaretten, eine Rolle Drops, ein Paar Einlegsohlen und eine Haarbürste. Ich bin mit dem, was ich bekommen habe, zufrieden angesichts unserer Lage. Wenn wir erst wieder frei sind, so sagte der Leutnant, wird alles nachgeholt. Hoffentlich sind bis dahin auch alle Weihnachtspäckchen, auf die jetzt jeder mit Sehnsucht wartet, eingetroffen. Übrigens erhielt ich kürzlich Deinen Brief mit den ersten selbstgeknipsten Bildern. Mach nur so weiter, dann wird's schon werden. Ich habe auch erst lernen müssen. Das wirst Du ja auch noch wissen. Ebenso traf ein »Reich« ein. Nun, liebe Frau, wie war denn die Bescherung bei Dir? Ich kann Dir leider nichts in die Hand drücken; denn ich bin hier arm geworden, wie eine Kirchenmaus. Aber ich will doch hoffen und glauben, daß ich doch einmal alles nachholen kann. Jedenfalls wird mir das diesjährige Weihnachtsfest unvergessen bleiben. Das hätten wir alle nicht geglaubt, daß es so begangen würde von uns. Aber wir wollen gerne alles ertragen und auf uns nehmen, wenn nur Ihr zuhause in Ruhe leben könnt. Aushalten und Durchhalten ist unsere Parole, und sollte es noch mehr Entbehrungen kosten. Wie geht es nun Dir, liebste Anni, und den andern noch? Ich selbst bin wieder hergestellt und fühle mich soweit noch ganz wohl. Wenn es weiter so bleibt, dann will ich froh sein. Hoffentlich erfreust auch Du Dich noch nach wie vor bester Gesundheit. Dem neuen Jahr sehe ich aus begreiflichen Gründen mit gespannter Erwartung entgegen. Wann kann ich denn nun mit dem Eintreffen der ersehnten Nachricht rechnen? Grade jetzt nun möchte ich so gern bei Dir sein, um Dir bei Deiner schweren Stunde nahe sein zu können. Gott gebe Dir Kraft und Stärke, das ist mein tägliches Gebet zu ihm. Weiterhin schenke er uns ein frohes und baldiges Wiedersehen. Und hoffentlich auch ist der Tag nicht mehr fern, wo wieder die Weihnachtsglocken läuten, und wir können zusammen sein, und es herrscht wirklich »Frieden auf Erden«.

Das ist mein Weihnachts- und Neujahrswunsch. Und nun, liebste Frau, bleibe weiterhin stark. Ich grüße und küsse *Dich* herzlich und bin nach wie vor in inniger Liebe dein Fred.

Viele Grüße an alle!

Wernfried Senkel
** 1922, Gefreiter, vermißt*

Heiliger Abend 1942
In Rußlands Steppe

Liebe Eltern – Wolfgang!
Das sind nun die zweiten Weihnachten, die ich fern der Heimat und nicht bei Euch bin. Es ist jetzt 16 Uhr. Wir haben uns gewaschen und rasiert so gut es geht. Heute gab es pro Kopf zusätzlich 100 g Schokolade, 12 Zigaretten, 1 Klops, 3 Mann gleich eine Wurst und ein Drittel Brot und ein Stück Kuchen. Wir haben uns über diese Sachen sehr gefreut. Zumal wir noch im Kessel stecken. Wir haben uns bei den Fußtruppen etwas Pferdefleisch besorgt und da habe ich einen Gulasch gekocht. Der schmeckte fabelhaft. Und wir sind auch satt. Haben sogar für morgen früh noch etwas übrig. Pferd ist jetzt Retter in der Not. Morgen will ich mal Klöpse machen. Hier lernt man sogar das Kochen und Backen. Not und Hunger macht einen zu allem willig. Ich kann jetzt den ganzen Tag am Kochtopf stehen. Das macht mir Spaß. Da laß ich gleich alles andere stehen. Freßerei geht eben vor. Einen kleinen Christbaum haben wir auch. Wenn es auch nur ein Kieferbäumchen ist. Habe ein paar Sterne aus Papier geschnitten und bißchen Watte und schon war das Bäumchen geschmückt. Das sieht ganz nett aus.

Das ist nun unser Weihnachtsfest. Ich habe dazu von 12-1 Uhr Wache. Ihr werdet da schon schlafen, aber meine Gedanken sind den ganzen Tag schon bei Euch. Heute Abend soll ja noch Post kommen. Ich habe ja bißchen Hoffnung, daß etwas für mich dabei ist. Wenn blos ein Kilopaket dabei wäre. Dann wäre ich glücklich für die Weihnachtstage. Es wird ja gemunkelt, das Batl. hat noch eine Überraschung für uns. Hoffentlich ist etwas wahr dran. Jetzt noch eine Flasche Schnaps und alle Sorgen wären vergessen.

Von Heinz habe ich Post erhalten. […]

Wenn das Wetter und der Winter so bleiben würde, wären wir alle froh. Wenn es seit gestern Abend auch weht. So ist es doch immer noch zum Aushalten. Ich weiß nicht, was Ihr jetzt pro Tag für Brot bekommt. Wir bekommen pro Tag 200 g. Das ist ein bißchen wenig. Da könnt Ihr Euch kein Bild machen wie wir leben und hausen. Heute bin ich ja wieder mal nach langer Zeit richtig satt. Wenn sie mir aber noch einen Teller Pfefferkuchen oder sonstige Leckereien herstellen würden, die würde ich noch essen. Habe einen Appetit für etwas Süßes und Gutes. Leider müssen wir so vieles entbehren. Inzwischen ist es 8 Uhr geworden. Ihr werdet Euren Baum auch geschmückt haben. Hoffentlich ist bei Euch die Bescherung gut ausgefallen. Ihr werdet auch an uns denken. Hoffentlich war Heinz auf Urlaub daheim.

Es grüßt Euch alle
Fern der Heimat
Euer Großer
Wernfried
Anbei 2 Luftpostmarken

1. Feiertag 25.12.

Zugabe
Liebe Eltern – Wolfgang!

Wie haben wir nun gestern auf Post gewartet und leider ist keine gekommen. Müssen eben weiter hoffen. Vielleicht kommt die nächsten Tage welche. Die Überraschung vom Batl. ist doch wahr gewesen. Es gab noch 50 g Schokolade, 15 Zigaretten, 300 g Brot und ein Stck. Wurst. Wenn es auch nicht viel ist. So freut man sich doch über jedes Bissel was man bekommt. Heute hat die Sonne sogar ihre Strahlen zu uns herab gesandt. Wenn es nur nicht so wehen würde und so saukalt wäre. Es graut einem aus den Bunker raus zu gehen. Ich habe den Tag dazu verwendet um meine Sachen in Ordnung zu bringen. Das hat auch mal Not getan. Der Tag ist viel zu kurz. Wir stehen nun schon um 5 Uhr auf. Hier wird es ja um 15 Uhr schon dunkel. Dann wird meistens geschlafen. Waren gestern bis gegen 11 Uhr auf. Mir war es ja nicht einerlei. Man muß eben hart sein. Ich könnte heute den ganzen Tag nur essen. Habe einen Appetit. Das ist nicht zu sagen.

Es grüßt Euch alle
Euer
Wernfried
In Rußlands Steppe

Friedrich Waldhausen
** 1918, Oberleutnant*

Am Heiligenabend 1942

Ihr Lieben zu Hause!
Heute ist Weihnachten, richtig Weihnachten! Ich sitze unter einem brennenden Adventskranz, (den hatte mir eine meiner Batterien schon vor einiger Zeit gebunden und geschmückt) und denke an Euch. Gerade jetzt werdet Ihr auch am Weihnachtsbaum stehen. Ich weiß es ganz genau. – Ich hätte nie geglaubt, daß wir hier so ein wirkliches schönes Weihnachten feiern könnten. Es gab hier in der ganzen Gegend ein einziges kleines Kieferngehölz. Da haben meine Jungens sich mit Maschinengewehren und Pistolen ein paar Arme voll Kiefernzweige geholt. Da hatten wir Weihnachten schon ganz nah. Und dann haben wir aus einem Stämmchen und den Zweigen uns einen Tannenbaum gebaut, mit Zigarettenpapier Zapfen versilbert und Lametta geschnitten und unser Bäumchen richtig geschmückt. Sogar 8 Kerzen hatten wir drauf gesteckt. Das haben mein Adjutant und ich gemacht, die Leute mußten während der Zeit draußen »spazierengehen«! Dann hat der Baumert auf unserem eigens dafür gestimmten Klavier »Ihr Kinderlein kommet« gespielt, dann durften alle hereinkommen. Ich hatte mir eine kleine Festrede zurechtgemacht, aber als ich mit meinen Leuten vor dem brennenden Lichterbaum gestanden bin, da hat es mir die Rede fast verschlagen, so hat es gestrahlt in unserm kleinwinzigen Bunker wie in den Augen der 16 Soldaten. Es war ein richtiges Weihnachten, ohne Vorbehalt und ohne Wenn und Aber. Dann kam der Chef meiner Stabsbattr. mit unserm Doktor und dem Spieß und hatte für jeden ein kleines, ganz kleines Geschenk, das er irgendwo eingespart oder sonstwie in den Tiefen des Verpflegungswagen noch gefunden hatte: Für den einen ein paar Zigaretten, für den andern ein paar Drops, eine Schachtel Knäckebrot oder sonst etwas. Es war, als ob sie uns die schönsten Wünsche erfüllt hätten. Ein paar hatten auch schon Post bekommen, da war die Freude natürlich doppelt groß. Ich habe auch ein paar Freuden austeilen können: Eine Beförderung zum Unteroffizier, eine Ernennung zum Battr.chef bekanntgegeben,

ein paar Strafen erlassen; andere handgreiflichere Sachen hatte ich ja nicht. Die Stimmung brauchte ich nicht künstlich zu heben: es war richtige, fröhliche Weihnachtsstimmung. Wir hatten unsere Feier schon am Nachmittag gehalten, da wir vermuten, daß uns der Russe heute Abend wieder stören wird, wie er es in den letzten Tagen immer tat. Grad fängt er wieder an. Jetzt, als ich dies schreibe, schießen wir wieder auf das Eis, wo der Russe wieder anrennt. Aber er soll ruhig kommen, wir sind gut eingeschossen, er kommt nicht durch! Grad sagt ihr Mann aus Stalingrad im Rundfunk »Unsere Lichter sind die Leuchtkugeln«. Da hat er zwar Recht, aber wir haben trotzdem Weihnachten gefeiert! – Auch meine Batterien haben mir Freude machen wollen. Jede hat irgend etwas nettes geschickt: einen Becher aus einer getriebenen Zünderhülle, einen Brieföffner aus einem Führungsring. Und schließlich meine tüchtige 8., die »Musterbattr.«, hat aus dem Filz einer russischen Satteldecke mir ein paar wunderbare »Latschen« gemacht, einfach Prachtexemplare, noch schönere, als Vater hat! –

25.12. Ich hab gestern doch noch herausgemußt, drum hab ich nicht weiterschreiben können. Aber durchgekommen ist er nicht – Von meinen Latschen habe ich erzählt, die so wunderbar warm sind. Mit Ölfarbe ist auf jedem ein großes W. gemalt, damit sie mir nicht weglaufen. Sowas ist natürlich ein begehrter Artikel. Und einen Rollschinken habe ich bekommen. Das heißt, ein zusammengerolltes, geräuchertes Stück Fleisch einer Kosakenkuh, die im Herbst hat dran glauben müssen. Ich komme mir vor, wie ein Krösus. Auch die Nachbar-Kommandeure hatten alle einen Gruß geschickt. Mein […] Infantr.rgt. schickte mir sogar ein paar richtige, schwäbische […] und ein winziges Stückchen Marzipan, das natürlich zur Herstellung der Weihnachtsstimmung wesentlich beitrug. Bei denen hatte sich noch ein Kilopäckchen durchgemogelt. Und mein Doktor überraschte mich mit dem Buch von Rilke »Vom unvergänglichen Leben, von der Pilgerschaft, von der Armut und vom Tode«. Das ist was ganz feines, aber schwer zu lesen, weil man sich vollkommen konzentrieren muß dabei, und dazu hat man ja kaum Gelegenheit hier. –

Nun habe ich die ganze Zeit von den Sachen gesprochen, die ich bekommen habe. Aber nicht die allein haben die Weihnachtsstimmung gebracht: Ich hatte einen Luftbrief von Mutter vom 7.12., einen Brief von Hermann, Irmgards Verlobungsanzeige kam auch grad und zwei Zeitungen (nicht zu unterschätzen!) Und wenn es auch keine ausgesprochene Weihnachtspost war, so war es doch Post von Euch, und Nachricht aus der Heimat, und das ist doch die Hauptsache! Da hab ich dann auch die Todesanzeige von Frau Stück gelesen, und das der alte Brack 87 geworden ist. Und zur Vervollständigung der festlichen Stimmung hab ich mir zwei Bilder gemalt: Einmal das Haus in Lauchröden, von der Kirchturm-Perspektive, und dann das Haus in Saida, und hab die beiden Gemälde neben Mutters Bild auf meinen »Weihnachtstisch« gestellt. Von Friedel [...] Gudrun und Ise kamen auch in den letzten Tagen Briefe, die ich noch unter die Weihnachtspost rechne. Die Sachen, die in Ises Brief und Gudruns Brief dabei lagen, schicke ich Euch mit. Das Gedicht hebt bitte gut auf. Das Bild schickt bitte gelegentlich wieder. –

Es geht das Gerücht, daß eine ganze Menge Post angekommen sein soll. Da hoffen wir natürlich alle, daß für uns was dabei ist. Vielleicht gar ein oder das andere Päckchen! Daß wäre gar nicht auszudenken, wie schön das wär. – Der Wachtmeister Häfner ist noch nicht wieder eingetroffen. Ich warte täglich auf ihn. – Das der Geburtstagsbrief nicht pünktlich zu Mutters Geburtstag gekommen ist, ist ja schade. Na, inzwischen wird er ja angekommen sein, und auch die andere Post. Daß Ihr Mutters Geburtstag so nett gefeiert habt, hat mich mächtig gefreut und hat mir gezeigt, daß es Euch zu Hause noch gut geht. Das ist immer ein Trost. Heute war auch noch richtig Weihnachten, daran zu erkennen, daß ich meinen guten Rock anhatte, daß es was Gutes zu essen gab und daß die Adventskränze brannten – und überhaupt, es war halt Weihnachten. Heute morgen kam der General höchstselbst auf meinen Gefechtsstand, um mir frohe Weihnacht zu wünschen. Er hat mir eine Flasche Sekt geschenkt. Sie wird aber für Neujahr aufgehoben! Ja, nun geht Weihnachten dem Ende zu. – Wißt Ihr noch, wie schön es letztes Jahr war? – Ich freu mich so schrecklich auf den nächsten Urlaub. – Vielleicht schreibe ich morgen für Vater noch mal meine Weihnachtsrede auf – zur Kritik. Hat Vater meinen Antrittsbefehl bekommen? Euch allen viel viel herzliche Grüße und alles Gute fürs Neue Jahr!

Euer Frieder

Paul Wortmann
** 1922, Gefreiter, vermißt*

Heiligabend, 1942 in Russland

Meine lieben Eltern, liebe Geschwister!
Noch ganz im Zauber dieses meines ersten Front-Weihnachtsfestes haben wir als Abschluss unserer kleinen, aber doch so ergreifenden Feier uns hingesetzt für ein paar Minuten, um Euch daheim ein paar Zeilen zu schreiben.

Zu dritt haben wir gefeiert, wenn wir auch keine Tanne hatten, so aber ein schönes besinnliches und doch fröhliches Weihnachten gefeiert. Unsere Teller waren voll, voller als unser Magen jetzt, der mit vielen Süßigkeiten, Keksen, Knäckebrot, vermengt mit einem steifen Grog nebst Bohnenkaffee überfüllt ist.

Ein paar nette Überraschungen erlebten wir, über die ich im nächsten Brief berichten werde.

Ein Erlebnis besonderer Art war auch die Weihnachts – Ringsendung, die Ihr sicher auch gehört habt. Ein Soldat, nicht weit von uns, sprach darin und ich bin gewiss, dass in diesem Augenblick unsere Gedanken nahe beieinander waren.

Ich hoffe, dass Ihr das Fest alle beieinander in alter Fröhlichkeit und guter Gesundheit verbracht habt.

Hoffnungsfroh wie immer habt Ihr inzwischen das Neue Jahr angetreten, das möglichst früh den Wunsch des Wiedersehens erfüllen soll.

Aus bestimmten Gründen war ich in diesen Tagen ohne die ersehnte Weihnachtspost, kleinen und größeren Formats. Um so größer ist die Vorfreude und das Erwarten. Hoffentlich kommt sie bald und dann wird nochmal Weihnachten gefeiert, Weihnachten in Raten, auch nicht schlecht!

Die größte Sorge war mir aber die Tatsache, dass Ihr ausgerechnet in dieser Zeit so wenig Post von mir bekommen musstet.

Ich grüße Euch alle, Vater, Mutter, Rosel und Eberhard und weiß Euch in diesen Stunden nahe bei mir, nichtachtend der Tausenden von Kilometern räumlicher Trennung.

Lebt wohl und Auf Wiedersehen!

Paul

Rudolf Nothdurft
** 1913, Gefreiter, in Gefangenschaft gestorben*

Heiligabend d. 24.12.42

Meine liebe Annemie!
So sitzt man hier ohne einen kleinen Weihnachtsgruß. Draußen ist Schneetreiben, und ungerechterweise habe ich heute noch Strafwache. In Gedanken bin ich natürlich bei Dir. Aber in Wirklichkeit wird es noch etwas dauern. Heute donnern an allen Ecken Kanonen. Der Russe merkt, daß es Weihnachten bei uns ist. Wo mag sich nur die viele Post herumtreiben. Der Winter bringt uns manche schwere Stunde. Hoffentlich blüht uns bald wieder das Glück, geregelten Verkehr mit der Heimat zu haben. Wir müssen doch den Russen klein kriegen.

Einen kleinen Weihnachtsbaum aus Steppengras hab ich auf unserem Tisch mit etwas Silberpapier u. noch zwei Weihnachtskerzen. So einsam wie alles, sieht auch der Grasbaum aus. Ich darf nicht an vorangegangene Jahre denken, sonst wird es mir weich ums Herz. Zu essen haben wir noch, und somit sind wir vorläufig zufrieden. Hoffentlich wird die Zeit bald eine bessere.

Hast Du noch nichts von H. H gehört wo steckt er? Was schreibt er? Bitte gib mir doch unbedingt mal Luftp. Nachricht. Immer noch bin ich ohne Post u. Päckchen. H. H. hatte ich doch auch eine Luftp.marke mit gegeben.

An Urlaub können wir wohl vorläufig nicht denken. Betet mal für uns, es muß doch mal besser werden. Furchtbar ist der Krieg. Was nützt da H.A. usw. wenn wir nicht zu Haus sind.

Manchmal denke ich so: »wenn doch die Welt untergehen wollte.« Es muß doch mal etwas geschehen, die Zeiten können doch nicht so weitergehen.

Mit fünf sind wir nun hier im Bunker. Ich habe Wache u. ein Kamerad hat einen Sonderauftrag. Also drei können in Ruhe an Weihnachten denken. Ich werde draußen mit noch drei anderen wachen u. denk mir ein Weihnachtsfest. Nichts hab ich bei mir, was mich wohl an Weihnachten erinnern könnte. Für mich ist erst Weihnachten, wenn Deine Grüße zu mir kommen, und sollte es erst Ostern sein. Sollte die Post verloren gehen, dann ist eben nächstes Jahr ev. etwas für mich Weihnachten. H. H. hat doch sicher auch etwas für mich. Wer weiß, wo dies bleibt u. liegt.

Nun mein Liebling, gesundheitlich geht es mir gut u. alles andere wird sich finden.

Schreib nur gleich Luftp. Ich muß etwas hören.

Grüße u. Küsse wie immer Dein Rudi.

Gotthold Bach
Alter unbekannt, Gefreiter

Ostfront, am 24.12.1942

Christus, der Retter ist da!
Meine liebe Grete!
Heute am Heiligenabend will ich Dir bei trüben Lichtschein einer Sturmlaterne in unserem engen Erdbunker wieder ein Lebenszeichen zukommen lassen. Daheim das herzliche Christfest und wir in der öden Steppe, ohne einen äußeren Weihnachtsglanz, nur kleine Zuwendungen von der Kompanie, sonst kein Päckchen, kein Licht oder Weihnachtsstimmung. Das elendste Dasein in diesem Krieg. Aber dennoch Christ ist geboren, freue Dich o Christenheit. Unser Gebet ist, wenn wir nur glücklich wieder Heim kommen. Der Herr ist meine Zufersicht und Stärke in aller Not und Gefahr. Gott befohlen bis zum frohen Wiedersehen. Es grüßt Dich herzlichst Dein Dich liebender Gotthold

Herzliche Grüße an alle meine Lieben

Josef Binding
Alter unbekannt, Obergefreiter

Rußland, den 24.12.42

Meine liebe gute Elisabeth, mein gutes Kind
Es ist der Tag da wo Dein Josef am meisten Sehnsucht nach seiner Familie hat denn es ist Heiliger Abend da gehören ja eigentlich alle zusammen unterm Weihnachtsbaum aber dies ist uns leider nicht vergönnt. Dein Josef muß allein irgendwo bei Stalingrad still das schöne Heilige Fest feiern. Als nächstes empfange von Dein Josef u. Papa die besten Grüße und Küsse. Genau so viel wie meine Gedanken jetzt zu Dir [...] herüberfliegen, so werden auch ganz besonders an dem heutigen Tag Deine Gedanken hierher in mein kleines Heim hergeflogen kommen. Es ist einfach kaum auszudenken wenn man sich all die schönen Stunden vor Augen führt die wir zusammen verlebt haben u. gerade in diesen Tagen wurde das Herz ganz frei gemacht u. es wurde Freude über Freude gegenseitig gemacht.

Und heute da sitzt Dein Josef hier so ganz allein von Frau u. Kind u. es könnte doch so schön sein wenn der böse Krieg nicht wär denn als junger Familienvater müßte man doch wenigstens an diesen Tagen zu Hause sein denn es ist doch ein Fest der Heiligen Familie wo wir Katholiken ja den größten Anlaß haben um zu feiern.

Aber was nützt all das Stöhnen und Klagen davon wird es ja auch kaum besser da kann ein am besten ein Kriegsgebet helfen um diese Stunden des [...] zu überwinden denn einmal wird ja auch dieser Tag kommen wo wir wieder zusammen den Weg des Lebens gehen können [...] Darum bleib stark u. bete damit uns der HerrGott beschützt u. wir ein gesundes Wiedersehen feiern können. So bald ich wieder mehr schreiben kann werde ich mehr Briefe beantworten. Ich bekomme ja auch im Augenblick keine Post und dies gerade zur Weihnachtszeit da fällt es einem am schwersten. In der Hoffnung das dieser Brief Dich und meine Marlis bei bester Gesundheit antrifft verbleibt mit vielen Grüßen u. Küssen Dein Dich nie vergessener Josef u. Papa. Marlis wird wohl jetzt mit großen Augen die blitzenden Kugeln betrachten u. ich kann an all das nicht teilnehmen.

24. Dezember 1942

Kurt Haas
** 1919, Dienstgrad unbekannt, vermißt*

24.12.42

Lieber Vater! Wieder ist Weihnachten geworden, wenn uns das Fest auch wiederum keine Freude brachte, sondern noch ernstere Verhältnisse. Voriges Jahr hast Du gerechnet, dass ich zum Weihnachtsfest mal zu Hause gewesen wäre, das Grab unserer lieben Mutter aufzusuchen.

Diese Weihnacht war schon ein armes Fest für uns, aber noch nicht zu traurig. Ich konnte nicht zu Hause sein, habe aber das Fest in ruhigen Verhältnissen erlebt. Für Dich war es auch noch nicht zu hart, Karl war doch noch daheim und Du warst doch nicht allein. Wo Karl jetzt ist, weiß ich ja nicht, ich habe schon seit Oktober keine Post mehr von ihm erhalten. Meine große Freude wäre ja, wenn Karl noch in Bitsch wäre und könnte Dich jetzt besuchen, dass Du wenigstens einen um Dich hast. Für mich ist das Fest so arm und traurig wie es nicht ärmer und trostloser werden kann. Und doch bin ich froh, wenn ich das Fest in Ruhe erleben kann, und satt essen kann ich mich ja so einigermaßen, wie wenige in der Armee können sich das erlauben.

So ein Elend wie es sich hier bietet, das kann sich niemand vorstellen, wer es nicht gesehen hat. Was ist es so hart, wenn Kameraden, die verwundet sind, um ein Stück Brot betteln und das letzte dafür hergeben wollen und es kann ihnen niemand eins geben.

Das Brot, das die Truppe eben empfängt, bringen Transportflugzeuge, wir backen fast keines mehr. Gestern morgen wußte ich noch nicht, ob ich über das Fest genug Brot zu essen habe. Ich bin froh und glücklich, wenn ich noch einmal hier herauskomme. Dem Russen ist viel gelungen, und er setzt auch alles dran, um das Werk zu vollenden. Wenn es ihm gelingt, wäre es schlecht für uns. Lieber Vater! Ich will Dir noch etwas schreiben, was etwas hart klingt, aber wir sind ja keine Frauen. Wenn Karl auch nach Rußland gekommen sein sollte oder kommt noch hin und es sollte eine Nachricht heimkommen, die niemand erwartet, so mache beim Wehrmeldeamt ein Gesuch, daß einer zurückkommt, damit Du nicht das Allerschrecklichste erleben mußt, daß noch eine zweite Nachricht nach Hause kommt.

Die Gedanken derer, die daheim sind, werden jetzt bei ihren Angehörigen sein, die vielleicht in dieser heiligen Nacht in hartem Kampf die Angriffe der Russen abwehren. In den letzten Tagen hatte wir etwas Ruhe vor den Fliegern. So mancher wird an dem Fest des Friedens sein Leben aushauchen.

Ich bin unter den jetzigen Verhältnissen etwas niedergeschlagen, aber nicht unglücklich. Morgen früh werde ich der heiligen Messe beiwohnen und durch den Empfang der heiligen Sakramente mein Inneres ordnen, um mit unserem Herrgott in Frieden zu leben und dann wieder gestärkt dieses Leben mit Mut und Vertrauen zu meistern. So ist das Hochheilige Weihnachtsfest, wenn auch arm, für mich ein Fest des Friedens.

Es grüßt Dich mit den besten Wünschen Dein Kurt.

Rudolf Nothdurft
** 1913, Gefreiter, in Gefangenschaft gestorben*

1.Weihnachtstag d. 25.12.42

Mein liebes Schäfchen!
Die Wache ist beendet. Nun beginnt für mich Weihnachten. Etwas Brot als Weihnachtsgeschenk u. eine Tafel Schokolade auch etwas Zigaretten. Wir bekommen alles später, wenn der Russe am Boden liegt. Weihnachten war zu früh für uns. Der Russe hat hier Weihnachten nichts unternommen. Also er kam nicht mehr. Weihnachten war immer sonst große Sache.

Nach Weihnachten kommt nun erst die nächste Post. Vielleicht ist da Weihnachtspost bei. Ein Kamerad bekam gestern einen Brief mit der Bitte, Heiligabend denselben erst zu öffnen. Groß war seine Freude, weil dieser Brief gerade am 24 kam. So hatten nur wenige Kameraden das Glück, Weihnachtspost zu erhalten. Die Schuld liegt also nicht an Euch. Aber im nächsten Jahr mußt Du dann im Oktober sehen Weihnachtsgrüße senden, dann kommen sie recht. Heute war ein eisiger Wind 38° C. genau wie im Film heulte der Schneewind. Bin aber gesichert an Wäsche. Sollte der Pullover nicht ankommen, schadet nichts, ich brauch denselben nicht mehr. Habe [...] und eine Pelzweste, Pelzmütze, Leibbinde, Überhose, Skihose u. Steppzwischenhose nebst drei Unterhosen. Dann hab ich noch Filzstiefel u. dicke Strümpfe von der Mühle. Nur kann man bei dieser Kälte schlecht waschen. Bis 50° will ich es aushalten, wenn mir nichts verloren geht. Wenn ich Wache stehe ziehe ich noch einen Schafwollmantel über Gewicht 30 [Pfund]. Dann kann ich zwei Stunden auf einem Fleck liegen oder stehen.

Leider haben wir kein Licht kannst mir mal wieder Weihnachtskerzen schicken. Die Zeiten mit dem elektr. Licht sind vorbei. Später erzähle ich Dir mehr davon. Die Sache hat tiefe Gründe. Du wirst mal staunen u. eventuell schwer aufatmen wenn nur 4 Monate weiter sind. Vielleicht kann ich dann mal auf Urlaub kommen, und Dir mehr erzählen. Vorläufig ist hier der Hund verfroren. Unser Aufenthaltsort hat sich auch verändert u. zwar vom Regen in die Traufe. Mach Dir aber keine Gedanken, mir geht es gesundheitlich gut, was die Hauptsache ist.

Hast Du nun den Brief geöffnet? Hatte doch einige Wünsche darin!

Wenn ich mal das Leder schicken darf, dann kann auch Gerda davon Stiefel bauen lassen soviel Sohlenleder habe ich. Für Dich noch u. Gerda. Ihr müßt aber das Leder für Schäfte aufbewahren.

Was macht Frl. Rita. Herzl. Grüße an alle.

Mein Liebling, mach Dir keinen Kummer, mir geht es noch gut.

Gruß und Kuß dein Süßer

Ach könnte ich jetzt bei Dir sein. Ich betrachte jeden Tag unsere Bilder und weiß nichts zu sagen. Wann kommt die Zeit, wo wir uns wieder sehen. Ich bete jeden Tag, wann wird mein Gebet mal erhört.

Dein Rudi grüßt und küßt Dich in Liebe u. Treue

Hast Du *keine* Luftpostmarken, schreib bitte ohne

Werner Bühnemann
** 1905, Gefreiter, vermißt*

Rußland, 1. Weihnachtstag 1942

Meine herzliebe kleine Friedelfrau,
Ihr Lieben alle in der Heimat!

Nun liegt der Heiligabend hinter uns und auch der 1. Weihnachtstag geht seinem Ende entgegen. Ich will Dir heute kurz berichten, wie wir diese Tage, von denen uns allen etwas bange war, verlebt haben. Post hat es leider keine gegeben, was wir gerade an diesen Tagen besonders schmerzlich vermißt haben, zumal ich, da die letzte Nachricht von Euch die vom 16. bzw. 17. XI. ist, also etwa 6 Wochen alt.

Zur Feier des Tages gab es am 24. seit langer Zeit mal wieder richtiges Mittagessen aus der Feldküche. Gegen abend versammelte sich dann der Rest unseres Häufleins in einem ehemals als Pferdestall genutzten Bretterverschlag, in dem eine für hiesige Verhältnisse festliche Tafel aufgebaut war. Einige Kameraden hatten den Raum mit Fliegertüchern verhängt, der Tisch war sogar ebenfalls mit einem weißen Tuch gedeckt und an jedem Platz lagen für jeden einzelnen die vom Stab gespendeten Geschenke: 1 Kerze, 30 Zigaretten, 1 kleine Büchse Ölsardinen, 1 kleines Weißbrot, 100 g Butter und etwa ½ Pfund harte Knackwurst sowie 1 Rolle Drops.

Wir bekamen jeder 2 Trinkbecher Tee mit Rum und 3 belegte Brote, nachher wurden noch Zigaretten und Zigarren herumgereicht. Auf dem Tisch waren Kerzen angezündet und sogar zwei leere Flaschen mit Kiefernzweigen hatte jemand irgend woher aufgetrieben, so daß alles einen ganz weihnachtlichen Rahmen hatte. Unser Spieß und Leutnant hielten kurze Ansprachen, vom Spieß wurden dann noch einige recht nette selbst verfaßte Gedichte vorgetragen, die Vorkommnisse aus unserem Stab behandelten und in denen fast auch alle ein Verschen abbekamen. Leider war es entsetzlich kalt, so daß wir nach etwa 2 Stunden durchgefroren wieder in unsere Erdlöcher und Bunker unterkrochen. Wir haben dann in unserem Bunker, den wir etwas geheizt hatten, noch bis Mitternacht zusammen gesessen:

Herbert Heiderich, Unteroffizier Jahn und Obergefreiter Jahnik, mit denen ich zusammen hause. Als wir uns hinlegten, waren die eßbaren Sachen verzehrt und wir hatten seit Wochen endlich mal wieder das Gefühl, uns satt gegessen zu haben.

Von 3-5 Uhr habe ich dann mit Otto Beyer in der Weihnachtsnacht auf Posten gestanden, und wir haben uns von der Heimat erzählt. Es war bitter kalt, die Kälte hat nun 20° überschritten und ein eisiger Ostwind pfeift über die verschneite Steppe. Heute sind wir den ganzen Tag nicht aus dem Bunker herausgekommen, nur nachher muß ich wieder 2 Stunden auf Posten ziehen. Zum Glück habe ich bei dem Rückzug meinen Übermantel und Wollschal trotz aller Schwierigkeiten mitgeschleppt, so daß ich mich warm anziehen kann; denn wir waren damals mit Munition und so weiter schwer bepackt und viele haben alles weggeschmissen um überhaupt vorwärts zu kommen und von den Russen nicht geschnappt zu werden.

Wir sind denen, die sich mit der Weihnachtsfeier die Mühe gemacht haben, dankbar, daß wir einen solchen Abend erleben konnten und wenigstens etwas von Weihnachten gemerkt haben.

Wie werdet Ihr zu Hause diese Tage verbringen, wie war es gestern abend bei Euch […] Wir haben absichtlich alles vermieden, was uns hätte wach werden lassen und uns gewaltsam zu anderen Gedanken gezwungen.

Hoffentlich kommt bald mal Post aus der Heimat. Wenn wir – vielleicht erst nach langen Wochen – einmal zu unseren Päckchen kommen sollten, werden wir die richtige Weihnachtsfeier noch nachholen, das heißt, erst dann werden wir eine richtige Weihnachtsfreude haben.

Hoffen wir, daß dieser Fall bald eintritt! Schreibt mir fleißig, die Post ist unsere einzige Freude hier. Nun geht es mit der Sonne wieder bergauf und die Hälfte des Winters ist schon überstanden, wenn auch die kälteste Zeit noch bevorsteht. Doch auch das wird vorübergehen!

Euch allen tausend Küsse

Euer Vati

Heinrich Balgenorth
** 1918, Obergefreiter, vermißt*

Im Felde, den 25.12.42

Liebe Eltern und Geschwister!
Heute am ersten Weihnachtstage, am Fest der großen Freude, will ich es mir nicht nehmen lassen trotz Schmerzen Euch einen Brief zu schreiben. Ihr sitzt jetzt zu Hause um einen schön geschmückten Tannenbaum. Eure Gesichter strahlen vor Freude. Ich wollte ich könnte dieses Bild einmal noch in mein Herz schließen. Wie schön war es doch, als man als Kind am Weihnachtsmorgen aufstand und mit großen Augen auf den schön geschmückten Tisch und Baum sah. Dann kam die Zeit, wo man selber mithelfen durfte, den Baum zu schmücken und den Tisch. Man freute sich dann immer über die Augen der Kleinen, wenn sie des Morgens aufstanden. Nun ist die Zeit, wo uns der schreckliche Krieg alles nimmt, die Freuden und alles, was man so an dem schönen Freudenfest erlebte. Ich sitze jetzt hier und denke an die schöne Zeit zurück. Ob ich die wohl noch einmal erleben werde. Die freudigen Augen der Geschwister werde ich wohl nie mehr sehen. Vor einigen Tagen hat mir der Feind das Wertvollste, was ich besessen habe, fast ganz genommen. Ob ich je mein Augenlicht wieder erhalte, wie ich es hatte, weiß ich noch nicht. Ich sitze hier mit einem offenen Auge noch, das andere habe ich verbunden. Ich will es aber hoffen, daß es wieder gesund wird. Was da richtig mit los ist, kann ich Euch noch nicht schreiben, weil der Arzt noch nichts genaues feststellen kann. Ich kann auch nicht abtransportiert werden ins Lazarett, weil uns der Russe alle Wege abgeschnitten hat. Vorläufig bleibe ich bei der Kompanie, denn hier habe ich meine Kameraden, welche ich kenne und die mir helfen. Wenn es eben geht, werde ich immer hier bleiben und nicht ins Lazarett gehen. Ich glaube nicht, daß es allzu schlimm geworden ist. Wenn ich das Augenlicht behalte, weiß ich nicht, wie ich Gott danken soll. Es ist doch das Wertvollste, was man hat. Nun liebe Eltern, wie habt Ihr denn die Feiertage verlebt. Ich hoffe, doch der Zeit entsprechend gut. Man kann ja jetzt auch nicht viel verlangen, weil eben Krieg ist.

Ich hoffe doch, daß Ihr alle zufrieden gestellt seid. Nun will ich schließen in der Hoffnung, daß wir uns alle gesund und munter wiedersehen.

Es grüßt Euch alle Euer Sohn und Bruder

Heinz

Viel Glück zum neuen Jahr. Hoffentlich sitzt Ihr dann nicht im Keller.

Erwin Guhl
** 1918, Obergefreiter, vermißt*

Weihnachten im Felde 1942.

Meine liebe Friedel!
Deinen lieben Brief vom 15.XI. N° 13 habe ich mit Freude erhalten, wofür ich Dir herzlich danke. Auch ein Brief von Mutter vom 15.XI. ist angekommen. Besten Dank.

Nun ist die Zeit gekommen, worauf man sich das ganze Jahr freut. Leider kam es dieses Jahr anders als sonst, aber auch das wird wieder einmal anders werden. Liebe Friedel! Die ganzen Tage vor Weihnachten war ich in jeder freien Minute in Gedanken bei Euch. Wie werdet Ihr Weihnachten feiern. Werdet Ihr Post bekommen haben von mir, oder ward Ihr in großer Sorge um mich. Ich hätte Euch gerne diese Sorgen abgenommen, aber das war mir leider nicht möglich. Es sind jetzt schon fünf Wochen, daß uns der Russe in diese Lage gebracht hat u. dadurch wurden uns viele Hoffnungen zunichte gemacht. Schon allein dadurch, daß der regelmäßige Postverkehr abgerissen wurde. Jetzt kommt ja die Post wieder, wenn auch in beschränktem Maße, aber doch kommt ab u. zu ein Brief. Päckchen kommen vorerst noch keine. In diesen 5 Wochen habe ich jetzt diese beiden Briefe erhalten worauf ich heute antworte. Deshalb werde ich aber auch nicht verzagen, sondern nur hoffen, daß es bald anders wird. Wir hatten ja im Stillen gehofft, daß auf Weihnachten die Sache wieder besser aussieht, so schlecht ist ja unsere Lage nichtmehr, es wäre aber doch gut, wenn es bald anders würde. Wir vertrauen aber auf unseren Führer, der uns nicht im Stiche läßt.

Liebe Friedel! Ihr werdet Euch auch interessieren, wie wir Weihnachten gefeiert haben u. ich kann Dir nur sagen, der Zeit entsprechend gut. Wir hatten noch eingesparte Marketenderwaren die am heiligen Abend ausgegeben wurden. Es bekam jeder zwei Trinkbecher Konjak, eine Flasche Sekt, 50 Zigaretten u. Drops u. sonst noch verschiedene Kleinigkeiten. Ich habe mir eine russische Ziehorgel organisiert, wovon keiner etwas wußte. Als alles am schönsten am feiern war zog ich los von Bunker zu Bunker u. spielte Weihnachtslieder. Beim Chef hatte ich angefangen, so zog ich dann herum. Ich kann Dir nur sagen, da fühlt man dann erst was Weihnachten ist. Die Stimmung war sehr gut, nur war man in Gedanken doch zu sehr zu Hause. Jetzt sind die Feiertage bald wieder vorbei u. bald gehen wir in ein neues Jahr. Hoffentlich wird uns dieses das langersehnte Kriegsende bringen. Unseren lieben Kindern hätte ich zum Fest auch gerne eine kleine Freude bereitet, aber leider kam es anders. Walte Gott, daß es doch bald besser wird u. daß der Krieg bald zu Ende geht. Damit will ich für heute schließen. Hoffentlich geht es den Kindern u. Dir noch gut, was ich von mir auch schreiben kann.

Es grüßt u. küßt Euch vielmals

Euer Papa

Viele Grüße an Vater, Mutter u. Geschwister.

Hans Michel
Alter und Dienstgrad unbekannt, vermißt

Weihnachten 1942

Meine Liebe Hanna! Liebe Kinderle!
Im Geiste bin ich bei Euch, in Wirklichkeit feire ich unter besonderen Umständen, kann auch sagen traurigen. Wie ich Dir bereits schrieb, war ich in … (Du weißt schon wo), wo wir uns recht nett einrichteten, schöne Unterkunft mit allen Schikanen, Radio, elektr. Licht, Porzellangeschirr, usw. In der letzten Zeit hatte ich sehr heftige Kopfschmerzen, die nicht vergehen wollten. Schließlich meldete ich mich krank. Das ging so einige Zeit, da schickten sie einen Unterarzt, der Stirnhöhlenkatharr ver-

mutete. Unser Hauptmann, der sehr um mich besorgt war, glaubte mir einen Gefallen tun zu wollen, indem er mich in die Protzenstellung schickte, wo ich angeblich bessere ärztliche Behandlung und Versorgung haben sollte. Ich sträubte mich lange dagegen, meine Kameraden setzten sich für mich ein, es half nichts, am 22. mußte ich los. Als wir spät abends ankamen, wies uns der Spieß einen kalten und nassen Bunker zu und glaubte, uns einen besonderen Gefallen damit zu tun (es war noch ein kranker Kamerad bei mir). Ein »tadelloser« Bunker! Ein kaltes Loch, der Ofen raucht, die Wände naß, nichts als eine Holzpritsche. Am anderen Tag wollte uns der Regimentsarzt wieder nach oben schicken, aber der Spieß ließ es nicht zu. Er glaubte, ich wolle von mir aus wieder zurück. Es gab einen Mordskrach, aber ich mußte bleiben. Gestern mittag war »Bescherung«. In Anbetracht unserer besonderen Lage (wie diese Lage ist, darf ich nicht schreiben) war es ganz nett. Sie hatten noch allerlei im Hintergrund, Keks, Bonbons, Zigarren, Brot, Wurst. Unser Koch, ein Metzgergeselle, machte allerlei gute Wurst, zum Teil aus Pferdefleisch. Das war alles ganz gut, aber uns in dieser Höhle ist es durchaus nicht weihnachtlich zu Mute. Die Pakete sind natürlich noch nicht da, aber Jörgles Brief vom 2.12. und zwei von Dir und einige Zeitungen kamen. Über Jörgs Brief freute ich mich sehr. Er hat doch jetzt eine ganz nette Schrift.

Mittags. Soeben gab es trotz allem ein prima Essen. Suppe Makkaroni, Rinderbraten, und zum Nachtisch Pudding. Nachher soll es noch Schwartenmagen und Leberwurst geben für den Abend. In unserer Höhle haben wir schon Licht, eine Petroleumfunzel, die eigentlich ins Dienstzimmer gehört, gekapert, Öl gegen den Weihnachtsschnaps eingetauscht. Der Spieß gab sich alle Mühe, das Weihnachtsfest nett zu gestalten, er hat für jeden Bunker einen Christbaum (Kiefernzweig) und eine Kerze gestiftet. Er besuchte abends jeden Bunker und war überrascht, als er bei uns alles schlafend fand. Wir legten uns um 6, er kam um 8. Er meinte, wir müßten singen wie die andern. Ich sagte ihm, das sei zu viel verlangt, er hätte mich nicht fortgelassen. Er stellte fest, daß es bei uns zu kalt sei. Aber das lohnt nicht mehr, mein Rheuma habe ich weg, und ich glaube, daß ich soweit komme und im Lazarett lande. Lieber wäre es mir, ich wäre gesund. Ich hätte gerne den Gefreitenwinkel erhalten, aber Kranke werden nicht befördert. Was Du in Deinen Briefen schreibst, freut mich immer. So wie Junghans oder Bürger werde ich es bei meiner Rückkehr nicht machen. Ich hoffe sehr, Ihr habt ein schönes Fest gefeiert. Ich verliere trotz Kranksein den Humor nicht. Draußen geht ein kalter Wind. Ich bin froh, daß die Wintersachen noch duchkommen, ebenso die Päckle. Ich bin noch nicht aus der Gefahrenzone heraus. Der Russe schmeißt Bomben und trifft leider hin und wieder, aber ich hoffe doch, Euch gesund wieder zu sehen [...] wird ja jetzt alles mit Flugzeugen befördert.

27. Der Brief blieb liegen. Die Pakete sollen kommen, die Besonderheit unserer Lage soll befreit werden, normale Verhältnisse eintreten, hoffen wir das Beste. Ich denke, im Frühjahr wird's auch mit dem Urlaub langen. Heut war ich beim Arzt, er war nicht zufrieden, ich soll schwitzen! Und dabei bin ich froh, wenn ich einigermaßen warm bin. In unserem Bunker schmilzt der Schnee trotz Feuer nicht am Boden [...] Bis jetzt [...] nicht sehr schlimm, aber es langt. Nun seid recht herzlich gegrüßt und geküßt von Eurem Vater.

Wie schön wird es sein, wenn wir uns wieder haben dürfen, meine Liebste

Unbekannt

Liebe Eltern und Geschwister!
Weihnachten, das lang ersehnte Fest eines Jeden ist da. Auch wir hatten unsere Weihnacht, nur etwas anders, wie ich es so von zu Hause gewöhnt war.

Ich will Euch so ungefähr meine Weihnacht schildern. Vielleicht könnt Ihr Euch etwas darunter vorstellen und etwas dabei denken.

Zu meinem Kameraden, der mit mir den Bunker teilt, sagte ich am »Heiligen Abend«, Ernst, von Mittag ab wird sich so langsam auf Weihnachten vorbereitet. Das sollte darin bestehen, dass der Bunker mal wohnlich aufgeräumt werden sollte, die Maschinen und Funkgeräte zur Seite gestellt und wir uns dann das Rundfunkprogramm anhören wollten. Nach dem Mittagessen, es war gegen 11 Uhr, buddelte ich an einem Fensterloch, das schon einige Tage geplant war, damit wir wenigstens zu Weihnachten Sonnenlicht im Bunker hatten. Bisher haben wir den ganzen Tag elektrisches Licht von der Lademaschine gebrannt, dass auf die Dauer aber den Augen nicht gut ist. Der Ernst knurrte schon, dass ich noch solchen Druck machte einen Tag vor Weihnachten. Dann stellte ich den Lademaschinensatz ab, damit wir gut die Musik und überhaupt das Programm hören konnten. Es wurden Weihnachtslieder gesungen. Ich stimmte schon mal mit an, aber es wollte mir noch garnicht so richtig in den Sinn kommen, dass es überhaupt Weihnachten sei. Als eine Zugabe haben wir uns erstmals von oben bis unten gründlich gewaschen. Dann ass ich »eine Scheibe Brot« als Vesper. Anschliessend wurde die Weihnachts-Ringsendung durchgegeben. Ihr habt wohl auch gelauscht, ob von St. wohl auch was kommt? Und tatsächlich, wir liessen uns auch hören. Der Ansager brachte ja schön und sogar etwas getreu die Lage von hier zum Ausdruck. 2 Kameraden grüssten ihre Lieben zu Hause über den Rundfunk. Alle konnten das ja auch nicht, wo sollte es hinführen. Dann gab es anschliessend ein schönes Konzert mit Weihnachtslieder-Einlage. Uns bedrückte aber noch etwas. Ich hörte keine Glocken und wenn es auch die kleine Bim-Bam-Glocke von Obermeiderich ist. Es war kein Gruß oder Päckchen von Euch da. Seit 3-4 Wochen habe ich keinen Brief mehr von Euch bekommen. Nicht nur ich, sondern den Kameraden geht es genau so. Wir konnten in keine Kirche gehen. Was wohl noch schlimmer war, der Magen war leer. Weihnachten feiern mit 200 Gramm Brot etwas Butter und Wurst und einer dünnen Suppe? Ihr könnt Euch nicht in unsere Lage vorstellen. Innerlich waren wir doch etwas mit dem Christkind beschäftigt, aber Weihnachsstimmung, die fehlte. Wenn Euch dieser Brief erreicht, wird es uns schon sicher wieder besser gehen und wenn dann die Grüsse von Euch da sind, werden wir natürlich das Fest feiern.

Am 2. Festtag war Gottesdienst in einem grossen Bunker. Ein evangelischer Feldgeistlicher sprach zu uns und legte das Evangelium aus. Aber so richtig war ich garnicht bei der Sache. Ich war doch etwas anderes gewöhnt, feierliches Orgelspiel mit fröhlichen Weihnachtsliedern, mit der Hlg. Komunion, das war so meine Weihnacht bis jetzt gewesen. Es kommt aber wieder die Zeit, wo ich und wir alle, so eine Weihnacht feiern werden. Dann muss es zugleich ein Fest des Friedens sein, wie wäre das so schön. Die Arbeit habe ich an diesen Tagen mal liegen lassen. Am 2. Festtag gab es eine Tagesration Verpflegung als Weihnachtszulage. Das war schon etwas, womit wir was anfangen konnten.

So verlief unsere Weihnachten in dem kalten Winter des Ostens. Sie wird uns immer in Erinnerung bleiben fürs ganze Leben. Aber auch die schlechten Tage gehen schnell vorüber und die guten Tage stehen vor uns. Ihr habt auch keine schöne Weihnacht gehabt. Wenn auch keine grosse Entbehrung und Kampfeslärm (der Tommy ???) Euch umgab, so seid Ihr doch in Sorge gewesen.

Es geht alles vorüber, es geht alles vorbei.

In diesem Sinne will ich schliessen. – Etwas muss ich noch sagen. Dem Peter geb ich einen Rat. Tue nur das was Papa für gut hält, sonst »haue« ich Dich im »vielleicht« kommenden Urlaub windelweich. Das sage ich Dir, wo ich etwas mitsprechen kann. Im Urlaub ??? darüber mehr.

Es grüsst Euch alle recht herzlich Euer Sohn und Bruder Hans

Gruss an Oma u. alle Verwandten u. Bekannten!

Günther Merbold
** 1921, Sanitätsunteroffizier, vermißt*

[25./27.12.1942]

Liebe Mutti!
Heute ist der eigentliche Weihnachtsabend, da sollst Du wieder einen Brief von mir haben. Post kann ich Dir nicht wieder bestätigen, sie kommt nur spärlich an, das letzte war »Das

Reich« vom 22.11., das mir Vater schickte. Da aber Weihnachten das Fest der Hoffnung ist, so haben wir hier die große Hoffnung, daß unsere Weihnachtspakete und Weihnachtsbriefe recht bald ankommen mögen. Etwas weihnachtlich ist es hier doch noch geworden, wie sich das so gehört, überall wo Deutsche beieinander sind. Für unser Häuschen haben wir zwar keine Tanne, so doch aber eine kleine Kiefer aufgetrieben, Kerzen werden wir auch anzünden nachher und Weihnachtslieder singen. Gestern war die eigentliche Weihnachtsfeier für die Kompanie und die war wirklich schöner, als ich nach der Lage der Verhältnisse erwartet hätte. Eine ziemlich große Kiefer – Weihnachtsbaum war im Keller des Schulhauses von unserem Dorfe aufgestellt, und zu beiden Seiten schnell angefertigte Tische und Bänke. Der Hauptfeldwebel, die Mutter der Kompanie, rief jeden einzelnen beim Namen herein und zeigte ihm seinen Platz. Dort stand auf dem Tisch für jeden eine Flasche Süßwein und der Brotbeutel mit den Geschenken, die man jetzt noch nicht öffnete. Der Divisionspfarrer war da, hielt eine schöne Ansprache und, was das schönste war, er hatte ein Grammophon mit und ließ ein paar wunderbare Weihnachtsplatten spielen. Sätze in 6 Orgelkonzerten, Weihnachtslieder, ein ganz seltener Genuß. Das war wirklich etwas Besonderes. Als der Hf. dann seine Ansprache gehalten hatte, öffneten wir unsere Brotbeutel und konnten ehrlich erstaunt sein. Ich hätte wirklich nicht gedacht, daß die Kompanie in diesen Verhältnissen, nachdem wir aus unserer Schlucht weggezogen waren in vieles, was für Weihnachten aufgehoben worden war, nicht mitgenommen werden konnte, noch so mancherlei zu bieten hatte. Briefpapier gab es, Umschläge und Bogen, eine Unmenge Zigaretten, daß unseren Rauchern das Herz lachen mußte, auch gute Marken, Hautkrem, Schuhkrem, eine prima neue Zahnbürste, Zahnkrem dazu und andere mehr oder weniger brauchbare Kleinigkeiten, die Hauptsache aber, eine ganze Tafel Schokolade und ein Döschen Schoka-Kola. Das war etwas Handfestes und tat sehr gut. – 27.12. Heute noch komme ich tatsächlich dazu, den Brief weiter zu schreiben, die Feiertage über war es nicht möglich.

Am heiligen Abend waren wir nach langer Arbeit gerade so weit, daß wir anfangen wollten, das Weihnachtsbäumchen anzuzünden und Weihnachtslieder zu singen. Da kam eine ganze Reihe Verwundete an, und wir hatten bis gegen 12 Uhr zu tun. Am ersten Feiertag arbeiteten wir von frühmorgens bis 3 Uhr, dann konnten wir das etwas über den Tagesdurchschnitt liegende Mittagessen einnehmen. Als wir dann alles erledigt hatten, holten wir erst einmal den Weihnachtsabend nach. Eine kleine bescheidene vertrocknete Kiefer, die von dem Wäldchen übriggeblieben war, wo ich einst im Oktober, »in besonderer Mission« eine Zeitlang gelegen hatte (am Stadtrand), hatten wir kurz hergerichtet, mit Draht ein paar Lichte drauf befestigt, etwas Watte und Streifen von [...] auf einen Schemel gestellt, fertig. Das Bäumchen hatte aber trotzalledem so viel Weihnachtszauber und Heimatstimmung in sich, daß ich den Anblick der brennenden Kerzen zuerst nicht ertragen konnte. Es ging mir tatsächlich so, daß ich weich wurde und erst noch einmal kurz umkehren mußte, bevor ich mich zu den anderen setzen und im wunderbaren Anblick des Lichterbaumes Weihnachtslieder singen konnte. Das ist das erstemal, daß mir das hier draußen passierte. Traurig wurde ich nur dann, wenn ich daran dachte, wie Du zu Hause den Heiligen Abend verleben würdest, daß Du Dich dabei der Tränen nicht enthalten würdest, war mir klar, wenn ich das nicht einmal ganz fertig brachte! Es war aber auch ungünstig dieses Jahr. Für Dich war es sicher besonders schwer, vielleicht hattest Du alles für mich mit vorbereitet, solltest Du auch, ich wäre aller Voraussicht nach gekommen, es hing an einem Faden, drehte sich um einen oder zwei Tage, wenn nicht diese militärischen Umstände eingetreten wären, die alles vereitelten und Euch womöglich in große Sorgen versetzten. Denn sicherlich hast Du die Zeit vor Weihnachten sehr wenig oder gar keine Post von mir bekommen. Ich kann Dir ja auch noch immer nicht viel bestätigen. Es kommt nur ganz wenig durch, zuletzt die Weidaer Zeitung vom 17. und 18. eine Münchner Illustrierte vom 22. Oktober und »Das Reich« vom 15.11. von Vater. Auch darüber habe ich mich gefreut, auch wenn die Weihnachtsbriefe selten und die Weihnachtspäckchen nicht bis hierhin kommen, sondern weiter hinten auf eine Möglichkeit warten, um an den Empfänger zu kommen. An die vielen Plätzchen und Pfefferkuchen, Nüsse, [...] Stollen, oder an all das, was es andere Jahre um Weihnachten zu essen gab, habe ich mich bemüht, nicht zu denken und bin ganz gut darüber hinweggekommen. So lerne ich die anderen Dinge, die einem die Weihnachtszeit sonst schön und friedlich machten, erst richtig schätzen, wie schön Musik, Glockengeläut, Weihnachtsstimmung in der Stadt, Adventsstimmung, Feiertage, die etwas anders verlaufen wie gewöhnliche Tage, Feierlichkeit u.s.w. Die Männer, die das hier draußen miterlebten, werden in späteren Jahren einmal noch viel andächtiger Feste feiern als vorher. Hast Du vielleicht die Frontberichte am Heiligen Abend gehört? Von Stalingrad der soll ganz besonders eindrucksvoll gewesen sein. – Nun, es gibt noch viele, die es bedeutend schwerer hatten als ich, die Familienväter, die auch hier sind und die nicht in einem so schönen warmen Hause sitzen und noch viel weniger zu essen haben als ich. Schlecht geht es mir noch lange nicht, wenn ich mich mit den vielen anderen vergleiche. Ich bin immer noch frisch und gesund und habe auch mein Stück Humor dabei bewahrt. Weh tut es mir nur, wenn ich an Dich denke und wie schwer Dir das fällt. Ohne diesen Gedanken wäre es fast gar nichts. Aus diesem selben Grunde ist es ja auch für die Mütter und Väter unter uns so viel schwerer. Ich hoffe, daß ich Dir mit diesem langen Brief einmal eine besondere Freude machen kann, wie Du sie selten hast. Es soll Dich aufrichten und Dir Vertrauen geben in die große Allmacht, die über Dir und mir steht und die uns auch verbindet. Leider kann ich Dir nicht so viel Post schicken, wie ich gerne möchte. Aber wenn Du auch längere Zeit keinen Brief erhalten hast, verliere das Vertrauen nicht, so schnell geht mein Stern nicht unter, auch im dunklen Winter nicht, wenn es einmal gefährlich aussieht. Einmal ist auch dieser Ausnahmezustand zu Ende, und dann bekommst Du mehr Post, für mich kommen die Weihnachtssendungen an und vielleicht werde ich [...] einmal in Deutschland sein.

Also dann laß Dirs gutgehen bis dahin, sei Du und Dieter vielmals herzlichst gegrüßt und umarmt, ich bleibe immer, mag das kommen, was will,

Euer Günther

Karl Dercks
** 1921, Dienstgrad unbekannt, vermißt*

Kriegsweihnachten, 1942.

Ihr Lieben!
Heute will ich es doch nicht unterlassen Euch einige Zeilen zu schreiben. Ihr habt gestern Abend doch bestimmt in der Ringsendung durch den Rundfunk, die Grüße von allen Fronten gehört und auch bestimmt hier von Stalingrad. Wir haben ja auch Radio und haben den hl. Abend sehr gemütlich verbracht. Leider waren und sind bis jetzt noch keine Päckchen und Briefe angekommen, aber die Einheit hat sich alle Mühe gegeben uns das Fest zu verschönern. Wir kriegten alle einen Streußelkuchen und ein viertel Liter Schnaps 150 Gramm Schokolade und eine Mettwurst. Außerdem noch 10 Zigaretten und heute morgen gab es guten Bohnenkaffee, Mittags ein gutes Essen und morgen früh gibt es auch wieder Bohnenkaffee und für abends gibt es süßen Tee. Heute habe ich den ganzen Tag noch nicht geraucht obwohl ich Zigaretten in der Tasche habe. Ich habe nämlich einen tollen Husten und den will ich absolut weg haben und da ist es bestimmt gut, wenn man mal nicht raucht. Ihr werdet wohl staunen, daß ich das fertig kriege, besonders da es in letzter Zeit sowieso wenig zu rauchen gab und dann auf Weihnachten was? Es ist jetzt schon 7 Uhr abends also habe ich es schon bald geschafft. Ihr werdet jetzt wohl unterm Christbaum sitzen oder habe ich mich in der Zeit geirrt? Wir haben unseren Bunker auch sehr schön mit Grün ausgeschmückt. Leider haben wir hier kein Blitzlicht, sonst könnten wir eine schöne Aufnahme machen. Der Russe scheint allerdings keine Ahnung von unsere Weihnachten zu haben, denn er hat doch fast den ganzen Tag geschossen. Wir sagen dann, der Russe spielt uns eine Strofe vor. Das kann uns gar nicht erschüttern, wir lachen darüber. Siegen

werden wir ja doch. Gibt es denn auf der ganzen Welt einen besseren, anständigeren und treueren Soldaten als den Deutschen? Ich habe jetzt schon viele Soldaten gesehen, aber mit dem deutschen Soldaten kommt keiner mit. Mag der Feind uns noch so viele Greuel vorwerfen, die ein Deutscher überhaupt nicht begeht, er wird es doch nicht ändern können, daß die meisten uns als Befreier betrachten. Hier in Stalingrad vielleicht nicht, aber in der Ukraine ganz bestimmt. Der Russe beschimpft uns als Barbaren, als Vergewaltiger von Frauen und Kindern, ist das nicht eine Gemeinheit? Der deutsche Soldat ist ja immer noch viel zu gut. Jedenfalls sind wir stolz, daß wir Euch bis jetzt von den Greueln des Bolschewismus bewahrt haben und werden auch weiterhin alles daransetzen, Euch in aller Zukunft davor zu bewahren.

Für heute will ich nun schließen! Alle Gute.

Es grüßt Euch, besonders heute von ganzem Herzen

Euer Sohn und Bruder Karl

Gerade kommt noch heraus, daß Morgen Gottesdienst ist für Protestanten um 9 und Katholiken um 14 Uhr ist das nicht wunderbar? Es kommt mir bald vor, als hätte ich noch nie so schöne Weihnachten verlebt.

Max Breuer
** 1909, Gefreiter, in Gefangenschaft gestorben*

Rußland, 1. Weihnachtstag 42

Mein liebes gutes Frauchen!

Nun ist der Heiligabend auch rum. In einem meiner letzten Briefe hatte ich Dir versprochen, an diesem Abend in jeder Minute an Euch zu denken. Aber das fiel mir bei diesem Gegröle und Sauferei schwer. Als wir zu Beginn einige Weihnachtslieder sangen, gingen mir doch die Nerven durch und ich hätte so losheulen können. Die ganze Zeit standen mir die Tränen in den Augen. Ich bin dann eine Zeitlang rausgegangen und habe mich mal richtig ausgeheult. Danach war es besser und ich habe mich am Saufen beteiligt, um besser über die Stunden hinwegzukommen. Von unserer Batterie hatten wir nicht besonders viel

Schnaps u. Wein bekommen. Aber es genügte doch, denn wir hatten nachher alle ganz nett den Kanal voll. Einen Weihnachtsbaum mit einfachsten Mitteln haben wir uns auch gemacht. Tannen und Fichten gibt es hier 100derte von Kilometern nicht. Da haben wir einfach einen kleinen Strauch genommen, die Äste grün gepinselt und mit rotem und Silberpapier und Watte den »Baum« ausgeschmückt. Unser Spieß hatte noch 5 Weihnachtskerzen, sodaß es ein ganz nettes Bäumchen war. Der Ruße war an diesem Abend anständig, kein Flieger hatte sich blicken lassen. Nur aus der Ferne hörte man das Schießen von der Front. Die armen Infanteristen sind zu bedauern, die in der heiligen Nacht uns die Russen vom Leib halten müßen. Der Rest des Abends war eine wüste Sauferei und Singerei. Daran habe ich mich feste beteiligt. Ein Rumäne begleitete uns auf der Zieharmonika. In meinem Leben habe ich fast noch keinen schönen Weihnachten verlebt. Immer bei fremden Leuten und wie es an den Weihnachten in unserer jungen Ehe bestellt war, weißt Du ja selbst. Hoffen wir, daß es das nächste Jahr anders wird. Ich stelle mir das schon nett vor, wenn unser Kai um den Weihnachtsbaum watschelt. Ich freue mich schon auf den Brief, mit dem Du mir mitteilst, wie Du mit unseren Kindern den Heiligabend verlebt hast. Jetzt kommt noch Neujahr und dann sind die Feiertage Gott sei Dank vorbei. Sylvester wird mich auch an die schönen Stunden vor 5 Jahren erinnern.

Morgen oder übermorgen werden wir bestimmt Post bekommen. Es soll auch ein Teil der Päckchen mitkommen. Die Batterie, Kurt Schramm bei ist, hat schon Post bekommen. Dann habe ich auch wieder Stoff zum Schreiben. Kurt Schramm ist gestern auch Gefreiter geworden.

Wenn Dir mal eine Zigarettenmaschine oder eine Schallplatte »Wenn ich [...] Heimat denke« zugesandt wird, nimm die Sachen an und überweise das Geld sofort. Die beiden Teile habe ich diesertage bei 2 verschiedenen Firmen bestellt. Die Zigarettenmaschine schicke mir sofort nach, die Schallplatte behalte zu Hause.

Und nun seid alle recht herzlich gegrüßt und 1000 × geküßt von
Eurem *Vati*

Ernst von Oppen
** 1907, Leutnant, vermißt*

26.XII.1942

Liebe Mutter!
Nach einem langen mühseligen Marsch durch tiefen Schnee gegen schneidenden Ostwind bin ich gestern Abend in meine Behausung zurückgekehrt.

Am heutigen Abend machte ich mich nach einem Besuch des Rgt.-Kommandeurs, der mir als Weihnachtsgeschenk eine Flasche Kognac überreichte, auf den Weg zu meinen Zügen und später zum Troß. Jeder der Zugführer hatte seine Sache nach seinem Geschmack und seinem Können ausgestaltet und ich muß sagen, daß das diesjährige eins der schönsten Weihnachten war, das ich je mitgemacht habe.

Von der Kompanie konnte ich den Zügen neben den schon neulich geschilderten wenigen Dingen für das leibliche Wohl nur je eine kleine Kiefer, die aus den Schluchten um Stalingrad stammten, als Weihnachtsbaum und einige Kerzen geben. Dazu hatten die Soldaten aus Pappe Sterne geschnitten, die mit Silberpapier aus Zigarettenschachteln, das teilweise schon seit Monaten für diesen Zweck gesammelt war, beklebt waren. Lametta war auch daraus hergestellt. Ein Zug hatte sogar aus Zigarettenschachteln eine Krippe angefertigt und sehr hübsch zurechtgemacht. Die Anregung dazu war weder von mir noch von dem zuständigen Zugführer, sondern von einem Arbeiter aus Berlin ausgegangen. Bei allen Zügen wurde zuerst eine kleine Feier mit Weihnachtsliedern, die wir alle kennen, gemacht, und später erst zu Schnaps, Kuchen und dem was wir hatten, übergegangen. Besondere Freude brachte eine große Anzahl von Beförderungen, die ich mitbrachte.

Nachdem dann die Besuche bei den einzelnen Zügen beendet waren, begab ich mich auf den 10 km Marsch zum Troß, der weit rückwärts liegt. Es war eine wunderschöne, sternklare aber mörderisch kalte Nacht, sodaß ich nach 3 Stunden Weg recht erschöpft und müde bei meinen Männern ankam. Dort zunächst wieder eine kurze Ansprache und Beförderungen und dann ein recht wohlschmeckendes Weihnachtsmahl mit Hauptfeldwebel und den Beförderten. Wir aßen guten und reichlich falschen Hasen aus Pferd und Brot, da Kartoffeln nicht vorhanden sind und auch nirgends aufzutreiben sind. Nach dem Essen wieder Durchgang durch die einzelnen Unterkünfte und schließlich gegen 12 Ruhe und eigenes Weihnachten mit einem bei dieser Kälte sehr ermunternden Grog und Pfannkuchen. Einige wenige hatten sogar das Glück einen Brief zum heiligen Abend zu haben. Die Betreffenden freuten sich natürlich ganz besonders.

Für mich hatten die Männer einen kleinen Weihnachtstisch mit Schnaps, Zigaretten und einer kleinen Büchse Kaffee aufgebaut. Ich bin über soviel Anhänglichkeit ganz gerührt. In Gedanken war ich natürlich viel bei Euch allen zu Hause, die Ihr hoffentlich ein paar hübsche ruhige Feiertage hattet. Wie mögen die Brüder und Schwäger wohl gefeiert haben. Ich würde mich freuen, wenn sie alles so hübsch gehabt hätten, wie wir hier in unserer endlosen kahlen Steppe.

Euch allen, die Ihr in Weimar seid und den übrigen Geschwistern, soweit Ihr sie erreicht, wünsche ich nochmals alles Gute für 1943.

Besonders herzliche Grüße Dir, dein getreuer Sohn Ernst.

Helmut Gründling
** 1923, Dienstgrad unbekannt, vermißt*

Sonntag, den 27.12.42

Liebe Mutter!
Es ist ja eigentlich Unfug, daß ich schon wieder schreibe, denn irgendetwas Neues hat sich seit meinen letzten Briefen nicht ereignet, auch Post ist nicht eingetroffen, aber ich habe einfach das Bedürfnis, meine Gedanken wieder mal nach Hause zu richten. Und das geht am besten in der Form eines Briefes. Es ist zwar auch leichtsinnig, dass ich schreibe, denn ich habe noch genau 3 Briefumschläge und ebensoviele Briefbogen, aber die Kunst einzuteilen habe ich hier vollkommen verlernt. Solange ich irgendetwas habe, wird aus dem Vollen gelebt, ich bringe es nicht mehr fertig, an den nächsten Tag zu denken

oder gar vorzusorgen. Es genügt vollkommen, daß jeder Tag seine eigene Sorge hat, bis morgen fließt noch viel Wasser die Wolga runter.

Die Weihnachtsfeiertage habe ich soweit ganz gut und ohne große seelische »Erschütterungen« hinter mich gebracht. Ich hoffe, daß auch Du diese Tage hast genießen können, so wie wir zusammen in früheren Jahren. Es war doch wunderschön zu Hause Weihnachten und die Tage nach Heiligabend. Das merkt man jetzt erst richtig. Immerhin war es auch hier ganz schön: wir haben allerlei bekommen (ich schrieb es schon) und konnten uns wenigstens sattessen. Ab morgen fangen ja nun die »mageren Jahre« wieder an, aber es wird schon mal wieder besser werden.

Augenblicklich kann ich mich zu rein garnichts aufraffen. Ich sitze den ganzen Tag da und betrachte meine Fotobücher, zum Lesen finde ich nicht die nötige innere Ruhe. (Zu Hause ging es mir ja auch schon öfters so) Meinen Kameraden geht es ähnlich. Am besten ist, man schläft »pausenlos« (unser derzeitiges Modewort), aber leider ist man ja gezwungen, sich wenigstens für einige Stunden täglich zu erheben. Ich will aber trotzdem nur hoffen, daß unsere Lage so bleibt wie bisher. Es wird nämlich wieder allerlei von Stellungswechsel und ähnlichen Scherzen gemunkelt. Bei der augenblicklichen blödsinnigen Kälte bestimmt kein Vergnügen. Hoffentlich bleibt es bei dem Gerede. Heute habe ich, rein zum Zeitvertreib, 3 Aufnahmen in unserem Bunker gemacht. An fotografischen Problemen zu knobeln ist meine einzige Ablenkung. Es ist doch schön, wenn man so einen kleinen Sport hat. Mich quält immer nur die Frage, ob meine Bilder trotz aller meiner Bemühungen nur Durchschnittsware sind und bleiben werden oder ob ich wirklich in der Lage bin, etwas Hochwertiges zu schaffen. Darüber konnte ich mir noch nicht klar werden. Selbsterkenntnis ist doch gar nicht so einfach. Man macht sich letzten Endes doch immer selbst was vor und ist daher zu optimistisch, oder aber, man weiß das schon, und dann verfällt man ins Gegenteil indem man zu schwarz sieht. Wie schade ist es, daß ich keinen Kameraden habe, der sich von dem gleichen Standpunkt aus wie ich für Fotografie interessiert, oder dass ich mit einem Gleichgesinnten in Brief (bzw. Bild) wechsel stehen kann. Aber woher nehmen und nicht stehlen. Wenn ich wieder zu Hause bin, werde ich das tun, wofür ich bisher so wenig Sinn hatte, ich werde einem Verein beitreten, und zwar dem »Reichsbund deutscher Amateur-Fotografen«. Vielleicht ist das das Richtige für mich. Wenn ich auf diesem Gebiet nun wirklich nichts kann, werde ich zwar in die spießbürgerliche Vereinsmeierei verfallen, aber dabei glücklich sein. Kann ich dagegen etwas leisten, so ist dieser Verein wahrscheinlich die geeignete Einrichtung, die mir Gelegenheit gibt, meine Leistungen zu verbessern und damit bekannt, bzw. anerkannt zu werden. Was hältst Du davon? Könntest Du mir nicht mal in einem Brief die Anschrift der Breslauer Zweigstelle dieses Clubs mitteilen? Warum soll ich mit dem Eintritt eigentlich warten? Das Warten auf Heimkehr und bessere Zeiten hat doch keinen Zweck. Man muß sein Leben eben einrichten, wie man es grade hat. Was meinst Du dazu?

Ich male mir immer schon aus, wie ich später mal als Studienrat durch die Gegend spazieren werde. Ich werde sicher eine prachtvolle Type abgeben (Ich bin jetzt schon eine!), aber warum nicht? Es muß auch Originale geben. Morgens werde ich zur Schule fahren oder gehen, meine Stunden geben, am Nachmittag in meinem gemütlichen Heim sitzen, arbeiten oder lesen oder Klavierspielen oder fotografieren. Vielleicht bringen Fotozeitungen dann Bilder oder Aufsätze von mir, darüber kann ich mich ebenso freuen wie über Erfolge meiner Arbeit als Lehrer oder über meine Wohnung, die ich mir in allen Einzelheiten bereits vorstelle. Am Abend werde ich dann in den Fotoklub, ins Theater, Kino oder Konzert gehen usw. usw. Ich habe früher (als es mir noch zu gut ging) über den Standpunkt des Spießers (»mei gudes Essen, mei schönes Bedde und ä bißchen Radjo – dann bin ich glücklich« siehe unter G. Reimann) gelächelt; jetzt sehne ich mich danach. Nur keine Aufregung oder ähnliches um abstrakte, blödsinnige politische Ideale. Das ist ja doch alles Sch – äh Verzeihung! Schwindel! Ich muß über die Frage nachdenken, ob es für mich als Einzelnen überhaupt nötig ist, daß

Deutschland besonders groß und mächtig ist. Könnte man nicht als Angehöriger eines politisch machtlosen Staates genauso glücklich und zufrieden leben? War die Kleinstaaterei nicht geradezu ein Idealzustand für ein gemütliches Dasein, für eine Blüte von Kunst und Wissenschaften? Ich weiß, heute wird man ob solcher Gedanken als Ketzer verschrien, aber die Leute, die in dieser Frage ihre Schnauze am weitesten aufmachen, sind leider da, wo die politische Größe des »Reiches« erkämpft wird, nicht zu finden. Aber das ist ja das alte Lied und das alte Leiden. So wie ich jetzt denke, haben schon Hunderttausende vor mir im Weltkrieg gedacht und denken jetzt Millionen von Soldaten, aber keine Revolution ist im Stande, das zu ändern. Darum will ich auch jetzt diese hoffnungslose Platte abstellen und eine andere aufs Grammophon legen bzw. die von einem schönen »friedensmäßigen« Dasein weiterspielen. Ich überlege mir immer noch, ob es sich wohl lohnt, daß ich nach dem Kriege noch mal Klavierstunden nehme. Ich habe sicher alles verlernt bis dahin und gerade hier sehne ich mich nach guter Musik. Ob ich wohl so weit kommen kann, daß ich Beethoven-Sonaten spielen kann?

Das wäre wohl das Höchste und Schönste, was ich mir denken könnte. Na ja, vorläufig sind das ja alles noch Luftschlösser. Man kann sich sowieso ein friedliches Leben nicht mehr vorstellen. Dieser verdammte Krieg. Na, hoffentlich ist 43 endlich Schluß, so oder so. Die anderen sind ja wohl auch bald soweit »groggy«. Die Russen bestimmt, trotz ihrer schweren Angriffe. Ja, so sitzt man nun und verschwendet Tinte und Papier für lauter Grillen, aber es beruhigt doch, wenn man sich mal das Zeug vom Herzen schreiben kann. Im Geiste bin ich jedenfalls mehr bei Euch zu Hause als hier. Hier gibt es ja auch nichts mehr, wozu man noch Geist brauchte. Die Leute, die sichs leisten können (Du verstehst?) sind jeden Tag fast blau bzw. schwarz. Ich möchte manchmal, ich könnte es auch. – Eine Ablenkung habe ich doch noch: ich schreibe mal die geträumte »Weihnachtssonate« auf. Es wird zwar sicher Mist, aber die Hauptsache, die Zeit geht rum. Wenn sie fertig ist, schicke ich sie Dir. Ich mache nur den Klaviersatz fertig, für 3 Instrumente ist es mir doch zu schwierig, alles gleich aus dem Kopf aufs Papier zu setzen, besonders wo ich weder Geige noch Flöte spiele. Beim Klavier kann ich mir als Eselsbrücke immer noch die Tastatur vorstellen und auf der Tischkante mein »Werk« intonieren. Lächerlich! Nicht wahr? Gurrah! Ich verblöde!!!

I'll write you now a little speech to our position: » In the first we are sitting, the second is around us, and all two together that's the man, who submitts us.« You understand?

Englisch kann ich wenigstens noch ein wenig. Ein Trost. Morgen muß ich wieder zum Arzt. Er wird mich wohl gesund schreiben. Mein Bein ist wieder tadellos verheilt. Hoffentlich brauche ich nicht wieder zur Zwischenstelle. Dort oben ist es zwar auch nicht häßlich, aber ich kann das dauernde Umziehen nicht leiden. – Es ist nun etwa 19 Uhr. Jetzt sitzt Ihr wohl bald am Tisch und eßt zu Abend. Was es wohl gibt? Im Zimmer ist es schön warm, die Lampe brennt, der Tisch ist gedeckt. Vielleicht sind auch Laskes da. Ich sehe alles ganz deutlich vor mir. Ihr denkt an mich, vielleicht ist doch mal ein Brief von mir angekommen. Vater unterhält sich mit dem Oberrat, Frau Laske unterhält Dich und Oma, Lotte sitzt da und staunt mit Kulleraugen. Laßt es Euch schmecken und anschließend eine gute Nacht. Ich muß noch bis 21 Uhr sitzen, dann bin ich fertig für heute. Bis dahin denke ich noch über die Frage nach, welchen Fotoapparat und welche Fotobücher ich mir noch kaufen werde.

[…]

Ich habe ja nun schon lange keine Nachricht mehr von Euch bekommen, daß ich also ziemlich »in der Luft« hänge. Aber wenn Du erstmal Luftpostmarken erhalten hast, schreib mir bitte lange Briefe, ja? Dies wird nun aber unwiederruflich die letzte Seite heute abend. Es ist jetzt schon 20 Uhr, bald bin ich erlöst. Dann wird »pausenlos gegrunzt«. Im Bett werde ich hoffentlich endlich mal warme Beine bekommen. Die sind bei der starken Kälte jetzt (–30) dauernd kalt, wenn ich nicht im Bett liege. Bei dieser Temperatur z.B. auf den Lokus zu gehen, ist ein reines Vergnügen. Ich möchte mal wieder so kultiviert auf ein geheiztes Örtchen gehen wie im Hänselweg.

Na, nun fällt mir aber wirklich nichts mehr ein. Alles habe ich schon 27 × geschrieben. Also Schluß.

Viele, viele Grüße an Euch alle
Dein Helmut

Max Breuer
** 1909, Gefreiter, in Gefangenschaft gestorben*

Rußland, den 27.12.42

Mein liebes Frauchen!
Zwei Tage sind rum, ein Brief ist fällig. Trotz mehrfacher Versprechungen haben wir noch immer keine Post bekommen. Es ist schrecklich, wenn man so lange ohne Nachricht ist. Die Weihnachtstage sind so trostlos verlaufen, wie der Heiligabend. Es wäre ja alles besser zu ertragen, wenn man ausreichende Verpflegung hätte. Mir ist es dauernd schwindelig im Kopf vor Kohldampf. Den Luxus, morgens zu frühstücken, kann man sich schon garnicht mehr erlauben. Mittags bekommen wir ein Kochgeschirr Suppe und abends verpinselt man sein ⅛ Brot. Da wir für 4 Tage halbes Brot empfangen, ist es meistens so, daß man der Versuchung nicht widerstehen kann und das Brot in den ersten beiden Tage schon wegfrißt. Dann muß man die restlichen Tage Kohldampf schieben. Hoffentlich dauert das nun nicht mehr lange an. Man kann es sich schon garnicht mehr vorstellen, daß man mal täglich ein halbes Brot empfangen hat. Wie der O.K.W.-Bericht meldet, sind im mittlerem Dongebiet dauernd heftige Kämpfe. Aber man hört noch immer nichts davon, daß der Kessel auf ist. Auf diese erlösende Meldung warten wir alle. Aber in diesem Jahr wird es wohl nichts mehr werden. Das neue Jahr wird uns erst die frohe Botschaft bringen. Wir haben zwar keine Angst, daß uns der Russe vereinnahmen könnte, dafür ist er zu schwach. Es handelt sich alles nur um eine bessere Verpflegung. Was glaubst Du, wie wir alle unsere Weihnachtspäckchen vermisst haben. Sie hätten uns den Weihnachten leichter gemacht.

Jetzt ist es schon 7 Monate her, daß wir uns nicht mehr gesehen haben. Es ist nur schön, daß wir eine glückliche Ehe führen.

Dies ist das einzigste, was mich in diesem trostlosen Dasein aufmuntert. Ich weiß, daß unsere Kinder bei Dir in treuer Obhut sind und daß Du die anderen Sachen nach bestem Können erledigst. Wenn ich so manchmal Kameraden höre, wie die über ihre Frauen sprechen, geht mir doch der Hut hoch. Sie denken, dadurch interessant zu erscheinen, ich habe nur ein Mitleid für sie. Wenn die von ihrem Zuhause reden, dreht sich alles nur um den Suff.

Man erzählt, wenn der Kessel offen ist, daß wir dann bestimmt herausgezogen würden. Hoffentlich ist da diesmal etwas Wahres dran. Der Urlaub wird dann auch wieder einsetzen. Hoffentlich ist das Glück mir dann beschieden.

Ich weiß garnicht, was ich alles machen werde, wenn ich 3 Wochen bei Euch sein kann. Ausgehen werde ich jedenfalls nicht viel, ich werde mich nur der Familie widmen. Ich kann es mir garnicht ausmalen, wie es mir sein wird, wenn ich Dich mal wieder in den Arm nehmen kann, und Heidi um mich springen wird, und ich mich an dem Anblick von Kai erfreuen kann. Hoffentlich liegt nicht alles zu sehr in weiter Ferne.

Und nun, mein liebes Frauchen, Heidi und Kai hoffentlich seid ihr gut ins Neue Jahr gekommen. Mit den allerherzlichsten Grüßen und Küssen

Euer Vati.

Ebenso herzliche Neujahrsgrüsse an Deine Eltern.

Euer Vati

Paul Wortmann
** 1922, Gefreiter, vermißt*

Zwischen Weihnachten und Neujahr 42/43

Liebe Geschwister!
Wieder eine Stufe höher! Wieder ein neues Jahr! Mit einem sehnsuchtsvollen Augen-Blick schaut man dann üblicherweise noch einmal zurück auf das vergangene, Rosel auf ihre Maidenzeit, (ach so schnell verflossen!) und Eberhard auf eine schöne,

arbeitsruhige, (um nicht faule zu sagen) Nesthäkchenzeit. Mit dem anderen Auge lünzt Rosel in die Zukunft, (bei ihr rosig, wie immer) und sieht sich in ihrem freien ungebundenen Studentendasein, und Brüderchen, mit selbstsicherer Miene, übersieht vor lauter Susis das Abitur und die Rekrutenzeit. Eberhard, ich sehe schwarz!

Für das kommende Jahr habe ich nun einen kleinen Wunsch: Ich lese hier dank sorgsam ausgestatteter Frontbücherei durch die Heimat ab und zu eine Novelle, eine bekannte Erzählung usf. Sicher habt Ihr dieselben auch gelesen, seid ja auch, (in dieser Beziehung natürlich nur!) weitaus gebildeter als ich und ich möchte gern Eure Gedankengänge beim Lesen der einzelnen Romane, usw. mit meinen vergleichen, bzw. wäre es schön, wenn Ihr das auch tätet. Erzählt mir bitte deshalb, wenn Ihr Zeit habt, über aufgetretene Probleme, Ideen, Gedanken und Meinungen und ich tue das auch. Im nächsten Brief fange ich damit an! Jeder hat Nutzen und Freude daran. Macht Ihr mit?

Ein kleines Büchlein ist hier so wertvoll wie ein Brief aus der Heimat, man hungert danach! Bisher habe ich so etwas noch nie gekannt!

Alles Schöne und Gute, wenig Müh' und Sorgen und viel Fröhlichkeit wünsche ich Euch zum Neuen Jahr Prost Neujahr! Paul

Gustav Raab
** 1905, Divisionspfarrer, vermißt*

Russland, den 28. Dezember 1942

Meine Lieben daheim!
Soeben bin ich von meinen Weihnachtsreisen in mein Bunkerchen zurückgekehrt. Recht erschöpft und müde von den vielen Gottesdiensten, Predigten und Besuchen und beschwerlichen und gefährlichen Wegen, muß ich mir nun einen Tag Ruhe gönnen um dann aber wieder loszuziehen. Ich benutze sofort diese Stunde, um Euch allen herzlichen Gruss und liebes, treues Gedenken zu senden. Unsere Lage ist noch immer unverändert.

Daher weiß ich nicht, ob Ihr diesen Brief erhalten werdet. Und doch will ich es hoffen.

Mein diesjähriges Weihnachten war traurig und schön zugleich. Traurig war bei mir und allen Soldaten hier die persönliche Seite des Festes. Keine Post von Euch, meine Lieben, ohne ein Brief oder Päckchen, ohne eine Gabe von irgendwem, mit wenig Verpflegung: so läuten die Weihnachtsglocken in unsere Herzen hinein. Die augenblickliche Lage brachte es mit sich, dass unsere schönste Weihnachtsfreude in ½ Pfd. Brot bestand. Dazu machte mir jemand mit 5 Zigarren die einzige Festesfreude. Kein grüner Zweig, keine Krippe, ohne Schmuck und sonstiges: so mußten wir unser persönliches Weihnachten feiern. Die heilige Nacht gehört zu den festlichen Stunden, die sich selbst feiern, auch wenn man sie nicht feiern kann. Aber, wie stark sind meine Gedanken und Wünsche, Geist und Herz in diesen heiligen Tagen bei Euch gewesen. Und ich weiß, meine Lieben dass auch Ihr mit mir verbunden gewesen seid. Ach wie mögt Ihr ein trauriges Weihnachtsfest verlebt haben. Ob Ihr Post von mir hattet? Gebe Gott, daß Eure Unruhe nicht zu groß gewesen ist! Unsere seit Wochen bestehende traurige Lage bringt das alles mit sich!

Am hl. Abend zog ich los durch die sternenhelle, kristallklare Nacht. Gegen 14 Uhr, als es bereits dunkel war, begann ich in einem Omnibus mit der 1. feierlichen Handlung. Um 16 Uhr war ich bei den Verwundeten des Hauptverbandsplatzes und las in einem großen Bunker bei Kerzenschein die Mitternachtsmesse. Die armen Verwundeten lagen in großer Zahl um den hl. Tisch herum. Sie kamen ja alle, um arm und bedrängt wie die Hirten, aber mit kindlich-ehrlichem Herzen das Gotteskind auf dem Altare anzubeten. Meine Reise ging dann hinein in einen Frontabschnitt.

Um 20 Uhr las ich in einem Frontbunker die Engelmesse, die Granaten und Leuchtkugeln waren die Christbaumkerzen. Dann pilgerte ich mühsam stampfend durch die eiskalte Nacht, jedes Mal von einem Grenadier zum Schutz begleitet, von einer Feindstellung zur anderen. Immer wieder las ich den dankbar wartenden Männern in ihrer Armseligkeit vor: »Siehe, ich verkünde Euch große Freude.« Es bleibt unbeschreiblich und unvergeßlich, wie alle Soldaten mit Tränen in den Augen der hl. Handlung folgten, als ich Ihnen in dieser hl. Nacht den Heiland reichte. Ich habe schon viele ergreifende Stunden bei Soldaten an der Front erlebt, aber nie erlebte ich so tiefe hl. Stunden, welche der hl. Nacht von Bethlehem so ähnlich waren. Die Freude und Dankbarkeit der Männer, welche zu dieser Zeit den Pfarrer nicht erwartet hatten, bleibt für diese und für mich allezeit unvergeßlich. Sie haben geheult wie die Kinder und mir zum Dank die Fäuste geschüttelt, ich konnte diesen Dank an meinen Herrn und Meister weiter geben. Ich zog durch die Nacht von Bunker zu Bunker, von Posten zu Posten, immer begleitet vom feindlichen Feuer. Und wie es dann jedesmal aufklang:

»Stille Nacht, heilige Nacht« als ich so allein wie ein Bote des Herrn durch die Schneesteppe stampfte, da habe ich mir gesagt: »Und wenn meine ganze Soldatenzeit nur für diese eine Nacht gewesen wäre, dann ist sie nicht umsonst gewesen.« Um 3 Uhr nachts konnte ich mein müdes Haupt in einem Erdloch zur Ruhe legen.

Am nächsten Morgen um 8 Uhr in einer großen Scheune, in der keine Fenster und Türen mehr waren, begann die hl. Messe in der Morgenfrühe. 600 Soldaten beugten in der hl. Wandlung das Knie, als es gerade anfing zu schneien. Und sie empfingen alle den Leib des Herrn! Dann 25 km Autofahrt. Um 11 Uhr hl. Messe in einem Privathaus, um 13 und 17 Uhr ebenso. Abends wiederum Zug von Bunker zu Bunker, überall austeilend den Fürst des Friedens und das Heil der Welt. Um 1 Uhr nachts kam ich zur Ruhe. Am 2. Feiertag stand ich 30 km weiter auf einem Flugplatz vor 250 Fliegern. Abends schleppte ich mich müde und hungrig in einem Lazarett von Bett zu Bett. Und am 3. Tage habe ich die Bunker eines Panzerregiments durchgeackert. Die Erlebnisse und Gnadenstunden, die sich hinter dieser nüchternen Aufzählung verbergen, sind allein bei Gott verzeichnet. Ich schreib dies alles ja nicht zu meinem Ruhme, nein meine Lieben, ich schrieb es nur, um Euch teilnehmen zu lassen an meiner Festesfreude in dieser armen bedrängten Lage.

Und nun bin ich zurückgekommen, wo nichts als Armseligkeit und Eintönigkeit mich umfingen. Und wieder steigen Hoffnung, Opfer und Gebet empor, daß der neugeborene Gottkönig sich doch unser erbarmen möge, damit wir befreit werden können aus der Bedrängnis, die uns so lange schon umgibt. Schon mehrfach schrieb ich Euch, daß ich sofort einen Luftpostbrief und später einen Stimmungsbericht über diese Zeit seit dem 22. November senden werde. Helft uns durch Euer Gebet, wir können bald nicht mehr. Und doch halten wir durch, bis wir uns durchgebissen haben, denn wir wollen und müssen nach Hause!

Wie mögt Ihr das Fest gefeiert haben? Ich weiß, daß Ihr geschrieben und geschickt habt. Aber ich weiß nicht, ob Ihr ebenso wie ich ohne Post gewesen seid. Diese traurige Weihnacht hat uns hart und alt gemacht.

Gebe Gott, daß es die letzte Kriegsweihnacht war!

Wie schon mehrfach, so will ich auch jetzt wieder Euch allen, meine Lieben, ein gesegnetes Jahr für 1943 zurufen.

Am 2. Januar schreibe ich wieder.

Herzlichst an alle Euer Gustav

Simon Krings
** 1911, Dienstgrad unbekannt, vermißt*

Russland, den 28.12.42

Meine allerliebste Ria! Meine lieben Kinder!
Das Fest ist vorüber, ohne daß ich bis jetzt Gelegenheit hatte, Euch einige Zeilen zukommen zu lassen. Ich hoffe, daß Ihr diese Tage mit doch einiger Zufriedenheit im Herzen verbracht habe. Bei mir selbst waren sie sehr hart. Am 22.12. war ich wegen Platzmangel aus dem Lazarett zur Kolonne entlassen. Seitdem liege ich mit eiterndem rechten Arm – Gewebeentzündung – in einem dunklen Erdbunker. Die Sache ist sehr gut verlaufen, aber die Löcher heilen bei der Kälte nicht. Der Arzt gibt sich rührende Mühe und es wird alles gut werden. Ich genieße den Vorteil, keinen Dienst mitzumachen. Fingerspitzen und Füße

habe ich leichte Erfrierungen. Auch nicht schlimm. So kam der Hl. Abend. Ich hatte mir ½ Brot gewünscht. Aber es ging nicht in Erfüllung. Wir bekamen 10 Bonbons, 100 g Speck u. 200 g. Hartwurst, ½ Fl. Mosel nur einige Schnäpse sowie einige Zig. Wir sind, wie Du wohl ahnen wirst, seit 22.11. »gegürscht«, was Dir Frl. Schuricht erklären wird. Auch das wird bald vorüber sein und wir hoffen dann alle, von vorn weggenommen zu werden. Ich lag 3 Tage im Lazarett, als durch einen vereinzelten Bombenwurf der Bunker meiner Gruppe einen unglücklichen Volltreffer erhielt, der 4 Tote forderte. Ist das nicht wieder sichtbar Gottes Schutz?

Das Bunkerdasein ist entsetzlich beschwerlich, aber wir sind besser vor dem Wetter geschützt als im Fahrzeug. Ich werde also auf die Zähne beißen. Vielleicht kommen Deine Päckchen auch noch durch. Ich bekam zuletzt Deinen Brief, auf den Hermann noch einen Gruß geschrieben hatte. Ich möchte nur, daß auch Du den Kopf hoch hältst, wie auch ich mich immer wieder zusammenreiße. Ich habe den ganzen Tag immer nur wieder an Euch gedacht, habe für Euch gebetet. So wollen wir wenigstens im Herzen näher sein, als zu irgendeiner Zeit. Ich möchte Dir gerne seitenlang schreiben, aber es geht nicht. Keine Zeit, kein Platz. Wie gesagt, hoffen wir aber, bald aus der Steppe wegzukommen. Dann werden wir auch an unsere Post herankommen. Du schreibst nichts mehr von Lennartz. Vielleicht ist aber demnächst doch wieder Urlaub möglich. Meine Mutter schreibt, daß die Flieger nicht mehr kommen. Meinetwegen kannst Du mit den Kindern u. Hilde nach Aachen fahren, wenn es Dir dann nicht so einsam ist. Auch wegen der Lebensmittel. Ich wollte Dich noch bitten, Frl. Schuricht einmal zum Kaffee einzuladen. Könnte ich nur bald einmal bei Euch sein, nur Euch alles erzählen, gerade hier von St'grad. Ich muß schließen. Sei überzeugt, daß ich mich wegen Euch immer zusammenreisse, einen großen Lebenswillen behalten habe, der eine Voraussetzung ist, wenn man nicht umkommen will. Viele haben ihn nicht mehr.

Gib bitte Du mal Brief *sofort* an meine Mutter weiter mit einer Luftpostmarke.

Seid alle umschlungen, die ersten Tage des nächsten Jahres werden schon wieder Sonnenschein bringen.

Grüße und Küsse an die Kinder und Du selbst vieltausendmal Dein Sim

Werner Bühnemann
** 1905, Gefreiter, vermißt*

Rußland, den 28.12.1942

Mein lieber Junge!
Nun wirst Du schon 10 Jahre alt, vielleicht ist auch Dein Geburtstag schon vorüber, wenn dieser Brief bei Euch eintrifft. Ich wünsche Dir zu Deinem Geburtstag von Herzen alles Gute, was ein Vater seinem Kinde nur wünschen kann, vor allem, daß dies Dein einziges Wiegenfest ist, das Du ohne Deinen Vati feiern mußt. Im nächsten Jahr bin ich hoffentlich wieder bei Euch.

Mutti hat mir oft geschrieben, daß Du ihr schon ein richtiger Kamerad bist und ihr immer schön hilfst. Darüber freue ich mich natürlich sehr, und ich hoffe, daß das auch in Zukunft so sein wird. Du kannst es wohl noch nicht verstehen, wie schwer es Eurer lieben Mutti wird, ohne mich und mit der dauernden Sorge um mich für Euch zu sorgen und Euch auch in dieser schweren Zeit frohe Tage zu schenken. Erst später, wenn Du einmal größer bist, wirst Du das alles einsehen.

Habt Ihr denn Weihnachten gut verlebt? Wahrscheinlich wirst Du mir doch einen Brief schreiben, in dem Du mir ausführlich darüber berichtest. War das Knusperhäuschen auch wieder mit zurecht gemacht oder ging das in diesem Jahr nicht? Und die elektrische Eisenbahn? Ich habe viel an Euch denken müssen und hätte gern mit Euch gespielt. Das holen wir alles nach, wenn ich mal auf Urlaub komme, allerdings wird das wohl noch eine ganze Zeit dauern. Vorher müssen wir erst die Russen zusammenhauen, die uns eine bösen Streich gespielt haben, indem sie uns aus unseren schönen Bunkern vertrieben, in denen wir den Winter verbringen wollten. Nun haben wir nicht einmal genügend Holz und müssen bei der großen Kälte in behelfsmäßigen, meistens kalten Erdlöchern sitzen. Noch schlimmer ist es draußen auf Posten, denn wir haben hier jetzt fast 30 Grad Kälte. Wie schön habt Ihr es da zu Hause in Eurem warmen Stübchen. Ihr dürft nie vergessen, daß Ihr alles zu Hause uns Soldaten zu verdanken habt, die wir durch unseren Einsatz unsere Lieben in der Heimat schützen. –

Mutti schrieb mir, daß sie Dich bei der »Mackensen-Schule« anmelden will. Vielleicht schreibt Ihr mir mal, was das für eine Schule ist und was es da alles für Lehrfächer gibt, da ich die Schulen gar nicht kenne.

Ich hoffe, mein lieber, großer Junge, daß Du weiterhin so artig und fleißig bist wie bisher und uns allen auch in Zukunft weiterhin Freude machst. Bleib vor allen Dingen auch schön gesund, das ist die Hauptsache.

In Gedanken gebe ich dir einen herzlichen Geburtstagsgruß und sende Euch allen

Viele tausend Grüße und Küsse

Euer Vati.

Hans Peter Mussaeus
** 1924, Infanterist, vermißt*

Osten, 28.12.42

Liebe Eltern und liebe Gudrun!
Leider konnte ich Euch während der Feiertage keinen Brief schreiben; denn da lag ich im Krankenbunker mit Furunkulose. Sie soll von den Läusen kommen. – Heiligabend bekamen wir als Weihnachtsgeschenk 2 Schachteln Schoka-Kola, eine Tafel Schokolade, ein 600 g Dauerbrot, 24 Zigaretten, 7 Zigarren u. ein Licht. Eine Weihnachtsfeier fand überhaupt nicht statt. Kein Weihnachtslied wurde gesungen – kurz, es waren traurige Weihnachten dieses Jahr. Aber durch das zusätzliche Brot hatte man wenigstens satt zu essen. Das war das schönste an dem ganzen Fest. Viel lieber wäre mir Post von zu Hause gewesen. – Mein zweiter Lochkamerad ist übrigens einen Tag vor Heiligabend auch gefallen und zwar durch den selben Pinkschützen, der auch den andern erledigt hatte, der mir meine Uhr gestohlen hatte. Es tut mir furchtbar leid um ihn. Er war ein prima

Kamerad und ist mit meinem Transport hinausgekommen. In Frankfurt lag ich mit ihm zusammen auf der Stube – Vati hat ihn übrigens auch gesprochen. Wir haben jetzt eine grausige Kälte, und die Erfrierungen nehmen dauernd zu. Ich habe mir auch meinen linken Fuß tüchtig angefroren und – durchgelaufen. Hoffentlich wird nicht wieder so ein Abzeß mit Lymphdrüsenentzündung daraus, denn hier wird so etwas anders behandelt als in Frankfurt/Oder. Mein drittes Leiden sind die Läuse. Sie fressen mich geradezu auf, obwohl ich fast täglich einige Hundert knacke. Sie können einen verrückt machen. Denn Schlaf hat man überhaupt nicht mehr richtig. Es wird Zeit, daß wir hier endlich aus unserer fürchterlichen Lage befreit werden, damit wir wieder Essen, Kost und ein bißchen Kultur sehen. Man ekelt sich schon langsam vor sich selber. Man hat ja keine Gelegenheit, sich richtig zu waschen und seine Wäsche zu wechseln. Dazu ist meine sämtliche Habe damals verbrannt worden, sodaß ich jetzt nur noch eingekloppte Sachen besitze. Heute ist mein letzter Tag beim Troß. Ich bin zum ersten Mal wieder in einen Hauch von Kultur geraten, denn ich habe Fernsprechwache und sitze in einem Bunker bei Leuten der Luftwaffe, wo alles prima eingerichtet ist. Eben habe ich mir meine Stullen geröstet u. sie mit Schmalz aus der eisernen Ration, das bis übermorgen reichen soll, beschmiert. Dazu eine Tasse heißen Tee und hinterher eine Verpflegungszigarette – kurz, ich fühle mich eigentlich sauwohl. Jetzt wird noch etwas organisiertes Pferdefleisch mit Kaffee gebraten, dann bin ich einmal wieder nudeldicke satt. Dann kommt ein Buch aus der Feldbücherei der Flieger und ich bin wie zu Hause. Morgen geht's wieder zum Arzt nach vorn, da werde ich gleich wieder in Stellung gehen, dann geht die Scheibe wieder los mit den ekligen Vorgesetzten und das ewige Wachestehen im Loch, in der Kälte. Nun – zu Silvester wird es ja etwas Wärmendes geben. Das will ich jedenfalls sehr stark hoffen. Unsere einzige Hoffnung jedoch ist, daß wir aus unserer Lage bald befreit werden. Dann bekomme ich vielleicht auch einmal meine Weihnachtspäckchen von Euch. Für eventuelle Päckchen wünsche ich mir Zucker und Salz, ferner Mehl und Grieß. Das gibt Plätzchen, die Ersatz für Brot bilden. Man bildet sich hier so langsam zum cusinier aus. Hunger ist das vorherrschende Gefühl bei mir. Wenn ich mal nach Hause kommen sollte, ist nichts vor mir sicher.

Mit vielen Neujahrsgrüßen

Euer Peter

Unbekannt

I.R. am 29.12.42

Mein liebes Elschen!
Heute bin ich mal auf eine seltene Art etwas zur Ruhe gekommen und so will ich Dir schnell ein kleines Lebenszeichen von mir geben. Post habe ich von Dir noch nicht wieder erhalten und so kann ich Dir auch nichts beantworten. Wir befinden uns noch in der gleichen Lage wie vor 6 Wochen. Die Post kommt mit dem Flugzeug, aber es kommt für jede Einheit nur etwas, ich habe vielleicht Pech, daß meine Post immer liegenbleibt, oder schreibst Du mir nicht mehr? Nun, einmal muß ja die Zeit kommen, wo sich alles klärt und alles wieder in die alten Bahnen kommt. Ich sag mir immer, nach jedem Dezember folgt wieder ein Mai. Nun, mein Liebling, jetzt will ich Dir mal kurz meine Weihnachtsfeiertage beschreiben. Am Heiligen Abend machten wir Stellungswechsel an eine andere Stelle der Hauptkampflinie und kamen an eine Bretterbude, die auch unser Quartier wurde. Ich zog mit meinem Zug bestehend aus drei Panzern (15 Mann) in diese Bude ein, es war so kalt da drin, daß man es kaum aushielt. So machten wir uns aus einem Benzinfaß einen Ofen und da wurde es etwas erträglicher. Von Weihnachtsstimmung war nichts zu merken. Um 19.00 Uhr kam die Feldküche und brachte uns Essen. Es gab etwas ganz Besonderes: *Pferdegollasch*. Als Weihnachtsgeschenk gab es pro Mann 50 Zigaretten, 10 Zigarren und 5 Mann eine Flasche Schnaps. Da wir keinen Chef hatten, hielt ich als Ältester nach traditioneller Weise die Weihnachtsfeier-Ansprache. Dann sangen wir die Weihnachtslieder und dann war der feierliche Teil zu Ende. Anschließend tranken wir unsere Flasche Schnaps und schliefen dabei im Sitzen

ein, legen konnten wir uns nicht, da war der Raum zu klein. Der erste Feiertag verlief auch ruhig, der Russe griff nicht an. Die Artillerie schoß nur Störungsfeuer, dabei flog auch ein Stück von unserem Schuppen weg, zum Glück ist uns nichts passiert. Am zweiten Feiertag früh um 3.00 Uhr kam ganz plötzlich der Befehl zum Abmarsch an einen anderen Frontabschnitt. Auf dem Weg dorthin ging es an mehreren Schluchten vorbei. An der einen war es sehr glatt u. ich rutschte mit meinem Pz. ab in die Schlucht. Aber mit so einem Tempo, daß sich der Pz. überschlug u. auf dem Kopfe liegen blieb. Wir hatten wieder Glück und konnten alle gut und mit heiler Haut heraus. Ich machte mich dann auf den Weg zum Hilftrupp und holte zwei Zugmaschinen, mit diesen zogen wir den Panzer heraus [...] Wollen wir hoffen, daß wir nicht noch mal Weihnachten so feiern müssen. Nun, mein Liebling, und wo hast Du Weihnachten verlebt? Hat Dir der Weihnachtsmann viel gebracht? Ich bedauere es sehr, daß ich Dir gar keine Aufmerksamkeit schicken konnte. Ich werde aber später alles vielfach nachholen u. Dir das bieten, was in meinen Kräften steht, vor allem aber schenke ich Dir meine große Liebe, daß Du mal einst glücklich wirst, wie Du es Dir wünschst. Mir geht es gesundheitlich noch ganz gut. Das Wetter ist nicht mehr sehr gemütlich, es ist hier sehr kalt, Schnee haben wir nur sehr wenig. Zum Schluß, mein Herzchen, wünsche ich Dir auch ein recht frohes und gesundes neues Jahr, möge Dir das Jahr 1943 recht viel Glück und Freude bringen. So verbleibe ich für heut mit den herzlichsten Grüßen und einem süßen Küßchen

Dein Heinz

Günther Merbold
** 1921, Sanitätsunteroffizier, vermißt*

30.12.42

Lieber Vater!
Zunächst kann ich Dir mitteilen, daß ich 2 Nummern »Das Reich« erhalten habe, vom 19. und 22.11. Ich habe mich sehr darüber gefreut, denn heutzutage ist das Postempfangen ein Glückspiel, alle 2 Tage kommen für die Kompanie etwa 10-

20 Sendungen. Wer Glück hatte, hat schon einen Weihnachtsbrief dabei gehabt, vielleicht gar 2, einzelne hatten sogar Päckchen. Ich erhielt seit 22.11. 2 Briefe von Mutti, Deine beiden Zeitungen und 3 Zeitungen aus Weida. Als ich den letzten Brief an Dich schrieb, glaubte ich, die Lage hätte sich bis jetzt längst geändert. Dies ist aber nicht der Fall, die besondere Lage, über die Du wohl sicher Bescheid weißt, besteht nunmehr schon 5 ½ Wochen, man sollte es nicht für möglich halten. Eine Weile halten wir noch ganz gut aus, wir hoffen aber doch, daß es in 1–2 Wochen geschafft ist und sich die rückwärtige Verbindung normalisiert. Sicher hast Du inzwischen von der neuen Bestimmung über Medizinstudenten gehört, die etwa um den 20. November herum erschienen ist. Am 21. sagte man mir, daß ich nach Deutschland abgestellt würde zum Weiterstudieren. Vom 22. an war meine Abreise nicht mehr möglich. Pech gehabt! Am 1. Dezember etwa sollte ich mich in Hamm melden zwecks Abstellung zur Studentenkompanie. Am 2.12. sollte Semesterbeginn sein. Ich sagte mir, jeder weitere Tag ist zwar ein Verlust, und bis 15. Januar sollte ja noch die Möglichkeit bestehen, das Semester zu beginnen unter voller Anrechnung. Dieser Tag rückt nunmehr schon bedenklich näher, und wenn die … hier noch eine Weile dauert, kann das Semester dahin sein.

[…]

Nun, wir müssen abwarten, was uns das nächste Jahr bringt, denn wenn das alte Jahr die Lage noch ändern will, muß es sich sehr beeilen, es hat noch 30 Stunden. Morgen trinken wir unseren letzten Alkohol und stoßen an auf die Hoffnungen des neuen Jahres. Hast Du eigentlich meinen vorigen Brief erhalten, vom 9.12. mit Luftpost? An Mutti schrieb ich öfter, diese Briefe wirst Du sicher auch gelesen haben. Im letzten beschrieb ich, wie wir die Feiertage zubrachten. Ich bin mir aber nicht sicher, ob die Post von hier alle Euch sofort erreicht. Es kann sein, daß sie erst eine Zeitlang auf Flughäfen liegen bleibt. Ja, unsere Versorgung wie auch der Postverkehr hat sich jetzt andere Wege gesucht. Es werden erstaunliche Leistungen vollbracht. Und dieser Wehrmachtsteil erwirbt sich große Verdienste, er hat zu allem anderen auch noch mit erheblicher Feindeinwirkung fertig zu werden. Ich denke jetzt manchmal daran, wie es früher den Leuten in einer belagerten Stadt zumute gewesen sein mag. Ich kann später einmal etwas erzählen, ich war auch mit drin. Furchtbar leid tut es mir vor allem um Mutti, daß sie gerade in der Weihnachtszeit und Adventszeit solang keine Nachricht von mir bekommen konnte. Für Euch ist es bestimmt eine viel schlimmere Nervenprobe als für uns, weil Ihr Euch bestimmt alles schlechter vorstellt als es ist. Gerade ich stehe noch immer sehr gut da in meiner warmen OP-Stube mit einigen [...], die mir schon dies und jenes zu knabbern liefern. Ich bin noch ganz gesund und froh. Auch die große Lage ist gar nicht so toll. Verschiedene sind hier, die alles ganz ruhig beurteilen, wie sie selbst schon ganz anders dringesessen haben, ohne viel dabei zu finden. Generalmajor Scherer war viel schlimmer dran!

So hoffe ich, daß Du es Dir noch gut gehen läßt und wünsche [...]

Karl Dercks
** 1921, Dienstgrad unbekannt, vermißt*

Rußland, den 30.12.1942

Ihr Lieben!
Die besten Grüße hier aus Rußland sendet Euch Karl. Will Euch zum Abschluß dieses Jahres doch noch schnell ein Brieflein schreiben. Schon wieder liegt ein Jahr hinter uns mit vielen Sorgen und Entbehrungen für Euch und auch für uns. Jetzt drängt sich uns unwillkürlich die Frage auf, wie wird das neue Jahr werden? Wird es uns den lang ersehnten Frieden bringen? Das sind alles Fragen, die sich wohl ein jeder stellen wird aber keiner von uns kann die Fragen beantworten, das kann nur einer und zu dem wollen wir auch in Zukunft all unsere Sorgen und Nöte hinaufsenden, wollen weiterhin bei dem unsere Zuflucht suchen, der allein über uns lebt und regiert von Ewigkeit zu Ewigkeit. Er hört und wird auch all unsere Bitten erhören und uns nach vielen Sorgen und Opfern den Frieden bringen. Klang es nicht schon Weihnachten wie eine Prophezeihung? Ehre sei Gott in der Höhe und Frieden den

Menschen auf Erden, die guten Willens sind? Den guten Willen, O Herrgott den haben wir und wir bitten Dich alle inständigst, schenke uns den Frieden, den uns sonst keiner zu geben vermag. Du allein bist ja unser aller König, hab Erbarmen mit uns armen Menschen, die wir in Not und Elend sind. Ja, Ihr Lieben, so wollen wir weiterhin unseren Herrgott bitten und es wird der Tag kommen, wo alle wieder ihrer Arbeit nachgehen und für das Wohl ihrer Familien sorgen können.

Morgen ist ja schon der letzte Tag des alten Jahres und Ihr liebe Eltern und Geschwister, wenn ich auch fern von Euch bin, dann bin ich in Gedanken doch immer bei Euch und wünsche Euch allen Glück, Segen und die Gnade Gottes im neuen Jahr. Hat das alte Jahr auch viel schweres gebracht, so müssen wir unserem Herrgott doch für alle Gnaden und Wohltaten danken, die er uns im vergangenen Jahr erwiesen hat. Möge der Herrgott uns auch im kommenden Jahr die Gnade schenken alle Freuden und Leiden des kommenden Jahres standhaft zu ertragen damit wir am Ende des Jahres wieder sagen können, Herrgott ich habe alles getan um nach Deinem Willen zu leben und schenke uns armen Menschen auch weiterhin Deine Gnade. Für heute Ihr Lieben, will ich nun schließen. Ich wünsche Euch für das kommende Jahr nochmals alles Gute und verbleibe mit den besten Grüßen

Euer dankbarer Sohn und Bruder Karl.

Post und Weihnachtspäckchen sind leider noch immer nicht angekommen.

Bruno Kaliga
Alter unbekannt, Gefreiter

31.12.1942

Meine Lieben!
Jetzt ist Sylvesterabend und wenn ich an zu Hause denke, dann will mir fast das Herz brechen. Wie ist das alles hier trost- und hoffnungslos. Seit 4 Tagen habe ich schon kein Brot mehr zu essen, und lebe nur von dem Schlag Mittagsuppe. Morgens und Abends einen Schluck Kaffee, und alle 2 Tage 100 gr. Büchsen-

fleisch od. ½ Büchse Ölsardinen od. etwas Tubenkäse. – Hunger, Hunger, Hunger, und dann Läuse und Schmutz. Tag und Nacht werden wir von Fliegern angegriffen, und das Art.Feuer schweigt fast nie. Wenn nicht in absehbarer Zeit ein Wunder geschieht, gehe ich hier zugrunde. – Schlimm ist nur, daß ich weiß, das von Euch ein 2 kg. Paket mit Kuchen und Marmelade unterwegs ist, und auch von Arsand Hede u. Sindermann sind Pakte mit Kuchen und sonstigen Delikatessen unterwegs. Ich muß nun ständig daran denken, und bekomme Wahnvorstellungen, daß diese Sachen mich nie erreichen werden. Obwohl ich erschöpft bin, kann ich Nachts nicht schlafen, sondern träume mit offenen Augen immerzu von Kuchen, Kuchen, Kuchen. Manchmal bete ich und manchmal fluche ich über mein Schicksal. Dabei ist alles sinn- und zwecklos. – Wann und wie kommt die Erlösung? Ist es der Tod durch eine Bombe od. Granate? Ist es Krankheit und Siechtum? Alle diese Fragen beschäftigen uns unausläßlich. Dazu kommt die ständige Sehnsucht nach zu Hause, und das Heimweh wird zur Krankheit. Wie kann ein Mensch dies bloß alles ertragen! Sind alle diese Leiden eine Strafe Gottes? – Meine Lieben, ich dürfte Euch dies alles ja garnicht schreiben, aber ich habe keinen Humor mehr im Leibe, und das Lachen ist mir vollständig vergangen. Man ist nur noch ein Bündel zitternder Nerven. Herz und Hirn sind krankhaft überreizt, und man bebt wie im Fieber. Wenn man mich wegen dieses Briefes vors Kriegsgericht stellt und erschießt, so möchte ich glauben, wäre es für den Körper eine Wohltat. – Ich bin ohne Hoffnung, und ich bitte Euch, weint nicht zu sehr, wenn Ihr die Nachricht bekommt, daß ich nicht mehr bin. Seid gut und lieb zueinander, dankt Gott für jeden Tag der Euch beschieden wird, denn zu Hause ist das Leben süß. –

In herzlicher Liebe
Euer Bruno

Gefangene Soldaten der 6. Armee.

Erich Born
Alter und Dienstgrad unbekannt

Osten, den 31.12.42.

Liebe Eltern!
Heute zum letzten Tag im alten Jahr möchte ich Euch lb. Eltern schnell noch einige Zeilen schreiben. Vorerst meinen herzl. Dank für Euren Brief vom 20.12., welchen ich gestern erhalten habe. Ich staune, wie Ihr im Bilde seid und ich bin wirklich gespannt, was uns das neue Jahr bringen wird. Jedenfalls geht es mir noch gut, und Ihr wißt ja, daß ich den Kopf nicht so schnell hängen lasse. Es läßt sich ja nicht abstreiten, daß man was aushalten muß, denn es ist eben mal Steppe, von der Stadt steht nichts mehr, und ein Stückchen Holz ist Gold wert. Von den Pferden bleibt nichts mehr übrig usw. Aber darüber zu schreiben bringt nichts ein. Ich staune und es freut mich auch, daß Herbert in Deutschland ist. Daß er eine Tochter bekommen hat, ist mir neu, ich gratuliere ihm und lasse ihn grüßen. Ebenfalls seine Frau. Von Hilde habe ich schon lange keine Post. Man hat halt Glück wenn einem etwas Post erreicht. Weihnachten ist vorüber, man hat es sich an diesem Abend so angenehm wie nur möglich gemacht. Auch einen Christbaum

hatten wir, bestehend aus einem Steppenzweig mit Zigarettenpapier geschmückt. Lichter haben wir ja auch nicht. Heute Abend werden wir mal sehen, was der Russe vorhat. – Es freut mich jedenfalls, daß es Euch gut geht, wie ich mich überhaupt über den Brief gefreut habe. Überhaupt ist jetzt etwas Post belebend. Die Kälte ist sonst durchaus erträglich und wenn erst mal der Februar vorüber ist, dann haben wir es geschafft. Bis dahin glaube ich ja kaum an etwas. Es heißt eben Klemmzüge machen und die machen wir so wie es sich niemand vorstellen kann. Also lb. Eltern, fürs neue Jahr wünsche ich Euch alles Gute, ebenfalls dem Herbert sowie seiner Frau und allen Bekannten. Ich kann ja nicht allen schreiben und bin zufrieden wenigstens Euch und meiner Frau schreiben zu können. Also lb. Mama und lb. Papa, mich kann nichts, aber auch garnichts erschüttern, und aushalten kann ich auch schon etwas. Ich kann verstehen, daß Ihr Euch alle beide Gedanken macht. Mama zeigt es mehr und Papa trägt es in sich. Macht Euch nichts draus ich werde kommen, das ist mein unerschütterlicher Wille, komme was kommen mag. Es lebe Deutschland!

Viele Grüße Euer Sohn
Erich

Rudolf Löbel
** 1914, Dienstgrad unbekannt*

31.12.42

Liebe Eltern!
Still geht nun das Jahr 1942 zu Ende. Es hat uns manche Entbehrung, aber auch manchen großen Sieg gebracht. Schade nur, daß es uns nicht gelungen war, Stalingrad ganz in unsere Hand zu bekommen, trotzdem große Anstrengungen seinerzeit gemacht worden sind, aber der Russe hatte es eben dieses mal auch verstanden, uns seine Handlungen aufzudrängen & dann hat er ja die reinste Festung hier stehen. Was er, selbst heute noch, täglich an Granaten verschießt, davon macht Ihr Euch kein Bild. Man muß sich immer wieder wundern, wo er die

Sachen so herbekommt. Liebe Eltern, was wird nun das Jahr 1943 Neues bringen? *Wollen wir alle hoffen, daß es das Jahr des Sieges ist & wir siegreich in die Heimat zurück zu unseren Familien & wir wieder ein schönes geregeltes Leben führen können, so wie es einstmals gewesen ist, daß walte Gott!*

Ich lauere nun jeden Tag auf die Pakete von Euch & Silvia, damit wir hier auch etwas von der Heimat spüren. Es sind nun *5 ½ Wochen her*, seitdem ich *die letzte Post von Euch* habe & da sehnt man sich nun wieder mal danach, etwas aus der Heimat zu erfahren. Dieses Weihnachten haben wir hier nicht viel von Feiertagen gemerkt, es waren Tage wie alle anderen. Indem ich mich nun für heute verabschieden will, grüßt Euch vielmals in alter frische

Euer Sohn Rudi

Werner Bühnemann
** 1905, Gefreiter, vermißt*

im Felde (Rußland), Silvester 1942.

Meine herzliebe kleine Friedelfrau, Ihr Lieben in der Heimat! Endlich habe ich mal Post von Dir bekommen, Brief Nr. 100 vom 28.11. und Nr. 101 vom 1.12. Hab herzlichen Dank dafür! Wenn die Post aus der Heimat für uns schon immer viel bedeutete so ist sie jetzt in unserer [zensiert] überhaupt unser einziger Trost. Leider wird ja in langen Abständen nur Post zu den Jus beigeladen, da es andere Sachen gibt, die hier vordringlich gebraucht wird. Ähnlich wird es mit den abgesandten Postsendungen sein. Ich habe zwar immer regelmäßig geschrieben, wenn hier die Möglichkeit der Absendung bestand, ob die Postsäcke über den Flugplatz hinausgekommen sind, ist aber zweifelhaft. Ich danke Dir für die guten Wünsche zum neuen Jahr, die ich natürlich aufs Herzlichste erwidere. Was das Jahr 1943 uns auch bringen möge, wir wollen uns stark machen, um alles tragen zu können. Vor allem wollen wir uns lieb behalten, dann werden wir auch mit allem fertig. Daß 1943 für uns persönlich besser wird als 1942, wage ich kaum zu hoffen.

Hoffentlich schenkt es uns wenigstens ein Wiedersehen, und wenn es auch nur für einen kurzen Urlaub wäre.

Ich freue mich, daß Du den Kindern das Weihnachtsfest trotz allem so gut bereitest. Hoffentlich habt Ihr ein schönes Fest feiern können. Unter welchen Verhältnissen wir die Festtage verlebt haben, habe ich Dir schon berichtet. Deine Neujahrswünsche kann ich dem Zahli vorläufig nicht ausrichten, ich werde es nachholen, wenn er wieder bei uns ist und wir das Wiedersehen [zensiert] feiern. Wir alle sehnen diesen Tag herbei u. sind überzeugt davon, daß er kommen wird. Nur wann, das ist die Frage. Die Gruppe Scherer war im vergangenen Winter wohl 100 Tage eingeschlossen. Die Hälfte davon haben wir nun auch schon hinter uns. – Die Mitteilungen über Margot wundern mich garnicht. Sieh nur zu, das Du sie bald los wirst, denn mit meinem Urlaub kannst Du für die nächsten Monate zunächst nicht rechnen, das verschiebt sich alles um einige Monate.

Wegen der Umschulung von Wolfgang kann ich mich garnicht äußern, da ich die Schule nicht kenne. Was hat er in der Mackensenschule für Fächer, ist es ein Realgymnasium oder ein humanistisches? –

Woher wußtest Du denn, daß Bach im Urlaub krank geworden ist? Leider haben fast alle unsere Urlauber es vorgezogen, am Ende ihres Urlaubs in ein Lazarett zu gehen statt zu uns zurückzukehren. Das ist nichts weiter als die Angst vor Rußland. L. ist überhaupt ein Schlappschwanz, der schon hier »seelisch sehr unter den Verhältnissen litt«! Es war uns allen klar, daß auch er die erste Gelegenheit benutzen würde um abzuhauen. –

Von der Post scheint eine Menge verloren zu sein. Mir fehlen die Briefe Nr. 87, 89-93, 95, 97-99, die ich wahrscheinlich nie bekommen werde. Hoffentlich hast Du in derselben Zeit nicht auch Päckchen geschickt, die auch weg sein würden.

Wir sind froh, da es mit der Sonne wieder aufwärts geht. Um 14 h ist hier tiefe Nacht, gegen ½ 6 wird es wieder hell. Wenn uns auch die strengste Kälte noch bevorsteht, so kann der Winter jetzt doch höchstens noch ½ Jahr dauern. Ihr könnt

Euch nicht vorstellen, wie wir über jeden Tag u. jede Nacht froh sind, die wir einigermaßen überstanden haben.

In ein paar Stunden geht 1942 zu Ende, es ist seit vielen Jahren das erste, wo ich nicht um Mitternacht noch auf bin, da wir uns so bald wie möglich in unsere Decken wickeln, die wir zum Glück mit gerettet haben, u. uns hinhauen. Wache habe ich, Gott sei Dank, ausnahmsweise mal nicht. –

Gute Nacht, mein lieber Schatz! Ich weiß, daß auch deine Gedanken heute noch mehr als sonst bei mir sein werden.

Euch allen tausend Grüße u. Küsse!

Euer Vati

Gustav Baumanns
** 1923, Soldat, vermißt*

Im Felde, den 31. Dez. 1942

Meine Lieben!
Heute schreiben wir den letzten Tag im alten Jahr. Man pflegt an diesem Tage zurückzuschauen auf die Ereignisse, die eben das alten Jahr gebracht hat. So will ich denn auch mit diesen Zeilen eine kleine Rückschau halten und vielleicht habe ich Euch dabei noch manches zu sagen.

In den kommenden Wochen wird es gerade ein Jahr her sein, dass ich von Euch Abschied nehmen musste. Für Euch war das vielleicht schwerwiegender als für mich. Jugend geht immer leichteren Herzens in die Zukunft, da sie eben nur das Schöne und Gute in der Welt sieht. Dass nun das Schicksal anders mit mir verfahren ist, als ich mir das ausgedacht habe, habe ich Euch schon geschrieben. Nach schöner Fahrt, die durch Mitteldeutschland, Oberschlesien, durch Polen über Brest nach Minsk führte, musste ich am 2.2.42 in Slobin am Dnjepr den Transport verlassen und für fünf Wochen das Lazarett in Bobrnisk aufsuchen. Nach meiner Genesung ging's zuerst nach Orel und von dort aus nach Lomawiz, einem kleinen Dörfchen nach der nordostwärts Orel gelegenen Stadt Mzensk. Ende Mai ging's dann nach Orel zurück, wo wir zwei Wochen später verladen wurden. Die Bahn brachte uns über Brjansk,

Sumg nach Charkow, wo wir dann nochmals eine sechswöchige Garnisonzeit erlebten. Am 6. Aug. wurden wir dann zum Fronttruppenteil abgerufen. Mit der Bahn ging's bis Taganrog, von dort nach Rostow, Schachty bis nach Ssalsk. Was nun Spätsommer und Herbst gebracht haben, haben Euch meine Briefe erzählt, wenigstens das, was ich darüber verlauten lassen durfte. Auch heute muss ich Euch noch über so manche Sache im Unklaren lassen. Es gibt Dinge, über die man überhaupt nicht reden darf und solche, die man niemals schreiben kann, obwohl man sie erzählen würde. Ihr werdet in letzter Zeit auch wohl öfters gefragt haben, was jetzt wohl wieder los sei, da es doch mit dem Postverkehr nicht stimme. Ich kann mir denken, dass Ihr Euch da wieder viele unnötige Sorgen macht. Das Schicksal, das uns 1942 gebracht hat, ist gemeistert. Was das nächste Jahr bringen wird, fragen wir hier nicht mehr. Man ist anspruchslos geworden und macht sich der Hoffnungen wenige, um nicht so viel enttäuscht zu werden. Aber trotzdem, komme, was da kommen mag, mit allem werden wir hier fertig werden. Der Optimismus lässt uns hier immer sagen: »Der alte Gott lebt noch.« Mit einem Fünkchen Humor kommt man über vieles leicht hinweg. Ich könnte Euch nun von so mancher schönen Stunde erzählen, aber die Flasche Wein, die eben die richtige Stimmung besorgt, fehlt doch. Vielleicht blüht uns im kommenden Jahr doch einmal das Glück, dass wir das mündlich besorgen können. Aus meinen Zeilen wie überhaupt aus meinen Briefen werdet Ihr vielleicht die Feststellung gemacht haben, dass ich mich doch in manchem geändert habe. Ihr werdet das mehr fühlen als ich. Ja, das Geschehen des Krieges hämmert hier täglich auf Körper und Seele. »Was mich nicht umbringt macht mich stärker«. Dies Nietzsche-Wort gilt auch hier. In der Heimat wird ja jetzt auch so manches anders geworden sein. Die Zeit rollt trotz des Krieges immer weiter. Die kleine Marlies wird wohl inzwischen auch wieder ein Stück gewachsen sein. Mein Briefbogen ist nun voll und ich muss schliessen. Für 1943 Euch allen nochmals nachträglich ein herzliches »Prosit«!

Gustav.

Alois Müller
** 1912, Gefreiter, vermißt*

Im Felde

Geliebtes Putzerl!
Sende die innigsten Grüße von der Front. Ein Datum weiß ich nicht mehr. Ich schreibe im Finstern, und es geht sehr schlecht. Wir liegen nun schon 14 Tage in der Stellung und sind in einem Kessel drinnen. Bin noch gesund und soweit ganz munter. Nur zwei tage draußen in diesem Wetter, Schneestürme, kalte Füße und hinten und vorn kracht es hier, aber vorläufig ist es noch ruhig. Der Russe schleicht sich immer so ein bischen mehr heran, er will nach Rostov. Liebe Putzi, schon über drei Wochen habe ich keine Zeile von Dir erhalten. Bist Du noch gesund? Wie geht es Dir? Ich habe solche Sehnsucht nach Dir – in all dem Dreck hier schlafen oder so etwas Menschenwürdiges gibt es nicht und dazu eine Kost mit gefrorenen Kartoffeln. Ach es ist ein Elend hier an der Front. Aber ich will alles gern mitmachen, wenn ich nur weiß, daß ich gesund nach Hause komme zu Dir und Du mir bleibst. Wenn Du es einmal satt hast, dann denke daran, wie wir uns hier draußen herumhauen müssen. Du kannst Dich trösten und froh sein, eine warme Stube zu haben. Läuse habe ich in Massen, aber alles geht vorüber, wenn nur alles gut geht. – Jetzt ist ein Kurier nach Charkow da, so daß wir Hoffnung haben, einmal Post zu bekommen.

Ich habe dieser Tage bereits einen Brief geschrieben, dem ich meinen letzten Wunsch beilegte. Sollte mir etwas zustoßen, so hast Du keinen Ärger. Vergiß deinen Träumer nie – er hatte Dich so lieb.

Ich sehe nicht mehr, es ist finster.

Liebes Elschen, ich küsse Dich in Sehnsucht aus der Steppe und der Einsamkeit. Du bist so fern, aber im Herzen bist Du mir immer nah.

Herzliche Grüße an alle, besonders an Dich
Dein Zigeuner

Dr. Horst Rocholl
** 1908, Arzt, hat überlebt*

den 31.12.1942

Meine heißgeliebte Gis!
Heute war ich mal etwas unterwegs. Ich mußte nach der II. Abteilung sehen. Kranke behandeln und auch sonst mal sehen, was los ist.

Die armen Pferde, alles Russenpferde, die ich unterwegs traf, taten mir in der Seele leid, klapperig, elend, konnten sie kaum zu zweit einen kleinen Schlitten ziehen. Nirgendwo ist noch Futter zu finden. Da fallen sie vor Schwäche um und sterben, es sei denn, es bereitet ihnen jemand einen schnellen sanften Tod. Bei den immerhin zehn Minusgraden brauchen sie eigentlich sehr viel Futter, unsere stillen Kameraden, die nach dem Krieg keine größeren Haferrationen und keine schöneren Ställe erwarten können.

Der Schnee liegt nicht hoch. Überall schauen Steppenkräuter und Trümmer heraus.

Der Holzbedarf wächst. Es muß viel gewaschen und alles Wasser aus Schnee gewonnen werden. Das kostet sehr viel Feuerung. Außerdem möchten wir es ein bißchen warm in den Bunkern haben. Das ist neben drei Zigaretten oder einer Zigarre täglich der einzige Luxus, auf den wir nicht verzichten wollen. Silvesterschnaps haben wir leider nicht mehr am Lager. Es wird aber auch ohne den unterhaltsam werden, denke ich, obwohl es natürlich bitter ist, ein neues Jahr strahlnüchtern zu beginnen.

Um 24 Uhr werden meine Gedanken wieder zu Euch nach Hause wandern. Ich werde an Dich, an die Kinder denken, und an das Kind, das wir in ein par Tagen erwarten, an Oma, die so treu alles mitmacht, was ihr bei uns Tolles geboten wird.

Meine noch vor kurzem an Oma mitgeteilte Hoffnung, doch noch als Geburtshelfer kommen zu können, hat sich leider nicht erfüllt, weil die dafür notwendigen Voraussetzungen nicht eingetroffen sind. Ich hoffe, es wird später etwas. Irgendwann wird es wieder Urlaubsmöglichkeiten geben.

Dann hoffe ich, Dich mit einem gesunden Kind anzutreffen. Wird das eine Freude sein. Bis dahin müssen wir Geduld haben, hoffentlich nicht allzu lang! Zu meinem Geburtstag oder dem von Ute möchte ich zu Hause sein.

Post von Dir habe ich noch nicht bekommen. Wenn erst mal die Päckchen da sind, wird Weihnachten in zweiter verbesserter Auflage wiederholt.

Nun einen lieben letzten Altjahreskuß und noch einen ganz heißen allerletzten und einen allerallerletzten. Prosit Neujahr! Dein Paps.

Karl Pausch
** 1920, Unteroffizier*

R. z. Jahreswende 1942

Meine herzensliebe […]
Ein wenig toll gingen meine Gedanken in der Silvesternacht durcheinander. Dabei war es ganz ruhig für mich. Augenblicklich sind wir ja noch nicht eingesetzt, der Feindeinwirkung waren wir also gar nicht ausgesetzt. Auch haben wir mit Kaffee angestoßen, Alkohol hat also meine Gedanken nicht verwirrt.

Und doch gingen mir so viele Dinge durch den Kopf, ich wurde gar nicht so recht klar. Immer wieder schwankte ich hin und her zwischen Erinnerung und dem Alltag, der mich umgab. Das tägliche Leben gibt uns hier mitunter Härten, die nicht leicht zu überwinden sind. Dazu fühlte ich mich in meinem Bunker gar nicht wohl. Dort muß ich mit Männern zusammenwohnen, die mir das Leben erschwerten. Kameradschaft sollte sich in Notzeiten besonders bewähren, bei einzelnen, da der Charakter nicht viel wert ist, schlägt das ins Gegenteil um.

Mir fällt es heute manchmal schwer, mich gegen den Alltag zu wehren. Hier in dieser öden Steppe glaube ich, kann der Mensch stur werden, wie der Russe es ist. Nichts Aufmunterndes, Belebendes habe ich.

Mein Ausblick auf das neue Jahr trägt sehr wenig private Züge. Alles Kommende, das ich plante, hängt von der militärischen Lage in unserem Abschnitt ab. Nur wenn ich erst weiß, alles was ich augenblicklich durchlebe ist vorbei, bin ich in der Lage, Gedanken auf weitere Sicht zu fassen.

Jetzt komme ich allmählich dahin, begreifen zu lernen, dem Tag zu leben, das Zukünftige kalt kommen zu lassen. An der Gestaltung dessen bin ich so wenig persönlich beteiligt, daß mir die Lust vergeht, überhaupt etwas zu unternehmen. Bin ich heute recht müde? Ich glaube ja.

Bei Dir waren alle meine Wünsche zum Jahreswechsel. Die Deinen kenne ich, auch die innigsten. Meine Wünsche sind, Dir die Deinen erfüllen zu können. Allein, es steht nicht in meiner Kraft. Nur das Hoffen ist mir geblieben. Wenn ich wenigstens wieder einmal Post erhielte, doch leider noch immer nicht.

Da gilt es nur, fest auf die Zähne beißen oder die Ohren steif halten, eins wird schon helfen. Wenn Du doch nicht so weit weg wärst, ich wollte gern einmal alles andere um mich herum vergessen.

In Liebe Dein [...]

Januar 1943

Walter Kahre
** 1919, Unteroffizier, vermißt*

Neujahr 1943

Meine lieben Eltern u. meine liebe Schwester!
Der erste Tag des neuen Jahres! Wie seid Ihr denn hineingerutscht? Auch hineingeschlafen wie ich? Ja, das ist seit langen Jahren das erste Mal, daß das neue Jahr bei seinem Einzug mich schlafend fand. Wie allabendlich, so haben wir uns auch gestern frühzeitig in unsere Decken verkrochen; denn wir haben nicht Holz genug, um abends so lange zu heizen. Warum sollten wir auch aufbleiben, gibt es bei uns doch nicht den kleinsten Tropfen, um den Beginn 1943's würdig zu begießen. Vor einem Jahr ging es auf der Krim bei Braten und Wein lebhafter zu. Aber damals wußten wir noch nicht, wie gut wir es hatten. Jetzt sitzen wir hier in der schneebedeckten Wüste der russischen Steppe. Und hier mußte ich Weihnachten und Sylvester verleben ohne einen Gruß von Euch. Daß die Post uns nicht erreicht, ist gewiß sehr bedauerlich. Wenn es Euch nur gut geht und Ihr alle gesund seid! Jeder geht ja mit einem ganzen Sack voller Hoffnungen und Wünsche ins neue Jahr. Möge dieses Jahr 1943 Euch recht viel in Erfüllung gehen lassen. Ich wünsche Euch alles Gute und Gesundheit im neuen Jahr. Unser aller größter Wunsch wird ja wohl sein, daß dieses Jahr uns das Kriegsende bringen möge. Aber das wage ich nicht zu hoffen, sondern wünsche bescheiden, daß wir weitere Siege erringen mögen.

Nochmals alles Gute und viele herzliche Grüße Euer Walter.

Heinz Onstein
Alter und Dienstgrad unbekannt

Rußland, den 1.1. 43

Liebe Elli!
Ich will Dir mal ein paar Zeilen schreiben, denn Du must doch immer Post von mir erhalten. Mein Herzlieb ich kann Dir jetzt nicht so oft schreiben wie ich es gerne möchte, aber das wirst Du nicht verstehen. Meine liebe Elli ich weis das Du tapfer und treu bist und es auch bleibst, solange wir uns nicht sehen. Mein Herzlieb ich kann Dir noch nicht schreiben, wann wir uns Wiedersehen, aber ich hoffe doch bald, bis dahin wollen wir den Kopf hochhalten und uns nicht unterkriegen lassen. Mein Herzlieb ich hoffe doch das Du von mir schon Post erhalten hast, ich habe von Dir noch keine erhalten, aber ich warte jeden Tag darauf, denn ich will noch nicht verzagen. Mein Herzlieb ich schreibe Dir diesen Brief mit der Luftpost und lege Dir zwei Marken bei. Meine liebe Elli ich bin noch gesund und munter, das hoffe ich auch von Dir. Mein Herzlieb wie bist Du in das Neue Jahr gekommen, ich hoffe doch gut. Meine liebe Elli ich habe einen Wunsch, wenn Du mir ein Päckchen schicken kannst, wäre ich Dir sehr dankbar. Mein Herzlieb ich kann Dir jetzt keinen ausführlichen Bericht schreiben, das werde ich später nachholen.

Mein Herzlieb mache Dir vorläufig keine Sorge um mich, denn es geht mir noch ganz gut. Mein Herzlieb ich lege Dir ein Bildchen bei, das ist das einzige, was ich Dir schicken kann.

Meine liebe Elli jetzt will ich schliessen.
Es küßt Dich ganz lieb Dein
Heinz

Otto Baaske
** 1902, Unteroffizier, vermißt*

Neujahr, 1. Jan. 1943

Mein geliebtes Frauchen und alle Lieben!
Den ersten Brief im neuen Jahr 1943 will ich als Luftpostbrief schicken. Das ist dann vorläufig die letzte Marke, die ich noch hier habe. Aber ich denke, wir müssen bald wieder welche be-

kommen. Von meinem Urlaub bis Ende 1942 habe ich 110 Briefe geschickt. Heute ist nun der 1. Januar. Was wird uns nun das neue Jahr bringen. Gewiss werdet Ihr nun wissen wollen, wie ich das alte Jahr beschlossen habe. Eigentlich hatte ich vor, den Brief hier schon gestern anzufangen zu schreiben. Habe es dann aber doch nicht getan. Sicher werdet Ihr nun denken, da werden sie wohl tüchtig Sylvester gefeiert haben und ich bin nicht dazu gekommen, zu schreiben. Das war aber nun auch nicht wieder der Fall, denn wir hatten wirklich nichts zum feiern. Sylvestermittag bin ich wieder zum Brotempfang gefahren. Am Nachmittag ½ 5 Uhr war ich wieder zurück. Dann habe ich dann erst einmal Kaffee getrunken. Etwas Kuchen hatte ich noch. Und dann haben wir es uns in unserem Bunker bequem gemacht. Zum Abendessen gab es nichts besonderes. Ich habe mir von den aufgesparten Büchsen eine Büchse Fisch aufgemacht. Es ist doch gut, dass ich noch einige Büchsen in Reserve hatte, die kommen mir jetzt gut zustatten. Es hatte auch jeder Bunker zusätzlich etwas Schmalzbutter und etwas Pferdefleisch bekommen. Aber davon konnten wir uns gestern keine Buletten mehr machen, denn das Fleisch war gefroren. Aber gleich heute morgen hatten wir uns darüber hergemacht und es hatte auch tatsächlich jeder 8 Buletten. Seit Wjasma ist es wieder das erste Mal, dass wir diese Delikatesse hatten. Habe aber erst eine davon gegessen, denn ein allzu großer Freund bin ich ja auch nicht davon. Aber heute zum Abendbrot will ich einige essen. Im weiteren Verlauf des gestrigen Sylvester habe ich dann gelesen, auch zwischendurch geschlafen. Alkohol oder so etwas ähnliches hatten wir gestern überhaupt nicht, und so sind wir in unserem Bunker ganz ruhig ins neue Jahr gekommen. Meine Gedanken wanderten zurück in das verflossene Jahr und ich war meinem Herrn dankbar für alle gnädige Durchhilfe und fühlbare Bewahrung. Und die Zukunft des Jahres 1943 habe ich dem Herrn vertrauensvoll in seine Hände gelegt. Aber auch meine Gedanken waren wieder besonders viel bei Euch in der Heimat. Für viele daheim und an der Front wird die Frage aufgetaucht sein, ob uns das vor uns liegende Jahr den Frieden bringen wird. Es sieht beinahe nicht so aus. Aber einem jeden wird doch klar geworden sein, dass wir bis zum Endsieg durchhalten müssen. Und dazu brauchen wir des Herrn Segen. Aber das wichtigste bleibt doch auch wieder, dass uns der Herr im Glauben immer fester macht, denn wir wissen nicht, was das neue Jahr uns bringt. Ein Prediger hat einmal gesagt: »Im neuen Jahr, den alten Vater!« Und da werden wir auch nicht enttäuscht werden. Später werde ich ja dann auch hören, wie Ihr ins neue Jahr gekommen seid. Wir bedauern es sehr, dass wir so schlecht Post bekommen. In der vergangenen Woche habe ich allerdings geträumt, dass wir viel Post und Päckchen bekommen haben. Aber doch sind heute nur vier Briefe für die ganze Komp. gekommen. Also müssen wir uns weiter gedulden. Die ganze Post von Ende November und Dez., also die ganze Weihnachtspost haben wir noch zu erwarten.

Heute Vormittag hatten wir wieder Brotausgabe. Um 10 Uhr war Antreten der Komp. Unser Hauptmann hat uns einiges bekannt gegeben. Heute Nachmittag habe ich mir ein paar Plinze gebacken. Allerdings nur im Kochgeschirrdeckel, denn auf unserem kleinen Ofen können wir keine großen Tiegel benutzen. Es dauert ja etwas länger, aber wir haben ja viel Zeit. Die Plinze haben sehr gut geschmeckt. Auch einige anderen Kameraden aus unserem Bunker haben heute Plinze gebakken, denn anderen Kuchen können wir uns vorläufig nicht backen, weil wir ja das Brot mit Flugzeugen bekommen. Nur noch einige Stunden, dann ist es 1 Jahr her, dass unser Hauptmann in Wjasma von uns gerissen wurde. Wie doch die Zeit vergeht.

Mit geht es gesundheitlich immer noch gut. Die Kälte der letzten Tage hat auch schon wieder nachgelassen. Es hat heute sogar wieder etwas getaut. So lässt sich das Wetter schon ertragen. Reinhold scheint doch recht zu haben, denn er schrieb schon vor langer Zeit, dass dieser Winter nicht so streng wird. Oder ist es hier im südlichen Russland nur so? Wenn doch die Zeit erst wieder da wäre, dass der Urlaub weitergeht, aber da werden wir uns wohl noch einige Zeit gedulden müssen. Na, umso größer wird dann die Freude sein, wenn ich komme.

Für heute weiß ich nichts Neues. Nun Gott befohlen. Recht herzlich grüßt und küsst Dich und alle meine Lieben Dein Otto

Josef Kirberich
** 1921, Obergefreiter, in Gefangenschaft gestorben*

Lieber Walter!
Als erstes einmal ein frohes und gesundes neues Jahr und dann noch herzlichen Dank für Deinen lieben Brief vom 18.12. Ich bin einfach erschüttert, dass Du undankbares Geschöpf noch an mich gedacht hast.

Ist es denn möglich, dass Du ein langhaariges Geschöpf mir gegenüber bevorzugst und nicht zum Schreiben kommst. Ich weiß ja nun nicht, ob wir uns noch einmal treffen, aber dann wehe Dir. Die Aussichten dafür sind vorläufig schlecht. 41 Tage Kampfgruppe Scheer haben wir bisher hinter uns und ein Ende ist noch nicht abzusehen. Wir laufen unter dem Motto »Zwischen Don und Wolga«. Dann kommt im Wehrmachtsbericht immer noch »im großen Don-Bogen«. Das sagt Dir hoffentlich genug. Der Monat Dezember hat verheerend bei uns gehaust. Gefallen sind: Ltn. Schulz, Rochan, Uffz. Beyer, Lehmann, Erwin Krüger und Leinme, der MG.Schütze. Danach ist Kämpf noch gefallen. Vermißt ist der KOJ Schegzan, Günther Ebert und Kössler schwer verletzt. Weiterhin wurden verwundet Ltn. Schulze (Armdurchschuß) der Chef. Aber leicht Hablick, Oberunzel, Koch, Schmidt, Mühsal. Aber alles nur leichte Fälle.

Hablick hat nun das silberne Verwundetenabzeichen. Ich sitze im Augenblick auf VB. mit Schwarz und Kranberg.

Gestern abend um 12.00 Uhr hat der Russe Neujahr eingeschossen, etwa eine halbe Stunde lang aus allen Knopflöchern. Das war eine kleine Überraschung. Von meinem kleinen Autounfall am 26.12. (Schlüsselbein war gebrochen und Bluterguß in der linken Schulter) bin ich wieder hergestellt. Es ist alles wieder in Ordnung. Wie es passierte erzähle ich Dir später einmal.

Den Herrn Ltn. Wüst kann ich nicht grüßen, denn das Vorkommando ist auf der anderen Seite in der Nähe von Tschir bei der 8. Battr., die nicht eingesetzt ist.

Die schönste Musik ist das Brummen der Transport-Jus, die den Verkehr mit der Außenwelt aufrechterhalten und uns mit allem Notwendigen versorgen. Ich sage bloß, Wassersuppe und 200 gr. Brot pro Tag. Langsam kommen wir auf den Hund. Dick kippt zusammen. Mück liegt flach, dazu Uffz. Hoffmann. Mück hat mit der Lunge und Nieren zu tun. Hoffmann vollkommen fertig und erschöpft. Das bleibt ja nicht aus. Nach 3 km laufen schwitze ich wie ein Affe. Aber noch stehe ich auf den Beinen. Entschuldige die Schrift. Schreibpapier ist alles weg. Von meinem Bruder seit dem 18.10. keine Nachricht mehr. Zuhause ebenfalls nicht. Das ist bitter, und ich mache mir große Sorgen. Er ist in den Angriff der Russen hineingeraten, der südl. Woronesch nach Kalatsch hoch führte. Der Russe hat unsere alte Vormarschstraße benutzt und bei Krasny lag mein Bruder. Wenn das bloß gut gegangen ist.

Alles Gute Walter
Dein Jos.
Ab heute Gehaltsempf.

Unbekannt

1.I.43

Liebe Eltern und Mitzi.
Der erste Brief im neuen Jahr soll uns vor allem die Hoffnung geben das uns dieses Jahr endgültig den langersehnten Frieden bringen wird, wir erleben hier vor Stalingrad eine ganz nette schlichte Sylvesterfeier und um Mitternacht ein Feuerwerk als hätte man den Eindruck es wäre tiefer Friede und dennoch wird nur geschossen um das neue Jahr zu verkünden, ein Zauber von Farben leuchtet vom Himmel, ein unvergeßliches Bild für jedermann. Gegen 2 Uhr Früh beruhigten sich die Gemüter und was nicht Wache hat geht schlafen, so ist ein Sylvester im Krieg, traurig aber wahr. Mit dem Winter ist es heuer einigermaßen auszuhalten, man rechnet zwar noch im Januar, Februar

das hier an der Wolga noch sehr kalt werden soll, aber dann geht es doch schon bergab gegen den Frühling zu.

So laß mir allen ein gutes Neujahr senden an den allen Bekannten.

Euch selbst Grüße und Gesundheit [...]

auf ein Wiedersehen 1943

Max Breuer

** 1909, Gefreiter, in Gefangenschaft gestorben*

Rußland, den 1.1.43

Mein liebes Frauchen!

Nun ist das alte Jahr auch rum. Unsere Sylvesterfeier war zeitgemäß belemmert. Von der Batterie hatten wir jeder 120 Zigaretten und zu 3 Mann eine Flasche Schnaps als Sylvestergeschenk bekommen. Dieser Schnaps reicht natürlich nicht aus, um einigermaßen in Stimmung zu kommen, zumal wir alle einen hungrigen Magen dauernd haben. Wir hatten schon zeitig gegen 4 Uhr begonnen, das alte Jahr zu begießen. Um die Jahreswende hatten wir gerade noch einen Schluck, um das neue Jahr zu begrüßen. Alle bemühten sich, lustig zu sein, es wurden alte Schlager durchgesungen. Aber eine Stimmung kam beim besten Willen nicht auf. Auf jedem lastete ein Alpdruck, jeder war natürlich in Gedanken bei seiner Familie. So auch ich. Ich bemühte mich vergeblich lustig zu sein, um über die augenblickliche trostlose Lage besser hinwegzukommen. Aber in fast jeder Minute war ich bei euch und simulierte, was ihr wohl jetzt gerade machen würdet. Diese Gedanken hatten deshalb doch für mich etwas Schönes, da ich dadurch mit Euch verbunden war. Kurz vor 12 Uhr sangen wir das Lied »Ich tanze mir Dir in den Himmel hinein«. Dieses Lied erinnerte mich an unseren Verlobungswalzer und die Tränen standen mir in den Augen als ich an diese schöne Zeit denken mußte. Den ganzen Abend zogen natürlich die Gedanken an unser erstes Kennenlernen an mir vorbei. Schöne Stunden, wenn man daran denkt. Um 12 Uhr habe ich nur auf Eure Gesundheit und Euer Wohlergehen getrunken. Ich wußte, daß Du in dieser Minute bestimmt bei mir warst. Gegen 1 Uhr sind wir dann schlafen gegangen. Zwischen 9 und 10 Uhr hatte ich Wache. An diesem Abend war es an der Front besonders lebhaft. Dauernd sah man das Aufblitzen der Kanonen in der Ferne. Da konnte man so richtig mal wieder die Infanteristen bedauern, die vorne in den Gräben sich mit den Russen in der Sylvesternacht herumschlagen mußten. Ich bin doch froh, daß ich Rechnungsführer wieder bin und meine Arbeit im warmen Zimmer machen kann. Als Fernsprecher müßte ich jetzt draußen meinen Dienst verrichten, was im Winter bestimmt nicht angenehm ist. Mit dem Winter ist es hier bestimmt zu ertragen. Wir hatten mal ein paar kalte Tage, aber im allgemeinen sind bisher die Temperaturen wenige Grad unter Null. Wie man hier hört, soll es auch hier nicht besonders kalt werden. Ende Februar Anfang März soll nach einer kurzen Regenperiode der Frühling bereits seinen Einzug halten. Wenn bis dahin der Kessel wieder auf ist u. die Verpflegung wieder normal ist, werde ich wieder mit lachenden Augen in den lachenden Tag sehen, soweit das möglich ist.

Verfolge nur weiterhin eifrig die Wehrmachtsberichte. Eines Tages wird doch die Mitteilung kommen, daß der Kessel gesprengt ist. Dann wird es uns auch in Bezug auf Verpflegung besser gehen. Darum dreht sich zurzeit alles bei uns.

Und nun seid alle recht herzlich gegrüßt und viele tausendmal recht herzlich geküßt

Von Eurem *Vati.*

Walter Gehr
Alter und Dienstgrad unbekannt, gefallen

1.1.1943

Gerda! Liebste!
Morgen geht es wieder in die Stellung, der 12 km Marsch mit Sturmgepäck, Brotbeutel, Gasmaske und Gewehr wird allein schon ein schwerer Schlauch werden, obwohl ja sonst 12 km wenig bedeuten, aber wir haben ja nichts mehr in den Knochen und dauernden Hunger bei den Portionen Brot und dünner Wassersuppe. Um ein halb vier Uhr nachmittags war wieder

geschwind das ganze bisle Brot verzehrt und andern tags gibt es dann erst wieder um einhalb 12 die Suppe. Das sind immer 20 Stunden ohne einen Bissen und dann geht es mit Heißhunger über das Zeug.

Von unserer Lage wissen wir eben nicht viel oder soviel wie nichts. Wir sehen, daß es vorne schießt und hören, daß hinter uns geschossen wird, viel mehr können wir nicht in Erfahrung bringen. Dazwischen wieder Ermunterungsparolen, die uns Hoffnungen machen und vielleicht unseren Hunger beschwichtigen sollen. Gestern bin ich nur 4 km gelaufen und war hernach ganz matt, überhaupt sind wir natürlich schwach und fühlen uns krank und entkräftet. Wir warten auf Hilfe. Seit dem 9.12.42 habe ich keinen Brief mehr von Dir, die Weihnachtspäckchen haben wir ganz abgeschrieben.

Wie geht es Dir und den Kindern, hoffentlich gut. Wenn ich nur meinen Hunger verschlafen könnte, aber das lassen die Läuse nicht zu, so kommt man eben nicht zur Ruhe und wird immer schwächer. Von einem vor einigen Wochen verendeten Pferd, das lange schon in der Gegend herumlag, haben wir heute das letzte Stück heruntergeschnitten. Gerda!

Ich mache Dir wohl viel Kummer mit meinen Zeilen, aber was soll ich Dir Gutes erzählen, wenn ich nicht weiß, ob ich morgen noch sein werde und da kann dann der Kummer nicht mehr größer sein. Vorläufig lebe ich noch, aber es ist kein Leben mehr, es ist eine Qual.

Leb wohl mein Liebstes, lebt wohl meine Kinderlein!
Mit vielen lieben Grüßen Euer Papa
Beste Grüße auch an meine und Deine Angehörige

Friedrich Eberhardt
** 1905, Soldat, vermißt*

Im Osten, 2.1.42.

Meine geliebte Else!
Will Dir auch wieder ein Lebenszeichen von mir geben. Daß ich gesund bin stimmt nicht ganz, aber von Euch hoffe ich es doch, denn Ihr, meine Lieben, braucht ja nicht ein solches Leben zu

führen, wie wir. Wir sind einen Tag vor Heiligabend, plötzlich aus der vordersten Linie, also der Hauptkampflinie, abgelöst worden. Wir haben 5 Wochen drin gelegen und ich habe hundertfach Glück gehabt. Wie wir jetzt abgelöst wurden und wieder nachts nach St.grad marschierten, bin ich zusammengeklappt, und seit der Zeit liege ich, erst im Bunker und jetzt in einem Bunker, wo die alle sind, die auch dasselbe haben. Eine Art Ruhr, ich bin total abgemagert. Ich habe die Fingerspitzen, Zehen und Fersen angefroren. Aber das soll schon gehen. Die Blutung hat etwas aufgehört, da ich jetzt so eine Art Diätspeise bekomme. Heute geht es wieder mit dem richtigen Essen langsam los. Mir fehlt hier Fett und dergleichen Butter. Lotte ihr Futterpaket hätte mir helfen können. Das verfluchte Pferdefleisch, was wir jetzt schon wochenlang fressen müssen, das macht einen kaputt. Und das Wasser hier.

Es geht das Gerücht, das wir im Frühjahr hier rausgezogen werden nach Holland. Wäre es erst so weit. Denn unsere Kompanie ist nur noch 22 Mann stark. Der verfluchte Ruski, den soll der Teufel holen. Aber kaputt geht er doch.

Deinen lieben Brief vom 30.11. habe ich Heiligabend erhalten. Pakete haben wir leider nicht erhalten, wer weiß wann. Warum, das erfahrt Ihr später alles. Wir feiern vielleicht später nach. Wir haben natürlich etwas gefeiert. Wir bekommen 36 Zigaretten, drei Tafeln Schokolade, drei Mann ein Päckchen Tabak und Schnaps. Und die Tage war das Essen besser. Silvester war es anders, da gab es jarnichts. Dafür versuchte aber der Iwan sein Glück vergebens über die Wolga. Aber das klappte nicht.

Die verdammten Läuse, die fressen einen total auf. Der Körper ist total zerfressen. Fängt man hundert, in einem Hemd, hat man wieder so viel. Und Du meine liebe Else, wie habt Ihr Weihnachten gefeiert? Hat [...] auch etwas gegeben oder sonst wer? Ihr konntet ja fröhlicher sein wie wir. Euch satt essen Kuchen usw. was wir überhaupt nicht mehr kennen. Die Tage habe ich mich so nach Kuchen gesehnt. Aber nichts. Auch Fett und Rauchen fehlt. 3 Zigaretten pro Tag. 6-7 Mann pro Tag ein Brot, das ist wenig. Sonst ist das ja nicht so. Aber durch besondere Umstände ist das jetzt so. Aber das wird auch eines Tages behoben sein. Ich habe 142,00 M. Löhnung an Dich überweisen lassen. Spare sie gut. Luftpostmarken lege ich bei.

Was machen Werner und Inge? Hat der Weihnachtsmann auch etwas für sie gebracht? Sind sie noch brav und fleißig? Ich will jetzt mal schließen, sei also meine geliebte Else, vieltausendmal geküßt und gegrüßt von Deinem Fritz.

Werner und Inge sind recht herzlich gegrüßt von ihrem Papa und grüße sonst alle Bekannte.

Ein Feuerzeug kannst Du mir mal schicken. [...]

Erwin Guhl
** 1918, Obergefreiter, vermißt*

Im Felde, den 2. Jan. 1943

Meine liebe Friedel!
Deinen lieben Brief vom 16. XII. N° 20 habe ich vorgestern mit großer Freude erhalten, wofür ich Dir von Herzen danke.

Das alte Jahr ist nun vorüber u. gut sind wir ins neue gerutscht. Wir sind ja Gott sei Dank noch in der Lage, solche Tage ein bischen zu feiern, denn wir haben immer noch Fleisch u. Konjak hatte es auch wieder gegeben u. von Weihnachten hatten wir noch eine Flasche Sekt. Wir haben uns erst einen schönen Braten zurechtgemacht, dann gab es Grog u. Schlag zwölf wurde die Sektflasche aufgemacht u. dazu spielte ich mit der Ziehorgel. Wie schon gesagt, mit Sang u. Klang sind wir ins neue Jahr gerutscht. Wenn auch die Russen das alte Jahr mit einem Granathagel sondergleichen beendet haben, so hat uns das weniger ausgemacht, denn wir hören ja nur die Schießerei u. daran haben wir uns doch so langsam schon gewöhnt. Zur Zeit ist es bei uns garnicht kalt, aber das kann ja morgen schon wieder anders sein. Die strenge Kälte war bisjetzt ungefähr 30 Grad. Im großen Ganzen ist das Wetter ziemlich unbeständig. Einmal hundemäßig kalt u. ein Wind der einem bald das Gesicht aufreißt, den andern Tag wieder stillkalt u. heute ist es wieder Tauwetter. Wenn es nichtmehr kälter wird als es schon war ist der Winter noch zum aushalten. So vergeht ein Tag nach dem anderen u. mittlerweile wird auch der Winter vorüber gehen u. mit dem Frühling wird es für uns auch wieder besser.

Liebe Friedel! In Deinem Brief schreibst Du mir von Kurt. In meinem Brief vom 6. XII. habe ich Dir geschrieben, daß es Ihm noch gut geht, denn ich hatte einige Tage zuvor noch eine Karte von Ihm erhalten. Ein paar Tage danach habe ich erfahren, daß er gefallen oder zum mindisten schwer verwundet sei. Das wollte ich Dir noch nicht schreiben bevor ich nicht genaues wußte. Jetzt bin ich darüber beruhigt u. froh, daß er nicht hier drin sein muß, denn vorne in den Stellungen ist es jetzt nicht so erfreulich, denn wenn man aus der Luft verpflegt wird, wie wir zur Zeit, sind die Portionen nicht so groß. Bei uns ist ja noch nicht so schlimm, wir haben immer noch genügend Fleisch, aber es kommen ja auch wieder bessere Zeiten. Kannst Kurt viele Grüße schreiben von mir u. er kann froh sein, daß er aus dem Dreck heraus ist u. ich wünsche Ihm baldige Genesung.

Liebe Friedel! In der letzten Zeit muß ich viel an Euch hauptsächlich an die Kinder denken. Hoffentlich wird bald die Zeit wieder kommen, wo ich für ganz bei Euch sein kann. Vielleicht kann ich Dir auch bald bessere Nachricht bringen. Damit will ich nun für heute schließen. Hoffentlich geht es den Kindern u. Dir noch gut, was ich von mir soweit auch noch schreiben kann. Es grüßt u. küßt Euch vielmals

Euer Papa.

Viele Grüße an Vater, Mutter u. Geschwister. Für Hilde lege ich noch ein paar Geburtstagszeilen bei.

Heinz Kümmel
Alter und Dienstgrad unbekannt, vermißt

Osten, 2.1.43

Liebe Tante Emmi Günther und Helga!
Endlich komme ich dazu an Euch wieder einmal ein paar Zeilen zuschreiben, denn wir hatten leider das Pech von den Russen eingekesselt zuwerden und befinden uns noch im Kessel von

Stalingrad. Und da konnte ich nicht schreiben denn wir haben hier keine freihe Minute. Der Russe greift ständig an und versucht uns zu vernichten aber das wird ihm nicht gelingen. Wir wollen hoffen das die Truppen die den Gegenstoz angetreten haben bald den Kessel durchbrochen haben und wir dann wieder freihe Menschen sind. Das Weihnachtsfest ist nun auch vorbei leider mussten wir das Weihnachtsfest ohne ein stückchen Schokolade und ein Bobon verleben. Aber ich bin immer noch sehr glücklich das ich noch immer gesund bin, und hoffe von Euch das gleiche. Die Verpflegung ist bis auf das kleinste eingeschränkt worden, es reicht gerade zum über Wasser halten. Nun liebe Tante will ich schließen in der Hoffnung rechtbald befreit zu sein und vor allen das der Krieg ein baldiges Ende hat

Viele herzliche Grüße aus den fernen Osten sendet Euch Heinz

Schicke dir den Brief von Heini mit ich muß so viel an den lieben Jungen denken wenn den bloß nichts pasiert

Rudolf Nothdurft
** 1913, Gefreiter, in Gefangenschaft gestorben*

d. 2.1.43

Mein süßer Liebling!
Heute zu Deinem Geburtstag muß ich mir unbedingt Zeit nehmen Dir zu schreiben. Ich denke an die Zeit zurück, wo Du noch 22 Jahr gewesen bist. Noch ängstlich u. von mir noch weit entfernt. Und heute? 24 Jahr, verheiratet, glücklich, aber leider bin ich nicht bei Dir. Leider. Und wer weiß, wann uns dies volle Glück mal beschieden wird. Beten tue ich jeden Tag für uns und alle. Dieses hab ich vor allem im Nov. Dezemb. gelernt. Und weiterhin werden wir noch viel auszurichten haben. Alles tue ich gern, nur möchte ich einmal wieder zu Dir. Manchmal kommt mir alles wie ein Traum vor, und doch erwache ich nach manchem Schlaf und muß weiter denken. Im Moment ist der Krieg für uns alle ein anderer. Es ist nicht wie

im Sommer noch vor dem Ofen, sondern wir sind mit allen Kameraden jetzt gleich gegen den Feind angetreten. Dabei hab ich immer die große Hoffnung wieder mal zu Dir zurückzukehren und wollen wir hoffen bald.

Es war mir jetzt angeboten, einen Uffz. Lehrgang mitzumachen, was ich aber ablehne, denn ich weiß nicht wo ich dann wirken muß. Was nützt mir alles, ich müßte dochmal zu Dir zurück und wir wollen hoffen bald. Mit Urlaub ist es vorläufig aus. Das wirst Du wohl schon von anderer Seite gehört haben. Dann hab ich von Dir immer noch kein Lebenszeichen, was soll ich tun warte immer noch. Na, mal sehen, wie es nächste Woche aussieht. Post gibt es zur Zeit nur wenig. Scheinbar sind Deine Briefe oder Päckchen noch nicht mitgebracht worden. Möchte so gern mal von Dir ein paar Worte hören, jetzt wenigstens lesen.

Vor zwei Jahren verlobten wir uns, u. im letzten Jahr war ich auch zu Deinem Geburtstag bei Dir. War das für uns eine schöne Zeit. Dieses Jahr stehe ich, mit vielen anderen Kameraden auf treuer Wacht, und alles was nur kommen mag wird doppelt erwidert. Kalt und für mich sind die Nächte, vor allem zu weit von der Heimat entfernt. Wie oft muß ich an vergangene Zeiten denken. Ich muß sagen, meine Gedanken sind immer bei Dir. Nichts kann mich von all diesen schönen, vergangenen Stunden abbringen. Auch nicht der größte Bombeneinschlag und nie verliere ich den Mut. Ich muß wieder mal zu Dir, das ist immer mein einziger Gedanke. Und das bleibt so, bis ich bei Dir einmal wieder eintreffe. Es wird März, und ein volles Jahr ist herum. Es wird auch dann noch etwas dauern. Aber einmal kommt doch der Tag wo ich vor Dir stehe. Freue mich dann mit Dir über jede freie Minute. Hoffentlich ist es dann nicht nur Urlaub sondern unsere Heimkehr.

Du kennst ja nun die Feiertage wie ich sie Dir schilderte. Zu Haus hätten wir es uns gemütlich gemacht. Hier geht es aber nicht. Ein Tag vergeht wie der andere.

Mein größter Wunsch ist nur vorläufig ein kleiner Brief von Dir, welcher sich eventuell auf Weihnachten bezieht. Wann wird mir dieser Wunsch erfüllt?

Gerade heute, an Deinem Geburtstage denke ich besonders an Euch alle. Und für Dich, meine liebe Annemie, alles erdenklich Gute.

Mit Grüßen u. Küssen bin ich stets Dein treuer Rudi

Kannst Du mal wieder Tinte schicken, oder ist welche unterwegs?

Otto Baaske
** 1902, Unteroffizier, vermißt*

Sonntag, d. 3. Jan. 43

Mein geliebtes Frauchen und alle Lieben!
Eben bin ich mit Kaffee trinken fertig. Habe heute meine letzte Weihnachtsstolle gegessen und die letzten Pfefferkuchen. Ich habe gut eingeteilt, nicht wahr? Auch ein paar Plinze habe ich mir wieder gebacken. Es hat alles gut geschmeckt. Nur der gemütliche Kaffeetisch fehlte. Bei solchen Gelegenheiten denkt man daran, wie schön es immer war im eigenen Heim. Nun sieht es ja bald so aus, als wenn wir nur beim Essen an unsere Lieben daheim denken. Das ist aber nun auch nicht der Fall, denn die Kameraden tauschen oft untereinander die Gedanken aus über die ferne Heimat. Und wie schön es wieder sein wird, wenn wir im Frieden in der Backstube wieder unserer Arbeit nachgehen können. Ja, die wir hier draußen an der Front waren, wissen den Segen der friedlichen Arbeit zu schätzen. Und doch wie oft wird in der Heimat gemurrt. Dabei hat doch noch jeder sein geregeltes Leben. Anders wäre es, wenn der Feind im Lande wäre, aber der ist doch weit von unseren Grenzen zurück gedrängt. Es ist natürlich nicht gesagt, dass der Landser nicht oft auch flucht und schimpft. Das gehört nun einmal zum Soldatenleben. Aber wenn es darauf ankommt, tut doch ein jeder seine Pflicht. Das sieht man besonders jetzt hier in der Lage, in der wir uns zur Zeit befinden. Und Ihr daheim könnt beruhigt sein, es wird alles gemeistert werden. Auch hier vor Stalingrad wird sich der Russe wieder stark verrechnen. Gewiss sind es so ganz andere Aufgaben, die gelöst werden müssen, als es im Sommer der Fall war. Vielleicht hat der Russe

auch in diesem Jahre wieder mit einem strengeren Winter gerechnet, als es zur Zeit der Fall ist. Im vorigen Jahr hatten wir um diese Zeit doch schon verschiedene Wochen grimmiger Kälte hinter uns. Es sieht so aus, als ob es in diesem Jahre nicht so kalt wird, besonders hier südlich. Der Schnee ist schon ganz wieder weg. Auch heute hat es wieder etwas getaut.

Am Donnerstag wird es wohl bei Euch wieder etwas extra Gutes auf den Tisch geben, denn ein bisschen muss man, trotz der schweren Zeit, doch merken, dass wieder ein Geburtstag ist. Auch an Großmutter will ich Mitte des Monats eine Geburtstagsgratulation schicken. Von Euch wird doch sicher auch jemand nach Gandern fahren. Vorausgesetzt, dass es nicht zu kalt ist.

Mit geht es immer noch dem Herrn sei Dank gut. Von Euch Lieben hoffe ich dasselbe. Jetzt weiß man wirklich nicht so recht was man schreiben soll. Anders wird es ja dann wieder sein, wenn wir wieder regelmäßig Post bekommen. So will ich denn für heute schließen. Nun dem treuen Herrn befohlen. Recht herzlich grüßt und küsst Dich und alle meine Lieben Dein Otto.

Max Breuer
** 1909, Gefreiter, in Gefangenschaft gestorben*

Rußland, den 3.1.43

Mein liebes Frauchen!
Noch immer ist keine Post da, trotzdem ich so sehnsüchtig darauf warte. Es sind jetzt schon 1 ½ Monate her, daß ich keine Post mehr erhalten habe. Kurt Schramm, der bei einer anderen Batterie ist, hat vorige Woche einmal Post bekommen. Ich suche ihn alle 2 Tage mal auf. Er ist jetzt vertretungsweise Batterieschneider geworden. Er kann mich schlecht besuchen, da ich mit dem Spieß zusammen wohne. Heute hörte ich, daß Heinrich Hinselmann erkrankt aus der Feuerstellung gekommen ist. Er soll so stark erkältet sein, daß er kaum sprechen kann. Ich werde ihn morgen früh mal besuchen. Gestern war ich in unserer Feuerstellung zum Löhnen. Unterwegs kam ich an den

vordersten Infanteriestellungen vorbei. Die armen Kerle sind nur zu bedauern. Sie hocken dort bei Tag und Nacht in offenen Schützenlöchern und werden alle paar Tage abgelöst. Auf dem Rückweg haben wir einige Infanteristen mitgenommen. Zum Teil hatten sie schon erfrorene Zehen. Da hat unsere Feuerstellung es doch besser. Die sitzen wenigstens, auch tagsüber, in warmen Bunkern und kommen nur zum Schießen für kurze Zeit heraus. Hier ist die Temperatur nur wenige Grad unter Null, zeitweise haben wir sogar Tauwetter. Hoffentlich hält das noch einen Monat an, dann soll der Frühling schon seinen Einzug halten. Was machen denn unsere Sprößlinge? Ich denke so viel an sie, so gerne möchte ich mal auf der Couch mit ihnen tollen.

In der Erwartung, daß ich in den nächsten Tagen Post von Dir bekomme seid alle recht herzlich gegrüßt u. viele 1000 Mal geküsst von

Eurem *Vati*

Simon Krings
** 1911, Dienstgrad unbekannt, vermißt*

Russland, den 3. Jan. 43.

Meine allerliebste Ria!
Trotz besten Willens war es mir doch nicht möglich, Dir früher zu schreiben. In unserem Bunker hatten wir kein anderes Licht, als die geöffnete Ofentür. Das war zu wenig, wenn 5 Mann davor sitzen und Läuse fangen. Jetzt sind wir umgezogen, haben über Tag ein kleines Oberlicht aus dem Glas eines abgestürzten Fliegers. Für nachts habe ich wieder eine Lampe gemacht, insbesondere Brennstoff organisiert. Das ist unsere Bequemlichkeit im Erdloch von 3 mal 4 m, in dem wir 5 Mann jedoch einen guten Winterschutz haben. Seit dem 21.11. habe ich 3 mal den lieben Augustin gesungen. Alles ist futsch, alles war hin, was ich nicht in den 29 Taschen meines Anzugs verstauen konnte. Aber ich habe ja organisieren gelernt und bin jetzt wieder so vollständig ausgerüstet wie nie zuvor. Ich verfüge allein über 21 Wolldecken. Die hoffen alle, daß wir bald in eine

bessere Gegend kommen. Weihnachten war bittere Kälte. Jetzt geht es. Doch unsere Pferde sind alle dahin. Heute habe ich wohl zum letzten Male geb. Leber zum Frühstück gegessen. Mein Arm bessert sich von Tag zu Tag. Das Gelenk eitert nicht mehr, die Wunden schließen sich langsam. Aber er ist noch steif. Da ich außerdem die Fingerspitzen verbunden habe, schreibe ich so unbeholfen. Mache Dir aber keine Unruhe, denn ich geniesse jajetzt auf absehbare Zeit die Ruhe des Bunkers, brauche keine Wache zu machen. Unser Haufen ist sehr klein geworden dadurch, daß viele wieder zur Haupttruppe gekommen sind.

5. Jan.

In den langen Nächten, – wir gehen um 14 h schlafen, denke ich viel an Euch. Ihr habt es zu Hause doch so gut, wenn man einmal einen Vergleich mit uns zieht.

[...]

Heinz Risse
** 1908, Gefreiter, vermißt*

den 4. Januar 1943

Lb. Luise + mein Heinz Günther
Das neue Jahr hat nun begonnen und ich will an Euch Lieben den ersten Brief in diesem Jahre schreiben, es kam in diesem Jahre zwar schon zweimal etwas Post hier an, doch leider war für mich nichts dabei wie schon sooft und bin gespannt, wann die Post mal wieder läuft welche Berge von Post eintrudeln. Obwohl will ich noch in etwa zufrieden sein, denn ich erhielt in den 6 Wochen der Sperre schon 2 Briefe und gibt es Kameraden welche noch nichts erhalten haben. Es ist mir nur eigenartig, dass ich von uns zu Haus nichts erhalte. Abwarten, vielleicht gibt es morgen Post, denn in vergangener Nacht kamen die Flugzeuge, die gute alte Ju 52 in zahlloser Menge und werden Dir wohl etwas mitgebracht haben. Sonst ist hier ja so ziemlich alles beim alten, der Russe hat mal wieder zu Neujahr angegriffen in unserem Abschnitt und hat sich den Kopf etwas blutig geholt, aber er hat wohl noch nicht die Nase voll, denn

der Krieg ist ja noch nicht zu Ende und müssen eben warten bis das Ende da ist. Ich war am 2.1. vorn in Stellung und war es wie so üblich, das kennt man nun schon aus der Gewohnheit und fahre morgen wieder nach vorn, wollen hoffen das es dann auch so ist und wieder heil zurück komme. Obwohl ich bei der letzten Fahrt keine gute Rückbelastung hatte, denn ich hatte 3 tote Kameraden auf dem Schlitten liegen und ist es eben der grausame Krieg wo so mancher gute Kamerad sein Blut opfern muss. Der Russe scheint aber von aussen Druck zu erhalten, denn wir hatten in den letzten Tagen Ruhe mit den Fliegern und wird er die wohl in den bedrängten Abschnitten einsetzen müssen, wollen hoffen, dass unsere Befreiung bald kommt, denn dann hat man neuen Mut und Zuversicht wie augenblicklich. Sonst geht es mir ja noch so ziemlich, ich war bei der letzten Fahrt bei dem Arzt von wegen meines Rheumas und habe z.Zt. stark damit Last in dem linken Fuss vom Knie bis zu den Hüften und bin jedesmal froh wenn ich die 25 km von der Front hinter mir habe, zumal es sich bei dem Schnee und dem Glatteis recht schlecht geht. Die tollsten Schmerzen sind des Nachts, dann kann man nicht schlafen und habe in den letzten Wochen keine Nacht über 3-4 Stunden geschlafen. Der Arzt verschrieb mir die org. Wehrmacht-Medizin: Aspirin und Pfefferminztee und bin ja gespannt ob es hilft. Ich fragte zwar ob nicht etwas da sei zum Einreiben, aber leider na ja wir haben jetzt schon mal wieder Januar und in ein paar Monaten kommt der Frühling, dann sind alle Krankheiten wieder verschwunden, nach jedem Dezember folgt wieder ein Mai, singen sie sooft im Radio. Ihr werdet ja auch wohl gut in das neue Jahr gegangen sein, wenn auch in diesem Jahre eventl. nicht soviel Alkohol dawar, dann hattest Du ja wohl noch einen guten Kaffee oder ist da auch schon Ebbe drin, ich nehme aber an, dass Du ihn ebenso sparsam behandelt hast wie ich es machte. Wir erhalten ja jeden Tag Bohnenkaffee und wollte ich könnte Dir einige Tassen herüber schicken aber leider vielleicht später. Jetzt geht es so langsam zum Schluss, ich werde mein Nachmittag u. Abendbrot essen 100 gr. Brot u. 1 Klops, dann noch etwas das russ. Kleinvieh vernichten und schlafen bis dann zur

Wache geweckt wird. Weiterhin sende ich Dir wieder eine Luftpostmarke und haben wir heute 6 Stück erhalten und müssen doch mal in Kürze allerhand Briefe von Dir einlaufen soviel Marken sandte ich bereits. Für heute seid alle recht herzl. gegrüsst, Dir und meinem Kinde noch einen leckeren Kuss dazu von Eurem Papa

Hoffentlich kommen bald die Päckchen??

Wolfgang Berg
** 1911, Obergefreiter, vermißt*

Rußland, den 4/1.43.

Mein liebes gutes Frauchen u Jungens!
Endlich, endlich nach langem warten habe ich heute von Dir Post erhalten, 2 Briefe vom 24/11 u 29/11 der letzte per Luftfeldpost. Mein Liebling Du glaubst garnicht wie ich mich gefreut habe, da ist aller Hunger u Kummer vergangen. Hab vielen vielen Dank. Sonst geht es mir aber noch gut, es freut mich daß das bei Euch meine Lieben auch der Fall ist. So Wolfg sein erstes Diktat waren 0 Fehler das freut mich daß er in der Schule aufpaßt u wenn er vorm Lehrer schiß hat ist es ganz gut. Er mußte erst mal wieder bei Mutti schlafen u Du mein Liebling sollst doch nicht weinen, mir passiert schon nichts. Ja mein Schatzi mit Urlaub ist noch scheiße wer weiß wann hier der Kessel mal auf ist, es wird ja bald Zeit das dies hier ein Ende hat, es geht bald nicht mehr so weiter, jeden Tag wird es schlechter mit dem essen und Verpflegung. Liebling es freut das Du, mit den beiden Jungens nach Hardegsen u Göttingen zu Weihnachten warst so hast Du wenigstens andere Gedanken bekommen. Ich bin Dir doch da nicht böse usw. Ich wär ja auch gern mitgekommen haubtsächlich wegen das Schlachten, wie ich das gelesen habe hat mein Magen noch mal so geknurrt, so richtig mögte ich auch mal wieder satt essen. Hoffentlich kommt das bald wieder? Was hat denn Friedas Mama ist das noch nicht fest gestellt worden, hoffentlich geht es ihr jetzt besser?

Mein Liebling das kannst Du glauben das meine Sehnsucht nach Euch genau so groß ist, wie deine, ich mögte auch mal wieder bei Euch sein. Hoffentlich schicken sie unsere Weihnachtspäckchen nicht wieder zurück, da nehmen sie uns die ganze Freude mit. Ich hatte von Hans mal eine Karte bekommen da war er auch schon nicht mehr bei seinem alten Haufen, das war Anfang November. Was hat Euch denn der alte Herr zu Weihnachten geschenkt? Du schreibst mir garnichts von dem Fliegerangriff war es doch wohl nicht so schlimm wie hier gesagt worden ist. Das Wetter ist hier kalt und unfreundlich man mag sich garnicht raus wagen, aber da hilft ja nichts Dienst ist Dienst und Schnaps ist Schnaps, den wir nicht haben. Hoffentlich gibt es bald wieder welchen u vor allendingen Rauchwaren, ich habe nichts mehr zurauchen, mein Liebling das Rauchen muß ich mir jetzt abgewöhnen es ist ja eine harte Nuß für mich aber was soll ich machen so geht es uns allen. Sonst ist hier noch alles beim alten der Russe macht uns viel Kummer jeden Tag greift er an, aber wir lassen uns nicht erschüttern. Nun mein Liebling schreib gleich wieder u für heute viele tausend Küsse Grüße an Dich u meine Jungens von Deinem lieben Papa.

August Eberl
** 1917, Dienstgrad unbekannt*

Rußland, den 5.1.43.

Meine liebe Mutter!
Will Dir wieder ein paar Zeilen schreiben. Hab bis jetzt die Stellung gehalten, nun wird's doch Ernst. Es ändert sich wie ich Dir schon in meinem letzten Brief geschrieben hab täglich.

Komme doch mit Auto wieder zur Infantrie. Mit meinem alten Schinken.

Sonst gehts mir noch gut, nur haben wir einen unheimlichen Schneesturm und sehr kalt. Im Augenblick genügend zum Essen, den unsere Kompanie besteht ja nicht mer und macht daher ausverkauf. Für Vater hätt ich einige schöne Sachen nur schade das ich es nicht schicken kann. Und man weiß nicht wie es noch wird.

Drückt nun Ihr in der Heimat fest den Daumen das wir diesen Winter wenigstens nochmal gut überstehn. Wenn es das Schicksal will wirts schon klappen. Ich gebe die Hoffnung nicht auf. Man darf sich hier nur nicht gehnlassen, man muß sehr viel auf sich halten, sonst geht man unter. Und vor allem den Herr Gott bitten das man nicht krank wird. Wir erzählten von unsern geschehen in meinem Urlaub viel, das Jetzige übertrifft alles. Auch ist es von der Feldpost weniger schön mir von Dir bis jetzt nicht einen Brief ankommen zulassen. Übrigens gibt es ganz wenig Briefpost, andere überhaupt nicht. Es wird schon wieder solange werden bis man mal auf Urlaub kommen kann. Voraussichtlich *wenn* bis dort hin noch Krieg ist. Vielleicht gewinnen wir ihn mal ganz unverhofft, mal über Nacht. An der Wolga ist es Scheiße. Was manchmal durch so ein armes Landserlein durchgeht. Manchmal könnt ich heulen wie ein kleines Kind. Gestern Abend hab ich Blinsen gebacken und in der Nacht waren unsere lieben Mäuse drüber und haben unheimlich draufgeschissen. Trotzdem habe ich sie gegessen den wenn andere noch warmes Pferdefleisch noch roh essen kann man das bestimmt auch ertragen.

Wenn ich früher mit 5 *Kronen* Sonntags loszog, zu Tanz und noch vieles, ist doch eine herrliche Zeit gewesen. Jugend-Zeit wo bist Du hin. Bin schon immer etwas krumm gelaufen, aber nach dem Krieg lauf ich bestimmt gebückt. Ob der Weltkrieg im Vergleich zu diesem Krieg ein Krieg gewesen ist? Der dumme Russe, warum macht er nicht Schluß? Seit kurzem rauch ich ein wenig und wenn es gibt, sauf ich viel Schnaps, alles, warum? Weil ich langsam dumm werd. Wenn noch weniger Post kommt, bitte sei mir nicht böse, aber es hat ja so keinen Wert das viele geschreibe. Mach Dir deswegen keine Sorgen, Dein Gustl schlägt sich durch so gut es geht. Zum Schluß seid alle recht herzlich gegrüßt von Eurem Gustl.

[…]

Otto Baaske
** 1902, Unteroffizier, vermißt*

Dienstag, d. 5. Jan. 43

Meine Lieben Daheim!
Heute wird es wieder einmal nur ein Kurzbrief. Aber etwas mehr als auf einer Karte ist doch im Briefchen drin. Mir geht es immer noch gut. Und wenn Ihr dieses immer lesen könnt, freut ihr Euch sicher am meisten. Seit gestern brausen wieder einmal die Winterstürme über die Steppe. Und diese Stürme haben es in sich. Es ist nur gut, dass kein Schnee dabei ist. Das Wetter ändert sich hier eben sehr schnell. Vorgestern hatten wir das schönste Frühlingswetter. Ach, wenn der Sturm nicht wäre, wäre es auch gar nicht so kalt. Gestern und auch heute war ich wieder nach Brot. Da wurde ich heute tüchtig durchgepustet, aber die Winterluft ist ja gesund, wenn man sonst warm angezogen ist. Ich freue mich, dass ich mir im vorigen Jahre die Filzstiefel gekauft habe. Die Kameraden beneiden mich oft darum. Es sind jetzt nicht viel Uffz., die nach Brot fahren können. Einige sind auf Wachkommando und andere Uffz. haben ständig anderen Dienst. Ich fahre aber gerne nach Brot, denn da fällt immer etwas dabei ab. Wir bekommen jetzt, wo wir nicht backen, nämlich auch das Brot zugeteilt, und da heißt es tüchtig einteilen. Also da kann man schon ganz gut einen kleinen Zuschuß gebrauchen. Wir würden aber lieber wieder selbst backen. Aber wir haben hier kein Holz und auch die Wasserverhältnisse sind sehr ungünstig. Im Winter ist eben nicht viel los mit Krieg spielen. Die Menschheit ist eben nicht weit genug fortgeschritten, sonst würde sie sicher immer nur im Sommer Krieg machen. Der Russe denkt aber gerade im Winter hat er Chancen. Aber auch da wird er sich verrechnen. Nun Gott befohlen. Recht herzlich grüßt und küsst Dich und alle meine Lieben
Dein Otto

Max Breuer
** 1909, Gefreiter, in Gefangenschaft gestorben*

Rußland, den 5.1.43

Mein liebes Frauchen!
Ich wollte zwar erst morgen schreiben, aber eine erschütternde Nachricht zwingt mich dazu, es heute schon zu tun. Heute Nacht ist Heinrich Hinselmann gestorben. Er wurde gestern nachmittag erkrankt aus der Feuerstellung gebracht. Ich habe ihn sofort aufgesucht, aber er war so krank u. schwächlich, daß man sich nicht mehr mit ihm unterhalten konnte. Ich nahm an, daß er stark erkältet und heiser war. Heute morgen verständigte mich der Spieß, daß er an Angina mit anschließender Sepsis gestorben sei (nachts gegen 1/2 Uhr). Das ist mir doch sehr nahegegangen. Morgen Mittwoch wird er beerdigt. Ich werde zum Begräbnis gehen und einige Aufnahmen machen, den Film werde ich Dir schicken, Du kannst ihn dann Dr. Hinselmann geben. Verständige Du aber bitte seine Angehörigen nicht. Das muß durch die Ortsgruppe geschehen. Wenn Hinselmanns die Nachricht erhalten, werden sie Dich schon anrufen. Du kannst Dich ja mal in ein paar Tagen nach ihrem Sohn telefonisch erkundigen.

Hier ist es inzwischen sehr kalt geworden. Ich kann vor Kälte kaum schreiben. Unsere Bude ist ziemlich kalt, da wir kein Holz mehr haben. Aber ich will nicht klagen, andere haben mehr auszustehen. Und bald ist der Winter ja rum. Post haben wir noch keine erhalten. Mir geht es zeitgemäß noch gut. Wenn wir mehr Brot bekämen, würde ich mich sauwohl fühlen. Wie geht es unseren Sprößlingen. Wenn Du noch Päckchenmarken hast, so schicke Päckchen mit leckeren Sachen. Sie werden mich, wenn auch verspätet, schon erreichen.

In Eile herzliche Grüße u. 1000 Küße
Euer Vati

Werner Bühnemann
** 1905, Gefreiter, vermißt*

Im Felde, den 6.I.1943

Mein Lieber Rolf-Hartmut, liebes Geburtstagskind!
Du wirst nun schon 7 Jahre alt, und es ist Dein zweiter Geburtstag, den ich nicht mit Dir zusammensein kann. So sende ich meine herzlichsten Geburtstagswünsche aus dem bösen Rußland, weit von der lieben Heimat und Euch entfernt. Mein heißester Wunsch ist, daß ich Euch erhalten bleibe, damit ich auch in Zukunft für Euch sorgen kann. Du aber mein lieber Junge, sollst ebenfalls schön gesund bleiben und ein tüchtiger Hitlerjunge und später ein ganzer Mann werden. Was ich im Augenblick alles auf dem Herzen habe, kann ich leider nicht schreiben, dazu fehlt mir die Zeit. Du sollst aber doch wenigstens einen kurzen Geburtstagsbrief von Deinem Vati haben.

Hoffentlich seid Ihr zu Hause alle gesund, auch mir geht es noch gut, wenigstens so gut, wie es hier zur Zeit möglich ist, aber auch bei uns wird sich bald alles wieder zum Guten wenden, dann habe ich auch wieder Zeit und Gelegenheit, Euch in Ruhe ausführlich zu schreiben. Auf dem schönen Bild, das Mutti mir mitgeschickt hat, habe ich gesehen, daß Ihr Drei tüchtig gewachsen und große Kinder geworden seid. Ich habe Euch ja fast ein ganzes Jahr nicht mehr gesehen, hoffe aber doch, im Sommer mal auf Urlaub zu kommen.

Bleib weiter schön gesund, mein lieber Junge, sei in der Schule fleißig und mache uns allen auch in Zukunft recht viel Freude. Behalte Deinen Vati lieb, so wie ich Euch alle immer lieb haben werde.

Mit vielen Grüßen und tausend Küssen
Dein Vati.

Joseph Bahles
** 1914, Unteroffizier*

Im Osten, den 7. Januar 43

Lb. Lotte!
Die besten Grüße aus dem Osten sendet bei bester Gesundheit Dir Dein Männe.

Habe nun schon wieder 8 Tage lang keine Post erhalten, und so habe ich auch mit meinem Schreiben immer gewartet bis daß ich auf einen Deiner lieben Briefe Antwort schreiben könnte. Nun so will ich aber jetzt nicht länger zögern und Dir einige Zeilen schreiben. Warten auf Deinen lieben Mann mußt Du ja sowieso so lange bis daß Du ihn mal wieder in die Arme nehmen kannst. Aber zum Trost dafür werde ich, soviel ich kann, schreiben.

Vorerst einige freudige Mitteilungen. Habe am Silvester das EK II. Kl. durch den Div.-Kdr. verliehen bekommen. Für die Verteidigung einer Werkhalle, wo ich mit einigen Leuten eingeschlossen war. Mein Kompaniechef und 2 Zugführer waren gefallen, und so hatte ich für Stunden die Kompanie zu führen. Noch nachträglich will ich Dir Mitteilung machen – weiß nicht, ob ich es in einem der letzten Briefe gemacht habe – daß ich zur Infanterie abgestellt war, aber nun wieder bei meinem alten Haufen bin. Ja, es geht nichts über den alten Kameradenkreis, wo man den ganzen Feldzug mitgemacht hat. Viele sind ja nicht mehr bei uns. Am Tage, als ich zurückkam, hatten die Flieger wieder 4 Kameraden aus unseren Reihen gerissen. Ein Volltreffer auf den Bunker der Zahlmeisterei und den Handwerkerbunker. Auch mein alter Bunker war zum Teil zerstört.

Liege nun mit dem Oberbesch... in einem ganz kleinen Bunker, 2 m im Quadrat. Aber es ist doch noch ganz gemütlich hier drin. Nur die gute Verpflegung und ab und zu ein guter Schluck Wein oder Schnaps, das fehlt. Zur Zeit gibt es 100 g Brot und 1 l Suppe zu Mittag und abends 1 l Tee, dann ist es aus. Dabei, liebes Lottekind, kann man schlank werden wie eine Tanne. Also braucht man sich bei uns keine Sorge machen, daß man zu dick wird. Aber nur gute Hoffnung, Mut und Stimmung, und auch diese Zeit wird vorübergehen.

Ja, kannst ja mal den Sommeranzug zurechtmachen, denn vorher wird es doch nichts mehr mit Urlaub. Heute haben wir den 50. Tag, wo wir eingeschlossen sind. Und Kampfgruppe Scherr war 101 Tage eingeschlossen. Aber ich glaube, daß wir ihn übertreffen werden. Nun noch eins, liebes Lottekind, hast Du mir schon Päckchen abgeschickt? Wir bekommen ja zur Zeit nur ab und zu einen Brief. Päckchen werden keine an uns befördert. Also wenn Du noch Marken hast, so spare sie auf bis später mal, oder wem sonst jemand ihr ein Päckchen zu schicken habt, könnt sie ja benutzen. Ja, die vielen Weihnachtspäckchen sind wohl alle verlustig. So wie auch viele Post, die nicht ihr Ziel erreicht. Wenn mal nicht eben laufend Post kommt, so nicht gleich das schlimmste denken.

Bitte nochmals um ein schön großes Foto von Dir, weil die anderen im alten Bunker zerstört wurden. Auf Wiedersehen im Mai. Es grüßt Dich aus weiter Ferne mit einem lieben Kuß und einem herzlichen Händedruck Dein Dich sehnlichst liebender Männe. Grüße mir Vater, Mutter, Hilde, Robert, Willi, Onkel Franz, Onkel Otto und alle anderen. Bitte Anschrift von Willi und Robert.

Per Luftpost

Gottfried Gröning
Alter unbekannt, Gefreiter

Im Osten, den 7.1.43

Mein herzgel. Clärchen!
Viele tausend herzliche Grüße sendet Dir, mein liebes Clärchen, Dein Gottfried. Wie geht es Dir noch, Liebste? Hoffentlich noch recht gut, ja? Von mir kann ich Dir noch das allerbeste mitteilen. Liebes Clärchen, endlich komme ich mal wieder dazu, um für Dich ein paar Zeilen zu schreiben. Eine ganze Woche habe ich jetzt schon wieder nicht geschrieben. Liebes Clärchen, sei mir doch bitte nicht böse darum. Ich möchte ja gerne jeden Tag einen schönen Brief für Dich schreiben, aber augenblicklich komme ich einfach nicht dazu. Wir sind augenblicklich nur ein paar Melder und da sind wir fast Tag und Nacht unterwegs.

Ach, liebes Clärchen, wie schön könnte doch alles sein, wenn doch der Krieg nicht wäre. Liebes Clärchen, wir müssen aber nur alles geduldig ertragen und alles so hinnehmen, wie es nun einmal kommt. Wir selber können doch an allem nichts ändern. Wir müssen nur auf den lieben Gott vertrauen und er wird auch schon alles richtig lenken. Hoffentlich hat dieses alles bald ein Ende, damit ich bald wieder für immer bei Dir sein kann. Liebes Clärchen, wie wird denn das Leben wieder schön sein, wenn wir mal erst wieder Tag für Tag zusammensein können, so wie es früher auch immer war. Es wird ja noch wohl etwas dauern, aber einmal muß doch die schöne Zeit wiederkommen. Liebes Clärchen, was gibt es denn noch Neues in der schönen Heimat? Augenblicklich höre ich ja nicht viel aus der Heimat, denn unsere Post kommt ja nicht rüber. Hoffentlich dauert es nicht mehr so ganz lange, bis daß wir unsere ganze Post mal endlich bekommen und die schönen Weihnachtspäckchen. Wenn es doch zu lange dauert, dann wird man doch so langsam ungeduldig, nicht wahr liebes Clärchen? Du mußt ja jetzt auch wohl öfter etwas länger auf Post von mir warten, aber sei darum bitte nicht traurig, mein liebes Kind, sondern tröste Dich mit Deinem Gottfried. Bald wird es ja auch wohl wieder anders sein. Hier ist sonst alles noch so beim Alten. Es ist ja wohl anständig kalt, aber man kann es noch wohl aushalten. Besser wäre es ja, wenn es Sommer wäre, denn Hitze kann man doch noch besser vertragen als wie Kälte. Liebes Clärchen, jetzt muß ich für heute schon wieder schließen. Ich schicke diesen Brief wieder per Luftfeldpost. Liebes Clärchen, denke doch bitte immer an mich. Ich werde Dich auch nie vergessen. Bleibe recht gesund und sei nochmals recht herzlich gegrüßt und heiß geküßt von Deinem ewig treuen Gottfried. Auf Wiedersehen!!!

Friedrich Waldhausen
** 1918, Oberleutnant*

Im Felde, den 7.1.43

Ihr Lieben daheim!
Ich glaube, es ist mal wieder an der Zeit, einen Brief zu schreiben, wenn mir auch gar nicht danach zu Mute ist. Ich habe immer noch keine Post bekommen. Angeblich kommen die Flugzeuge, die uns hier versorgen, von andern Flugplätzen, als wo unsere Post lagert. Wenn ich doch nur eine Bestätigung hätte, daß Ihr wenigstens meine Post bekommt, und Euch nicht unnütze Sorgen um mich macht, dann wäre ich ja schon zufrieden! – Ich bin zur Zeit nicht in bester Verfassung. Der Mensch ist doch ein erbärmliches und kümmerliches Wesen: Jahrzehnte lang geht es ihm gut; da ist er obenauf. Nun wird ihm mal der Brotkorb höher gehängt, schon ist er nicht mehr fähig, einen klaren Gedanken zu fassen; alles Denken und Trachten und Wünschen und Hoffen dreht sich ums Essen. Ich schäme mich vor mir selber, wenn ich mich immer wieder dabei erwische, mir vorzumalen, was ich alles essen will, wenn…, wie schön doch jetzt ein Teller Bratkartoffeln wäre… usw. Man muß mächtig an sich halten, daß man sich vor den Leuten nichts anmerken läßt. Denen geht es ja genau so. – Sicher ich sehe diese ganze Situation an als eine große Härteprobe, die wir ertragen müssen und auch ertragen werden. Und sie wird ja nun wohl auch in nicht allzu langer Zeit bestanden sein. Einst wird kommen der Tag …, dann werden wir vielleicht mal lachen über die jetzige Zeit, hoffentlich! – Aber nun will ich doch wenigstens noch ein bißchen was anderes erzählen, sonst meint Ihr ja vollens, wir hätten hier die Laune verloren. Ich habe drei neue Offiziere in meiner Abteilung bekommen, drei tüchtige Kerle. Der eine stammt aus Lüschows alter Batterie. Eine wertvolle Bereicherung meines Offiziers-Korps! – Mir ist gerade neulich eingefallen, daß ich meinen »militärischen Paten«, den Rittmeister Weigand, ja nun eingeholt habe. Wenn ich seine Adresse hier hätte, würde ich ihm aber schreiben. Jetzt dürfte ich ihn eigentlich »Herr Weigand« anreden, aber »Herr Rittmeister« klingt doch schöner! – Da wurde vor einigen Tagen im Radio

ein Oblt. Walter Nitzsch genannt, der das Ritterkreuz bekommen hat. Ist das etwa der Sohn von Pfarrer Nitzsch? – Ich habe hier in meiner Abteilung jetzt schon zwei Eisenacher aufgetan und einen aus Bauernfeld. Die fahren später alle mit mir zusammen auf Urlaub!

So, nun wünsche ich Euch allen eine gute Nacht und sende Euch viele viele Grüße! Eine Luftpostmarke habe ich nicht mehr. Vielleicht nächstes Mal!

Euer Frieder

Wehne
Alter unbekannt, Gefreiter

St., den 8.1.43

Liebes kleines Herzchen!
Meine Freizeit erlaubt es mir, an Dich paar liebe Zeilen zu schreiben. Damit Du Dir keine Sorgen machst um mich, will ich Dir auch mitteilen, daß ich immer noch gesund und munter bin, was ich auch von Dir hoffe. Lange wird es nicht mehr dauern, mein Herzchen, und wir werden mit unserer ganzen letzten Kraft den Ring um uns zerschlagen und wer das durchhalten und aushalten wird, kommt gesund nach Hause. Ich komme gesund nach Hause. Es sieht sehr bitter und böse um uns aus, aber Deine Liebe und Deine Treue geben mir die Kraft, um all das durchzumachen, was uns noch bevorsteht. Über das Vorübergegangene wollen wir schweigen, denn es war grausam. Vor paar Tagen fiel mein bester Kamerad Willi, von dem ich Dir auch erzählt habe und ich kann es noch gar nicht fassen. Ja ja, und so geht einer nach dem anderen, mein bestes Frauchen. Post kam keine und vorläufig wird auch keine kommen, denn die Flugzeuge haben zu tun, daß sie uns etwas Verpflegung und Munition bringen, wir werden es schon schaffen. Auch wenn es noch so schwer fällt und noch so viel Blut fließt. Dein Schnuller ist ein ganzer Kerl und wird sich schon tapfer schlagen. Du in der Heimat und ich hier draußen. Kampf, Arbeit und schwere Stunden, mein Herzchen, haben wir hinter uns, aber

Bis zum 16. Januar gab es noch regelmäßigen Flugverkehr.

auch noch vor uns und dann kommt das Glück. Unser großes Glück, auf das wir uns so freuen. Es kommt, mein Herzchen, denn ich komme wieder. Alles Gute und alles Glück, mein Herzchen. Viele Grüße und herzliche Küsse von Deinem Schnuller.

Simon Krings
** 1911, Dienstgrad unbekannt, vermißt*

9. Jan.

Liebste Ria!
Ich komme einfach nicht zum Schreiben. Nun ist aber meine rechte Hand bis auf den Ringfinger sehr gut geheilt. Auch ist unser Bunker über Tage etwas leerer geworden, weil einige wieder gesund sind. Jetzt werde ich also hoffentlich mehr schreiben können. Ich bin sicher noch lange Zeit nicht zu körperlicher Arbeit in der Lage. Käme eine Änderung unserer Situation, würde ich vielleicht zur Weiterbehandlung in ein rückwärtiges Lazarett kommen. Bestrahlung etc. So aber halt ich

hier aus und bin wie gesagt nicht einmal böse, weil mir im Bunker viel Kälte erspart wird. Wir alle hoffen, daß wir nach Bereinigung der Situation zurückgenommen werden. Wir haben noch [zensiert] Pferde [zensiert]! Alles [zensiert]!

Verpflegung ist knapp. Kämen nur die Päckchen heran, sie sollen in [zensiert] liegen. Dieser Tage bekam ich Deine DAZ vom 15.12. Sonst letzte Post v. 21.11. Ich will Dir aber nicht den Kopf voll hängen. Ich halte körperlich u. seelisch bestimmt durch und wünsche mir, daß Du auch so tapfer bist. Wir machen hier sehr Schweres durch. Es soll jetzt Post herankommen. Um aber Ärger zu vermeiden, schicke keine wertvollen Päckchen wie Tabak etc. Ich brauche Frostsalbe, Lebertransalbe, was Dir Jevels doch sicher in kleinen Mustertüten besorgen kann. Bis jetzt habe ich also noch kein Päckchen bekommen von Dir, weder 100 g noch große. An Verpflegung bekommen täglich 1 Liter dünne Suppe, 20 g Fett u 1 Scheibe Brot. 3 Zig. Mit Brot soll jetzt besser werden. Wir haben allerdings als Zusatz kiloweise Pferdefleisch. Vor allen Dingen habe ich fast täglich meine 2 Pfund Leber gebraten. Da ich den ganzen Tag schlafe, bin ich noch ziemlich wohlauf, allerdings mager wie ein Schuljunge. Aber wie gesagt, ich komme durch, denn ich habe immer ungebrochenen Lebenswillen, den viele hier nicht haben. Von Lennartz schreibst Du nichts mehr. Wir wollen sehen, daß zum Frühjahr oder Sommer etwas klappt. Der Beginn unserer jetzigen Situation steht im Herresbericht v. *23. oder 24. Nov.* den Dir Frl. Schuricht nachbesorgen kann. War sie schon bei Dir zum Kaffee. Lad sie doch ein.

Nun mußte ich schon wieder unterbrechen wegen Dunkelheit. Heute morgen war ich beim Arzt, da ich am linken Handgelenk wieder einen solchen Knuttel bekomme. Es sind langwierige Geschichten, die ich aber nicht als gefährlich betrachte. Jedenfalls befreien sie mich heute von jedem Dienst, ich brauche keine Wache in der Nacht zu stehen, meine Erfrierungen heilen glänzend aus, so daß ich heute schon keinen Verband mehr an der Hand habe. Die Schmerzen an den Entzündungen sind auch zu ertragen, wenn ich den Gelenken Ruhe lasse, was der Fall ist, wenn ich den ganzen Tag im Bunker liege.

Man erzählt seit gestern von umfassenden deutschen Gegenmaßnahmen. Auf der anderen Seite wirft der Russe Flugblätter.

10. Jan.

Ich war gestern beim Arzt, der mich sehr bedauerte, weil er mir unter normalen Umständen eine Behandlung im rückwärtigen Lazarett verschaffen würde. Ich bin aber, wenn ich die Gelenke nicht belaste, ziemlich schmerzfrei. Die Sehnen werden auch wieder ihre normale Länge bekommen. Rechts kann ich den Löffel noch nicht zum Mund führen. Das hindert insbesondere auch beim Läusefangen. Läuse haben wir inzwischen Millionen. Was sehne ich mich nach einem frischen Bett und Bad usw. Im Übrigen geht es mir aber gut. Ich habe inzwischen wieder alles zusammen. Nähzeug, Schere, Taschenmesser, gr. Brotmesser und alle Dinge, wegen denen ich Dich ums Päckchen gebeten hatte. So geht es hier. Heute fehlt es einem, morgen findet man und hat im Überfluss. Schicke also ruhig 100 g. Päckchen, aber nur solche, deren Verlust nicht allzu ärgerlich ist. Also Selleriesalz, Mehl, Graupen, Hafermehl etc. So etwas kann man immer brauchen, auch wenn unsere Verpflegung wieder normal sein wird.

Von Euch hoffe ich, daß Ihr bei bester Gesundheit seid. Ich werde in den nächsten Tagen schon wieder schreiben, nachdem ich ziemlich Luftpostmarken gesammelt habe. Eines Tages komme ich doch nach Hause und hoffe, Euch dann wieder Freude, Frieden usw. ins Haus zu bringen. Bis dahin wollen wir tapfer aushalten.

Hat die Raifei auch Gratifikation geschickt? Ich habe jetzt 400 M bei mir. Demnächst schicke ich Dir davon. Zunächst habe ich immer bei mir behalten. Wenn wir einmal in ein anderes Land zurückgenommen werden, will ich nicht so knapp sein, wie in Frankreich.

Für heute also alles Gute.

Es herrscht hier normale Kälte. Im Bunker ist es warm. Jeden Tag holen wir ein Stück Stalingrad zum Heizen.

Viele Grüße + Küsse

Dein Simon

Karl Augustinus
Alter unbekannt, kath. Militärpfarrer, vermißt

G. bei Stalingrad, 10. Jan. 43.

Liebste Mutter und Schwester!
Heute muß ich noch einen Brief schreiben. Ich hoffe, daß ich diesen Brief mit dem Flugzeug wegbringen kann. Unsere Lage hat sich, seit ich das letzte mal schrieb, wesentlich verschlechtert. Wir sind weiter zusammengedrängt worden und führen seit Tagen einen verzweifelten Kampf. Viele unserer Hoffnungen auf Hilfe sind dahingeschwunden, wenn es auch nicht alle sind. Die göttliche Allmacht kann noch ein Wunder wirken. Unbeschreibliches haben wir in den letzten Tagen durchgemacht und es steht uns wohl noch schlimmeres bevor. Ich lerne jeden Tag mit dem Leben abzuschließen, und wenn der Herrgott das Opfer von mir verlangen sollte, bin ich bereit. Oft bete ich das Gebet, das mir eigentümlicherweise in den früheren Jahren oft durch den Sinn ging:

»Wenn ich einmal soll scheiden, dann scheide nicht von mir.
Wenn ich den Tod soll leiden, dann tritt Du dann dafür.
Wenn mir am allerängsten wird um das Herze sein,
Dann reiß mich aus den Ängsten, kraft deiner Angst und Pein.«

Die Tage sind voll ungeheurer Belastung für uns, aber Gottes Hilfe hat mich bis heute noch nicht verlassen. Namenloses Elend, Tod und Zerstörung ist hier. Von den meisten, die hier sterben, werden die Angehörigen nie eine genaue Nachricht erhalten: Sie werden als vermißt gemeldet, aber sie sind tot.

Wenn je eine derartige Nachricht zu Euch kommen sollte, dann dürft Ihr annehmen, daß ich unter denen bin, die verwundet, gefangen, erfroren oder verhungert hier geopfert worden sind. Ich bitte Euch darum, daß Ihr dann die Seelenopfer für mich veranlaßt. Ich glaube nicht, daß ich die Strapazen und Leiden lange ertrage, wenn es zum Äußersten geht. Ich sehe, daß eine Nacht genügt, einen Menschen in der Kälte umzubringen. Ich habe mein Leben einst in der Weihe auf den Altar der Gottesmutter von Schönstatt gelegt, und es bleibt ihr überlassen, wie sie dieses Versprechen einfordern will. »Tue uns, was Deine Liebe am liebsten mit uns tut.« Und wenn Ihr dieses Opfer bringen müßt, dann wißt, dass Ihr der Jungfrau-Mutter am Kreuze ähnlich geworden seid. Ich will jedenfalls an dem Kreuze aushalten, zum Wohle unseres Volkes, meines Vaterlandes und der Kirche. Sehr bitter ist mir der Gedanken, daß Max auch hier ist und wir möglicherweise das gleiche Schicksal teilen. Ich habe feste Hoffnung und bitte Gott, daß es nicht soweit kommt. Aber selbst in diesem äußersten Fall habt Ihr noch eine große Aufgabe an unseren Kindern, die Ihr dann zu gläubigen und edlen Menschen machen müßt für eine bessere Zeit. Immer hat mich der Gedanke an die Ewigkeit mehr ergriffen und getröstet: Von dort aus werde ich Euch besser lieben und Euch besser dienen können wie hier. Vielleicht wird Mäxe, der liebe kleine Bruder meiner Seele, selbst einmal Priester oder doch ein priesterlicher Mensch. Dann wäre mein Leben nicht umsonst gewesen. Verzeiht, daß dies so etwas wie ein Abschiedsbrief geworden ist. Ich weiß nicht, wieviel Tage mir noch bleiben, Gott weiß es. Und dies wollte ich Euch zur Kenntnis bringen.

Grüßet alle, die mir teuer sind und saget ihnen, daß ich für sie diesen Weg zu Ende gehen will, wenn es sein muß. Ihr habt mir unendlich viel Gutes getan im Leben, und was ich geworden bin, bin ich durch Euch geworden. Was ich Euch an Leid zufügte, bitte ich Euch zu verzeihen. Von dort werde ich Euch ja alle sehen können und die heiligen Orte, die mir lieb sind. Es war für mich eine große Gnade, dass ich in den letzten Wochen fast täglich das heilige Opfer darbringen konnte. In der Ewigkeit werde ich die himmlische Liturgie und das himmlische Hochamt feiern.

Vor einigen Tagen fiel hier ein Mitbruder von uns, der zweite an diesem Orte. Auf die Frage, was man seinen Angehörigen schreiben sollte, sagte er: »Schreiben Sie, sie sollen ein frommes Leben führen, das sie auch dorthin kommen, wo ich bin.«

Das Wirken in Ulm steht mir als glückliche Erinnerung in meiner Seele und obwohl ich vieles hätte besser machen müssen, hoffe ich doch, daß einigen Menschen das reine Licht der göttlichen Liebe durch mich aufgeleuchtet ist.

Nachdem ich Euch nun dies geschrieben habe, gehe ich ruhiger in die kommenden Tage hinein. Ich kann nirgends hinfallen als in die Arme Jesu hinein. Und die allerseligste Jungfrau wird mir in der Todesstunde entgegenkommen. Alle, denen ich im Sterben beistand, werden auch mir beistehen. Ich bete viel den Rosenkranz und hoffe auch in der Todesstunde noch beten zu können. Ob wir uns nun hier oder dort wiedersehen, immer trage ich Euch in der Seele.

Brennet, bitte, wenn Ihr diesen Brief erhalten habt, 7 Tage lang in der Gnadenkapelle auf dem Schönenberg ein Licht als Bitt- und Dankopfer, sofern dies Euch möglich ist.

Mit dem priesterlichen Segen Jesu Christi und mit heiligem kindlichen und priesterlichen Kusse

Verbleibe ich für Zeit und Ewigkeit

Euer Karl Augustinus

Otto Baaske
** 1902 Unteroffizier, vermißt*

Montag, d. 11. Jan. 43

Meine Lieben daheim!
Es ist nun aber wirklich Zeit, dass ich mal wieder schreibe. Der Brief hier war eigentlich schon am Sonnabend fällig. Will diesen Brief hier deshalb als Luftpostbrief schicken. Zu einem Sonntagsbrief bin ich gestern gar nicht gekommen, obwohl ich es mir fest vorgenommen hatte. Am Vormittag war ich wieder zum Brotempfang. Nachmittag um 15 Uhr waren wir erst zurück. Da habe ich dann Mittag gegessen. Nach dem Mittagessen wurde ich plötzlich so müde und legt mich zu einem Schläfchen hin. Da kam die wenig erfreuliche Nachricht, dass ich noch einmal nach Brot fahren soll. Es war schon 18 Uhr geworden. Nachts um 1 Uhr war ich glücklich mit dem Brot zurück. Es gab so allerhand Hindernisse bei der Fahrt. Die Straße war vereist und durch Schneeverwehungen schlecht befahrbar. Einmal sind wir sogar im Schnee steckengeblieben. Zum Glück war noch ein Fahrzeug dabei, das uns rausziehen konnte. Wir können aber noch froh sein, dass in diesem Jahre

der Winter nicht so streng ist. Ein Drittel des Januar ist schon rum. Um nicht noch einmal im Schnee steckenzubleiben habe ich dann auf der Rückfahrt fast die ganze Strecke auf dem Trittbrett gestanden. Wir hatten eine ziemliche Last auf dem Wagen und wenn wir da in den Graben gerutscht wären, wären wir allein auch nicht mehr herausgekommen. Der Herr hat mich wieder einmal wunderbar bewahrt. Wie gut habe ich es doch, dass ich immer mit ihm rechnen darf. Er kann mich auch gesund wieder zu meinen Lieben nach der Heimat bringen. Und dann habe ich ja auch die Gewissheit auf eine selige Ewigkeit. Droben im Licht sehen wir uns alle wieder. Wie arm sind doch die Menschen, die diese Hoffnung nicht haben.

Mir geht es gesundheitlich immer noch gut. Von Euch Lieben hoffe ich dasselbe. Wie die Post nur erst wieder regelmäßig gehen würde. Na, das wird auch wieder werden. Es ist nun möglich, dass ich einige Tage nicht zum schreiben komme. Die Hälfte der Komp. geht morgen wieder einmal auf Fahrt. Wir beziehen eine andere Unterkunft. Sicher werden wir aber auch noch einige Bunker bauen müssen. Bei dem gefrorenen Boden wird es ja etwas schwierig werden. Bauholz haben wir auch so gut wie gar keins. Aber wir werden schon Bunker zusammen bringen. Wir wissen uns schon zu helfen. Einige Tage wird es wieder dauern, ehe wir uns eingerichtet haben. Es ist eben Krieg und da muss man schon Anstregungen auf sich nehmen. Heute hatten wir wieder Brotausgabe. Es hat wieder einmal alles gestimmt und das ist die Hauptsache. Nun Gott befohlen. Recht herzlich grüßt und küsst Dich und alle meine Lieben

Dein Otto.

Unbekannt

12.1.43

Mein lieber Freund!

Vor allem viele herzliche Grüße und vielen Dank für deine liebe Karte die ich heute erhalten habe. Ich nehme an daß du im Urlaub warst nach der Anschrift (Ritzerdorf) du Glücklicher! Und wo bist du jetzt? Du schreibst deine Feldpostnummer werde ich so wissen, ich habe aber erst heute dein erstes Schreiben erhalten. Oder hast Du schon öfters geschrieben? Wir sind seit den 25. November wieder eingeschlossen und mit der Post steht es schlecht. Die Ju's und in letzter Zeit auch die Kondors bringen ja fleißig Munition und Verpflegung, aber für so viel reicht es halt nicht immer. Ja jetzt ist es wieder eine Zeit recht scheiße. Die Verpflegung knapp, dünnes Mittagessen, jeden Tag nur Wassersuppe und 200 gr Brot, etwas wenig was? Das letzte Pferd ist schon lange aufgefressen und keine Ahnung wann die Scheiße ein Ende hatt. Also Dir wird es ja besser gehen. Vor 2 Tagen hatt der Hundsrusse mit sehr starken Kräften hier in unserer Nähe angegriffen, wurde aber wieder zurückgeschlagen. Jetzt haben wir auch am Flugplatz Stuka bekommen und heute sind sie Einsatz geflogen. Hoffentlich haben sie den Hunden tüchtig eins ausgewischt. Wir sind seit den 25. November von unserer Stellung weg, (Du weißt ja die schöne Balka wo der Russe immer herüber gefunkt hatt.) Jetzt sind wir auf Luftabwehr beim Flugplatz eingesetzt. So hatt sich viel ereignet seit daß du weg bist und sei froh das du noch rechtzeitig weg kamst. Sonst geht es mir ja ganz gut, bis auf den Hunger, na aber das wird ja auch wieder ein Ende nehmen. Ich bin eigendlich auch seit dem 9. November versetzt zur 17. Flakdivision zu einer Sanitätsbereitschaft. Aber wie ich schon immer Pech habe, wurde die Sache wieder verschleppt und ich sitze jetzt auch noch in der Falle. Nun auch das wird wieder ein Ende nehmen.

Also schreibe mir wo du jetzt bist und wie es dir geht, ich bin neugierig ob dus besser getroffen hast. Ich dachte schon du hättest auch auf mich vergessen um so mehr freut mich deine liebe Karte.

Nochmals herzliche Grüße dein Freund
und Kamerad Hans

Anton Rieser
** 1911, Obergefreiter, vermißt*

In der Nacht vom 12. auf 13. Januar 43

Mein lieber Vater, dramatische und ereignisreiche Tage liegen hinter uns, mancherlei Gefahren gingen vorüber, man war jeden Tag froh, das Leben neu geschenkt erhalten zu haben.

Heute nun komme ich zu Dir, unserem lieben alten Herrn, weil ich außer Dir nur mit Liesel so ein ernstes Wort sprechen kann. Meiner herzensguten Liesel gegenüber, dem liebsten treuen Kameraden der schönsten und glückvollsten Zeit meines Lebens, will ich das nachher tun, es fällt mir unendlich schwer, meiner lieben Liesel und Euch Sorge zu machen damit, umsomehr, als ich noch gesund und wohlauf bin. Ein widriges Geschick ist gegen uns, und am Himmel dieses russischen Staates ziehen drohend wie dunkle Wetterwolken mancherlei Gefahren herauf. Ob wir allen Gefahren entrinnen, ist unbestimmt und liegt in des Schicksals Hand, dessen Gewalt wir in diesen Tagen mehr als jemals spüren. Ich werde die Flügel niemals hängen lassen, und, wenn nötig und möglich, mit allen Kräften und Mitteln versuchen, mich durchzuschlagen und wenn's um die halbe Welt gehen müßte. Dabei baue ich auf meine Gesundheit und meine Sprachkenntnisse. Sollte es aber anders beschlossen sein, dann bitte seid nicht allzu traurig. Ich bin dankbar für eine wundervolle Jugendzeit im Elternhaus, für die Erziehung und all Eure vielen Opfer für mich lieber Vater. Und nachher schenkte mir das Leben eine prächtige Frau und bloß Glück und Sonne. Das Herzeleid meiner lieben Liesel hätte dieses gute Menschenkind nicht verdient. Aber wir wollen allen Gefahren offen ins Auge schauen miteinander, gelt.

Ich bitte Euch wie immer, haltet Frieden zusammen, laßt unsere Anne und den lieben Sepp was Rechtes lernen und seid bitte immer rücksichtsvoll und nett zu meiner zartempfindenden Liesel. Und »Noch ist Polen nicht verloren«! Wie immer danke ich herzlich für alles Gute, was ich von meinem lieben Elternhaus empfing und grüße Euch ganz herzlich. Auf Wiedersehen

Euer Tone

Blasius
Alter unbekannt, Wachtmeister

Mittwoch 13. Januar 1943

Liebe Trude!
Meine Stimmung und unsere Lage ist die gleiche wie gestern. Ich lese gerade ein schönes Buch, das das Schicksal zweier Menschen schildert. Es ist dem unseren so ähnlich, daß ich fast bei jeder Zeile an Dich denken mußte.

Bis morgen!
Herzlich Vater

Rudi Schorn
Alter unbekannt, Obergefreiter

Im Osten, den 13.1.43

Lieber Vater!
Ich will Dir nun kurz wieder ein paar Zeilen schreiben. Zuletzt schrieb ich Dir am 7.1. Hast Du den Brief schon erhalten? Ja, lieber Vater, nun sitzen wir schon anderthalb Monat in diesem Loch und es besteht fast keine Hoffnung, daß wir in absehbarer Zeit hier herausgehauen werden. Ja, ich will Dir gleich reinen Wein einschenken. Es ist nämlich eher das Gegenteil der Fall. Seit dem 10.1. greift der Russe unablässig an. Er versucht jetzt mit aller Macht, eine Entscheidung zu seinen Gunsten herbeizuführen. Hin und wieder belegt er unseren Flugplatz mit weitreichenden Geschützen. Alles in allem, lieber Vater, unsere Lage ist ernst. Das muß ich Dir schreiben, damit Du im Falle eines Falles nicht zu sehr überrascht bist. Doch nun fort mit diesen Gedanken. Hoffen wir, daß uns das Schicksal noch einmal gnädig ist. Soeben wird durch den Rundfunk bestätigt, daß der Kommandeur unserer Flakdivision, Generalmajor Pickert, das Ritterkreuz erhalten hat. Uns beseelt nur eines, daß wir wieder gesund aus diesem Kessel herauskommen. Sonst lieber Vater, geht es mir den Umständen nach noch ganz gut. Und wie sieht es bei Dir aus? Wenn nur der Januar schon mal um wäre. Nach unserer Meinung ist dann das schlimmste überstanden. Sonst ist alles klar. Werde in wenigen Tagen wieder

schreiben. In der Hoffnung, daß Du noch gesund und munter bist grüßt Dich recht herzlich
Dein Rudi

Grün
Alter unbekannt, Obergefreiter

zwischen Wolga und Don, 13.1.1943

Liebe Eltern und Edmund!
Da ich nicht weiß, ob Ihr meine letzten Karten alle erhalten habt, will ich heute mal durch Luftpost schreiben und hoffe, daß Ihr noch wohlbehalten alle seid! Die Lage ist eben so, daß ich genau wie damals im Oktober, als ich zur Kompanie kam, auch keine Post erhalten habe wie jetzt, bloß sind die Umstände heute anders. Damals griffen wir an in dem großen Ringen um die Stadt und heute versuchen die Russen, die eingeschlossene Festung in ihre Hand zu bringen. Aber trotz Hunger, Not und Kälte wird ihnen das nicht gelingen, denn die Verteidiger der Stadt, wir alle wissen, was uns blühen würde, wenn wir in russische Gefangenschaft gerieten, davon hat man schon so viel von ihrer Grausamkeit erlebt, erst dieser Tage wurde ein Gefreiter, der von einem russischen Spähtrupp gefangen genommen wurde, bei einem Gegenstoß, wobei die meisten Russen vernichtet wurden, gefesselt und mit Genickschuß aufgefunden! Jeder Tag, den wir ja länger aushalten, bringt uns ja auch der Freiheit näher und wenn der Januar erst vorbei ist, wird auch für uns wieder das Rollen beginnen. Aber die 20° und mehr Kälte, welche jetzt hier herrschen, hemmen ja alle Operationen! Was unsere Infanterie und alle vorn eingesetzten Teile bei dieser Witterung, Schneestürmen und mangelhafter Verpflegung heute leisten, ist glaube ich, durch nichts in der Welt zu übertreffen. In schwerstem russischen Feuer und Fliegerangriffen, verlaust und verdreckt, wochenlang nicht gewaschen, das kann nur der ermessen, wie ich, der selbst bei der Infanterie gewesen ist! Aber trotz allem gibt man nicht die Hoffnung auf, denn in diesem Kriege müssen wir ja die Sieger sein, weil sonst ja alle Not und die Opfer der

vielen Kameraden umsonst gewesen wären! Von mir kann ich schreiben, daß ich gesund bin und wie immer den festen Glauben habe, auch mal wieder nach Hause zu kommen und hoffentlich recht bald! Zum Schluß noch herzliche Grüße auch an alle Verwandten und Familie Kemmerer Euer Grün

Alfred Frank
Alter unbekannt, Oberleutnant

13. Januar 1943

Liebe Eltern!
Jede Gelegenheit will ich nutzen, Euch Nachricht von mir zu geben. Denn ich kann mir gut vorstellen, wie sehr Ihr auf welche wartet, zumal Ihr sicher von unserem augenblicklichen Schicksal wißt. Macht Euch aber bitte keine unnötigen Sorgen. Die schlimmsten Tage sind längst vorüber und es wird nicht mehr allzu lange dauern, bis dieses Kapitel wieder zu unseren Gunsten abgeschlossen ist. Der Russe macht zwar alle Anstrengungen, hier eine Entscheidung herbeizuführen. Gerade in dieser Woche hat er wieder einmal alle Reserven an einen verhältnismäßig kleinen Frontabschnitt geworfen. Doch auch dieses Beginnen scheiterte an unserem zähen Widerstand und nun wird er wieder für einige Wochen Ruhe halten – und bis dahin wird sich so manches auf unserer Seite ereignet haben, was Luft schafft. Dazu kämpft der General Winter in diesem Jahr auf unserer Seite. Es ist wirklich ein Glück, daß der Winter so mild ist, wohl waren es gestern wieder einmal –22° aber was ist das schon bei der guten Winterausrüstung, es ist das die normale Winterkälte, auf die eben jeder zu dieser Jahreszeit körperlich eingestellt ist. Und kälter wird es nicht mehr werden, am 20. ist Vollmond und dann klingt die Kälte wieder ab. Der Februar wird bestimmt wieder ansteigende Temperaturen bringen und der März, da beginnt wieder der Frühling, eine von jedem Beteiligten wohl begeistert begrüßte Jahreszeit. Und dann sind wir wieder in unserem Element und es wird ganz gewaltig im Karton brummen. Es wird eine fürchterliche Abrechnung geben! Das walte Wotan. Was macht der Winter bei Euch? Ich

glaube, auch Ihr werdet froh sein, daß er so milde ist, denn die Kohlenvorräte sind sicher nicht so gut gemessen wie in den vergangenen Jahren. Ist Kurt schon in heimatlichen Gefilden eingetroffen oder bewegt er sich noch immer im besetzten Ostgebiet? Möglich wäre es durchaus, denn auch dort sind Schulen für O.Anwärter; und erst nach Besuch der Ausleselehrgänge kommt er ja auf die Kriegsschule. Bis zur Kriegsschule wird er noch manches lernen müssen – doch das schafft er, die Kriegsschule wird dann für ihn eine Kleinigkeit bedeuten, sozusagen kleine Fische! Der Weg aller militärischen Erfolge ist halt einmal schmal und sehr gewunden, ob das nun die Erreichung eines höheren Dienstgrades ist oder kriegerische Taten, das spielt keine Rolle – es gilt stets das alte Wort der noch viel älteren Römer »per aspera ad astra«. Gerade eben kommt die Nachricht, daß unser General das Ritterkreuz erhalten hat. Eben mußte ich wieder einmal raus, da gerade eine »Nervensäge« (das ist ein ganz billiges russisches Flugzeug, Doppeldecker, der Bomben schmeißt) in der Luft herumgurkte. Der Flugapparat ist so primitiv, daß er vom alten Lilienthal stammen könnte. Der Sage nach schmeißt der Pilot die Bomben mit der Hand über Bord! Doch auch diese Knallbonbons können gefährlich werden. Man ärgert sich gegenseitig nach bestem Können. Somit möchte ich meinen heutigen Bericht abschließen und sende Euch herzliche Grüße und wünsche Euch alles Gute

Euer Albert

Erich Köhlerheinrich
Alter unbekannt, Obergefreiter

Osten, 13.1.43

Meine Lieben!
Nun ist es schon wieder einen Monat her da ich Euch das letzte mal geschrieben habe. Inzwischen ist nun auch das Weihnachtsfest und auch die Neujahrstage vorbeigegangen ohne ein Wort von mich zu geben. Ja Ihr lieben, in der Zeit wo Ihr Euch bestimmt sicherlich wieder sehr viel Sorge um mich gemacht habt, habe ich aber auch eine harte Zeit hinter mir. Zunächst

hoffe ich das Ihr das Weihnachtsfest und das neue Jahr gut verlebt habt. Ich habe in diesem Jahr eine sehr schlechte Weihnacht und auch Neujahr feiern können. Es hat bei uns nichts gegeben, nichts an Süsigkeiten und dergleichen und nichts zu Trinken. Wir sind auch nun schon wieder seid dem 19.11.43 eingeschlossen und haben seid dem Tage an eine sehr dünne Verpflegung. Sie besteht täglich aus 200 gr. Brot u. 50 gr. Wurst u. 30 gr. Butter. Zu Mittag ist das Essen eine sehr dünne Suppe. Morgens essen wir unsere 3 Schnitten Brot mit Belag und von Mittag 12 Uhr bis andere Morgen 9 Uhr leben wir von der Luft. Das geht nun schon 2 Monate so. Alle Verpflegung und Nachschub mus aus der Luft herbeigeschafft werden. Aus dem grunde kann ich es Euch jetzt auch mitteilen habe ich Euer Päckchen noch nicht erhalten. Da sehr wenig Post durchkommt und auch sehr selten. Hoffe aber das ich auch einmal Glück habe das ich das Päckchen einmal erhalte, denn ab und zu bringt die treue Ju 52 auch Post mit Paketchen mit. Aber in erster Linie kommt doch das andere dran. Ihr glaubt nicht, wie sehr ich mich auf das Päckchen freue um mich auch einmal wieder etwas satt Essen zu können. Wie weh der Hunger tut das habe ich ja zu genüge gelernt. Habe auch schon ganz nett abgenommen. Darum habe ich eine große Bitte an Euch, seid so gut und schickt mir bitte mal was zu essen, gerne schreibe ich es Euch ja nicht und ich hätte es selber auch nicht gedacht, das ich dazu noch einmal kommen würde. Ja seit meinem letzten Brief der noch so voll Humor sass, hat sich nun vieles geändert. Wir haben schon schwere Kämpfe zu bestehen gehabt. Schon 2mal haben wir ausreissen müssen ohne noch etwas mitnehmen zu können nur das Leben retten können. Einmal bin ich verwundet worden aber zum Glück nicht schlimm. Am 13.12.42 habe ich das E.K. 2 erhalten. Ich kann Euch sagen, das habe ich mir sauer verdient. All das was man erlebt hat und die Eindrücke kann man nicht brieflich niederlegen, das läßt sich besser erzählen. Hoffe ja bald, das wir hier befreit werden und das es dann den langersehnten Urlaub gibt. Aber bis dahin wird noch sehr viel Wasser den Rhein hinunter fliesen. Das ich bei all dem so gut abgekommen bin wundert mich selber, hoffe aber auch das ich weiter mein

Etwa 25 000 Verwundete und Spezialisten wurden ausgeflogen.

Soldatenglück beibehalte. In diesem Sinne will ich nun den Brief beenden. Für die inzwischen erhaltene Post von Euch noch einmal herzlichsten dank, hätte gerne ein paar Pfannkuchen mitgegessen, mir war es direkt schwach im Magen als ich das lass. Aber ich hoffe das ich das einmal nachholen kann. Seid nun alle recht herzlich gegrüßt von Eurem

Erich

Alfons ?
Alter unbekannt, Obergefreiter

Rußland, 13.I.43

Lieber Vater!
Meinen Brief vom 2.I. u. 6.I. wirst Du inzwischen erhalten haben und ich denke Du hast auch den Ernst unserer Lage daraus erkannt. Was soll ich Dir heute schreiben ernst jedoch nicht hoffnungslos und doch halte ich es für meine Pflicht Dich auf das Schlimste gefaßt zu machen, ich bitte Dich jedoch Luise nichts davon zu schreiben. Die Kämpfe sind hart unerbittert hart, gegenwärtig bin ich nicht in der Hauptkampflinie wie es sich weiter entwickelt wer weiß es! Solltet Ihr mal keine Post

mehr von mir bekommen so ist nicht damit gesagt, daß ich tot bin. Gott bewahre mich vor einer Gefangenschaft. Ich vertraue weiter auf den Herrgott und hoffe auf ein Wiedersehen.

Seid alle gegrüßt von Alfons

Unbekannt

13. Januar 43

Meine liebe gute Else-Mutti u. liebes Uschlein!
Wieder einen recht lieben Guten Morgen Gruß für Dich, liebes Muttilein u. liebes Uschlein. Nun geht es mit Riesenschritten Uschpeterleins Geburtstag entgegen. Dann wird unser Sonnenscheinchen 6 Jahre. In Gedanken bin ich jetzt überhaupt in jeder freien Zeit bei Euch. Leider kommt man nicht immer zum Schreiben. Hoffentlich erreichen Dich meine Briefe alle u. recht schnell. Mit sehr großer Sehnsucht wird Deine liebe Post erwartet. Die letzte waren Deine lieben Zeilen vom 14. u. 15.12., die am Abend des Neujahrstages ankamen. Nun habe ich wieder einmal viele Fragen, liebes Muttilein. Hast Du eigentlich die Daunendecke fürs Uschmädele bekommen? Hoffentlich ja. Sind die restlichen Kohlen gekommen u. wann? Wie bewähren sich die Kartoffeln? Wie hat es mit dem Holz geklappt? Das Sperling klein gemacht hat? Und hat die Ortsgruppe sich mit Holz hören lassen? Wart Ihr öfter mal im Kino u. habt Ihr unsere weiße Unendlichkeit in der Wochenschau gesehen? Wart Ihr auch wieder bei Görn? Lebt Sagerts Schwein noch? Weißt Du noch, liebes Muttilein, was das für eine Jagd war? Da muß man heute noch lachen. Hast Du die Wurst bekommen. Also laßt sie Euch gut schmecken. – Wie ist es jetzt mit Zwicks Kocherei? Machen sie es selbst weiter, oder ist es so geblieben, wie Du in Deinem ersten Brief schriebst. Liebe Else-Mutti, schreibe mir von allem etwas. Wenn auch nur kurz. Da mir viele Briefe fehlen, die vielleicht nicht mehr landen, schreibe mir manches lieber 2 ×. Nun alles Liebe u. Gute für Euch beide u. sehr viele liebe Grüße u. Gesundheit für Dich, meine liebe gute Else, die ich Dich sehr doll lieb habe, u. unser Sonnenscheinchen Uschlein alles Liebe u. Gute zum neuen Lebens-

jahr. Ich drücke Euch in Gedanken u. nun seid wachgeküßt, es ist jetzt 7.00 Uhr früh.

Viele liebe Küsse Dein Martin Euer Vati

Helwin Breitkreuz
Alter unbekannt, Soldat

Geschriben den 13.1.43 Osten

Libe Frau in anfank main schraiben teile ich dir mit das ich noch Gott sai dank gesunt und an leben bin und ich hofe das maine par zailen dir auch an di beste gesuntait antrefen werden

Libe Frau wir sint noch imer aingekselt und es wird sich amende Gott erbarmen und unz helfen das wir wider raus komen den so sint wir feloren. kain paket und kain brif bekomnt ma nicht sone schene paket was du hast gemackt fir mich di sint ja ale jetzt ferloren bistemt

Libe Frau erger dir nicht om mir den der libe Gott is auch hir bai ons in osten. Libe Frau denk nicht das ich dir so wenich schraib aber file denk denkent tu ich an dich ich hab ja nichtz mer zu schraiben ich schraib nur so fil das du solst wisen das ich noch am leben bin und wi es mir get. Libe Frau so wi ich hab in dainem brif gehert den ist der Edmunt auch hir im kesel dren. jezt schlisech main schraiben mit file grise und kese an dir und an Son und grise an die andre ale auf frelis widersen.

Helwin Breitkreuz. *H.H.* bite om antwort

Alfred Frank
Alter unbekannt, Oberleutnant

14. Januar 1943

Lieber Onkel!

Zu Beginn möchte ich Dir gleich meine herzlichsten Glückwünsche zur Beförderung aussprechen und Dir weiterhin Soldatenglück wünschen. Durch einen glücklichen Zufall erhielt ich wieder einmal Post von zu Hause, zwar noch vom vergangenen Jahr, und in diesem Brief stand die Nachricht von diesem Ereignis. Post, das ist zur Zeit der wunde Punkt in unserem

Soldatenleben. Ein großer Teil aus dem alten Jahr ist noch nicht eingetroffen, geschweige denn nur ein einziges Stück Weihnachtspost. Doch in unserer augenblicklichen Lage ist dieses Übel gut zu verstehen. Vielleicht weißt Du von unserem derzeitigen Schicksal; es ist wenig rosig, doch das Kriterium dürfte überstanden sein. Jeden Tag trommelt der Russe an irgendeinem Frontabschnitt, wirft große Mengen Panzer ins Gefecht, dahinter Infanterie in Waffen – der Erfolg im Verhältnis zu diesem Aufwand ist jedoch gering, mitunter kaum nennenswert. Diese Materialschlachten hier erinnern mitunter ziemlich an die des Weltkrieges. Material und Masse, das ist der Götze der Russen – mit seiner Hilfe hofft er, eine Entscheidung zu erringen. Doch am zähen Abwehrwillen und der unermüdlichen Abwehrkraft unserer Linien scheitern diese Versuche. Es ist einfach nicht zu beschreiben, was unsere treffliche Infanterie täglich leistet. Es ist ein hohes Lied von Mut, Tapferkeit und Aushalten. Noch nie dürfte das Frühjahr so herbeigewünscht worden sein wie hier. Die erste Hälfte Januar ist nun bald vorüber, der Februar wird vielleicht noch einmal sehr hart werden – doch dann kommt die Wendung – und es wird ein großer Erfolg werden. Nun darf ich schließen. Mit besten Wünschen [...]

Albert

Unbekannt

14. Januar 43

Mein ganz liebes gutes Else-Muttilein u. liebes Uschlein!
Und wenn es nur ein kurzer Herzensgruß ist, aber er ist sehr lieb gemeint. Hoffentlich haben Dich meine letzten Grüße alle erreicht. Ich schreibe ja in vielen Briefen wohl immer wieder das Gleiche, aber das ist ja nicht so schlimm. Falls mal ein Brief nicht ankommt, so steht das Wichtigste dann vielleicht im nächsten nocheinmal. Nun will ich Dir heute erst wieder einmal schreiben (viel lieber täte ich es ja sagen – auch mit Küssen –), daß ich Dich, meine liebe Else u. unser Sonnenscheinchen Uschlein, sehr doll lieb habe. Mit sehr großer

Die Steppe bot fast keinen Schutz vor dem Gegner
und der Witterung.

Sehnsucht erwarte ich Deine liebe Post. Die letzte bekam ich am Neujahrstage Abend, wie ich Dir schon mehrfach schrieb. Ich lese alle Deine lieben Briefe sehr oft u. ich habe dann immer eine Fortsetzung von kl. Urlaubsfreuden. Das ist eine unbeschreibliche Freude. Mein Hauptwunsch ist, daß es Euch beiden gesundheitlich u. sonst gut geht, was ich ja annehme. Übrigens habe ich von Mutter u. Vater sowie Mutti u. Papa keinerlei Nachricht nach dem Urlaub erhalten. Von Leni u. Otti erhielt ich einmal Post (Nr. 8 von Ende Nov.) Grüße sie alle 6 allerherzlichst von mir, da ich nicht so oft zum Schreiben komme. Es ist nicht böse gemeint. Ich schrieb ihnen allen mehrfach Kartengrüße. An Mutter schickte ich übrigens 30,– RMK zum Geburtstag, die wohl jetzt erst befördert würden. Nach Einzahlung von 140,– RMK hat sich mein Guthaben auf dem Postsparbuch auf 1.100,– RMK erhöht. Die rote Karte zum Postsparbuch 55.093 hast Du ja bei Euch zu Hause. – Nun steht Uschleins Geburtstag vor der Tür. Täglich wird unser Butzlein wohl schon die Tage zählen, bis sie 6 Jahre wird. Vor drei Jahren war ich gerade glücklicher Urlauber bei Euch. Verlebt nun diesen 25. Januar froh u. gesund, mein liebes Muttilein u. Uschpeterlein. In Gedanken bin ich ja jetzt immer bei Euch, das ist ja auch schön so. Eure lieben Bildchen bringen mir viel Freude. Nun für heute alles Liebe u. Gute für Euch beide, groß und klein. Seid oft gedrückt u. geknuddelt u. noch mehr geküßt mit allen guten Wünschen, herzlichsten Grüßen u. Küssen

von Deinem Martin
Eurem Vati, der Euch doll lieb hat.

Emil Krawielitzki
** 1899, Hauptmann, hat überlebt*

Stalingrad, den 16.I.43

Mein über alles geliebtes Hertaichchen!
Wieder einmal habe wir heute Sonntag hier. Seit 8 Wochen nun schon sind wir von der Umwelt abgeschnitten und müssen uns nach allen Seiten wehren gegen den Russen, der mit gewaltiger Übermacht gegen uns anläuft.

Leider sieht es nicht danach aus, daß in der nächsten Zeit Hilfe von außen zu erwarten ist. Unsere Männer sind nun bald am Ende ihrer Kraft, was dann werden soll, wissen wir nicht. Ich will Dich, mein Geliebter, nicht im Unklaren lassen, daß uns nur ein Wunder befreien kann. Hoffentlich kommt die Hilfe nicht zu spät. Aber dennoch sollst Du stark sein und hoffen und beten. Einmal, daß wir diese Krise doch überstehen mögen und dann, daß mich Gott weiter in seinen Schutz nimmt wie bisher.

Denke an Fleig, der auch überstanden hat im vorigen Krieg und lasse, wenn Du nichts weiter von mir hörst, nicht die Hoffnung sinken, daß wir uns doch wiedersehen werden.

Ich weiß, daß Du stark sein kannst, wenn Du es mußt. Und Du mußt es sein unserer Jungen wegen, die wir zu guten, anständigen Menschen erziehen wollen. Lebe in der Hoffnung auf ein Wiedersehen, wenn auch vielleicht erst nach längerer Zeit, und lasse Dich nicht vom Schicksal klein bekommen. Sei weiter tapfer für unsere beiden Jungen.

Vorläufig ist es ja noch nicht soweit, aber ich weiß nicht, ob ich noch später Gelegenheit haben werde, Dir zu schreiben. Meine Liebe zu Dir, wird mich den richtigen Weg weiter führen den ich gehen werde. Küsse mir meine Jungen, die ich hoffe wiederzusehen. Grüße mir auch die Eltern, an denen Du immer eine Stütze haben wirst, sowie auch die Berliner und Münchner.

Wolle Gott, daß alles noch gut wird, dann bekommst Du sofort wieder Nachricht von mir, damit Du Dir nicht unnötig Gedanken machst.

Es grüßt Dich und die Jungen in der Hoffnung auf ein Wiedersehen

Euer lieber Vati.

Josef Szygkowski
Alter unbekannt, Soldat

Rußland, den 16.1.43

Liebe Eltern!
Heute möchte ich Euch einen Brief schreiben. Bin noch gesund und munter. Dasselbe hoffe ich auch von Euch. Hier ist es noch sehr kalt. Es liegt noch viel Schnee hier. Ich glaube, Ihr denkt Euch, der schreibt ja immer dasselbe. Ich weiß auch

nichts anderes zu schreiben. Die wissen alle nicht, was sie schreiben sollen. Ich habe noch einen Wunsch. Schicke mir doch bitte eine Pfeife. Meine ist gebrochen. Ohne Pfeife kann man hier gar nichts anfangen. Und bitte bald Schreibzeug, sonst muß ich aufhören mit schreiben. Es grüßt Euch Euer Sohn Josef

Max Colditz
Alter unbekannt, Gefreiter

17.1.43

Meine liebe gute Mutti!
Möchte dir wieder ein paar Zeilen schreiben, ohne daß ich von dir einen Brief bekommen habe. Bin soweit noch gesund und munter, was ich natürlich auch von dir hoffe.

Liebe Mutti deine lieben Weihnachtspakete sind immer noch nicht eingetroffen, also auch bei den anderen Kameraden sind noch keine da. Wir geben die Hoffnung bald auf. Liebe Mutti bei mir sieht es mit dem Essen sehr schlecht aus. Am 16.1. haben wir 6 Mann 1 Brot bekommen, das muß natürlich 3 Tage langen, also ab 19.1. bekommen wir wieder etwas. Liebe Mutti unser Mittagessen das ist das blanke Wasser, das kann man gleich aus der Feldflasche trinken, also kräftig Kohldampf schieben. Liebe Mutti [...] ich bring meine Beine nicht mehr fort, auch anderen geht es so, also vor Hunger, bei uns ist da ein Kamerad gestorben, nichts mehr im Körper hat er einen Marsch gemacht, also unterwegs ist er vor Hunger zusammengebrochen u. vor Kälte gestorben, also die Kälte hat ihm den letzten Rest gegeben. Also liebe Mutti es muß bald anders werden, sonst geht es noch mehreren so. Liebe Mutti nun kommt auch dein lieber Geburtstag wieder u. ich kann wieder nicht mit dabei sein, wo ich beim letzten nicht war. Also alles gute und beste Gesundheit und ein langes Leben wünscht dir von ganzem Herzen zu deinem 33. Geburtstag dein lieber guter treuer Vati. Liebe Mutti zu Rauchen gibt es auch sehr wenig, wir rauchen schon Tee in der Pfeife, also es ist alles sehr traurig bei uns, mich dauern bloß meine Pakete von dir denn die hast du dir doch vom Munde absparen müssen. Liebe Mutti, hoffentlich geht der Kessel bald auf, sonst müssen wir alle sterben vor Hunger, wir hoffen das beste und wenn uns der Liebe Gott bei steht dann wird wohl alles wieder gut werden, nicht wahr. Es ist bloß gut, daß wir jetzt gerade etwas Ruhe haben, sonst wären wir längst kaputt, [...]

Tausend Küsse sowie alles Gute wünscht Dir Dein lieber guter Vati.

Adolf Thurmann
Alter und Dienstgrad unbekannt

Rußland, den 17.1.43

Liebe Edith!
Endlich ist mir Zeit und Gelegenheit gegeben, Dir liebe Edith, einige Zeilen zu schreiben und somit will ich Dich recht herzlich grüßen, hoffe daß es Dir gesundheitlich noch gut geht, was ich von mir außer einigen kleinen Erfrierungen auch schreiben kann. Du liebe Edith wirst denken, ich hätte Dich schon ganz vergessen, das glaub mir nicht, ich denke noch oft an diese schönen Stunden zurück, besonders jetzt, wo wir uns in einer schlimmen Lage befinden. Ich bin noch immer bei derselben Batterie, es hat sich aber manches hier geändert, wir sind nämlich seit dem 6. Dezember alle Panzerartilleriegrenadiere im harten Abwehrkampf im Raum von Stalingrad eingesetzt. Seit dem ersten Weihnachtsfeiertag halten die harten Angriffe der Russen an. Der Kampf ist hart und ich denke, daß Du ne kleine Vorstellung Dir machen kannst, wenn ich Dir schreibe, daß wir noch 18 Mann mit Kranke und Verwundete sind. Solche schwere Tage hat noch keiner mitgemacht wie wir hier bei Hunger und Kälte und dies nun schon volle 60 Tage, keine Post, 200 g Brot und eine dünne Suppe, die wir abends bekommen, auch manchmal ausblieb, ja liebe Edith, jetzt haben wir erfahren, wie Hunger weh tut, wir wollen aber aushalten bis zum letzten, hier geht es nur noch auf Leben oder Sterben [...] Habe 4 Chefs verloren, jetzt haben wir

nur noch unseren Spieß, das ist alles. Ja liebe Edith, wer hier mit heilen Knochen raus kommt, der hat Glück... Der Russe hat seine Waffen richtig für den Winter gebaut, man kann sich ansehen was man will: die Artillerie, Granatwerfer, Stalinorgeln und Flieger. Das geht Tag und Nacht pausenlos nieder und wir müssen mit jedem Schuß sparen, da es die Lage nicht erlaubt. Wie wir uns wünschen, wieder einmal richtig schießen zu können. Unser Weihnachtsgeschenk war ein halbes Brot, das war eine Freude. Ich glaube kaum, daß Dir das Weihnachtsgebäck so gut geschmeckt hat wie unser halbes Brot. Ja liebe Edith, dieser Boden in Stalingrad hat schon manches gekostet. Ich würde mich freuen wie ein kleiner Junge, wenn es hier wegginge. Jetzt hausen wir schon monatelang in Erdlöcher. Kein Haus, nichts wie elende Steppe, die schon so viel Leid über manche Familie gebracht hat. Man wird oft so gleichgültig, es blieb manch einer in seinem Loch liegen, dem es gleich war, ob früher oder später zu sterben, denn es wird einem ja so leicht gemacht hier. Aber wenn man an zu Hause denkt und an Deutschland, dann reißt man sich doch wieder hoch, hält wieder aus. Ja dieser Winter ist um das doppelte schlimmer wie der letzte, denn hungern brauchten wir ja doch nicht. Denke liebe Edith, mir wurden so viele Weihnachtspäckchen geschickt und nun bekommen wir keines davon. Gerade jetzt, wo wir es so nötig hätten, aber leider ist Munition und Brennstoff viel wichtiger wie Post, das sehen wir ja auch ein. Nun liebe Edith, was machst Du immer noch? Halt auch feste arbeiten, denn auch Ihr in der Heimat habt es ja nicht gerade leicht. Mit Vergnügen wird ja wohl nicht viel los sein, na hoffen wir, daß recht bald die Stunde der Entscheidung schlägt, das ist unser aller Wunsch. Nun will ich aber schließen und grüße Dich recht herzlich

Dein Adolf

Nur die wenigsten Soldaten hatten Winterkleidung erhalten.

Heinz Wagner
Alter unbekannt, Leutnant

Im Felde, d. 17. Januar 1943

Liebe Käte!
Erst heute finde ich wieder Gelegenheit, Dir einen Gruss zu übermitteln. Seit dem 20. November 42 stehe ich in einem Einsatz, der von jedem Mann das letzte an Opfer und Einsatzbereitschaft fordert. Bereits am 25. Nov. wurde ich durch Granatsplitter leicht verwundet, konnte aber meinen Dienst sehr bald wieder versehen. Nach dem Rückgang über den Don kamen für mich etwas ruhigere Tage, so daß ich in Ruhe und in einer anständigen Unterkunft das Weihnachtsfest und die Jahreswende in stiller, besinnlicher Weise im Kreise meiner Kameraden begehen konnte. An der Front tobte zu dieser Zeit ein unbarmherziges Ringen um die Festung St., das gerade an den Feiertagen besonders hart war und uns furchtbare Opfer gekostet hat. Trotz Schnee und bitterster Kälte hielten wir aus, wenn auch die Anstrengungen in körperlicher und seelischer Hinsicht unmenschliche waren.

Seit dem 6. Januar stehe ich nun wieder im Einsatz in vorderster Front. Tag und Nacht war ich unterwegs vom Bataillonsgefechtsstand zu den Kompanien, um Befehle zu überbringen, Überblick über die Lage zu bekommen, dringende Entscheidungen zu treffen. Jeden Tag lief der Feind mit stärksten Kräften gegen unsere schwachen Linien an. Unsere Ausfälle waren sehr groß. Unsere Männer liegen bei über 30 Grad Kälte auf der freien Fläche hinter Schneemauern, keine Möglichkeit, sich mal für kurze Zeit aufzuwärmen oder abgelöst zu werden. Daher kommen zu den Verwundungen noch die grosse Zahl der Erfrierungen. Der Kampf um die Festung gehört zu den größten Heldentaten, die jemals von deutschen Soldaten geleistet wurden. Die beiden letzten Tage waren wieder besonders kritisch. Unter dem Druck der riesigen feindlichen Übermacht mussten wir unsere Stellungen zu einem Teil zurücknehmen. Ich erhielt dabei gestern Abend den Auftrag, mit einem schnell zusammengestellten Zuge, den eingebrochenen Feind zurückzuschlagen und die Hauptkampflinie wieder zu besetzen. Leider konnte ich den Auftrag nicht durchführen, da ich schon sehr frühzeitig verwundet wurde und nicht mehr mit vor konnte. Die feindliche Abwehr war dermassen stark, daß wir vor einem von Russen besetzten Graben auf der freien Fläche liegenbleiben mussten und mein Zug dadurch erhebliche Ausfälle hatte. Erst mit Unterstützung von Schützenpanzerwagen konnten wir wieder in unsere alten Stellungen eindringen. Ich habe diesmal einen Durchschuß durch das linke Kniegelenk, glaube aber zuversichtlich, daß ich noch einmal Glück im Unglück gehabt habe. Leider kann ich zur Zeit nicht einmal in ein Lazarett, da alle Verbandsplätze überfüllt sind. Ich muß mich also beim Troß ausheilen lassen. Mit einem schönen Genesungsurlaub ist es also nichts. Na, aber wir lassen den Kopf nicht hängen, wenn die Lage auch noch so ernst, die Strapazen noch so groß sind.

Nun aber genug von mir. Wie geht es Euch in der Heimat? Hoffentlich habt Ihr gute Nachricht von Hans? Ich habe schon seit Oktober keinerlei Post mehr bekommen.

Zum Schluß möchte ich nun Dir, liebe Käte, zu deinem Ge-

Im gefrorenen Boden konnten kaum mehr Tote beerdigt werden.

burtstag ganz besonders herzlich gratulieren und Dir für Deine Zukunft viel Glück und Gottes reichsten Segen wünschen.

Mit besten Grüßen an Deine verehrten Eltern verbleibe ich in alter Kameradschaft

Dein Heinz

Kurt Hütten
Alter unbekannt, Feldwebel

Rußland, den 17.1.43

Lieber Ewald!
Seit nunmehr 10 Wochen habe ich keine Lebenszeichen mehr von Dir erhalten. Ich weiß, es liegt keinesfalls an Dir, denn unsere Post wird seit Mitte November gestapelt und kann uns nicht zugeführt werden. Trotzdem möchte ich gerne mal wissen, wie es Dir geht und was bei Euch da oben gespielt wird. Mein letzter Brief hat Dir ja über alles Aufschluß gegeben. Du hast doch kapiert, oder nicht? Hat sich an der Lage noch nichts geändert. Ernst, aber nicht hoffnungslos ist unser Wahlspruch. Die Russen greifen täglich mehrmals selbst unter höchsten

Verlusten fortwährend an. Laut Gefangenenaussagen hatte er allein in den letzten Tagen in unserem kleinen Abschnitt mehr als 200 Tote, ohne die, die noch im Gelände nicht zu bergen waren. Das will schon was heißen. Allerdings handelt es sich um eine wichtige Höhe, die er unter allen Umständen haben will. Unterdessen will er [...] den Kessel mürbe machen. Sie werden sich aber geirrt haben, eher geht denen der Sprit und die Bomben aus. Solange wir hier um Stalingrad liegen, war die Luft in jeder Minute stark eisenhaltig. Da kann uns die alte Nervensäge heute nicht mehr aufregen. So manches Trichterfeld hier eignete sich als Naturschutzgebiet zur späteren Besichtigung. Flandern, Verdun oder die Champagne sind bestimmt Waisenkinder dagegen. Unsere Lage hier kann sich täglich zu unseren Gunsten ändern, denn es ist, glaube ich, bereits zum großen Schlag ausgeholt. Mir geht es soweit ganz gut. Die Wunde ist bereits abgeheilt. Nur mein Krückstock ist noch mein treuer Begleiter. Es ist hier eiskalt, da halte ich es beim Tross im warmen Bunker noch ein gutes Weilchen aus. Wie geht es Dir denn noch? Und was macht Emmi und der kleine H

[...]

Friedrich Meyer
** 1898, Oberst, in Gefangenschaft gestorben*

17.1.43

Mein Lieb!
Heute ist Sonntag und Du willst Deinen Brief, ich bin mir allerdings nicht klar, ob Dich der Brief jemals erreichen wird. Den Verhältnissen nach geht es mir gut. Der Russe macht große Anstrengungen, aber es sind doch nur traurige Erfolge, die der erzielt, wenn man es überhaupt als Erfolg bezeichnen kann. Auf lange Sicht kann er dieses Menschenabschlachten auch nicht durchhalten, denn mal muß es mit seinen Menschen ja auch zur Neige gehen. Wenn wir über diese Menschenmassen verfügen würden, so wäre der Krieg bestimmt im ersten Jahr vorbei gewesen. Unsere Aufgabe ist nun, die Ohren anzulegen und zu warten, daß man uns hilft. Ich bin sicher, daß wir den

Berg bereits überschritten haben und die längste Zeit hinter uns haben und die Entsetzung bald kommen wird. Ich bin ja nun mal Optimist und kann mir nicht vorstellen, daß es schiefgehen könnte. Natürlich gibt es immer mal Krisen, aber sie werden auch überwunden, man darf nur die Moral nicht verlieren, denn wie im Lied kommt ja nach jedem Dezember wieder der Mai. Und so ist es eben auch hier. Wenn Du meinen Brief bekommst wird es sicher Mitte Februar sein und habt Ihr den Winter bald überstanden und bereitet Euch auf den Frühling vor. Hast Du eine nette Zeit im Winter gehabt? Warst Du öfter im Theater und in Konzerten? Lasse Dir auf keinen Fall weitere Gelegenheiten entgehen, denn der Krieg dauert auf jeden Fall noch länger und ehe wir uns versehen sind die besten Jahre dahin und es macht nicht mehr die Freude mehr, die wir heute noch davon haben. Du darfst Dir darüber keine Gedanken machen, daß ich es nicht mitmachen kann denn es nutzt mir nichts wenn Du es Dir darum heut entgehen läßt. – Sonst geht hier alles seinen alten Gang. Nur wird der Winter immer härter und der Steppenwind immer schärfer, aber ich denke in etwa 6 Wochen wird auch hier das Schlimmste überstanden sein. Ich habe zum Glück zur Zeit mal einen guten und vor allen Dingen einen warmen Bunker, sodaß ich bisher von der Kälte wenig gemerkt habe. Hoffentlich bleiben wir in unserer Stellung noch längere Zeit
[...]

Willi Nix
Alter unbekannt, Obergefreiter

Im Felde, den 18.1.43

Liebe Trude!
Viele herzl. Grüße von Deinem Willi. Wie geht es Dir noch mein Kind. Bei mir ist noch immer alles egal. Wie immer! Schicke hier auch wieder einige Luftpostmarken mit. Post bekommen wir auch keine mehr. Es ist bald zum verzweifeln. Unsere rückständigen Wehrsoldraten werden nach hause geschickt. Es sind 175,– Bringe die sofort zur Sparkasse! Ich

träume jetzt fast Tag u. Nacht von Dir, von unserem späteren Eigenheim. Es ist so schön. Helfe bitte mit, dann wird es schon klappen. Wenn wir hier noch mal heil herauskommen gehts uns vielleicht besser. Hier lernen wir das Gotteswort in der ganzen großen Bedeutung »Unser täglich Brot gib uns heute!« 100 Gramm Brot am Tag! 1 Scheibe fast. Was das heißt, bei dieser Kälte von 35-45° davon kannst Du Dir gewiß kein Bild machen. Brot, Brot, Brot. Liebling! Meine Sehnsucht nach Dir kann ich in Worten gar nicht schildern. Kämen doch nur mal ein paar Päckchen hier an. Aber auch ganz und gar nichts. Nun, das schlimmste ist es noch mit den Erfrierungen. Meine Füße, Hände, Nase u. Backen sind schon soweit. Aber man muß mitmachen. Jeder Mann wird dringend gebraucht. Wie sehne ich den Augenblick herbei, wo ich wieder im warmen Nest neben Dir liegen kann. Noch 2 Monate, denke ich, dann ist diese verfluchte Kälte sicher vorbei. Und der Urlaub winkt. Das ist ja die Hauptsache! Werden wir uns viel zu erzählen haben. Sorge Du nur vor. Ich überlasse Dir alles in dem Glauben u. festen Vertrauen das Du alles zur Zufriedenheit machst. Denke nur immer an die Zukunft. Sie wird bald in Kürze anfangen. Da bauen wir den anderen mal was vor. Es geht nichts über ein anständiges Leben, anständiges Essen u. die Liebe! Die Liebe an erster Stelle! Ich darf gar nicht an die schöne Zeit zurückdenken, da wird es mir schwumerig. Alles kommt ja wieder. Und ich habe mich gut gehalten!

Nun zum Schluß noch tausend süße Küsse von Deinem Willi

Viele herzl. Grüße an Deine u. meine Eltern! Dein Willimann

Otto Kirschner
** 1901, Feldwebel, vermißt*

O.U. d. 19.1.43

Liebe Leni!
Bitte erschrecke nicht über diese Zeilen. Nur Dir allein schreibe ich es, wir befinden uns hier in einer hoffnungslosen Lage. Jeden Augenblick können wir in den Händen der Russen sein. Noch

5 Minuten vor 12 Uhr wie man so sagt, hoffen wir auf Hilfe von außen. Noch haben wir den festen Glauben an unsere Rettung. Wollen wir unseren lieben Herrgott darum bitten. Von der Heimat habe ich schon 3 Monate keine Post erhalten. Ich selbst habe wenig schreiben können. Bitte erwähne vorläufig von diesen Zeilen nach Torgau nichts. Solltest Du zwei Monate weiter gerechnet, keine Post mehr von mir erhalten, so kannst Du mit Sicherheit annehmen, daß ich nicht mehr bin, in russische Gefangenschaft würde ich mich *nicht* begeben. Bitte schweige vorläufig darüber, u. wenn die von mir gesagte Zeit vorüber ist, bereite mein l. Hildchen darauf schonend vor. Das von mir ersparte Geld soll dann für unser Kind sein. Sollten wir wieder außer Gefahr sein, dann erhältst Du sofort von mir Nachricht. Vorläufig bitte nichts meiner Hilde schreiben. Macht Euch vorläufig bitte auch keine Sorge, wir selbst hoffen noch auf Rettung, trotzdem es 5 Minuten vor 12 Uhr ist und die Sache fast aussichtslos erscheint.

Viele Grüße an Alle
Auf Wiedersehen hier oder woanders
Dein lieber Bruder Otto
Diesen Brief gebe ich einem Flugzeug mit.

Gustav Raab
** 1905, Divisionspfarrer, vermißt*

Rußland, den 19. Januar 1943

Meine Lieben alle daheim!
Nachdem ich gestern geschrieben habe, sende ich Euch heute wiederum herzliches Gedenken und so innige Grüße in die weite Heimat. Ich weiß nicht, ob der Brief von gestern angekommen ist und ob dieser zu Euch kommen kann. Darum schreibe ich soviel wie möglich, damit Euch wenigstens etwas erreicht.

Ihr wißt inzwischen Bescheid. Der Kessel von Stalingrad ist nicht zu beschreiben. Ich lebe noch! Bin unversehrt! Für jeden Tag muß ich Gott danken! Wie es zu Ende gehen soll, weiß Gott nur allein. Unsere ganze Hoffnung liegt einzig bei ihm. Ob von außen Hilfe kommen kann? Wir wissen es nicht, aber das wissen wir, daß wir uns selbst nicht mehr retten können. Nach meiner Schätzung fällt in den nächsten 14 Tagen die Entscheidung, so oder so. – Ihr meine Lieben, betet und opfert unablässig, das weiß ich. Es kann doch nicht sein, daß ich die Heimat nicht wiedersehen soll. Dieser Gedanke beschäftigt uns stündlich und täglich. Alles andere, jede Not, Entbehrung oder Anstrengung ist hier Nebensache. Es geht um alles oder nichts. Ich befehle mich ganz in die Hand Gottes und bete täglich das letzte Gebet meines Lebens, um in jedem Augenblick bereit zu sein. Mein letzter Gang ist ein Weg zu Gott. Das ist sicher. Möge der Herr mir die Kraft geben, in jedem Augenblick seinen heiligen Namen zu verherrlichen, wozu ich gesandt bin. Aber, meine Lieben alle, Gott hat mich in den letzten Wochen wieder so oft ganz wunderbar beschützt und geführt, daß ich stets danken muß und so fest überzeugt bin, daß ich wieder zu Euch zurückkomme.

Sollte einmal eine Zeit kommen, in der Ihr lange nichts von mir hört, dann betet unablässig weiter und vertraut auf Gott. Ich lasse ja keinen halben Tag vorübergehen, ohne zu Gott zu beten für meine armen, alten Eltern, falls ich nicht zurückkehren sollte. Und ebenso für Euch, meine treuen Geschwister. Und wenn es Gottes heiliger Wille sein sollte, daß ich hier nicht mehr herauskomme, daß der Kessel von Stalingrad aufgegeben und verloren gegangen ist, dann meine herzlich geliebten Eltern und Geschwister, dann, ja dann ist mein letzter Gruß aus dieser russischen Erde an Euch eine tiefe, tiefe Dankbarkeit, die ewig fortleben wird. Ich kann bald nicht mehr! Ihr begreift es wohl. Und doch muß ich es sagen in dieser für uns ernsten Situation.

Liebste Mutter, liebster Vater, wann und wo ich Euch je weh getan habe, dafür bin ich bereit, aus tiefster Reue zu sühnen. Dafür bitte ich Euch in kindlicher Demut um Verzeihung! Und ich bitte Euch, nehmt von Eurem priesterlichen Sohn eine tiefe kindliche Dankbarkeit entgegen. Ich kann es in Worte nicht fassen. Ich kann nicht mehr. Um meinetwillen, ach, ich bin bereit! Aber um meiner armen guten Eltern und der lieben Geschwister willen, denen ich noch so nötig wäre, schreie ich immer wieder: »Herr, hilf uns, wir gehen zugrunde!« – Und ich trage meinen eucharistischen Heiland stets bei mir. Er wird mich nicht verlassen. Wem könnte er näher sein als seinem Priester! Dann glaube und hoffe ich! Und so möge und möchte ich in keiner Stunde schwach sein. Möchte auch meine letzte Stunde nicht meine schwächste sein.

Lebt wohl, alle meine Lieben daheim! Ich kehre zurück!

Euer Gustav

Heinrich Groyen
Alter unbekannt, Gefreiter

Rußland, den 19.1.43

Lieber Onkel Willi!
Helmut ist tot! Gestern habe ich es von einem Kameraden erfahren, der mit ihm zusammen im Schützenloch gelegen hat. Was ist das für ein Leben hier in Rußland! Eine feindliche Kugel, Brustschuß und ein junges hoffnungsvolles Leben ist ausgelöscht. Man hat nicht einmal Gelegenheit gehabt, ihn aus dem feindlichen Feuer herauszuholen und wenig später waren die Russen in den Stellungen. Ich erzähle Dir das alles im Vertrauen, lieber Onkel, Du darfst seinen Eltern noch keine Mitteilung davon machen. Wie mag seine Mutter die Nachricht nur aufnehmen?! Er hat bestimmt eine gute Mutter, der Helmut. Er selbst war ja auch so ein lieber Kerl, so offen und ehrlich und kameradschaftlich und fromm und er verlor niemals den Mut; schon auf der Fahrt hierher sprach er oft von einem glücklichen Wiedersehen mit seinen Eltern in der Heimat. Ob diese Zeilen rüberkommen, weiß ich nicht genau. Denn wir sitzen hier ja im Kessel, wie ich Dir schon geschrieben habe. Neuerdings geht hier die Parole um, daß unsere Gruppen von außen durchzubrechen versuchen. Hoffentlich klappt das; dann wird es schon alles gut gehen. Ich hoffe auf jeden Fall immer noch und mag es im Augenblick noch so schlimm um uns stehen. Nun lieber Onkel empfange die herzlichsten Grüße von Deinem Neffen

Heinrich

Heino Graf Vitzthum
** 1914, Rittmeister*

vor Stalingrad, 20.I.1943

[...]

Noch einmal ergibt sich eine Postgelegenheit in die Heimat zu Dir. In kurzer Zeit muß sich unser Schicksal entscheiden, so oder so. Die näheren Umstände, die uns alle hier in eine solche, in der Geschichte wohl einmalige Lage gebracht haben, kenne ich nicht und will auch nicht so vermessen sein, den Schuldigen dafür zu suchen. Das werden andere später wohl ohnehin tun. Nur eins muß man noch einmal feststellen, was unsere braven Männer hier seit 2 Monaten bei Hunger und Kälte an Widerstandswillen aufgebracht haben, ist mit Menschenworten nicht zu beschreiben.

Um mich, mein zärtlich Geliebtes, sei unbesorgt. Verlaß Dich ganz fest darauf, daß ich versuchen werde, Dir und unseren geliebten beiden Kleinen mein Leben so lange als irgend möglich und tragbar, und so lange es Euch noch etwas nützen kann, zu erhalten, und daß meine grenzenlose Liebe zu Dir mich auch Schwerstes ertragen lassen wird – wenn Aussicht auf eine Rückkehr in diesem Leben zu Dir nur im Entferntesten bestehen sollte.

Noch geben wir alle den Glauben und die Hoffnung nicht auf, daß der Führer einen Weg finden wird, die vielen Tausende hier drin zu erhalten, leider haben wir aber schon viele bittere Enttäuschungen erlebt. Gebe Gott, daß eine Wendung noch möglich ist, sie müßte allerdings sofort kommen.

[...]

Franz Paller
Alter unbekannt, Obergefreiter

Russl. 20/1.43

Ihr Lieben!
Am Jahrestag unseres gefallenen Josef will ich Euch einige Zeilen senden.

Ungefähr 95 000 Soldaten gingen in sowjetische Gefangenschaft.

Ich bin noch an alter Stelle, bin noch gesund und munter und zufrieden! – Hoffentlich ist dies wahr, dass der Kessel offen sein soll! – Dann aber mit Hurra! – Verpflegung u. Munition. Hoffentlich ist dies wahr, auf jedenfall werden wir einer besseren Zukunft entgegen gehen! – Wie ist es noch bei Euch in G.? Was gibt es neues? Was machen die Jungs noch am Ilmensee u. Leningrad? – Viele Grüße an sie von mir! – Also aus der größten Sorge könnt Ihr heraus sein wegen mir! – Omamama soll mal viel Reis besorgen, damit wenn ich im Urlaub komme mal einen gebackenen Reiskuchen bekomme, meine Lieblingsspeise! – Sonst wüßte ich nichts neues von hier! – Ist denn Frau Wulff noch bei uns? – Dann viele viele Grüße u. Küsse an Euch allen von Eurem

Franz!

Rudi Heintges
Alter unbekannt, Feldwebel

O.U., den 20.1.43

Mein Allerliebstes!
Auch heute will ich Dir einen recht herzlichen Gruß senden. Immer wieder greifen die Russen bei uns an. Nur staunen kann ich, wo sie all die Munition her haben. Höre den Wehrmachtsbericht und dann wirst Du auch erfahren, welcher Tag unser letzter war. Ich überlege immer, ob ich, wenn es soweit sein sollte und die Möglichkeit dazu noch bestünde, mich gefangen geben soll. Zu einem Entschluß bin ich noch nicht gekommen; er ist auch sehr schwer. Ja, wenn es Franzosen, Amerikaner, Engländer wären, aber bei den Russen weiß man ja nicht, ob nicht eine freiwillige Kugel besser ist. Noch kann man aber abwarten, denn noch ist es nicht soweit. Post habe schon lange keine bekommen, aber man verzichtet ja gern, wenn dafür andere, wichtigere Dinge kommen. Ich weiß daher auch nicht, welches jetzt Deine Adresse ist. Aus diesem Grunde schreibe ich Dir auch weiter nach W., obwohl ich vermute, daß Du dort nicht mehr sein wirst. Aber die Post wird man Dir ja nachschicken. Ich will hoffen, daß es Dir noch recht gut geht. Du mußt Dir meinetwegen nicht allzu viel Gedanken machen, es kommt doch so, wie das Schicksal es vorbestimmt hat. Ich wünsche Dir nur immer wieder, daß, falls ich nicht mehr sein sollte, Dein Leben Dich eine recht glückliche Kurve führt. Ich habe Dich viel zu lieb, um Dich einem anderen Mann zu gönnen, weiß aber auch, daß Du viel zu jung bist, um allein durchs Leben gehen zu können. Ich wünsche Dir daher von ganzem Herzen, daß Du nochmal einen Mann finden mögest, der Dir das Glück und die Zufriedenheit bringen wird, wie ich es versucht habe. Wenn ich bewußt eine letzte Minute haben sollte, dann werde dankbar an den Tag denken, an dem ich Dich kennengelernt habe und die Zeit überdenken, die uns gehört hat. Für heute will ich nun schließen. Es ist heute nicht so kalt, aber es hat wieder geschneit. Nicht gerade gut. 20. Januar heute. *Spätestens* am 20.3. ist es

Etwa 6000 Angehörige der 6. Armee kehrten aus der Gefangenschaft in ihre Heimat zurück.

überstanden, und in der oder der Richtung hin. Nun, mein Liebling viele Küsse
Rudi

Heinz Tapfer
Alter unbekannt, Obergefreiter

Im Felde, den 20.1.1943

Liebe Eltern!
Ihr werdet überrascht gewesen sein, solange von mir keine Post erhalten zu haben. Aber durch Ruth werdet Ihr ja erfahren haben, dass es mir nicht möglich ist, selbst zu schreiben, da ich beide Hände (Finger) 2. Grades erfroren habe. Sorgen braucht Ihr Euch keine zu machen, da die Sache halb so wichtig ist. Das einzig Unangenehme ist, dass der Heilungsprozeß gewisse Zeit in Anspruch nimmt. Schmerzen habe ich keine u. sonst geht es mir noch gut. Post habe ich bis heute noch keine von Euch erhalten u. dies dürfte auf Grund der milit. Lage vorerst auch nicht der Fall sein. Ich hoffe Euch noch bei bester Gesundheit, wenig Fliegeralarm u. grüsse Euch recht herzlich

Euer Heinz

Berichtet bitte hiervon nach Aachen, damit dort nicht umsonst auf Post von mir gewartet wird.

Herzl. Gruss Gefr. Schmitz

Bernhard Beesbrink
Alter unbekannt, Obergefreiter

Rußland, den 20.1.43

Liebe Schwester, Schwager und Irmgard!
Da ich lange nichts mehr von mir hören gelassen habe, will ich Euch heute abend paar Zeilen senden. Ich bin die letzte Zeit etwas am krank feiern gewesen, hatte mich etwas erkältet. Jetzt fühle ich mich aber ganz gesund wieder. Ich habe die letzten paar Monate schon keine Zeile mehr von Euch erhalten, hoffe aber, daß es Euch gesundheitlich allen noch gut geht. Ich will Euch jetzt aber reinen Wein einschenken und Euch genau hier über die Lage berichten. Denn es könnte der letzte Brief sein, den Ihr von mir erhalten werdet, wir wollen es aber nicht hoffen, daß es soweit kommt. Am meisten kann ich mich ärgern, daß wir keine Päckchen bekommen. Die ganzen Weihnachtspäck-

chen liegen in Stalino und gehen kaputt. Weshalb wir keine Päckchen und Post kriegen, liegt daran, daß wir eingeschlossen sind, jetzt schon 60 Tage. Jetzt werdet Ihr auch verstehen, daß die Post so schlecht befördert wird, denn wir werden nur durch die Luft versorgt. Es sind hier keine paar Mann, die hier eingeschlossen sind, sondern über 200 000 Mann sitzen hier im Kessel. Die müssen alle durch Flieger mit Verpflegung und Munition versorgt werden. Wenn es doch dem Russen gelingen wird, uns hier alle einzukassieren, dann hat er guten Fang gemacht und ich glaube, daß dann der Krieg auch wohl aus sein wird. Aber wir wollen Gott bitten, daß es nicht so weit kommt, daß wir den Russen in die Finger fallen. Wir haben 60 Tage ausgehalten und werden auch noch länger aushalten. Es ist ein Glück, daß wir in diesem Jahr nicht so einen strengen Winter haben als im Vorjahr. Mit Verpflegung ist es bis jetzt noch so einigermaßen gegangen, es könnte manchmal ja etwas mehr Brot geben, aber wir wollen gern etwas länger leiden, wenn wir hier nur wieder herauskommen. Ich bin bis jetzt immer noch ausgekommen, habe mich immer noch im warmen Bunker aufhalten können. Die Front ist aber schon ziemlich nah herangekommen. Wir wollen hoffen, daß unsere die Front halten, daß der Russe nicht darüber kommt. Ich habe jetzt das neueste von hier berichtet, laß den Kopf nicht hängen, nur auf Gott vertrauen, dann wird alles schon gut gehen. Seid jetzt herzlich gegrüßt von
Bernhard

Alfred Just
** 1915, Wachtmeister, vermißt*

20.1.43 02.00, vor Stalingrad

Mein Herze,
wenn ich Dir jetzt schreibe (ich tu's fast mit Widerwillen!), so geschieht das nur, um Dir zu sagen, daß ich trotz allem noch senkrecht bin, oder ist es Deine Hand, die mich aus unerreichbarer Ferne schützt und leitet? – Es geht uns dreckig genug, aber ich habe noch immer das Gefühl, daß unsere alte Glückssträhne uns auch diesmal nicht im Stich läßt. Wenn es schief

gehen sollte, Herze, dann erwarte nicht, daß ich in Gefangenschaft gehe. Dann laß alle guten Wünsche und alle Liebe, die ich jetzt heiß und lebendig für Dich und das Kleine in mir trage, dem Kleinen angedeihen und sei der Welt nicht gram. Es gibt ebensoviel Schönes als Häßliches in der Welt, hab ich mir sagen lassen.

Aber noch leben wir, wenn auch mit Kohldampf in und Läusen auf dem Bauch. Und wir leben so lange, als wir überhaupt noch kräbeln können. Eher wird die Nase noch nicht in den Schnee gesteckt. Zur Zeit ist uns das Wetter sehr günstig, wärmer ist es geworden. Ja schnorz, wir können ja gar nicht baden gehen, ausgeschlossen!

In diesem Sinne küßt Dich

Deiner,

bis ans Ende

Post hab ich seit 19. November immer noch nicht bekommen, ist aber nicht so wichtig. Hauptsache Du weißt, daß ich gesund bin. Sei mir getrost und grüß mir alle schön, auch Mutter in Dresden.

Dr. Oskar Wilhelm
** 1912, Oberstabsarzt*

20. Januar 1943

Meine lieben Eltern!
Wir haben sehr harte Tage hinter uns u. unsere Lage ist sehr ernst. Ich möchte Euch daher bitten, auch der Möglichkeit ins Auge zu sehen, daß wir uns nicht wiedersehen in diesem Leben. Vielleicht gerate ich auch in Gefangenschaft u. wir sehen uns dann nach dem Krieg wieder. Wie dem auch sei, vielleicht ist dies der letzte Brief, der Euch vorläufig erreicht u. möchte daher in dieser Stunde, Euch meine lieben, lieben Eltern, von Herzen danken, für alles, was Ihr in Eurer großen Liebe an mir getan habt. Ich bin glücklich, daß wir zusammen ein so feines Verhältnis der Liebe u. Kameradschaft gehabt haben. Ich fühle mich Euch in Liebe verbunden so lange ich lebe. Und dann macht Euch nicht zu viel Gedanken, jedes Menschen Schicksal

Das imposante Silo im Hintergrund war von Paulus als Motiv für eine Auszeichnung nach dem Sieg vorgesehen.

ist bestimmt u. liegt fest. Tapfer gehen wir unseren Weg für das Bestehen unseres geliebten Deutschlands. Habe ich nicht ein Leben der Freude u. des Glücks genossen? Wem konnte das Leben mehr an Glück u. innerer Befriedigung in meinem Beruf u. nicht zuletzt in meiner Heirat geben? – Grüßt mein Ingelein von mir u. nehmt meine Grüße u. Küsse von Eurem in ewiger Liebe dankbaren Sohn Oskar. Auf Wiedersehen!

Gleichzeitig Brief an Hilde.

Emil Krawielitzki
** 1899, Hauptmann, hat überlebt*

Mein Lieb!
Durch einen Herrn unseres Stabes, der aus Stalingrad herausfliegen kann, sende ich Dir ein paar kurze Zeilen und tausend liebe Küsse Dir und den Jungen. Es ist sehr schwer hier und über den Ausgang der Kämpfe sind wir uns wohl alle hier einig. Bisher bin ich noch am Leben und hoffe es auch zu bleiben.

Wie lange wir uns aber nicht werden sehen können, darüber kann ich Dir nichts sagen. Vielleicht komme ich gut durch, was wir ja alle erhoffen und wenn ich die Gefangenschaft überleben sollte, so werden wir uns nach dem Kriege eben wiedersehen. Gib die Hoffnung nicht auf und bete zu Gott, daß er uns helfen soll. Du mußt stark bleiben, schon für die Jungen, meine lieben Jungen, meine lieben Jungen. Es küßt Dich und die Jungen, hoffentlich nicht zum letzten Mal.

Euer lieber Vati

Robert Röser
Alter unbekannt, Obergefreiter

den 21.1.43

Liebe Eltern und Geschwister!
[...] Grüße aus dem Osten sendet Euch Robert. Es geht mir gut, was ich auch von Euch hoffe. Es sind hier schon mal kalte Tage so bis 35° Kälte, sonst gibt es nichts neues. Ihr werdet wohl im Radio hören was hier bei uns los ist. Wir sind schon eine ganze Zeit eingeschlossen, es wird gekämpft bis zur letzten Patrone. In Gefangenschaft gehe ich *nicht*.

Also wenn Ihr mal lange nichts von mir hört dann wißt Ihr bescheit. Wir werden das beste hoffen. Ich werde schreiben wenn es geht aber meiste Zeit hat man keine Lust dazu. Ich bin noch auf der Küche das klozt. Habe jetzt 3 Tage selbst ständig gekocht. Wie geht es Willi ist er noch im Lazarett, was gibt es sonst noch bei Euch. Was macht Herr Math. Geht es ihm besser? Was macht das Fohlen? Post bekommen wir keine. Ich will schließen

Viele Grüße an die anderen.

Es grüßt Euch Robert

H. Ruhrus
Alter unbekannt, Gefreiter

Rußland den 22.1.43

Liebe Schwester!
Du mußt schon mal entschuldigen das ich so lange auf mich warten ließ. Aber ich hoffe das Ihr Euch nicht allzu fiel Sorgen um mich gemacht habt, oder doch? Die letzten Zeilen die ich Euch schrieb waren vom 19.1. also vor 10 Tage, es ist ja eine lange Zeit, aber ich habe Euch ja schon im letzten Brief geschrieben, wenn ich Euch mehrere Tage nicht schreibe das Ihr nicht gleich denken sollt ich sei schon nicht mehr da. Nein, es ist nicht der Fall ich bin immer noch der alte von früher und bin noch gesund wie ein Fisch im Wasser.

Ich habe jetzt auch schon 4 Wochen nichts mehr von Euch gehört, es ist mir auch ein wenig bang um's Herz, aber ich hoffe das es Euch allen noch recht gut geht, oder ist das nicht der Fall? Die Weihnachtspäckchen habe ich noch nicht erhalten aber sie sind nicht verloren gegangen sondern werden für uns in Stalino aufbewahrt bis das Wetter wieder einigermaßen gut ist, und der Nachschub wieder vollständig für uns läuft. Nun etwas was uns [...] alle am meisten interessiert, und zwar der Urlaub, ich habe und hatte ja damit gerechnet das ich jetzt im Januar fahren kann aber leider haut das nicht mehr ganz hin. Ich habe mich schon damit abgefunden, das es vor März nichts gibt. Es ist ja auch nicht schlimm, dann wird die Freude noch größer sein, und die Urlaubstage werden schöner werden, denn ein Urlaub im Sommer ist ja bedeutend schöner wie im Winter oder meinst Du nicht auch? Also Du mußt Dir auch noch ein wenig gedulden bis nun endgültig mein Urlaubszug fährt.

Ach wie schnell sind so 2 Monate vergangen bin jetzt schon 13 Monate von zu Hause und wo ist die Zeit geblieben, aber wenn man sich mal alles so durch den Kopf gehen läßt wie und was man in der Zeit nicht schon alles erlebt hat, dann könnte man doch ein wenig weich werden und sofort hinfahren zu Euch. Aber nein wir sind eben Soldaten und müssen hart sein, und es vor allendingen auch bleiben, denn einmal muß ja die Stunde der großen Sehnsucht, und ein Wiedersehen in der

Heimat kommen, aber dann wird ein Ding gedreht, als steht die Zeit auf dem Kopf […]

Also mein süßes Schwesterlein alles gute wünscht
Dir […]
Dein Bruder Heini

Dr. Horst Rocholl
** 1908, Arzt, hat überlebt*

23.1.1942 5.40 Uhr

Meine heißgeliebte Gis!
Heute morgen fährt Rittmeister v. Meyer zum Flugplatz. Er ist zu einer anderen Armee versetzt, um dort eine Abteilung zu übernehmen. Er soll Dir einen Gruß von mir mit hinausnehmen, aus diesem Ort des Grauens. Verwundete und Erfrorene, von denen nur ein kleiner Teil mit Flugzeug abtransportiert werden kann, habe ich so viele wie Kirschhosbach Einwohner hat. Einem Unteroffizier habe ich nachts den Oberschenkel amputieren müssen, heute muß ich einen Oberarm absetzen. Es ist wohl die schwerste Belastung, die deutsche Soldaten je erfahren haben, und – leider – gibt es Säue. Der Oberstleutnant v. B[…] hat sich ausfliegen lassen. – Er war seit drei Monaten gelbsüchtig. Als die Angst dazu kam, befolgte er plötzlich meinen Rat vom Oktober. Ich hatte mir deutsche Offiziere anders vorgestellt. Oberstleutnant v. W[…], leicht verwundet, quatscht ebenfalls vom Abtransport, während unsere armen Kerls geduldig warten, ob und wie ihnen geholfen wird. Die Schwerstverwundeten sind meist beispielhaft in ihrer Haltung, während Leichtverletzte zur Ungeduld neigen.

Ich halte es mit dem alten Kapitänsgrundsatz, daß der Kapitän als letzter das Schiff verläßt.

Oberleutnant M[…] ist ausgeflogen, übrigens kein hervorragender Mann. Er wird Dir wohl schreiben.

Hoffentlich kommt bald Hilfe von außen für uns. Wenn nicht, wird es hier bald zu Ende sein. Wir werden aber keinem einen Vorwurf machen. Es ist besser, nicht noch mehr deutsche Soldaten der Steppe auszusetzen mit ihrer Unerbittlichkeit.

Deutsche und rumänische Soldaten ziehen nach der Kapitulation am 31. Januar in die Kriegsgefangenschaft.

Von mir darfst Du überzeugt sein, daß ich eisern bleibe, solange meine körperlichen Kräfte reichen, meine Pflichten tue, und wenn es möglich ist, mein Leben für die verwundeten und kranken Kameraden erhalte. Ich habe in diesen Wochen erkannt, daß der Arzt der notwendigste Mann ist, daß er sie in jeder Weise beruhigen und stärken kann, auch wenn er noch so wenige Mittel besitzt.

23.1. 1942 II. Blatt

Gleich muß ich bei der Division anrufen. Ich habe neben anderen noch die Aufgabe bekommen, den Luftabtransport der Verwundeten zu regeln, eine sehr schwierige Angelegenheit, die ich heute morgen einem mächtigeren Mann übergeben will. Rittmeister Thiel (nicht mein Freund Ernst Thiel aus Augsburg) hat das Ritterkreuz bekommen. Er ist zur Zeit unser Regimentsführer.

Nun einen ganz lieben langen Kuß, dein Paps

Küß alle Fünf, grüß Oma, meinen Vater, Walda, Hertha und den Patenjungen!

St. 23.1.43

Meine ganz doll geliebte Gis!

Rittmeister v. Meyer, der diesen Brief mitnimmt, habe ich in den Tagen engster Zusammenarbeit hier sehr schätzen gelernt. Hart gegen sich und andere, ist er zur Zeit der beste Offizier des Regiments. Regiment kann man es nicht mehr nennen, und wie stolz war unser Haufe, als wir in den Kampf zogen. Es tut mir so leid für Dich, daß Du nun solche Sorgen hast. Sei Dir darüber klar, daß kein Opfer umsonst ist.

Mich kann nichts mehr erschüttern, außer dem unsagbaren Leid, das ich gerade in diesen Tagen ansehen muß. Wenn der Letzte ausflöge, könnte ich neidlos der letzten Ju nachsehen und aufs Tiefste befriedigt sterben.

Brot habe ich seit sieben Tagen nicht mehr gegessen, dafür zweimal Suppe am Tag. Ich muß versuchen, bei Kräften zu bleiben. Ich muß Tag und Nacht arbeiten. Viele liebe Küsse, Dein Paps

Heinz Mühlmann
Alter unbekannt, Gefreiter

Meine liebe kleine Hanni-Maus!

Ich will Dir auch heute rasch einen Gruß aus weiter Ferne zukommen lassen. Hoffentlich bekommst Du alle Post, die ich

Zum 10. Jahrestag der Machtergreifung funkte Paulus an Hitler:
»Noch weht die Hakenkreuzfahne über Stalingrad.«

an Dich, meine Liebste, absende. Wenn ich auch wenig Ruhe zum Schreiben habe, so sehe ich doch immer zu, daß Du wenigstens etwas von mir hörst, damit Du Dir keine Sorgen um mich machst. Uns geht es ja hier nicht gerade gut, aber schwarz zu sehen braucht man auch noch nicht. Im großen und ganzen gesehen kommt es ja nicht auf paar Mann an, sondern die Gesamtlage ist das Entscheidende. Letzten Endes geht einmal alles vorbei und dann wird gelebt, so gelebt, wie man es sich schon jetzt wünscht. Es ist ja auch ganz natürlich, wenn sich jeder Landser aus dieser Steppe heraussehnt, wo es nur Sand bzw. jetzt Schnee gibt. Kein Haus sieht man hier, ja sogar Bäume und Sträucher scheint das Land nicht zu kennen. An Tieren sieht man auch weiter nichts als Läuse und Mäuse. Ja, jeder deutsche Soldat sehnt sich nach der Heimat, nach seinen Lieben, nach Ruhe und Ordnung. Nach dorthin, wo man sich vor allen Dingen jeden Tag waschen kann. Wenn Du mich hier sehen würdest, dann müßtest Du denken – »Oh, ist der verkommen«. Nun, zu Haus ist das ja auch wieder anders. Ich hoffe nur, daß ich diese Zeit noch erleben kann. Wenn es doch nur erst hieße, der Krieg ist aus. Dann würdet Ihr zu Haus doch genau so jubeln wie wir. Ich schrieb Dir ja schon, daß ich mir einen Zeh am linken Fuß total erfroren hab. Nun kann ich Dir heute mitteilen, daß er schon ganz gut heilt. Es wird schon noch einige Zeit dauern, bis ich wieder richtig laufen kann, aber es wird schon werden. Und nun zu etwas anderem. Ich habe so verschiedene Sachen verloren. Teils sind sie vernichtet, in der Eile liegengelassen oder sonst irgendwie abhanden gekommen. Nun, jetzt kommt's, was ich Dir eigentlich nicht gern schreibe, aber es muß ja sein. Darunter ist auch mein Ring. Du darfst Dir nun keine dummen Gedanken darum machen oder gar denken, ich hätte ihn nicht getragen. Da hätte ich eine Bitte. Besorg mir doch bitte einen. Es braucht ja kein guter sein, denn ich kaufe ja später doch goldene Ringe. Aber man hat so ein komisches Gefühl, wenn man keinen Ring am Finger hat, darum sieh doch bitte, was sich machen läßt. Es ist ja ein komisches Anliegen, aber erfülle mir doch diese Bitte. Alles nähere darüber später einmal mündlich. Wie sieht es bei Dir aus? Bist Du immer noch gesund und munter? Ich hoffe es doch. Und nun für heute genug, denn es wird dunkel im Bunker. Sei gegrüßt und geküßt von Deinem Heinz.

Nach dem mit immensen Verlusten erkämpften Sieg
schwenkt ein Rotarmist die sowjetische Flagge.

Organisation eines Mythos

I

Nachdem die NSDAP am 30. Januar 1933 die Staatsgewalt in Deutschland an sich gerissen hatte, vollzog sich die Durchsetzung ihrer Macht in einer Mischung aus brutaler Offenheit und deren verschleiernder Inszenierung. Stets wurde versucht, das eigene Handeln in einen menschheitsgeschichtlichen Zusammenhang zu rücken, auch um damit von aktuellen Ausuferungen abzulenken bzw. diese durch einen »höheren Sinn« zu legitimieren. So wie die deutsche Hauptstadt dereinst als Germania die Hauptstadt eines Weltreiches sein sollte, sah sich die NS-Führung in ihrem eigenen Wirken als Krönung und Vollendung deutscher und abendländischer Historie. Die Inszenierungen des Dritten Reiches gestalteten sich dementsprechend maßlos bis zur abschließenden »Götterdämmerung«.

Seit 1933 war die Berichterstattung der deutschen Medien, die gesamte Informations- und vor allem auch die Kulturpolitik an die allgemeinen Anweisungen des Propagandaministeriums gebunden. Täglich gab Reichspressechef Dietrich im Auftrag von Josef Goebbels detaillierte »Tagesparolen« aus, die für alle Journalisten bindend waren. Zeitungen und Rundfunk berichteten entsprechend konform. Auch der mit Beginn des Krieges täglich ausgegebene und in allen Zeitungen abgedruckte und im Radio verlesene Wehrmachtsbericht, der durchaus objektiv berichtete, solange die Deutschen erfolgreich waren, entwickelte sich im weiteren Verlauf des Krieges immer mehr zu einem Mittel der Propaganda. Je schwieriger die Lage wurde, desto seltener beschrieb der Wehrmachtsbericht die realen Kräfteverhältnisse auf den Kriegsschauplätzen. Zunehmend vermittelte er die Ereignisse nicht so, wie sie waren, sondern so, wie sie gesehen werden sollten – und wollten. Nicht selten griff Hitler persönlich in die Redaktion der Berichte ein.

Im Winter 1941/42 hatten die deutschen Truppen vor Moskau eine Niederlage erlitten, die aber durch die Rücknahme der Front kaschiert werden konnte. Im Spätsommer 1942 nun marschierten sie wieder, diesmal im Südabschnitt der Front. Beim Überfall auf die Sowjetunion hatte die Eroberung Stalingrads noch keine wesentliche Rolle gespielt, weder in der strategischen Planung noch in der Propaganda. Doch der Namensgeber der Stadt, der Generalsekretär der KPdSU, Josef Stalin, war seit der Machtergreifung 1933 neben Winston Churchill der wohl prominenteste Feind der Nationalsozialisten, nur halbherzig unterbrochen während des Hitler-Stalin-Paktes. Er galt geradezu als die Inkarnation von »jüdisch-bolschewistischer Weltverschwörung« und »slawischem Untermenschentum«, als Intimfeind und Antipode des deutschen Diktators. So war es zwangsläufig, daß der Name Stalingrad mehr wurde, als nur der Name einer Stadt und der Kampf um diese Stadt eine Kraftprobe der Kriegsführer, auch wenn Hitler dies verneinte:

> »Wenn also Herr Stalin erwartet hat, daß wir in der Mitte angreifen – ich wollte gar nicht in der Mitte angreifen. Nicht nur deswegen nicht, weil vielleicht Herr Stalin daran glaubte, sondern weil mir daran nicht soviel lag. Ich wollte zur Wolga kommen, und zwar an einer bestimmten Stelle, an einer bestimmten Stadt. Zufälligerweise trägt sie den Namen von Stalin selber. Aber denken Sie nur nicht, daß ich aus diesem Grunde dorthin marschiert bin – sie könnte auch ganz anders heißen –, sondern weil dort ein ganz wichtiger Punkt ist.«

Auch ohne besondere propagandistische Unterstützung war der Name Stalingrad im Bewußtsein der deutschen Bevölkerung hochgradig mit Bedeutung aufgeladen und die Schlacht um die Stadt wurde zunehmend als Prestigefrage, als entscheidender Wendepunkt des Krieges angesehen.

Nach den schnellen Kriegserfolgen der ersten Jahre bestimmten zunehmend Maßlosigkeit, Selbstüberschätzung und Dilletantismus die militärischen Planungen. Ohne die Ratschläge und Warnungen seiner Generäle ernst zu nehmen, traf Hitler auf dem »Berghof«, in der »Wolfsschanze« oder dem »Wehrwolf« Entscheidungen, die eher diesen operettenhaften Bezeichnungen, als einem rationalen militärischen Kalkül entsprachen. Doch die Kämpfe an der Ostfront ließen sich schließlich nicht inszenieren wie die Veranstaltungen auf dem Reichsparteitagsgelände. Trotzdem erlagen NS- und Wehrmachtsführung in der Einschätzung der Lage allzu oft den eigenen, ständig wiederholten Wunschvorstellungen. Über die Stimmungslage der Bevölkerung konnte sich die NS-Führung allerdings sehr genau informieren – wenn sie wollte. Die »Meldungen aus dem Reich«, geheime Lageberichte des Sicherheitsdienstes der SS (SD), zeichneten ein ungeschminktes Bild, dessen Kenntnis oftmals die notwendige Grundlage für die propagandistische Gegensteuerung war.

Ab September 1942 dominierten in der Presse die Darstellungen von fröhlichen Landsern, die staubbedeckt durch die russische Steppe marschierten. Über den Rußlandfeldzug, die Begegnung mit der russischen Bevölkerung und deren Leben unter dem »Bolschewismus« wurde nicht selten im Ton eines Reiseberichtes geschrieben. Auch die Bilder der Wochenschau vermittelten einen ganz ähnlichen Eindruck – eben eine »Weltreise auf deutsche Art« (Alfred Andersch). Der schnelle Vormarsch, die raschen Siege und nicht zuletzt die herbe Schönheit der Steppe im Sommer und Herbst ließen das ganze Unternehmen bisweilen wie einen Ausflug erscheinen. Die geringen Gefangenenzahlen und der schwache Widerstand wurden im Oberkommando der Wehrmacht falsch interpretiert. Dort ging man davon aus, daß dies ein Zeichen nicht für eine geglückte Rückzugsbewegung, sondern für den gebrochenen Kampfwillen der Sowjetarmee sei. Dann kam der frühe Wintereinbruch und mit ihm eine deutliche Ernüchterung. Zudem hatten der anstrengende, schnelle Vormarsch und das ungewohnte Steppenklima mit seinen ständigen Temperaturschwankungen die Kampfkraft der deutschen Verbände beeinträchtigt.

Je näher die Wehrmacht dem symbolträchtigen Ort am Wolgaknie kam, desto mehr geriet die Stadt ins Zentrum der Propaganda. Außer in den permanenten Siegesmeldungen »Das Oberkommando der Wehrmacht gibt bekannt« findet man das Thema Stalingrad jetzt auch häufig in Leitartikeln und ausführlicheren Berichten. Am 21. August brachen deutsche Truppen im Norden und am 14. September im Süden Stalingrads zur Wolga durch. Von diesen Positionen aus begann man, die Stadt Stück für Stück einzunehmen. Doch oft nur geringe Erfolge mußten mit sehr hohen Verlusten erkauft werden. Zäh verteidigten die Einwohner zusammen mit der 62. und 64. Armee ihre Stadt. Bis zuletzt rollten in Stalingrad produzierte Panzer von den Werkhallen direkt in die Schlacht. Arbeitskollektive stellten die ersten Besatzungen. Nach vielen, zum Teil recht verlustreichen Absetzbewegungen hatte das sowjetische Oberkommando am 28. Juli nun die Losung »Keinen Schritt zurück« verkündet. Bis Mitte Oktober verloren die Deutschen ca. 40 000 Mann. Trotz des Einsatzes speziell für den Häuserkampf ausgebildeter Pioniere konnten am Tag oft nur wenige Quadratmeter erobert werden. Die deutschen Soldaten sahen sich unversehens einem erstarkten Gegner gegenüber, die 6. Armee begann auzubluten.

Am 20. September sprach die von Goebbels als anspruchsvolles Wochenblatt konzipierte Zeitschrift »Das Reich« schon vom »Symbol Stalingrad«. Stalingrad wurde für Hitler mehr und mehr zu einer Prestigeangelegenheit, zumal er bereits Ende September im Berliner Sportpalast großspurig den baldigen Fall Stalingrads mit den Worten angekündigt hatte, »daß wir Stalingrad berennen und auch nehmen werden«.[1] Doch die Einnahme der Stadt gestaltete sich zunehmend schwierig.

Während die Kräfte der 6. Armee im zermürbenden Straßen- und Häuserkampf erlahmten, führte das sowjetische Oberkommando auf dem anderen Ufer der Wolga neue, kampfstarke Verbände heran. Diese gefährlichen Truppenansammlungen waren bekannt. Doch alle Bedenken und Warnungen wurden von Hitler vom Tisch gefegt und das ihm hörige OKW zeigte sich nicht in der Lage oder besaß nicht den Mut, die Meldungen über Stärke und Maßnahmen der Roten Armee militärisch richtig auszuwerten und entsprechende Schlüsse daraus zu ziehen. Die hohen Verluste der Wehrmacht wurden in den Zeitun-

1 Max Domarus: *Hitler. Reden und Proklamationen 1932-1945*, Band II. Würzburg 1963, S. 1914

gen zwar verschwiegen, doch änderte sich der Ton der Berichterstattung. Stalingrad wurde nun zur harten Bewährungsprobe der unbesiegbaren Wehrmacht stilisiert. Die Kämpfe an der Wolga erschienen, nachdem die Stadt fast vollständig erobert war, immer häufiger als Titelmeldung. Trotz der anhaltenden Kämpfe verkündete Hitler dann am 8. November im Münchner Löwenbräukeller anläßlich der Jahresfeier des Putschversuches von 1923 vor den »alten Marschierern«, Stalingrad sei vollständig in deutscher Hand:

> »Ich wollte zur Wolga kommen [...] Dort schneidet man nämlich 30 Millionen Tonnen Verkehr ab, darunter fast 9 Millionen Tonnen Ölverkehr [...] dort war ein gigantischer Umschlagplatz. Den wollte ich nehmen und – wissen Sie – wir sind bescheiden, wir haben ihn nämlich!«[2]

Das war jedoch nicht der Fall. Nie gelang es der 6. Armee, die Stadt vollständig einzunehmen. Ein nur wenige hundert Meter breiter Streifen des Steilufers der Wolga am nördlichen Stadtrand wurde bis zum Schluß von den Verteidigern gehalten. Und nicht nur das: Hier befand sich in fuchsbauartig angelegten Unterständen während der gesamten Zeit der Schlacht auch das Oberkommando der 62. sowjetischen Armee, die seit September 1942 von Generalleutnant Tschuikow befehligt wurde. Die zähen Kämpfe um jedes Haus ließen in Hitler langsam ungute Ahnungen aufkommen, die ihn an die wohl symbolträchtigste Schlacht des Ersten Weltkrieges erinnerten:

> »Es sind nur noch ein paar ganz kleine Plätzchen da. Nun sagen die anderen: ›Warum kämpfen sie dann nicht schneller?‹ – Weil ich dort kein zweites Verdun haben will, sondern es lieber mit ganz kleinen Stoßtrupps mache.«[3]

Der SD jedenfalls hatte bereits seit Ende Oktober mehrfach von einer in der deutschen Bevölkerung verbreiteten Furcht vor einem zweiten Verdun berichtet.

2 ebenda, S. 1937 f.
3 ebenda, S. 1938

Die nationalsozialistische Presse feierte die vorgebliche Einnahme der Stadt gebührend. Durch die verfrühte Meldung von der Besetzung der Wolga-Stadt unter Druck gesetzt, mußten die offiziellen Meldungen über den Frontverlauf von jetzt an immer stärker frisiert werden.

Am 19. November begann die Umfassungsoperation durch die sowjetischen Truppen. Diese durchbrachen die Front im Norden und Süden, wo die schlecht ausgerüsteten rumänischen Verbündeten der Wehrmacht standen. Hitler verbot am 22. November den Ausbruch. Noch vor der vollständigen Einkesselung erhielt die 6. Armee mit ihren ca. 300 000 deutschen und verbündeten Soldaten den Befehl, sich in der Stadt Stalingrad einzuigeln, die man, obwohl alle militärischen Voraussetzungen dafür fehlten, großspurig zur »Festung« erklärte.

Die Wende, die mit der sowjetischen Einkreisung eingeleitet wurde, versetzte das Propagandaministerium vorübergehend in Sprachlosigkeit. Für die Einkesselung fand die NS-Presse am 24. November, fünf Tage nach Beginn der sowjetischen Operation, die Formulierung, die Sowjets seien »unter rücksichtslosem Einsatz von Menschen und Material in die Verteidigungsfront am Don eingebrochen«. Deutlichstes Zeichen der Manipulation der Frontnachrichten war die Tatsache, daß die Einkesselung nie explizit zugegeben wurde. Allerdings konnte dies jeder militärische Laie aus dem bekanntgegebenen Frontverlauf herauslesen. Peinlichst wurde darauf geachtet, daß im Wehrmachtsbericht das Wort »Kessel« im Zusammenhang mit Stalingrad nicht auftauchte. Im Verständnis der militärischen und politischen Führung war eine Einkesselung feindlicher Truppen allein der »unbesiegbaren« deutschen Wehrmacht vorbehalten. Stets wurde von »Einbrüchen in die deutsche Verteidigungsfront« gesprochen. Diese Sprachregelung war ebenso irrational wie der später exzessiv benutzte Begriff der »Frontbegradigungen«, die nach Stalingrad begannen und schließlich im Berliner Tiergarten, vor den Türen von Hitlers »Führerbunker« endeten.

Nach der Einschließung der deutschen Truppen Ende November wichen die Meldungen über Stalingrad in den Überschriften nach und nach den Berichten von anderen Kriegsschauplätzen, was zu einer gewissen Beunruhigung der Bevölkerung führte. Schließlich verschwand der Name Stalingrad ganz aus der Berichterstattung. Statt dessen war immer häufiger vom »Wolga-Don-Gebiet« die Rede, um die wahre Frontlage zu verschleiern. Stalingrad wurde als propagandistisches »Symbol« für einen heroischen Sieg zunehmend ungeeigneter. Erst im Dezember kehrte Stalingrad massiv in die Berichte der Zeitungen zurück. Der Ton jedoch hatte sich erneut geändert. Offenbar um die Bevölkerung langsam auf eine mögliche Niederlage vorzubereiten, wurden jetzt das treue Standhalten und der schwere Abwehrkampf gegen die angeblich letzten Reserven Stalins unterstrichen. »Gelobt sei, was hart macht!« titelte die SS-Zeitschrift »Das Schwarze Korps«. Die Sorgen in der Bevölkerung wuchsen und mehr und mehr Gerüchte über eingekesselte Divisionen kursierten. »Das Schwarze Korps« nahm am 3. Dezember indirekt auf die verschwommene Berichterstattung, das Ausbleiben von Siegesmeldungen und das Verschweigen der Einkesselung in den vorangegangenen Wochen Bezug:

> »Wir hören die Wahrheit. Unsere Nachrichtenpolitik ist geschichtlich einmalig und charakteristisch für die Wertschätzung, die die politische Haltung und Einsicht des Volkes bei seiner Führung genießt. Sie schweigt bei den großen Angriffsoperationen der deutschen Wehrmacht. Ihre stereotypen Wendungen vom ›planmäßigen Verlauf‹ und den ›erwarteten Erfolgen‹ weben einen dichten Schleier um das tatsächliche Geschehen.«

Natürlich war hier nicht die Rede von einer gezielten Desinformation der Bevölkerung. Man verhindere durch die vage Berichterstattung, so der Legitimationsversuch, lediglich, »daß der hellhörige Feind irgendwelche Schlüsse auf den Fortgang, die Planung, das Ziel der Bewegung ziehen kann«. Die Kenntnis der Kriegsmüdigkeit schimmerte lediglich durch in deren Leugnung:

»Das Volk würde natürlich lieber eine Sondermeldung über jeden Teilerfolg und möglichst zur nämlichen Stunde vernehmen, aber es weiß auch, weshalb man ihm diesen Gefallen nicht tun kann, es fühlt sich mitverantwortlich und ist stolz darauf, daß man es nicht für nötig befindet, es mit Kampferspritzen bei der Stange zu halten. Steht [...] der Feind im Angriff, so wird unsere Nachrichtenpolitik gesprächiger. Ihre Mitteilungen [...] nennen die Tatsachen beim Namen. Ein Durchbruch ist ein Durchbruch. Ein schwerer Abwehrkampf ist ein schwerer Abwehrkampf«.

»Das Reich« hatte bereits am 29. November Bausteine für einen späteren Mythos zusammengetragen, wenn es dort hieß, »daß die bolschewistische Führung die äußersten Anstrengungen macht, ihre Frontlage, die durch die gewaltigen deutschen Offensiverfolge der letzten Monate gekennzeichnet ist, zu verbessern, koste es, was es wolle«. »Mit Hilfe eines rücksichtslosen Einsatzes an Massen und Material« versuche Stalin vergeblich, die deutsche Front zu zerbrechen.

Das Weihnachtsfest unterbrach diese Form der Berichterstattung für kurze Zeit. Im Mittelpunkt der sentimentalen Betrachtungen steht nun die Tatsache, daß die Soldaten die »Deutsche Weihnacht« so weit entfernt von ihren Familien verbringen müssen. Stark verharmlosend werden die »Unannehmlichkeiten« des kalten russischen Steppenwinters beschrieben. Höhepunkt der Inszenierung der Verbundenheit der Heimat mit den Soldaten in Stalingrad war eine Ringsendung des Rundfunks zu Weihnachten, in der sich nach vielen Frontabschnitten auch eine knarrige Stimme angeblich von der Wolga meldete. Diese Meldung soll jedoch in einem Studio bei Berlin produziert worden sein.

Doch die hohen Verlustzahlen ließen sich kaum mehr verschweigen, ebensowenig die Tatsache, daß an eine Befreiung der 6. Armee nicht mehr zu denken war. Zu weit schon mußte die deutsche Front Ende 1942 zurückgenommen werden. Langsam wurde auch Teilen der ansonsten stark desinformierten Bevölkerung klar, daß sich in Stalingrad eine Tragödie ankündigte. Trotz der Verschleierungsversuche verriet der Wehrmachtsbericht dem Kundigen, daß die 6. Armee nicht mehr angriff, sondern angegriffen wurde. In den Berichten zeigt sich auch durch die Wortwahl der Ernst der Lage. Viele Standard-Vokabeln, ursprünglich dem unterlegenen Gegner vorbehalten, werden nun auf die eigenen Truppen angewandt: fanatisch, verbissen, hinhaltender Widerstand.

Seit der Schließung des Kessels hatte sich die Versorgungslage von Tag zu Tag verschlechtert. Lebensmittel und Treibstoff wurden immer knapper. Schon bald konnten nur noch Hungerrationen an die Landser ausgegeben werden. Die kämpfenden Einheiten verfügten kaum noch über Munition und eine ordnungsgemäße Versorgung der Verwundeten war durch Mangel an Medikamenten, Verbandstoff und medizinischem Gerät ebenfalls nicht mehr gewährleistet. Spätestens als am 24. Dezember der Entsatzversuch der Panzerarmee Hoth scheiterte, war klar, daß die Armee nur die Wahl hatte zwischen Tod und Gefangenschaft. Über 100000 Angehörige der 6. Armee waren bereits gestorben, als das sowjetische Oberkommando am 8. Januar 1943 ein Angebot zur ehrenvollen Kapitulation unterbreitete. Doch Hitler verbot die Kapitulation und Paulus unterwarf sich dessen Entscheidung. In Zukunft, befahl er, seien alle Parlamentäre des Gegners »durch Feuer abzuweisen«.

Nichts davon im Wehrmachtsbericht, der noch am 10. Januar aus Stalingrad lediglich »örtliche Stoßtrupptätigkeit« meldete. Schließlich ließ sich die Verharmlosung der Lage angesichts der sowjetischen Erfolge nicht länger aufrechterhalten. Hitler entschloß sich auf Drängen Goebbels' daher, die Nachrichtensperre zu lockern und die absehbare Niederlage zu einem »Heldenepos« zu erheben, so daß im Wehrmachtsbericht vier Tage später weisungsgemäß von »heldenhaften, schweren Kämpfen im Raum von Stalingrad« die Rede war. Die Bevölkerung war aber auch von anderer Seite vorbereitet. Der SD vermerkte Mitte Januar:

»Aus [...] den zum Teil sehr pessimistischen Erzählungen und Feldpostbriefen der Frontsoldaten und auf Grund der umlaufenden, teils auf Feindnachrichten basierenden Gerüchte glauben viele Volksgenossen darauf schließen zu müssen, daß z.Z. ein Tiefstand in diesem Kriege erreicht sei.«

Bemerkenswert realistisch, daß vom SD hier die Feldpostbriefe als Korrektiv der offiziellen Verlautbarungen gewertet wurden, fungierten sie doch in den Zeitungen abgedruckt stets als »authentische« Bestätigung derselben.

Aber nicht nur Hitler und seine Paladine ignorierten häufig die militärische Wirklichkeit. Auch die vor Ort erstellten Dokumente der 6. Armee lassen einen erstaunlichen Verlust an Realitätssinn erkennen und muten nicht selten wie Produkte von Wünschen und Phantasien an. Die zwischen den Oberkommandos der 6. Armee und der Heeresgruppe Don ausgetauschten Funksprüche und Lageberichte gingen bis zum Schluß von einer zwar eingekesselten, aber noch kampfstarken und dem Feind trotzenden Armee aus, einer Armee, die es spätestens seit Weihnachten 1942 nicht mehr gab. Zumindest die in vorderster Linie kämpfenden Einheiten waren nur noch desperate Haufen verelendeter Soldaten und Frontoffiziere, deren einziger Zusammenhalt die Hoffnung auf kärgliche Verpflegung war. Die 6. Armee begann, sich aufzulösen. Ihre Verluste an »Menschenmaterial« wurden immer größer. Nachdem am 16. Januar der Flugplatz Pitomnik verlorengegangen war, brach die Luftversorgung endgültig zusammen. Einige Tage später gelang es der Roten Armee sogar, den Kessel zu spalten. Von geregelten militärischen Operationen konnte von deutscher Seite schon lange nicht mehr die Rede sein. Die Armee als militärischer Kampfverband hatte aufgehört zu bestehen, was jedoch nicht bedeutete, daß nicht bis zuletzt noch Befehle und Weisungen erteilt, Hinrichtungen vollstreckt, Beförderungen eingereicht und bearbeitet, Funksprüche empfangen und abgesandt, Mannschaftsbestände errechnet wurden. Soldlisten wurden teilweise noch bis Mitte Januar penibel geführt, obwohl es doch schon seit November oft keinen regelmäßigen Sold mehr gab, und wenn er doch ausgezahlt wurde, nichts, was man sich dafür hätte kaufen können. Während also die Versorgung im Kessel schon lange nicht mehr funktionierte, blieb seine »Verwaltung« bis zum

Ende relativ intakt. Paulus und sein Stab haben »von wechselnden Kellern aus dem Untergang der Armee die militärische Form gegeben, solange es sich machen ließ«.[4]

Mit dem Aufsatz von Goebbels zum »totalen Krieg«[5] radikalisierte sich die Berichterstattung weiter. Als die unvermeidliche Niederlage absehbar war, stellte Goebbels die Propagandamaschinerie des Dritten Reiches auf die Inszenierung des »Untergangs der 6. Armee« ein. Man begann, die Öffentlichkeit ganz gezielt auf einen »Opfergang« vorzubereiten, um so der Niederlage einen letzten »Sinn« zu geben. Die nötigen eingängigen Bilder und Begriffe waren schnell bei der Hand. Hinweise auf den »Heroismus« der deutschen und die »erdrückende Übermacht« der sowjetischen Truppen mehrten sich. Immer häufiger war vom »Opfer« die Rede, das die 6. Armee zum Schutz anderer Heeresverbände und generell für die Heimat bringe. Ohnehin hatten weite Kreise der deutschen Bevölkerung, so der SD, den »Eindruck, daß das Schicksal der 6. Armee in Stalingrad bereits besiegelt sei«.

Die letzte Phase der Berichterstattung kulminierte in den Tagen Ende Januar/Anfang Februar. Die 6. Armee, so hieß es nun, solle ein Vorbild für alle Deutschen sein, bis zuletzt den Kampf fortzusetzen. Die Zeitungen sprechen von »fanatischem« Widerstand und unterstreichen die Sinnhaftigkeit des Kampfes auch in aussichtsloser Position. Dem Untergang greifbar nahe, die sowjetischen Truppen waren nur noch wenige hundert Meter entfernt, sandte Oberbefehlshaber Friedrich Paulus zum Jahrestag noch Huldigungstelegramme an Hitler:

> »Zum Jahrestag Ihrer Machtergreifung grüßt die 6. Armee ihren Führer. Noch weht die Hakenkreuzfahne über Stalingrad. Unser Kampf möge den lebenden und kommenden Generationen ein Beispiel dafür sein, auch in der Hoffnungslosigkeit nie zu kapitulieren, dann wird Deutschland siegen. Heil mein Führer. Paulus, Gen.Oberst«.

4 Erich Kuby: »Keine Spur mehr von der 6. Armee.« In: Stern, 16 (1963) 6.

5 Das Reich, 17. Januar 1943.

Der Text solcher Funksprüche wurde von der Propaganda dankbar aufgegriffen und im »Völkischen Beobachter« groß aufgemacht. Der Untergang der 6. Armee wurde zur Sinnstiftung des weiteren Krieges stilisiert: Der Tod so vieler Soldaten sollte erneuter Ansporn sein, die letzte Kraft für den sogenannten Endsieg zu geben.

Als Dank für seine Treue ernannte Hitler Paulus zum Generalfeldmarschall. Paulus verstand diese Beförderung so, wie sie gemeint war: als Aufforderung zum Selbstmord. Der gemeinsame Tod der Armee und des Generalfeldmarschalls wären die Krönung bei der Inszenierung des Untergangsmythos gewesen. Doch hier ließ Paulus den bislang von ihm gewohnten Gehorsam vermissen: Er wählte den Weg in die Gefangenschaft. Die ultimative Beförderung Paulus' entfaltete später eine von der NS-Führung nicht beabsichtigte Wirkung. Sie stärkte den Nimbus, der den einzigen Generalfeldmarschall in sowjetischer Kriegsgefangenschaft umgab, und konterkarierte damit den NS-Untergangsmythos. Die Beschwörung der »Helden von Stalingrad« verlieh auch den anderen Angehörigen der 6. Armee in der sowjetischen Gefangenschaft eine Bedeutung, die nicht zuletzt in die Gründung des Nationalkomitees »Freies Deutschland« mündete.

Aus Anlaß des 10. Jahrestages der Machtergreifung hielt Hermann Göring am 30. Januar 1943 eine Ansprache im Berliner Sportpalast. Diese als »Leichenrede« in die Geschichtsschreibung eingegangene Ansprache konnte von den in Kellern, Ruinen und Erdhöhlen noch vegetierenden Resten der 6. Armee zum Teil über Funk im Radio verfolgt werden. Während die letzten deutschen Truppen im Kessel noch kämpften oder bereits den Weg in die Kriegsgefangenschaft gingen, wurden sie, um die Inszenierung in Berlin nicht zu stören, kurzerhand für tot erklärt. Pathetisch verkündete Göring den Tod der gesamten Armee. Stalingrad wurde nun dem deutschen Volk als Vorbild angedient. Noch einmal versuchte die NS-Führung, die kriegsmüde deutsche Bevölkerung für den »Endsieg« zu mobilisieren. Man sollte sich der Opfer würdig erweisen, selbst zu kommenden Opfern bereit sein. Und in der Tat nahm der Untergang der 6. Armee die Ereignisse vor der Kapitulation Deutschlands im Mai 1945 vorweg. Göring versuchte mit dem Rückgriff auf alte Legenden einen modernen Mythos zu konstruieren, benannte die historischen Koordinaten Stalingrads, auf denen die NS-Führung die Schlacht im kulturellen Gedächtnis verortet sehen wollte: die Nibelungen und die Schlacht bei den Thermopylen, wo der Spartanerfürst Leonidas bereits in der Antike, so die nationalsozialistische Lesart, die abendländische Kultur gegen asiatische, hier persische, Horden verteidigte und ihrer Übermacht erlag.

> »Aus all diesen gigantischen Kämpfen ragt nun gleich einem Monument der Kampf um Stalingrad heraus. Es wird der größte Heroenkampf unserer Geschichte bleiben. […] Wir kennen ein gewaltiges Heldenlied von einem Kampf ohnegleichen, es heißt ›Der Kampf der Nibelungen‹. Auch sie standen in einer Halle voll Feuer und Brand, löschten den Durst mit dem eigenen Blut, aber sie kämpften bis zum letzten. Ein solcher Kampf tobt heute dort, und noch in tausend Jahren wird jeder Deutsche mit heiligem Schauer von diesem Kampf in Ehrfurcht sprechen und sich erinnern, daß dort trotz allem Deutschlands Sieg entschieden worden ist.«
> »Vor 2 ½ Jahrtausenden stand in einem kleinen Engpaß in Griechenland ein unendlich tapferer und kühner Mann mit dreihundert seiner Männer, stand Leonidas mit dreihundert Spartiaten, aus einem Stamm, der wegen seiner Tapferkeit und Kühnheit bekannt war. Eine überwältigende Mehrheit griff diese kleine Schar immer wieder aufs Neue an. Der Himmel verdunkelte von der Zahl der Pfeile, die abgeschossen wurden. Auch damals war es ein Ansturm von Horden, der sich hier am nordischen Menschen brach.«

Diese Deutung der Schlacht enthält viele Ungereimtheiten und fragwürdige Vergleiche. Doch solche Ungereimtheiten sind bei der Mythisierung eines historischen Ereignisses im Dienste der Propaganda eben nebensächlich. Sowohl die Nibelungen als auch die Schlacht an den Thermopylen bedienen mehrere wesentliche Elemente der NS-Propaganda und sollten Einfluß auf den Durchhaltewillen der Soldaten nehmen. Zum einen wurde mit dem Verweis auf sie stereotyp wiederholt, daß ein Kampf falls nötig »bis zur letzten Patrone« geführt werden müsse, es sei stets die Pflicht des Soldaten, auch in ausweglosen Situationen bis zum Schluß auszuhalten, da der Einzelne keinen Einfluß auf den Verlauf der Ereignisse habe. Diese werden durch das »Schicksal« oder die »Vorsehung« determiniert – zwei Begriffe, die in der NS-Ideologie eng mit dem Führerkult verbunden waren. Ein anderes Element ist die Anknüpfung an die uralten europäischen Bedrohungsängste vor einer Gefahr aus dem Osten, aus Asien. Bei den Thermopylen sind es die »asiatischen« Perser und bei den Nibelungen die Hunnen. Diese alte Bedrohung aus dem Osten ersteht neu in der Bedrohung durch den »Bolschewismus«, durch die »rote Flut«, verdoppelt sich sogar, da sie nun auch eine politische Dimension bekommt. Der Krieg gegen die Sowjetunion wird zum Existenzkampf und abendländischen Kulturkampf, den Deutschland als »Bollwerk« stellvertretend für Europa führt, stilisiert. Dazu Alfred Rosenberg: »In den Ebenen eines aufgewühlten, wilden Ostens verteidigen unsere deutschen Soldaten sowohl Goethe und Beethoven wie auch Augustus und Perikles.«[6] Nach der Tagesparole des Reichspressechefs vom 3. Februar 1943 wurde den Medien »eine ihrer größten publizistischen Aufgaben gestellt«, nämlich den Kampf der 6. Armee »zum größten Heldenlied der deutschen Geschichte« zu gestalten. Die Niederlage war zu eindeutig, als daß sie – wie andere vorher – noch zu einem Sieg hätte umgefälscht werden können. Dies war nicht zuletzt der spezifischen militärischen Lage geschuldet. Die Niederlage in einer offenen, beweglichen Feldschlacht wie vor Moskau eröffnete Propagandisten und anderen Interpreten historischen Geschehens breite Möglichkeiten zur Verschleierung oder gar Uminterpretation. Hier konnte man einen Rückzug leicht als taktisches Manöver, ein nicht erreichtes Ziel als nur zeitweilig zurückgestellt kaschieren. Die Schlacht um Stalingrad aber war eine Kesselschlacht. Mit Beginn der Einkesselung ist eine Armee wegen der verkürzten

6 Völkischer Beobachter, 5. Februar 1943

Frontlinie nicht mehr in der Lage, ihre Kräfte voll einzusetzen und teilweise zu Passivität verdammt. Ihr Gegner kann sie mit geringerem Aufwand eindeutig dominieren, für ihn arbeitet die Zeit, da die abgeschnittenen Truppen ausgezehrt werden. Eine solche Schlacht kann, wenn Hilfe von außen ausbleibt, nicht mit einem Rückzug enden, sondern nur mit Kapitulation oder Tod der eingeschlossenen Truppen. Gerade diese eindeutige Situation der Ausweglosigkeit und des Ausgeliefertseins hat die Menschheit seit dem Beginn von Literatur und Geschichtsschreibung bewegt.

Natürlich ohne die Kapitulation zu erwähnen, verkündete schließlich der »Völkische Beobachter« in großer Aufmachung am 4. Februar: »Der Kampf der 6. Armee um Stalingrad zu Ende – Sie starben, damit Deutschland lebe«. Das »Opfer der 6. Armee« solle »sich auswirken bis in die fernsten Zeiten«, Vorbild für neue Opfer sein. Um das beschworene Pathos des Untergangs tief im Bewußtsein der Deutschen zu verankern, wurde eine dreitägige Staatstrauer verkündet. Aus der Elegie des Untergangs entspringt »Unser Schwur: Vergeltung!« In die Berichterstattung über das tragische Ereignis wurde Zuversicht eingestreut. Die Zeitungen feierten und beförderten propagandistisch den Neuaufbau der 6. Armee in der Heimat. Alfred Rosenberg liefert mit dem Rückgriff auf Homer einen weiteren Baustein zur Konstruktion einer Legende:

> »Wer die großen Heldensagen der Völker sich *heute* vor Augen führt, der wird besonders tief empfinden, daß sie entstanden sind nicht aus der Heiterkeit eines allbefriedeten Lebens, sondern daß sie Gleichnisse sind schwerster Kämpfe, eines ungeheuren großen Schicksals. Die Illias ist ein Sang des Sieges, aber zugleich vereinigen sich in ihr Erinnerungen jahrhundertelanger Kämpfe der Hellenen gegen die damaligen Völker Kleinasiens.«

Rosenberg zieht auch die Verbindung zu den Nibelungen:

> »Wie die Könige, Ritter und Reisige der Burgunder in der fremden Königshalle sich bis zum letzten gegen die Hunnen

wehrten, so stand die 6. Armee in Stalingrad vor den anstürmenden Millionenhaufen des Bolschewismus. Sie kämpften, fielen oder wurden wund und ermattet überwältigt in einer Stadt, die ebenfalls den Namen unseres Feindes trägt, wie damals zur Zeit des Nibelungenzuges.«

Die Soldaten, Offiziere und Generäle werden zu Helden stilisiert – zu toten Helden, denn erst der Tod erhebt sie über die Lebenden. Generell war der Tod auf dem Schlachtfeld als Martyrium ein konstitutiver Bestandteil der NS-Ideologie und ihrer Legenden, eine Funktion zur Formierung und Normierung der Bevölkerung. »Dieser Tod ist kein Opfer sondern höchste Erfüllung des Lebens. Nur einen Tod können wir sterben, er soll die Krönung sein eines Lebens für die Gemeinschaft.«[7]

Die totale Niederlage an der Wolga veranlaßte Goebbels schließlich zur Ausrufung des »totalen Krieges«, die er in Pressebeiträgen schon seit Januar vorbereitet hatte. Höhepunkt dieses Propagandafeldzuges war die berühmt-berüchtigte Rede vom 18. Februar 1943 im Berliner Sportpalast. Doch schon Ende Februar verschwand Stalingrad wieder aus den Medien, es folgten andere militärische Niederlagen. In einer Reportage am 21. Februar über »Die Letzten aus Stalingrad«, Verwundete, die noch ausgeflogen werden konnten, fügt »Das Reich« mit den Worten eines Soldaten dem Mythos weitere historische Elemente zu:

»Und wenn wir auch wissen, warum wir hier im Osten kämpfen, jetzt nach Stalingrad haben wir, unser ganzes Volk noch eine besondere Pflicht – unerbittlich zu sein! Wir müssen doch schließlich die Kameraden befreien – oder rächen. Eher kann es keine Ruhe geben. Auch Langemarck und der 9. November in München waren nationale Unglücke, und doch ist aus ihnen der Sieg erwachsen.«

Der Sturmangriff auf Langemarck, bei dem im Ersten Weltkrieg angeblich vor allem aus Studenten bestehende Regimenter mit dem Deutschlandlied auf den Lippen unter großen Verlusten

7 Das Schwarze Korps, 24. Dezember 1942, S. 4

französische Stellungen stürmten, kommt Stalingrad, was das »Verheizen« von Soldaten und dessen anschließende mediale Inszenierung und Verherrlichung angeht, in der Tat sehr nahe.

Noch während der Schlacht um Stalingrad hatte das Ministerium für Volksaufklärung und Propaganda den Kriegsberichterstatter der 6. Armee, Heinz Schröter, beauftragt, ein Propagandawerk mit dem Titel »Heldenlied Stalingrad« über die »stolzen Tage« vorzubereiten. Ein Exposé und 39 maschinenschriftliche Briefauszüge blieben erhalten. Sie stammen offensichtlich aus dem Potsdamer Heeresarchiv, wurden später im Militärarchiv der DDR aufbewahrt und sind heute im Bundesarchiv/Militärarchiv in Freiburg/Breisgau archiviert. Im Exposé heißt es: »Die Zeilen dieses Buches sollen Mittler zwischen der Wirklichkeit des Ringens um Stalingrad und der Vorstellungswelt aller in der Heimat sein.« Den militärischen Ereignissen sollte hier eine höhere Weihe verliehen werden. Doch die Publikation kam nicht zustande, da sich wohl das Material trotz sorgfältigster Auswahl den Wünschen der NS-Führung sperrte und ihrem Sinngebungsanspruch nicht entsprach. Durch den PK-Mann[8] Heinz Schröter wurde überliefert, daß Goebbels die Texte aus vielerlei Gründen als »untragbar für das deutsche Volk« empfunden haben soll. So verschwanden die Stalingrad-Dokumente in den Archiven. Bei der Inszenierung eines Mythos kam man besser ohne sie aus. Schröter veröffentlichte sein im Auftrag von Goebbels gesammeltes und bearbeitetes Material und andere Texte dann nach dem Krieg in der Bundesrepublik unter dem Titel *Letzte Briefe aus Stalingrad* (1954) – eine folgenreiche Publikation, von der im folgenden noch die Rede sein wird.

Der »Mythos Stalingrad« war kein alleiniges Produkt der NS-Propaganda, wenn er auch von ihr besonders gefördert wurde. Seine dauerhafte Wirkung konnte nicht »von oben« angeordnet werden. Die katastrophale und schmerzliche Niederlage, unerklärbar, da im bisherigen Kriegsverlauf ohne Vergleich, unerwartet, wiewohl geahnt, ließ die angebotenen Deutungs- und Wertungsmuster in weiten Teilen der Bevölkerung

8 PK = Propaganda-Kompanie

auf fruchtbaren Boden fallen, die dort verändert und angereichert wurden. Es wurde ein geistiger Raum geschaffen für die individuelle Verarbeitung, durchaus jenseits der offiziellen Ideologie. Der Versuch, dem Untergang der 6. Armee einen höheren Sinn zu geben, war für die NS-Führung Staatsräson, für die Bevölkerung eine Suche nach Trost angesichts der immensen Verluste. Die einzelnen Elemente des Mythos wirkten in der einen und anderen Form, abhängig vom zeitlichen Kontext, auch nach dem Untergang des NS-Regimes und dem Ende des Zweiten Weltkrieges fort.

II

Bei Kriegsende wurden nach »totalem Krieg« und der darauf folgenden totalen Niederlage erst allmählich die Dimensionen von Verbrechen, Tod, Vernichtung und Zerstörung offenbar. Der Zweite Weltkrieg hatte mehr als 50 Millionen Tote gekostet, darunter etwa 20 Millionen Sowjetbürger und 6 Millionen Deutsche. Die Dimensionen der menschlichen, materiellen und moralischen Verluste und Verwüstungen – historisch allenfalls vergleichbar mit denen des Dreißigjährigen Krieges – waren für die Zeitgenossen unfaßbar, mit Worten kaum zu beschreiben. Das Menetekel der Jahreswende 1942/43 hatte sich bewahrheitet. Der totalen Niederlage der 6. Armee folgte die totale Niederlage Deutschlands. Im Mai 1945 war auch Berlin ein Ruinenfeld wie einst Stalingrad. Bei der desorientierten Bevölkerung wirkten viele Deutungsmuster und Mythen der NS-Zeit in einer Mischung von Kontinuität und Veränderung weiter. Nicht verwunderlich ist, daß für das Leid des Krieges gerade Stalingrad zur Chiffre, zum Inbegriff von Tod und Verwüstung wurde, zu einem deutschen Synonym für Apokalypse. Auch im Nachkriegsdeutschland haftete nicht nur der Schlacht, sondern auch ihren Teilnehmern eine besondere Aura an. Alte Legenden wurden aus den verschiedensten Gründen gepflegt. »Helden«, wenn auch nicht immer so genannt, blieben die Stalingradkämpfer in beiden deutschen Staaten.

Anders als in der geistig gleichgeschalteten NS-Zeit, prägte sich der Stalingrad-Mythos nach 1945 in ganz verschiedene Richtungen aus. Es gab Konstanten und Veränderungen. Das heute virulente Bild von Stalingrad gleicht einem vielfältigen Mosaik mit zahlreichen Elementen, die sich immer wieder aufeinander beziehen und gegenseitig erhellen, die sich unterstützen oder widersprechen und in aktuelle Diskurse eingebaut werden. Zwischen den Elementen existiert ein vielfältiges, kaum zu überschauendes, sich veränderndes Netz von Querverbindungen und Beziehungen. Nach Alexander Kluge ist dies ein Gitter, »an das sich die Phantasie [...] anklammern kann, wenn sie sich in Richtung Stalingrad bewegt«.[9]

Bereits unmittelbar nach der Kapitulation der 6. Armee begannen sich deutsche Schriftsteller mit der Schlacht zu beschäftigen. Die ersten waren die in die Sowjetunion emigrierten Autoren. Allen späteren Interpreten der Schlacht hatten sie etwas Entscheidendes voraus: den direkten und – beinahe – freien Zugang zu den von der Roten Armee erbeuteten deutschen Akten, Dokumenten und Briefen sowie die Gespräche mit zahlreichen Kriegsgefangenen. In den literarischen Texten wurden die verschiedenen Elemente des »Mythos Stalingrad« aufgenommen, modifiziert, diskutiert und kritisiert.

Den ersten und bis heute wohl prägendsten Roman über die Schlacht um Stalingrad, der bei allen folgenden Werken stets mitgedacht werden muß, verfaßte Theodor Plievier. Dem Schreiben waren umfangreiche und intensive Materialstudien des Autors vorausgegangen. Auf Initiative von Johannes R. Becher wurde ihm von der Roten Armee eine große Anzahl von Akten und Unterlagen, besonders aber von Feldpostbriefen und Tagebüchern gefallener oder gefangener deutscher Soldaten zur Verfügung gestellt. Später hatte er dann auch die Möglichkeit, mit Soldaten, Unteroffizieren, Offizieren und Generälen der 6. Armee in sowjetischen Kriegsgefangenenlagern zu sprechen.

9 Alexander Kluge: *Schlachtbeschreibung*, Frankfurt a. M. 1983, S. 368

Bevor in der von Becher in der Sowjetunion herausgegebenen Zeitschrift »Internationale Literatur/Deutsche Blätter« in Fortsetzungen Auszüge aus Plieviers Roman *Stalingrad* erschienen (November 1943 bis September 1944), veröffentlichte dieser dort einige Erzählungen, die augenscheinlich Vorarbeiten zum Roman darstellen. Alle diese Geschichten sind nach dem gleichen Grundmuster geschrieben: aus wahrscheinlich authentischen Zitaten von Briefen gefallener oder gefangener Soldaten wird die mögliche Geschichte des Verfassers oder Empfängers entwickelt. Tausende Kilometer von der Heimat entfernt, bemühte sich Plievier – getreu seinem Motto »Pas verité sans fiction« – um ein Psychogramm der deutschen Gesellschaft unter dem Hakenkreuz.

Als Buch erschien *Stalingrad* erstmals 1944 in der Sowjetunion. Nach dem Krieg wurde es sofort in der Sowjetischen, später auch in anderen Besatzungszonen verlegt. Besonders die im Ostberliner Aufbau-Verlag erschienenen Auflagen – allein bis 1948, als Plievier aus politischen Gründen die SBZ verließ, waren es neun –, fanden große Verbreitung. Jahrzehntelang gab es dann nur noch Ausgaben in westdeutschen Verlagen. Erst 1984 druckte der Aufbau-Verlag die 10. Auflage mit einem Nachwort von Hermann Kant, der übrigens 1956 sein Diplom an der Humboldt-Universität zu Berlin mit einer Arbeit über ebendiesen Roman erhalten hatte.

Die Form des dokumentarischen Romans scheint für Plievier die geeignete Form, den überbordenden Bildern, Phrasen und Verdrehungen der nationalsozialistischen Mythisierung zu begegnen. Noch effektiver aber ist ein weiteres Kompositionsprinzip: die Verdrängung mythischer Elemente des NS-Diskurses durch andere, antifaschistische und humanistische. Der Heldenmythos wird zur Tragödie eines Untergangs, der Rückgriff auf germanisches oder antikes Inventar ersetzt durch christliche, vor allem neutestamentarische und aufklärerische Bilder und Motive – sicher da diesen von ihrem Ursprung her und durch ihre Tradierung friedfertige Werte sehr viel tiefer eingeschrieben sind.

> »☧ – ein Zeichen, der Wehrmachtspfarrer der 376er, Vikar aus Höxter, Bergarbeitersohn aus dem Oberhausener Kohlenpott, war kein Schriftgelehrter, dieses Zeichen aber war in ihm, und er sah es aus dem Schnee aufstehen und bis zum Himmel wachsen. Daß es *ein* Zeichen ist, und daß aus anderen geographischen und geistigen Zonen der Menschheit andere Zeichen, etwa TAO, etwa GERECHTIGKEIT, etwa VERNUNFT, an die gleiche Stelle gesetzt sind, das ging ihn nichts an, er war ein schlichter Sohn seiner Kirche.«

Dem vorgeprägten Themenkomplex des Untergangsmythos werden von Plievier wesentliche Elemente hinzugefügt: Verbrechen und Schuld.

Obwohl ein »Riesenpanorama« betrachtend, stellt der Roman nur einen verhältnismäßig kleinen zeitlichen und lokalen Abschnitt des Zweiten Weltkrieges dar. Die Grenze des literarischen Schauplatzes wird bis auf ganz wenige Ausnahmen durch den äußeren Verteidigungsring des Stalingrader Kessels markiert. Dieses Kompositionsprinzip bedingt allerdings, daß die sowjetische Seite, die Rote Armee aus dem Geschehen meist vollständig ausgeblendet wird. Das erzählte Geschehen umfaßt ca. 100 Tage. Die Chronologie des Erzählten folgt streng dem Verlauf der Kriegshandlungen. Das Erzählen gleicht einem kontinuierlich fließenden, breiten Strom, aus dem der Autor immer wieder einzelne Episoden bzw. Figuren heraushebt, beispielhaft bereits im ersten Satz des Romans: »Und da war Gnotke.« Den vielfältigen Schicksalen der mehr als 300 000 Soldaten im Kessel versucht Plievier mit einer Vielzahl von Figuren und wirklichen oder nur vermeintlichen Dokumenten, oft Feldpostbriefen, beizukommen. Er weitet damit das ästhetische Modell des klassischen Romans bis an seine Grenzen aus. Plievier erzählt die Geschichte der Schlacht als eine Geschichte des Sterbens. Bereits die Eingangsepisode beschreibt die Beerdigung gefallener Soldaten in einer unwirklichen Landschaft und Atmosphäre. Trotz der sachlichen Sprache sind sofort mythische Bilder präsent. Die Wehrmachtssoldaten brauchen die feindlichen Granaten nicht mehr zu fürchten, sie sind »Totenmänner«, gleichen beim monotonen Tragen der Leichen dem Fährmann Charon aus der griechischen Mythologie, der die Toten über den Archeron setzt.

> »Mehr als sonst glichen sie an diesem Tage durch den Dunst ziehenden Schemen [...] mit ihrer Last in der Mitte erinnerten sie mehr als alles andere sonst an langsam treibende beladene Barken.«

Hier ist die erste Stufe des Höllentrichters anzusetzen, den die Armee bis zum Grund hinabsteigen wird. Dies ist aber ganz anders als in der NS-Propaganda kein Schicksal, keine Vorsehung. In zahlreichen Variationen betont Plievier, daß diese Situation selbstverschuldet ist. Nicht der äußere Feind ist der hauptsächliche Todesbringer, der innere Zustand der Armee ist es. Die nationalsozialistische »Volksgemeinschaft« erscheint als Rücknahme der Aufklärung. Die 6. Armee, vom einfachen Soldaten bis zum Oberbefehlshaber, reagiert nicht handelnd auf die sie gefährdende Lage, findet keinen Ausgang aus ihrer »selbstverschuldeten Unmündigkeit«. Die Armee geht an sich selbst zu Grunde. Doch Stalingrad ist bei Plievier nicht nur eine Tragödie. Grund für die breite positive Aufnahme des Romans sind sicher seine pluralen Rezeptionsangebote. So kann die Geschichte von Unteroffizier Gnotke, Soldat Gimpf und Oberst/General Vilshofen als das angesehen werden, was sie ist: als die Erzählung von der unerhörten Begebenheit humaner Selbstbehauptung in inhumaner Umgebung durch menschliches Handeln. Sie steht aber ohne Zweifel auch für eine antifaschistische Mythenbildung. Es ist der utopische Gegenentwurf zum realen Versagen der großen Menschengemeinschaft 6. Armee, die sich durch menschlich-moralisches Verhalten nicht vor dem Untergang retten konnte. Durchzogen wird der Roman in vielfältiger Weise durch das auf das Neue Testament und die Ideen der Aufklärung verweisende Motiv des Lichts:

> »Aus einer versteinerten Wüste kann die Sonne kein Leben mehr erwecken; aus einer Menschenwüste kann das Licht also wieder aufbrechen. Der Mensch – wäre er auch niedergetreten und schamlos mißbraucht und blindes Objekt ge-

wesen –, solange er atmet und solange er den anderen, handelte es sich auch nur um einen der anderen, noch sieht, ist nicht verworfen und noch nicht aufgegeben.«[10]

Die Protagonisten Gnotke und Vilshofen sind Repräsentanten alternativen, das Menschsein erst konstituierenden Handelns. Sie sind nicht a priori mit einem tätigen Humanismus ausgerüstet, sondern ihre »Tuchfühlung zum Nebenmann« ist Ergebnis langwieriger, schmerzlicher, innerer Auseinandersetzungen, die zu Katharsis und Wandlung führen. So, und nur so, finden sie nach ihrer Wanderung über »apokalyptisches Land« den gemeinsamen Aufstieg in eine noch ungewisse, bessere Zukunft:

»›Mensch, Gnotke, hinter diesem verlassenen Schlachtfeld und hinter diesem verlorenen Krieg flimmern neue Schlachtfelder und neue künftige Kriegstheater!‹
›Davon habe ich genug!‹ ›Ich auch!‹ ›Ich weiß nicht, Herr Oberst, wie wir beide zusammengehen können!‹ ›Eben das müssen wir wissen, darum geht es!‹
Darum ging es, das war es, was die beiden unter dem fallenden Vorhang zu tun hatten und was sie zu klären unternahmen. Es war nicht das Ende der Tragödie, aber es war Aktschluß.«[11]

Diese durchaus ungewöhnliche Übereinstimmung der Interessenlage zwischen dem Unteroffizier und dem zum General beförderten Oberst, dem Bauernsohn aus Klein-Stepenitz und dem draufgängerischen Militär aus Berlin-Dahlem ist, ganz im Sinne eines antifaschistischen Bündnisgedankens, das Resultat einer ungewöhnlichen historischen Situation.

Anders als Plievier nahm Willi Bredel als Frontpropagandist in den Schützengräben der Roten Armee direkt an den Kämpfen um Stalingrad teil und versuchte sich umgehend an der literarischen Formung des Stoffes. Die Übermacht und die Unmittelbarkeit der eigenen Erlebnisse, so scheint es, behinderten

10 Theodor Plievier: *Stalingrad*, Berlin 1984, S. 178
11 ebenda, S. 526

jedoch deren künstlerische Formung. Die Geschichte der Stalingrader Schlacht aus kommunistischer Sicht in einem großen literarischen Werk zu gestalten, war eine Aufgabe (oder eher ein Auftrag?) gewesen, die die Auslandsleitung der KPD in Moskau unmittelbar nach Beendigung der Kämpfe den in der UdSSR lebenden deutschen Schriftstellern gestellt hatte. Bredel, der – anders als Plievier – zum engeren Führungszirkel der kommunistischen Emigration in der Sowjetunion gehörte, hat sich sofort mit dem Thema beschäftigte, ist aber letztlich an dieser Aufgabe gescheitert. Nach dem Erscheinen von Plieviers Roman soll er sein eigenes Manuskript sogar verbrannt haben. Die Novelle »Der Sonderführer« über den versprengten Angehörigen einer Propaganda-Kompanie im Kessel, die Bredel 1944 verfaßt hat, läßt an mehreren Stellen starke Anlehnungen an Plieviers Buch erkennen, ohne jedoch dessen literarisches Niveau zu erreichen. So wie Bredel die Figurenzeichnung nicht selten zur ungewollten Karikatur gerät, so deutlich ist auch sein politisches Dilemma bei der Beurteilung der Angehörigen der 6. Armee. Als Gründungsmitglied des Nationalkomitees »Freies Deutschland« durfte er gerade die Stalingradkämpfer, Soldaten und Offiziere, die man nach ihrer »Wandlung« zur Mitarbeit in dieser Organisation bewegen wollte, nicht ideologisch verprellen. So thematisiert auch Bredel die Schuldfrage kaum, was sicher einem nicht nur von ihm erwarteten, schnellen Umerziehungsprozeß geschuldet ist, der zu einer aktiven Mitarbeit der Wehrmachtsangehörigen beim Kampf gegen Hitler und beim späteren Neuaufbau Deutschlands führen sollte. Bredel gestaltet die 6. Armee in einem Gut-Böse-Schema. Die »einfachen« Soldaten erscheinen zumeist als lediglich verführt, aus Unwissenheit handelnd. Ihnen können die Augen geöffnet werden. Schuld sind die Offiziere und besonders die ideologischen Vertreter des NS-Systems wie der »Sonderführer«, die in der Regel auch moralisch verkommen und entsprechend beschrieben sind.

Bredel wird in seiner Novelle des öfteren Opfer seiner eigenen Tätigkeit als Frontpropagandist in den Reihen der Roten Armee. Immer wieder betont er die totale Anarchie, die sich im Kessel ausbreitet, die immer größere Ausmaße annehmenden Desertionen und die wachsende Bereitschaft einfacher Soldaten, den Argumenten aus dem feindlichen Schützengraben zu folgen. Zumindest in solchen, auch von der zeitgenössischen sowjetischen Frontpropaganda so geschilderten Dimensionen, entspricht dies lediglich dem Wunschdenken des Autors, nicht aber den historischen Tatsachen.

Den Eindruck der unmittelbaren Wiedergabe eigener Fronterlebnisse vermittelt auch der Form nach das Frontnotizbuch des Arbeiterschriftstellers Erich Weinert. Die Aufzeichnungen unter dem Titel *Memento Stalingrad* seien ursprünglich nur »unbearbeitete Niederschriften [gewesen], die als Rohmaterial für eine spätere literarische Verarbeitung dienen sollten«. Die Publikation des Textes 1951 in der DDR war jedoch politisch motiviert und läßt daher auf eine bewußte Formung und Auswahl des »Rohmaterials« schließen. Weinert, ebenfalls Frontpropagandist, verarbeitete eine große Menge authentischen Materials, unter anderem auch Briefe deutscher Soldaten. Seine Beobachtungen sind stets mit Reflexionen verbunden. Grundanliegen seiner Aufklärungsarbeit an der Front und später in den Gefangenenlagern war der Versuch, das Bewußtsein der Soldaten im Kessel zu analysieren, zu systematisieren und Ursachenforschung zu betreiben. Er bemühte sich, den deutschen Soldaten den verbrecherischen Charakter des Krieges vor Augen zu führen und sie von der Notwendigkeit gesellschaftlicher Veränderungen in Deutschland zu überzeugen. Weinert war von der brutalen Kriegsführung, die ja nicht nur in den Befehlen der höchsten Führungskreise zum Ausdruck kam, sondern auch ein Engagement auf allen Ebenen einschloß, persönlich stark betroffen und reagierte sehr emotional. Doch Weinerts Zuneigung zu den »einfachen« Menschen, Arbeitern wie er, wurde von diesen selten erwidert. Welch große Probleme Weinert mit den bis zuletzt an den Sieg glaubenden deutschen Soldaten hatte, wird in seinem Buch immer wieder offenkundig. Seine Fassungslosigkeit und seine Trauer über die mangelnde Lernfähigkeit der Menschen, wohl aber auch die frustrierende, wenn auch nie zugegebene Erfahrung der Nutzlosigkeit der eigenen Frontpropaganda, schlägt immer wieder in Beschimpfungen der auch von ihm als Opfer einer verantwortungslosen Führung gesehenen deutschen Soldaten um. Auch zeigte der Agitator Weinert wenig Gespür für die Tatsache, daß die aus der Zeit der Weimarer Republik stammende klassenkämpferische Sprache der KPD überholt war und nach zehn Jahren nationalsozialistischer Prägung der Menschen kaum mehr verfangen konnte.

Weinerts intensive Beschäftigung mit den Teilnehmern gerade der Schlacht um Stalingrad zeigt, wie auch er von deren legendärer Aura befangen ist, wie auch er den Soldaten und Offizieren eine Sonderrolle zuweist, selbst wenn sie (zunächst) seinen Vorstellungen von Wandlung und antifaschistischer Zukunft nicht entsprachen. Nichtsdestoweniger war gerade das Motiv der Wandlung später in der SBZ/DDR gesellschaftlich prägend.

Die Masse der Teilnehmer an der Stalingrader Schlacht aber wollte die Verarbeitung des Feldzuges gegen die Sowjetunion nicht den Schriftstellern unter ihnen überlassen und schon gar nicht solchen Autoren, die an den Kämpfen nicht teilgenommen hatten. Kaum literarisch ambitioniert, veröffentlichten viele Offiziere, zumeist sogar Berufsoffiziere, ihre Memoiren. Seit Mitte der 1950er Jahre wurde das Bild der Schlacht durch eine Flut von Memoiren, Divisionsgeschichten, Streitschriften und anderen publizistischen Arbeiten geprägt. In beiden deutschen Staaten erfreuten sich diese Bücher großer Beliebtheit bei breiten Leserschichten. Inflationär wie ihre Anzahl ist auch der immer wieder geäußerte Anspruch, über den Krieg zu berichten »wie er wirklich war«. Auffassungen darüber gab und gibt es sicher mindestens genau so viele wie die erschienenen Erinnerungsbände. Und selbst bei der Wertung nur dieser einen Schlacht gab es eine große Bandbreite von Ansichten.

Zwar befaßten sich die Soldaten, Offiziere und Generäle in ihren Büchern mit dem vergangenen Krieg, doch die Prägung ihrer Erinnerungen auch durch die Gegenwart des Kalten Krieges war unverkennbar. Denn nichts ist für die Diskussion aktueller Fragen von Krieg und Frieden so wichtig, wie die

Verständigung über den Sinn vergangener Waffengänge. Trotz der teilweise unversöhnlichen politischen Differenzen gab es, jenseits der Ideologien, erstaunlich viele Übereinstimmungen in Ost- und Westdeutschland. Überall findet man eine hohe Achtung vor den Qualen und Entbehrungen, die die Soldaten im Kessel auf sich zu nehmen gezwungen waren und Mitleid mit dem Landser, der auf seine Situation kaum Einfluß hatte. Militärische Fehlentscheidungen diskutierte die Memoirenliteratur in der Regel in einer Weise, die die innere Logik der (nationalsozialistischen) Kriegsführung nicht verließ. Bei der Würdigung militärischer Leistungen der Wehrmacht wird diese mehr, wie in Deutschland West bei Erich von Manstein,[12] oder weniger, wie in Deutschland Ost bei Wilhelm Adam,[13] als unpolitische und moralisch wenig belastete Truppe gesehen. Übereinstimmend auch der Topos des Verrats, nach dem die 6. Armee von übergeordneten militärischen Führungsstellen bis hin zum Oberkommando der Wehrmacht bzw. von Hitler persönlich verraten wurde. Die Armee erscheint somit als Opfer, ein Status, der viele Fragen nach Schuld und eigenem Versagen in den Hintergrund drängt. Einander ähnlich sind in diesem Punkt nicht nur die Titel zweier Romane: Heinrich Gerlach *Die verratene Armee* (BRD 1957) und Helmut Welz *Verratene Grenadiere* (DDR 1964).

Eine weitere Gemeinsamkeit der Erinnerungsliteratur ist, daß dem Leser in den Memoiren ein nachträglich geordnetes Geschichts- und Menschenbild entgegentritt. Die Memoiren sind in der Mehrzahl erst viele Jahre nach dem Krieg verfaßt worden und verarbeiten individuell erlebte und interpretierte Geschichte. Die in ihnen eingefangene Historie ist somit durchaus auch fiktionalisiert. Die erzählten Erlebnisse sind als Erfahrungen geglättet und gereinigt. Wichtigste Übereinstimmung aber ist, daß die alten Wehrmachtseliten in beiden deutschen Nachkriegsgesellschaften schon bald wieder umworben und gebraucht wurden, in zivilen Berufen, aber vor allem beim

12 Erich von Manstein: *Verlorene Siege*, München 1955
13 Wilhelm Adam: *Der schwere Entschluß*, Berlin 1965

Wiederaufbau von Streitkräften. So zogen sie als Autoritäten, denen man politisch entgegenkam, vom heißen in den kalten Krieg – auf verschiedenen Seiten der »Front«.

Generalfeldmarschall Erich von Manstein, der als Oberbefehlshaber der Heeresgruppe Don unmittelbarer Vorgesetzter von Friedrich Paulus war, löste mit seinen Memoiren 1955 einen heftigen Streit über die Rolle der Wehrmacht im Feldzug gegen die Sowjetunion aus. Von Manstein bemühte sich sehr, den Eindruck zu zerstreuen, selbst für den Untergang der 6. Armee mitverantwortlich zu sein. Bereits der Titel gab seine Lesart der historischen Ereignisse vor: *Verlorene Siege* – an denen für von Manstein allein Hitler die Schuld trägt. Zwar spricht er dem »Führer und Oberbefehlshaber der Wehrmacht« eine gewisse Kompetenz nicht ab, betont jedoch, daß es dessen mangelnde militärische Erfahrung und Verankerung in Traditionen gewesen sei, die die deutsche Kriegsführung zunehmend problematisch werden ließ:

> »Schließlich sei noch erwähnt, daß Hitler zwar stets seine soldatische Einstellung betonte und gern erwähnte, daß er seine militärischen Erfahrungen als Frontsoldat gewonnen habe. In Wahrheit lag seinem innersten Wesen soldatisches Denken und Fühlen fern. Ebenso wie das Gebaren seiner Partei mit preußischem Wesen, auf das sie sich so gern berief, nichts zu tun hatte.«

Von Manstein klagt darüber, daß militärische Fachleute wie die Generalität sukzessive aus der Entscheidungsfindung ausgeschaltet wurden, ohne dabei zu reflektieren, daß sich die Generäle allzu bereitwillig dem Willen Hitlers unterwarfen. Nie ist bei von Manstein eine Distanz zu den verbrecherischen Zielen und Praktiken des Eroberungsfeldzuges gegen die Sowjetunion zu spüren. Seine Kritik richtet sich lediglich gegen die Ineffizienz der angeordneten Maßnahmen. Von Mansteins Soldatenbild ist ein betont unpolitisches, das eine Diskussion staatspolitischer Verantwortung und ethischer Entscheidungen ausklammert und sich darin beispielsweise von den Vorstellungen der Männer und Frauen des 20. Juli unterscheidet. Seine Distanz zum

Nationalsozialismus dient allein der »Ehrenrettung« einer »sauberen« Wehrmacht. Die Brisanz dieses Themas ist bis in die Gegenwart u.a. an den Diskussionen um die Wehrmachtsausstellung des Hamburger Instituts für Sozialforschung ersichtlich.

»Helden« sind die Stalingradkämpfer in der Bundesrepublik der 1950er und 1960er Jahre noch immer. Mythen aus der NS-Zeit leben weiter, da alte Bedrohungsszenarien in neuem Gewand, ob nun real oder imaginiert, weiterleben. Wurde die 6. deutsche Armee bei Stalingrad damals zu einem Bollwerk gegen den Bolschewismus stilisiert, so mußte man der »roten Flut« nun erneut widerstehen: Der alte Feind des Zweiten Weltkrieges war zum neuen Gegner im Kalten Krieg avanciert. An den Stammtischen wurden die bekannten Legenden vom soldatischen Heldentum gepflegt. Doch nicht nur dort. Hatte der erste deutsche Nachkriegsfilm, *Die Mörder sind unter uns*, das zentrale Problem bereits im Titel deutlich formuliert, ließen die neuen/alten Bedrohungen unangenehme Fragen nach den verübten Verbrechen leiser werden. Das »Traditionsbewußtsein« beförderte den Aufbau neuer Streitkräfte in Westdeutschland. Auch wenn die Wehrmachtstraditionen immer wieder Gegenstand von politischen Auseinandersetzungen waren, wirklich in die Krise kamen sie erst, als die alten Eliten die Bundeswehr bereits lange verlassen hatten. Das Weiterbestehen alter Mythen wurde gefördert durch ihre teilweise gesellschaftliche Tabuisierung. Die Niederlage Deutschlands war 1945 so total, die Verluste so hoch, die Verbrechen so unfaßbar, daß es schwierig war zu trauern, ohne in den Verdacht des Revanchismus oder der Bagatellisierung des NS-Regimes zu geraten. Da es keine wirkliche Auseinandersetzung gab, wurde das Gedenken an die deutschen Opfer, ähnlich wie in der Weimarer Republik, von konservativen und rechten Kreisen monopolisiert und in die Frontstellungen des Kalten Krieges einbezogen – mit den entsprechenden politischen Konsequenzen. Problematisch war beim Gedenken an den Krieg bereits der Begriff des »Opfers«, da er im Deutschen unterschiedliche Sachverhalte in einem Wort artikuliert, was andere Sprachen zweifach ausdrücken, z.B. engl. *victim* bzw. *casualty* als Opfer des Krieges in einem wertfreien Sinne (Kriegstote) und *sacrifice* als religiös determinierte Opferhandlung. Im deutschen *Opfer* jedoch schwingt, ungewollt oder oft gewollt, immer auch eine (pseudo)religiöse oder überhöhende Note mit. Doch waren im Zweiten Weltkrieg auf deutscher Seite die Leidtragenden eben nicht eindeutig von den Tätern zu trennen. Der Mythos von Soldatenopfern, vom Opfergang, von der geopferten Armee blockte alle Fragen nach Schuld und Verbrechen dieser Soldaten und dieser Armee ab, denn wer selbst *Opfer* ist, ist schließlich nicht mehr verantwortlich für das, was geschieht. Stalingrad als Opferstätte, oft auch als Brandopferstätte beschrieben, bedeutete dementsprechend auch Reinigung von Schuld.

Programmatisch für die dominierende (westdeutsche) Sicht auf den Rußlandfeldzug war der Titel eines Erinnerungsbandes von Heinz Schröter: *Stalingrad – bis zur letzten Patrone* (1953). Es gehörte allerdings eher zu den vielen langatmigen, die bekannten militärischen Ereignisse lediglich referierenden Büchern, in denen die alten Schlachten immer wieder neu geschlagen wurden. Grundtenor: Heldenhaft haben die Soldaten treu in Stalingrad ausgehalten, sie sind tapfere Männer, Opfer einer falschen Führung, Beispiele eines zeitlosen vorbildlichen, da gehorsamen Soldatentums, Vorbilder für kommende Generationen. Furore allerdings machte der ehemalige PK-Mann Heinz Schröter als (anonymer) Herausgeber mit einer anderen Publikation, die das Stalingrad-Bild in Westdeutschland für lange Zeit wesentlich prägen sollte: Sieben Jahre nach dem Ende der Schlacht und fünf Jahre nach Kriegsende erschien 1950 im Verlag »Die Quadriga« das Buch *Letzte Briefe aus Stalingrad*, das der Bertelsmann-Verlag ab 1954 in textgleicher Fassung mehrfach neu auflegte. In einer »Vorbemerkung des Verlages« werden Verbindungen zur bereits erwähnten, von Goebbels 1943 in Auftrag gegebenen Publikation »Heldenlied Stalingrad« hergestellt:

> »Nach der statistischen Erfassung und Kenntnisnahme gelangten die Briefe mit den übrigen Dokumenten über Stalingrad [...] in die Obhut eines PK-Mannes, der beauftragt wor-

> den war, ein dokumentarisches Werk über die Schlacht an der Wolga zu schreiben. [...] Danach wanderten die authentischen Abschriften der Briefe in das Heeresarchiv Potsdam, wo sie wenige Tage vor der Einnahme Berlins in Sicherheit gebracht und in unsere Tage herübergebracht wurden«.

Dieser Band prägte fortan maßgeblich das Bild der Stalingrader Schlacht im öffentlichen Bewußtsein. Tatsächlich ist die Anzahl der in der Anthologie abgedruckten Briefauszüge (39) identisch mit der für die nie verwirklichte Goebbelssche Propagandabroschüre zusammengestellten Zahl von Briefen. Die dortigen Auszüge enthalten allerdings die Namen der Verfasser und Empfänger sowie Datum und Feldpostnummer. Auch lassen sich textliche Übereinstimmungen zwischen den beiden Sammlungen in keinem Falle nachweisen. Es handelt sich also bei den *Letzten Briefen aus Stalingrad* um eine Fälschung. In der »Vorbemerkung des Verlages« ist z.B. nicht erwähnt, wo sich nach der vorgeblichen Rettung der Briefe »in unsere Tage« diese nun befinden. In den Briefen sind Nachnamen zumeist bis auf den Anfangsbuchstaben getilgt, ebenso fehlen andere nachprüfbare Angaben wie Empfänger, Feldpostnummer und Datum. Erklärt wird das so:

> »Als die letzte Maschine aus dem Kessel in Nowo-Tscherkask landete, wurden sieben Postsäcke beschlagnahmt. Das war im Januar 1943. Die Briefe wurden geöffnet, Anschrift und Absender entfernt.«

Prüft man den Inhalt der Briefe genauer, wird erkennbar, wie fragwürdig diese Berichte sind. Das letzte Flugzeug flog am 25. Januar aus dem Kessel aus.[14] Etliche Briefe hingegen stammen noch aus der Vorweihnachtszeit. Die in den Briefen zu findenden zeitlichen Bezüge und die Standorte der Verfasser im Kessel sind so unterschiedlich, daß man von einer einheitlichen Postsendung kaum ausgehen kann.

14 Manche militärhistorischen Darstellungen geben auch frühere Daten an.

In der »Vorbemerkung des Verlages« findet sich auch eine Statistik über die Stimmungslage im Kessel, die aus der »Heeresinformations-Abteilung« stammen soll:

A.	Positiv zur Kriegsführung	2,1 %
B.	Zweifelnd	4,4 %
C.	Ungläubig, ablehnend	57,1 %
D.	Oppositionell	3,4 %
E.	Ohne Stellungnahme, indifferent	33,0 %

Einen Quellenhinweis oder eine Information über Menge, Struktur und Beschaffenheit des zugrunde gelegten Materials sucht man vergebens. Der Statistik ist also zu mißtrauen. Aufmerken läßt außerdem die Tatsache, daß sich in den Briefen häufig erklärende Anreden oder Zitate finden, die in persönlichen Briefen durchaus unüblich sind, für den Leser allerdings notwendige Hilfen darstellen:

»Du bist Seelsorger, Vater«; »Du bist Oberst, lieber Vater, und Generalstäbler«; »Du bist die Frau eines deutschen Offiziers«; »... rufe ich Dir Deine Worte vom 26. Dezember noch einmal ins Gedächtnis zurück: ›Du wurdest freiwillig Soldat‹!«

Die Anthologie ist sichtlich um die Wiedergabe eines weiten Stimmungsspektrums bemüht. Auflehnung gegen den greifbaren Untergang, Todesangst, aber auch Schuldzuweisungen an die politische Führung in Deutschland tauchen häufig auf:

»Wir sind ganz allein, ohne Hilfe von außen. Hitler hat uns sitzen lassen.«
»Ich bin schwer erschüttert und zweifle sehr an allem. Einst war ich gläubig und stark, jetzt bin ich klein und ungläubig. Vieles, was hier vor sich geht, werde ich nicht erfahren; aber das wenige, das ich mitmache, ist schon so viel, daß ich es nicht schlucken kann. Mir kann man nicht einreden, daß die Kameraden mit dem Wort ›Deutschland‹ oder ›Heil Hitler‹ auf den Lippen starben.«
»Es gibt keinen Sieg, Herr General, es gibt nur noch Fahnen

und Männer, die fallen, und am Ende wird es weder Fahnen noch Männer geben. Stalingrad ist keine militärische Notwendigkeit, sondern ein politisches Wagnis. Und dieses Experiment macht Ihr Sohn nicht mit, Herr General! Sie versperrten ihm den Weg ins Leben, er wird den zweiten Weg in der entgegengesetzten Richtung wählen, der auch ins Leben führt, aber auf der anderen Seite der Front. Denken Sie an Ihre Worte und hoffentlich werden Sie, wenn der Kram zusammenbricht, sich der Fahne erinnern und zu ihr stehen.«

Manche Briefeschreiber denken über einen freiwilligen Gang in die Gefangenschaft nach oder verwerfen ihn. Auch Fragen von persönlicher Schuld und moralischer Verantwortung werden angesichts des nahenden Untergangs gestellt:

»Meine persönliche Schuld an den Dingen ist nicht abzuleugnen. Aber sie steht im Verhältnis wie 1 zu 70 Millionen, das Verhältnis ist klein, aber es ist da. Ich denke nicht daran, mich um die Verantwortung herumzudrücken, und ich argumentiere so, daß ich durch die Hingabe meines Lebens die Schuld beglichen habe. Über Ehrenfragen läßt sich nicht streiten.«

Besondere Beachtung finden in der Anthologie spektakuläre Schicksale und Äußerungen, wie z.B. die eines Schauspielers, der nach dem »Tod« auf der Bühne nun dem Tod in der Wirklichkeit begegnet. Dadurch sollen offensichtlich die Normalität und Alltäglichkeit der meisten Mitteilungen von der Ostfront verdeckt werden. Erwähnenswert ist, daß sich des öfteren recht drastische Beschreibungen von Verletzungen und Erfrierungen finden. Die in der Anthologie abgedruckten »Letzten Briefe« sind, wie schon der Titel verrät, sehr oft Abschiedsbriefe.

Im Allgemeinen zeichnen sich die Briefe alle durch ein hohes sprachliches Niveau und einen literarischen Stil aus. Ihre Sprache ist bilderreich und poetisch – und darin einheitlich. Auch ihr Pathos eint sie, ebenso wie der sinnfällige Versuch, beim Leser Mitleid für die lediglich »verführten« und später »verratenen« Soldaten und Offiziere zu erzeugen. Ob die Briefe nun von Resignation oder Gottgläubigkeit, von Auflehnung oder

Hilflosigkeit zeugen – immer ist ihnen eine elegische, tragische oder heroische Haltung eingeschrieben. Der Charakter der Briefeschreiber erscheint stets als nobel. Sie sind nachdenkliche und gefühlvolle, oft jugendlich wirkende Menschen. Mit den verklärenden Schilderungen eines Opfertodes entsprach die Briefanthologie in der Nachkriegszeit den westdeutschen Bedürfnissen nach »Aufarbeitung« der Vergangenheit und einer Bestätigung der alten Angst vor der »Bedrohung aus dem Osten«.

Wenn man sich mit der Geschichte und dem geographischen Ort der Stalingrader Schlacht genauer beschäftigt, fallen viele falsche Informationen in den *Letzten Briefen aus Stalingrad* auf. Wer das trockene und unwirtliche Steppengebiet an der Wolga kennt, in dem nur wenige Pflanzen – und zum Beispiel keine größeren Bäume – gedeihen, weiß um die Unsinnigkeit folgender Briefstelle: »Die Erde hier ist sehr fett und weich, wir könnten sie in Lüneburg gut gebrauchen.« – Einmal davon abgesehen, ob es möglich ist, eine bei minus 20 Grad gefrorene Erde nach ihrer Qualität zu prüfen, klar ist, daß hier die legendäre Fruchtbarkeit der ukrainischen Schwarzerdezone auf die Wolgasteppe übertragen wird.

Erwähnt werden soll hier, daß ein in diesen »Briefen« berichtetes Erlebnis sogar Eingang in Literatur und Film fand. Ein in Zukunft berufsunfähiger, weil während der Kämpfe an beiden Händen verletzter Pianist schreibt:

> »Kurt Hahnke, mir ist so, Du kennst ihn aus dem Kollegium aus 37, hat auf einem Flügel in einer kleinen Seitenstraße am Roten Platz vor acht Tagen die Appassionata gespielt. So was erlebt man nicht alle Tage, direkt auf der Straße stand der Flügel. Das Haus ist gesprengt worden, aber das Instrument haben sie wohl aus Mitleid vorher herausgeholt und auf die Straße gestellt. Jeder Landser, der vorbeikam, hat drauf rumgehämmert, und ich frage Dich, wo stehen auch sonst Klaviere auf der Straße. Ich hab es schon geschrieben; am 4. Januar hat Kurt unerhört gespielt, er wird bald in der vordersten Front stehen.«

Diese unglaubwürdige Geschichte findet sich auch in Fritz Wöss' üblem Landser-Roman *Hunde, wollt ihr ewig leben?* und dessen Verfilmung. Mitarbeit am Drehbuch: Heinz Schröter.

Doch wie das so ist mit Fälschungen, nicht selten entwickeln sie ein Eigenleben, so auch im vorliegenden Falle: *Die Letzten Briefe aus Stalingrad* wurden allgemein als authentisch angesehen und ins Russische, Französische und andere Fremdsprachen übersetzt. In Japan wurden sie sogar in Gymnasien als Zeugnisse deutschen Charakters behandelt. Schnell erreichten sie einen großen Bekanntheitsgrad und galten auch in wissenschaftlichen Werken als zitierbar. In sowjetischen Büchern tauchten sie auf und der oben erwähnte »Stimmungsbericht« findet sich in der von einem DDR-Autorenkollektiv herausgegebenen, sechsbändigen *Geschichte des Zweiten Weltkrieges* (der man aber generell keinen besonders korrekten Umgang mit Quellenmaterial nachsagen kann).

Deutliche Vorbehalte gegen die Authentizität und den Realitätsgehalt der Briefe wurden jedoch schon früh von Überlebenden der Schlacht geäußert. Joachim Wieder meinte 1963 noch recht zurückhaltend:

> »Die 39 ausgewählten Briefe, deren auffallende Ähnlichkeit in der Stilisierung eine Bearbeitung vermuten lassen, sind erschütternde Dokumente. Sie gestatten aber keine völlig befriedigende Untersuchung der seelischen Lage der Stalingradkämpfer.«[15]

Deutlicher wurde 1986 der Philosophiehistoriker Wilhelm Raimund Beyer, der *Stalingrad. Unten wo das Leben konkret war*[16] als Soldat erlebt hatte:

> »Bedenken hatte ich aber ganz großen Ausmaßes gegen den 1954 erschienenen Band ›Letzte Briefe aus Stalingrad‹. Allein schon die ›Nachschrift‹ des Verlages und die Verletzung der einfachsten und üblichen Sitten im Buchverlagswesen machten

15 Joachim Wieder: *Stalingrad und die Verantwortung des Soldaten*, München 1963, S. 266
16 So der Titel seiner Erinnerungen.

mich mißtrauisch. [...] Die in diesen ›letzten Briefen aus Stalingrad‹ niedergelegten Daten und Fakten und erst recht die weltanschaulichen Ergüsse dieser Schreiben deckten sich nicht mit meinen Erfahrungen. [...] an und in diesem Buche stimmt vieles und daher wohl alles nicht. [...] Die sämtlichen in diesem Band vermittelten Briefe offenbaren einen einheitlichen, durch bestimmte eingestreute Satzfiguren uniformierten Stil, der auffällt.«

Danach wurde es ruhig um die *Letzten Briefe*, bis der 60. Jahrestag der Schlacht im Jahre 2002 fast zu einer Renaissance geführt hätte. Das allgemeine Medieninteresse nutzend, hatte der französische Komponist Aubert Lemeland die Texte der Anthologie musikalisch umrahmt. Die so bereits 1998 entstandene Sinfonie *Letzte Briefe aus Stalingrad* sollte in der zentralen Feierstunde des Bundes Deutsche Kriegsgräberfürsorge anläßlich des Volkstrauertages 2002 im Deutschen Bundestag durch das Musikkorps der Bundeswehr aufgeführt werden. Doch die Problematik wurde öffentlich, u.a. durch den Deutschlandfunk. Vom Musikverlag wurden kritische Äußerungen als »echt deutsche Kampagne« abgetan und mit dem Satz kommentiert: »Es ist beschämend, dass sich Politik, Kultur und Öffentlichkeit derart manipulieren lassen«.[17] Als schließlich der Präsident des Deutschen Bundestages, Wolfgang Thierse, offenbar nach einem Gespräch mit Redakteuren des Nachrichtenmagazins »Der Spiegel«, mit der Absage seiner Teilnahme an der Veranstaltung gedroht hatte, wurden die Ausschnitte aus den *Letzten Briefen aus Stalingrad* wenige Tage vorher kurzerhand ausgetauscht und durch Briefzitate aus anderen Editionen von Kriegsbriefen ersetzt.

Sehr viel wirkungsvoller als die Offiziere und Generäle in ihren Memoiren und Divisionsgeschichten strickte Heinz G. Konsalik am Mythos des soldatischen Mannes weiter. Seine Romane hatten im Spektrum der Stalingrad-Bücher zweifellos den größten Publikumserfolg – wohl aber auch das niedrigste

17 Pressemitteilung des Musik- und Bühnenverlages »Top Music« vom 15. November 2002

literarische Niveau. Daß Konsalik in seinen Büchern den Nationalsozialismus ideologisch zu beerben versucht und zahlreiche von der NS-Ideologie vereinnahmte konservative und deutsch-nationale Werte reinigend für die westdeutsche Nachkriegsgesellschaft aufhebt, ist kein Zufall. Als Kriegsberichterstatter im Range eines Oberleutnants hatte der spätere Bestseller-Autor am Eroberungsfeldzug gegen die Sowjetunion teilgenommen und hier gelernt, »daß von deutschen Opfern nicht gesprochen werden durfte – die Deutschen hatten immer und unter allen Umständen heldenmütig, siegreich und unwiderstehlich zu sein.«[18]

Im Jahr 1956 erschien der Roman *Der Arzt von Stalingrad*, der in einem Kriegsgefangenenlager bei Stalingrad spielt und 1958 mit O. E. Hasse und Mario Adorf in den Hauptrollen verfilmt wurde. Im Jahr 1964 folgte der Roman *Das Herz der 6. Armee*, der direkt im Kessel spielt. Und nur einige Jahre später gab Konsalik einen eindrucksvollen, umfangreich recherchierten Bildband heraus, den er mit einem Essay einleitete, in welchem er viel Mitgefühl sowohl mit den Bürgern und Soldaten der überfallenen Sowjetunion als auch den getöteten deutschen Landsern zeigt. Im Gegensatz zu seinen Romanen werden die Kultur und die Aufbauleistungen der Sowjetvölker hier nicht abgewertet, erscheinen die Russen als den Deutschen ebenbürtige Menschen. Der Bildband besitzt zudem eine Dimension, die Konsaliks, und nicht nur seinen, Texten über Stalingrad ansonsten nicht eigen ist: Er betrachtet die Schlacht nicht isoliert, sondern im großen Zusammenhang des Zweiten Weltkrieges überhaupt.

Wie in vielen Kriegsromanen üblich, betont Konsalik in einer Vorbemerkung zum *Arzt von Stalingrad* die Authentizität des Erzählten. Diese Vorbemerkung ist der Form, nicht aber dem Inhalt nach eine Kopie des Leitmotivs im bekanntesten deutschen Antikriegsroman *Im Westen nichts Neues*. Tatsächlich soll der Autor Fakten aus der Biographie des Mediziners Ottmar

18 Heinz G. Konsalik: *Leben und Werk eines Bestseller-Autors*. München 1981, S. 56

Kohler verwendet haben. Kohler war als Arzt einer Infanterie-Division am 2. Februar 1943 im Stalingrader Kessel in sowjetische Kriegsgefangenschaft geraten und später auch als Arzt in den Gefangenenlagern tätig gewesen. Anders als bei Konsalik geschildert, soll er dort eine recht umstrittene Rolle gespielt haben.[19] Bedeutung in der westdeutschen Öffentlichkeit erhielt Kohler nach der Entlassung aus der Gefangenschaft durch sein stark beachtetes und wohl auch inszeniertes Treffen mit Bundeskanzler Konrad Adenauer Ende 1953 im Lager Friedland.

Konsalik erzählt die Geschichte eines immer und in jeder Beziehung untadeligen »Engels im weißen Kittel«. Sein Romanheld Dr. Böhler zeichnet sich durch einen untadeligen Charakter und seine fachliche Kompetenz als Arzt aus. Konsalik zeichnet, und das mag ein Grund für die Popularität seiner Bücher sein, die Welt des Kriegsgefangenenlagers holzschnittartig: Die Deutschen sind gut und talentiert – die Russen sind dumm und ungebildet, gutmütig und grausam zugleich. Konsalik reartikuliert nicht begrifflich, sondern ästhetisch im erzählten Geschehen und in der Zeichnung der Figuren Wertmaßstäbe der NS-Zeit. Die »Gefahr aus dem Osten« und rassistische Ressentiments erschließen sich dem Leser in den stets betonten asiatischen Elementen der »Russen«. Fast alle Wachmannschaften stammen aus dem asiatischen Teil der Sowjetunion und auch die »europäischen« Sowjets haben vereinzelte asiatische Züge. Stereotyp die Erwähnung der fremdartigen Völkerschaften, wobei Konsalik neben Kalmücken, Tataren und Kasachen eine besondere Vorliebe für Mongolen zu haben scheint. Als Übermittler von Befehlen der Lagerleitung und damit als Unglücksbote fungiert der Jude Aaron.

Der Name Stalingrads ist für die literarische Handlung nicht nötig, wohl aber für die intendierte Wirkung des Erzählten. Konsalik artikuliert verübtes Unrecht als erfahrenes Unrecht.

19 Horst Rocholl: »Die Legende vom ›Engel von Stalingrad‹.« In: Mitteilungsblatt der Arbeitsgemeinschaft ehemaliger Offiziere 2 (1958), S. 13-16

Das sowjetische Kriegsgefangenenlager wird mit allen Kennzeichen eines deutschen Konzentrationslagers versehen: Rechtlosigkeit, vertierte Wachmannschaften, Strafappelle, Lagertor, Wachtürme und Stacheldraht. »Vernichtung durch Arbeit« ist oberstes Prinzip der Lagerleitung. Beharrlich arbeitet Konsalik am Bild der Deutschen als Kolonisatoren und Kulturbringer Rußlands. Durch nicht weiter ausgeführte, widrige Umstände sind sie einer rauhen Natur ausgesetzt, als deren Teil auch die »Eingeborenen« zu verstehen sind. Durch Mut und Kraft, Tatendrang und Initiative, Intelligenz und Geschicklichkeit gelingt es den deutschen Gefangenen in zäher Arbeit, ihre Situation zu verbessern. Auch ihr Verhältnis zu den Russen, Mongolen und Tataren erfährt eine positive Wandlung. Mit Beharrlichkeit werden die »Asiaten«, die häufig als gefährliche Tiere beschrieben werden, von den Deutschen gleichsam »gezähmt«. Die Gefährlichkeit des Sowjetstaates und des Kommunismus ist damit allerdings nicht gebannt. Die Kolonisation gelingt nur im engeren Umkreis des Lagers.

Besonders deutlich wird die Überlegenheit der Deutschen, als sie über die Pakete aus der Heimat wieder an ihren eigenen Kulturkreis angeschlossen werden. Waren sie schon unter den primitiven Verhältnissen, die sie mit den Sowjetbürgern teilten, die Meister, so kommt ihre Superiorität nun vollständig zum Ausdruck. In diesen Passagen werden Realerfahrungen aus der Entstehungszeit des Buches, der Jahre des westdeutschen »Wirtschaftswunders«, in die unmittelbare Nachkriegszeit zurückverlegt.

Hauptrichtung der ideologischen Transformationsarbeit, die Konsalik an der historischen Erfahrung Stalingrad unternimmt, ist der Antikommunismus. Zwar werden die »Russen« und »Asiaten« schon von ihrem Charakter her als grausam und brutal dargestellt, doch erst die kommunistische Ideologie verstärkt diese Tendenzen ins Extreme. Systematisch werden deutsche Kriegsverbrechen in das Lager des ehemaligen Kriegsgegners projiziert bei gleichzeitiger Verharmlosung der deutschen Eroberungspolitik und der Zustände im NS-Staat.

Das Herz der 6. Armee ist der einzige deutsche Roman, der Geschehnisse auf beiden Seiten der Front vom Umfang her gleichberechtigt einbezieht und sie zueinander in Beziehung setzt. Auf beiden Seiten finden ähnliche Begebenheiten statt, manchmal sogar fast zeitgleich. In vielen Lebensansichten stimmen Vertreter der sowjetischen und der deutschen Seite überein. Einige zentrale Figuren sind zudem durch ein gemeinsames Arbeitsgebiet, das Lazarett, miteinander verbunden. Im letzten Drittel des Romans führt die Handlung, die sich in ihrer Absurdität nicht selten selbst karikiert, schließlich die meisten zentralen Figuren in einem deutschen Frontlazarett zusammen.

Die Romanhelden sind, wie so oft bei Konsalik, Figuren aus dem medizinischen Milieu. Die Wahl des literarischen Schauplatzes Lazarett mag zum einen auf der großen Beliebtheit des Arztgenres unter den Trivialromanen begründet sein. Da aber Ärzte und Pflegepersonal zu der Gruppe von Armeeangehörigen gehören, die nur äußerst wenig Verantwortung für militärische Entscheidungen tragen, bietet sich durch diese Auswahl zum anderen die Möglichkeit, die Unterschiede zwischen den militärischen Gegnern und damit auch zwischen den beiden Völkern »jenseits« aller Ideologie abzuhandeln: Die Deutschen, die im Roman dem Nationalsozialismus verbal kritisch gegenüberstehen, sind ganz einfach nur Spezialisten, die ihre Arbeit verstehen und diese allein aus humanistischen Beweggründen unbeirrt durch den Gang der militärischen Ereignisse versehen. Mit ihrem fachlichen Wissen und Können sind sie den Sowjetbürgern weit überlegen, ohne sich dadurch als Angehörige einer »Herrenrasse« zu verstehen – sie sind es einfach. Ebenso sind die »Russen« keine »Untermenschen« bzw. werden nicht explizit als solche bezeichnet. So wie der Jude Aaron in *Der Arzt von Stalingrad* eine »mistige Wanze« ist, figurieren sie hier als »Küchenschaben«, »Ratten« oder »Wespennester«. Auf der Ebene der Beziehungen zweier gegnerischer Soldaten, Knösel und Kaljonin (»einfache Leute«), verdoppelt Konsalik das Verhältnis der gegnerischen Arztfiguren: Beide Soldaten sind derb und gutmütig, das Verhältnis wird aber auch hier eindeutig von dem Deutschen dominiert.

In der Fiktion wird damit der deutsche Eroberer zum Initiator einer friedlichen Übereinkunft.

Die Stalingrader Schlacht spielt bei Konsalik in einem eigenartigen geschichtlichen Vakuum. Die Figuren bewegen sich in einer existentiellen Grenzsituation. Ihre Entscheidungen und Handlungen folgen der Logik dieser Situation, die als schicksalhaft, nicht durchschaubar und somit auch nicht bestimmbar angesehen wird. Die Schlacht wird zum Untergangsmythos, der seine eigenen Wertsysteme und Erklärungsmuster produziert.

Im gleichen Jahr wie *Der Arzt von Stalingrad*, 1958, wurde der schon erwähnte Roman des Stalingrad-Offiziers Fritz Wöss, *Hunde, wollt Ihr ewig leben?*, verfilmt, der die alten Mythen tradierte und das Bild vom treuen Soldaten zementierte. Der Titel geht auf den preußischen König Friedrich II. zurück, der kampfesmüde Soldaten mit dieser zynischen Bemerkung in die Schlacht um Leuthen zurückgeschickt haben soll, um eine Niederlage im Siebenjährigen Krieg zu verhindern. Der Film erhebt, wie das Buch, einen Anspruch auf Authentizität. Wie zum Beweis dessen beginnt er mit dokumentarischen Aufnahmen einer Truppenparade in Berlin. Der anschließende Filmtitel wird mit dem Einband des zugrunde liegenden Romans gestaltet. Neben dem Roman liegen noch zwei weitere Bücher – die beiden bereits erwähnten Publikationen von Heinz Schröter. Der Anspruch auf wirklichkeitsgetreue Wiedergabe wird immer wieder dadurch untermauert, daß ein Kommentator die Handlung unterbricht, um Daten und Fakten der Schlacht zu vermitteln. Zudem werden die Spielszenen mit wirklich oder nur scheinbar dokumentarischen Passagen vermischt. Das Strickmuster des Films ist ebenso trivial wie publikumswirksam. Der als Identifikationsfigur angelegte Protagonist des Filmes, Oberleutnant Wisse, ein junger, hochgewachsener und draufgängerischer Offizier, durchlebt den Kessel von Stalingrad. Er wird als überzeugter Nationalsozialist, der auf einer Ordensburg, einer pseudoreligiösen NS-Eliteschule, erzogen und ausgebildet wurde, ins Geschehen eingeführt. Erst später, nachdem sich der sympathische Oberleutnant in vielen

Situationen stets anständig zu den Russen und deutschen Landsern verhalten hat, wird die Erziehung auf der Ordensburg mit dem frühen Tod der Eltern erklärt. Wisse ist also an seiner NS-Gesinnung quasi unschuldig. Sein Charakter ist nobel und von menschlichem Mitgefühl und humanistischem Gedankengut geprägt. In Stalingrad wird er sukzessive desillusioniert, bis er erkennen muß, daß die NS-Führung, der er bislang vertraut hat, dieses Vertrauen nicht verdient. Er fühlt sich mißbraucht und verraten. Er ist ein Opfer. Auch hier also wird der Grund-Topos des deutschen Diskurses über Stalingrad berührt: in Stalingrad sind tapfere und grundanständige deutsche Soldaten von der Führung des Dritten Reiches verraten und im Stich gelassen worden. Die Kriegsschuld wird an die kleine verbrecherische Clique der NS-Führung delegiert.

Diese Entschuldungs-Strategie und auch die sattsam bekannten Klischees vom Gegensatz zwischen Front und Stab, kämpfender Truppe und bürokratischen Versorgungsoffizieren, entsprach dem Bedürfnis der 1950er Jahre, der Zeit des »Wirtschaftswunders«. Obwohl auf der Kommentarebene einem NS-kritischem Gestus verpflichtet, transportiert der Film immer wieder auch nationalsozialistisches Gedankengut weiter. Er stellt keine lästigen Fragen, sondern hält das Bild des tapferen Soldatentums aufrecht.

Der Film enthält auch eine bereits erwähnte Szene, wie sie im Krieg nicht vorkommt, wohl aber in den *Letzten Briefen aus Stalingrad,* und die ein Weltbild illustriert: Mitten auf einer umkämpften Straße während einer Gefechtspause zur Bergung Verwundeter findet ein junger deutscher Offizier ein beschädigtes, aber noch funktionierendes Klavier. Er spielt darauf die Appassionata – und der im Film schmutzig und ungebildet dargestellte Russe dankt es ihm. Unterschwellig schwingt auch hier die Vorstellung von der notwendigen Kolonisierung des Ostens und der Verteidigung abendländischer Kultur mit.

Insbesondere die vermeintlich »verlorenen Siege« von Mansteins waren es, die seit Mitte der 1950er Jahre auch in der DDR zu einer Flut von Memoiren, Erinnerungen und Streitschriften, aber auch Kriegsromanen führten. Der Verlag der Nationaldemokratischen Partei, der Verlag der Nation, gab eine eigene, sehr erfolgreiche Memoiren-Reihe ehemaliger Militärs heraus.

Die in der DDR lebenden »Stalingrader« thematisierten die Kriegsschuld, wenn auch interessanterweise kaum die persönliche. Auch von ihnen wurde die Schuldfrage delegiert, allerdings nicht wie im Westen an die jeweils Vorgesetzten oder den »Führer« persönlich, sondern, oft entpersonalisiert, an den Faschismus als System. Ein grundlegender Unterschied läßt sich jedoch zwischen den in der DDR und den in der Bundesrepublik erschienenen Memoiren ausmachen. Zeugt die DDR-Literatur vom staatlich verordneten und individuell durchaus angenommenen Prozeß der Wandlung und vom gesellschaftlichen Neubeginn im Osten Deutschlands, so ist bei den meisten westdeutschen Memoiren eine legitimatorische Funktion in Bezug auf die Restauration politischer Verhältnisse unverkennbar. Die Affirmation des jeweils bestehenden politischen Systems auf beiden Seiten hat unzweifelhaft etwas mit einer realen Entscheidungssituation im Leben prominenter Autoren zu tun: Wer dem NS-Eroberungsfeldzug gegen die Sowjetunion nicht wenigstens im nachhinein grundsätzlich kritisch gegenüberstand, ging nach der Entlassung aus der Gefangenschaft auch nicht in die Sowjetische Besatzungszone oder die spätere DDR, bzw. blieb nicht dort. Wie so häufig wird auch hier greifbar, daß die staatliche Teilung Deutschlands 1949 auch eine politische und soziale gewesen ist.[20]

Doch nicht nur die geistige Kontinuität (militaristischer) preußisch-deutscher Geschichte, die in den Memoiren von westdeutschen Autoren stets durchscheint, ist ein Zeichen für einen mangelnden Ablösungsprozeß von der Erfahrung Stalingrad. Auch der übereilten »Wandlung« von Stalingradern und deren rascher »Ankunft« in der antifaschistischen SBZ und der sozialistischen DDR ist zu mißtrauen. Überall tritt dem Leser in den Memoiren ein nachträglich geordnetes Geschichts- und Menschenbild entgegen, wie es auch für viele Romane und Erzählungen durchaus typisch ist. Beherrschend in der ost-

20 vgl. Günter Gaus: *Wo Deutschland liegt*, Hamburg 1983

deutschen Literatur zu Stalingrad ist das Wandlungsmotiv. Soldaten, Offiziere und Generäle folgten der Führung des Dritten Reiches blind und erwachten erst durch die katastrophale Niederlage und den Verrat. Das real durchaus begründete Gefühl, allein gelassen worden zu sein, machte sie empfänglich für kritische Gedanken – Gedanken, die sie womöglich lange unterdrückt hatten. Jedenfalls ist der Prozeß der Ablösung vom NS-System und der Distanzierung vom Feldzug gegen die Sowjetunion ein sehr vielschichtiger gewesen. Er läßt sich nicht mit Indoktrination erklären, obwohl diese selbstverständlich auch im Spiel gewesen ist. Auch in der DDR wurden die Stalingrader, man vermied allerdings dieses Wort zumeist, als »Helden« angesehen – diesmal tragische Helden, weil sie einen falschen Weg gegangen waren. Heldenhaft aber ihre Kraft, dies zuzugeben, zu lernen und sich von alten Anschauungen zu lösen. Und so lesen sich ihre Erinnerungen wie klassische Entwicklungsromane. Den Stalingradern wurde mit dem Topos von Katharsis und Wandlung ein Angebot unterbreitet, das sie gern annahmen. Die DDR ist geistig, anders als die Bundesrepublik, in diesem Sinne maßgeblich von der Erfahrung Stalingrad geprägt worden, die Untergang mit Neuanfang verbindet.

Unpolemisch erzählt der 1. Adjutant der 6. Armee, Oberst Wilhelm Adam, seine Erlebnisse in *Der schwere Entschluß* (1965). Dem »Bund deutscher Offiziere« und damit dem Nationalkomitee »Freies Deutschland« trat Adam erst im Juli 1944 bei, machte aber trotzdem nach 1945 in der Sowjetischen Besatzungszone und der DDR schnell Karriere. Er war Vorsitzender der NDPD und Finanzminister in Sachsen, Volkskammer-Mitglied und Chef der Offiziershochschule »Friedrich Engels« in Dresden. Adams Buch zeichnet sich durch einen ausgesprochen sachlichen und emotionslosen Ton aus. Immer wieder wird deutlich, daß allein der Maßstab einer »effizienten« und »moralischen« (preußischen) Kriegsführung und die Ablehnung der nationalsozialistischen Exzesse Grundlage für seine Wertungen der historischen und militärischen Ereignisse ist. Die Logik korrekter Kriegsführung verläßt Adam ebenso wie von Manstein nie. Er beschränkt sich darauf, seine konkreten Erfahrungen darzustellen. Nur selten wird die »dienstliche« Sicht auf den Krieg mit Kommentaren oder Reflexionen verbunden. Höchstwahrscheinlich ließen ihm die DDR-Zensoren seine erstaunlich unpolitische und unideologische Beschreibung der Kriegsereignisse wegen seines antifaschistischen Bekenntnisses in der Gefangenschaft und seiner aktiven politischen Tätigkeit in der DDR durchgehen. Konform mit den Vorstellungen der SED jedenfalls waren sie nicht. Erst in den Kapiteln über die Erlebnisse während der Gefangenschaft wird Adams Bericht politischer, um seinen Wandlungsprozeß dem Leser verständlich zu machen.

Adam war nur einer von vielen ehemaligen Stalingrad-Offizieren und -generälen, die in der SBZ/DDR Karriere machten. Wie kam es zu dieser erstaunlichen Entwicklung von Angehörigen der »faschistischen« Wehrmacht, wie die offizielle Sprachregelung im Arbeiter- und Bauernstaat lautete? Die Anfänge reichen zurück ins Jahr 1943, als insbesondere Stalingrader in der Gefangenschaft an der Gründung des Nationalkomitees »Freies Deutschland« und des »Bundes Deutscher Offiziere« beteiligt waren. Sie waren die erste größere Gruppe von Kriegsgefangenen der Roten Armee und mit Generalfeldmarschall Paulus und zahlreichen Generälen wohl auch die prominenteste. Die Erfahrung, im Kessel von Stalingrad von der obersten deutschen Heeresführung allein gelassen, ja gar verraten worden zu sein, hatte diese Offiziere, denen seit der Schlacht eine mythische Aura anhaftete, schon früh für die Werbungsversuche durch emigrierte deutsche Antifaschisten und Führer der Roten Armee empfänglich gemacht. Angehörige der Wehrmacht und Emigranten trafen sich geistig in der Absicht, die nationale Integrität Deutschlands zu bewahren, in einer Allianz gegen Hitler. In vielen Gesprächen mit sowjetischen Intellektuellen wurden die Offiziere mit neuen Gedanken konfrontiert, wurde ihre bereits bestehende Distanz zur obersten deutschen Führung verstärkt. Doch natürlich gab es auf sowjetischer Seite nicht selten Bestrebungen, die Offiziere für die psychologische Kriegsführung lediglich zu instrumentalisieren. Den Sowjets waren sie wegen ihrer bürgerlichen Herkunft, Bildung und

Ausbildung immer auch verdächtig. Dies mag den deutschen Offizieren nicht bewußt gewesen sein. Die Bemühungen der Sowjets schmeichelte ihrem Selbstbewußtsein, sie waren angetan von der Bildung, dem Intellekt und der freundlichen Verbindlichkeit ihrer Gesprächspartner.

Da sich viele Stalingrader im Nationalkomitee als verläßliche Partner im Kampf gegen Hitler erwiesen hatten, wurde ihnen auch in der SBZ/DDR wichtige Rollen zugedacht. Waren sie doch nicht nur erfahrene Offiziere, sondern auch kompetente Fachleute in zivilen Berufen. Politisch fanden sie zumeist in der NDPD und der CDU eine Heimat, manchmal aber sogar in der SED, wie General Martin Lattmann, der eine hochrangige Position in der Staatlichen Plankommission der DDR innehatte. Seine wirklich oder nur vermeintlich gewandelten Kameraden waren auf vielen Feldern in Wirtschaft und Politik in Ostdeutschland tätig: Oberst Günter Ludwig (Justizminister in Mecklenburg), Generalmajor Bernhard Bechler (Innenminister der Provinz Brandenburg), Oberst Luitpold Steidle (Gesundheitsminister der DDR), Major Helmut Welz (Oberbürgermeister von Dresden), Armeepfarrer Gerhard Kehnscherper (Dekan der Theologischen Fakultät der Universität Greifswald), Gefreiter Günter Kertscher (stellvertretender Chefredakteur »Neues Deutschland«), Kriegsgerichtsrat Kurt Schumann (Präsident des Obersten Gerichts der DDR). Die Liste ließe sich fortsetzen. Doch die zivile Karriere dauerte zumeist nicht lange. Bald nach dem Ende des Zweiten Weltkrieges begann der Kalte Krieg, der Europa und Deutschland spaltete und immer wieder in einen »heißen Krieg« umzuschlagen drohte. Viele Stalingrader wurden für die Streitkräfte in der DDR reaktiviert, manchmal mit direktem Verweis auf die legendäre Schlacht. Der Oberbefehlshaber der sowjetischen Streitkräfte in Deutschland, Marschall Tschuikow warb um den General Otto Korfes mit den Worten: »Sie waren mir in Stalingrad ein so guter Gegner – solche Männer wie Sie braucht die zukünftige Armee der DDR.«[21]

21 Günter Gaus: *Wo Deutschland liegt*, Hamburg 1983, S. 224

Der 20. Jahrestag der Schlacht 1963 wäre in der Bundesrepublik sicher unspektakulär vorübergegangen, hätte sich nicht der Brecht-Schüler und Drehbuchautor Claus Hubalek beim Norddeutschen Rundfunk an einer Fernsehadaption des Romans *Stalingrad* von Theodor Plievier versucht. Die großen westdeutschen Zeitungen und Wochenschriften beschäftigten sich, bis auf die »Frankfurter Rundschau«, nicht mit dem Jahrestag, deuteten aber die historischen Streitpunkte in den Berichten über das Fernsehspiel an. Die von Hubalek textgetreu inszenierte literarische Kritik Plieviers an den militärischen Ereignissen und an ihren Entscheidungsträgern führte zu einem Eklat. Für Friedrich Foertsch, den damaligen Generalinspekteur der Bundeswehr, war dieser Film schlicht eine Zusammenfassung kommunistischer Propagandathesen zur psychologischen Kriegsführung. Ungebrochen sein Verhältnis zur jüngsten Geschichte und zu der Nibelungentreue, für die Stalingrad für ihn stand. Foertsch widerstrebte zutiefst, daß der »Kampf in aussichtsloser Lage bis zum letzten, die Forderung, die zu allen Zeiten und auch in Zukunft gilt« hier kritisiert wurde. Der Film *Stalingrad* sei ein Versuch, die Soldaten in ihrer Verteidigung von Recht und Freiheit zu beirren, so Foertschs Warnung in einem Brief an die Bundeswehrkommandeure. Die Soldaten der Bundeswehr mögen diese Warnung ihres höchsten militärischen Repräsentanten eher als Werbung für den Film empfunden haben. Ihre vorgesetzten Offiziere allerdings verstanden den Hinweis richtig: Für den 31. Januar, genau an diesem Tag vor 20 Jahren hatte Generalfeldmarschall Paulus in Stalingrad kapituliert, war der Film im Fernsehen zur Hauptsendezeit angekündigt – unerwartet gab es an diesem Abend in zahlreichen Kasernen Alarm oder unmotivierten Dienst für die Soldaten.

In den 1970er Jahren geriet die Schlacht um Stalingrad zunehmend aus dem medialen Blickpunkt. Durch die Entspannungspolitik hatten die alten Frontstellungen in der Öffentlichkeit langsam an Schärfe verloren. In den Köpfen der Kriegsgeneration aber überdauerten sie. Es gab zwar kaum noch neue Publikationen zum Thema, Texte aus den 1950er und

1960er Jahren wurden jedoch, mit unterschiedlichem Erfolg, immer wieder aufgelegt.

Erst sehr spät publizierte Walter von Seydlitz seinen vorurteilslosen und äußerst ausgeglichenen Bericht über seine Erfahrungen in Krieg und Gefangenschaft. Er bemühte sich um eine Demythologisierung der Schlacht. Bereits der Titel des Erinnerungsbandes, *Konflikt und Konsequenz* (1977), deutet an, daß Seydlitz im Gegensatz zu von Manstein die historischen Ereignisse einer kritischen Sicht unterzieht. Insbesondere dem Rußlandfeldzug stand Seydlitz von Anfang an ablehnend gegenüber. Wenn man bedenkt, daß auch er seine Erinnerungen erst nach vielen Jahren zu Papier brachte, ist seine ausgewogene Beurteilung des Kriegsgegners zu würdigen, eines Gegners, der ihm doch nach Kriegsende durch die politisch motivierte lebenslängliche Verurteilung als Kriegsverbrecher übel mitgespielt hatte. Seydlitz erweist sich in seinen Erinnerungen als ein dem altpreußischem Denken verbundener Offizier, für den der Krieg im Clausewitzschen Sinne zwar die Fortsetzung der Politik mit anderen Mitteln war, für den das Ziel jedoch keinesfalls alle Mittel heiligte.

Im Kessel hatte sich Seydlitz mutig gegen die Hitler-Entscheidung zur Einigelung gestellt. Ebenso mutig war seine Entscheidung in der Gefangenschaft, übrigens lange bevor sich Friedrich Paulus dazu entschloß, mit der Sowjetarmee und den deutschen Kommunisten zusammenzuarbeiten, damit der für Deutschland bereits verlorene Krieg beendet und weiteres sinnloses Blutvergießen vermieden wird. Da auch die deutschen Emigranten durchaus nationale Ideale betonten, und das nicht nur aus taktischen Gründen, schienen Kompromißbereitschaft und Zusammenarbeit geboten: Seydlitz wurde Präsident des »Bundes deutscher Offiziere« und damit auch des Nationalkomitees »Freies Deutschland«. Für sein antifaschistisches Engagement wurde er von Hitler mit der Verurteilung zum Tode bestraft. Verständlich war aber auch, daß der adlige Großgrundbesitzer Seydlitz nicht alle Vorstellungen der Kommunisten zu übernehmen bereit war. Nach dem Krieg wurde der einstige Verbündete für die Sowjets daher zum

Klassenfeind. Diesmal war es der andere große Diktator des 20. Jahrhunderts, Stalin, der Seydlitz wegen Kriegsverbrechen zum Tode verurteilen ließ, später jedoch zu lebenslanger Haft begnadigte.

Doch Seydlitz' Sicht auf die Kriegsereignisse war eine singuläre Erscheinung, ohne große gesellschaftliche Ausstrahlung, wohl weil er bis zu seinem Tod von vielen seiner ehemaligen »Kameraden« in Westdeutschland als »Verräter Hitlers« betrachtet und gesellschaftlich geschnitten wurde.

Mit Alexander Kluge meldete sich erstmals ein Autor zum Thema Stalingrad zu Wort, der nicht als Soldat am Zweiten Weltkrieg teilgenommen hatte. Sein Text *Schlachtbeschreibung*, in verschiedenen Fassungen erschienen, stellt einen ersten Versuch literarischer Demythologisierung dar. Obwohl Kluge sein Werk »Roman« nennt, ist es wohl von den meisten Lesern kaum als Fiktion erkennbar. Kluge erzählt keine Geschichten, er erzählt Geschichte. Für ihn ist Stalingrad ein Ereignis, dessen »Ursachen 300 Jahre zurückliegen«, und das er zum Teil bis in die Zukunft hinein verlängert. Es ist daher nur folgerichtig, daß sein Buch weniger von Individuen handelt, als von geschichtlichen Prozessen. Kluges Sprache ist die eines Berichterstatters und Historikers, seine Form das Dokument. Fast erscheint diese Sammlung von Interviews, Heeresdienstanweisungen und Kriegsberichten als ein Sachbuch. Doch das ganze verrät eine Komposition. Wie eine Collage aus Bildfetzen, ist sein Buch ein aus echten und erfundenen »Dokumenten« zusammengesetztes Kunstwerk. Kluge erzählt seinen Roman in der Sprache der modernen Welt, nicht mehr der »raunende Beschwörer des Imperfekts« (Thomas Mann) tritt dem Leser entgegen, sondern der Presse-Kommentator, Radio-Sprecher oder Fernseh-Ansager. Kluge präsentiert keine Dokumente, sondern schreibt in »der Ausdrucks*form* des Dokumentarischen«.[22] Stalingrad, für Kluge Symbol und Paradigma deutscher Geschichte, ist auch in vielen anderen seiner Werke anwesend.

22 Gottfried Just: *Reflexionen*, Pfullingen 1972, S. 56

Pünktlich zum 50. Jahrestag der Schlacht 1992/93 lief ein neuer Spielfilm in den deutschen Kinos an. Premiere hatte eine der bis dahin aufwendigsten deutschen Produktionen: *Stalingrad* von Josef Vilsmaier. Nach den Verfilmungen von Romanvorlagen in den 1950er Jahren, gab es nach dem Paradigmenwechsel in unserer Medienkultur nun das »Buch zum Film«, sogar zweifach: einen Roman geschrieben von Christoph Fromm und einen Begleitband von Vilsmaier selbst mit dem bezeichnenden Untertitel »Eine Armee wird geopfert«. Aufschlußreich ist, daß sich Vilsmaier bewußt in eine bestimmte Tradition der Verarbeitung des Themas stellt und in seinem Buch den Film *Hunde, wollt ihr ewig leben?* lobend erwähnt. Sein Literaturverzeichnis ist ebenso lückenhaft wie erhellend: Nicht nur hat er die gesamte neuere und kritischere Stalingrad-Literatur nicht zur Kenntnis genommen, nein, er scheint noch nicht einmal zu wissen, daß zum 20. Jahrestag der Schlacht die künstlerisch wertvolle Fernsehadaption des Romans von Theodor Plievier produziert wurde. Vilsmaier, der in seinem Buch betont, der Film *Hunde, wollt ihr ewig leben?* sei ein »gelungener Antikriegsfilm« und eine »der bedeutendsten filmischen Auseinandersetzungen mit dem Zweiten Weltkrieg«, ist diesem geistig sehr nahe. Auch sein Thema ist der anständige und durch die NS-Führung verratene deutsche Soldat, der in Stalingrad tapfer kämpfte und einen schrecklichen Tod fand, also Opfer wurde. Und auch Vilsmaier versteht seine Bearbeitung des Stalingrad-Mythos als einen Antikriegsfilm. Doch was ist ein Antikriegsfilm? Erzeugt die pure Wiedergabe von Grauen und Tod, die unreflektierte Reproduktion von Bildern und Handlungen eine Antikriegshaltung beim Zuschauer? Wohl kaum, denn würde dies zutreffen, dürften angesichts der vielen Gewaltdarstellungen in Film und Fernsehen, Gewaltverbrechen heute nur noch Seltenheitswert besitzen. Vielmehr ist wohl solchen Kulturkritikern zu folgen, die in naturalistischen Kriegsfilmen eher eine geistige Vorbereitung auf Kriege sehen, durch die Einübung menschlicher Verhaltensweisen in Extremsituationen und die Gewöhnung an apokalyptische und brutale Bilder. Den subjektiven Wunsch, einen Antikriegsfilm drehen zu wollen, wird man Vilsmaier nicht absprechen können. Doch brutale und grausame Bilder und Beschreibungen allein stellen beim Zuschauer nicht selten nur eine weitere mentale Gewöhnung an die Verbrechen realer Kriege dar. Sie sind somit oftmals eher »pazifistische Kriegspropaganda«, wie es Karl Hugo Sclutius bereits 1929 in der »Weltbühne« provokant, aber treffend formulierte. Vilsmaier kopiert Handlungsstränge des von ihm so gelobten Films *Hunde, wollt ihr ewig leben?* und läßt dabei kaum ein Kriegsfilmklischee aus. Sein Film ist in vielerlei Hinsicht ein opportunistisches Zugeständnis an triviale Zuschauererwartungen. 1993 mußte man dem an Aliens, Monster, Poltergeister und psychopathische Lustmörder gewöhnten Kinobesucher schon einiges bieten. Und Vilsmaiers Film bietet diesen Nervenkitzel: Er schwelgt in opulenten Bildern von der Verletzung und Verstümmelung menschlicher Körper, von vernichteten Städten, unwirtlichen Landschaften und zerstörten Industrieanlagen. Darüber hinaus versucht er, zahlreiche andere literarische Werke über den Krieg zu beerben, insbesondere auch den Klassiker *Im Westen nichts Neues* von Erich Maria Remarque und *Stalingrad* von Theodor Plievier. Man könnte den Film geradezu als *die* Kompilation von literarischen und filmischen Vorgängern bezeichnen, als Versuch einer *ultimativen* Version des »Mythos Stalingrad«.

In ganz besonderem Maße ist nun Vilsmaiers Film ein Kind seiner Zeit. Oder besser gesagt, der Film ist eine Anpassung an den durch die politischen Ereignisse nach 1989 veränderten Zeitgeist in Deutschland. Der Zusammenbruch der Sowjetunion und die deutsche Einheit sowie die damit verbundenen neuen Zugänge zum Thema bewirkten eine Veränderung im Umgang mit der Geschichte, maßgeblich geprägt durch solche Fernsehdokumentationen wie die von Guido Knopp im ZDF, wo der Krieg eben nur noch »verdammt« war. Der Krieg vor 50 Jahren erscheint als unausweichliches, schreckliches und blutiges Schicksal, das Deutsche und Russen gleichermaßen »heimgesucht« hat. Beide Völker also waren Opfer. Keine Zeit für tiefergehende Analysen, dafür aber deutliche Tendenzen, einen Schlußstrich unter die vergangenen Ereignisse zu ziehen.

Zum 50. Jahrestag der Stalingrader Schlacht gab es neben Vilsmaiers Film allgemein eine deutliche Renaissance des Themas, wie überhaupt Nationalsozialismus und Zweiter Weltkrieg medial eine große Resonanz fanden. Zeitungen und Zeitschriften, Rundfunk und vor allem das Fernsehen bedienten den Markt mit unzähligen Reportagen, Interviews mit Zeitzeugen, Berichten über das heutige Wolgograd, Features und Feuilletons, nicht zu vergessen die zahlreichen Neuauflagen oft vergessener Titel aus den 1950er und 1960er Jahren. Hier erlebte der Leser/Hörer/Zuschauer im »Labyrinth der Geschichte« die »ewige Wiederkehr des Gleichen«.[23] Neu sind die, nicht mehr nur auf deutscher Seite, sondern auch auf russischer Seite festzustellenden Tendenzen einer Schlußstrich-Mentalität, das Zurücktreten der Erinnerung in eine vergangene Geschichte. Dies alles trifft im Wesentlichen auch für den Umgang mit der Schlacht um Stalingrad anläßlich des 60. Jahrestages zu. Nach mehr als einem halben Jahrhundert scheint das Ereignis immer noch sehr bedeutend, aber bald ebensofern wie Napoleons verlorener Feldzug in Rußland.

III

Die militärische Lage im Kampfgebiet an der Wolga und ihre offizielle Darstellung klafften in Deutschland, wie bereits dargelegt, weit auseinander. Je verzweifelter die Situation im Stalingrader Kessel wurde, desto heroischer berichtete die Propaganda. Auch die späteren historischen und literarischen Darstellungen, die nicht selten authentisches Material, u.a. auch Feldpostbriefe, verwendeten, sind widersprüchlich.

Was erlebten und dachten nun aber die unmittelbaren Teilnehmer der Schlacht, Soldaten und Offiziere, die Akteure eines verbrecherischen Krieges waren und zugleich seine Leidtragenden? Wie war das damals im Kessel? Wie lebte man mit der täglichen lebensbedrohlichen Situation? Welche Sorgen beschäf-

23 Jörg Bernig: *Eingekesselt*, New York u.a. 1997, S. 208

tigten den »deutschen Landser«, welche Ängste hatte er, welche Wünsche und welche Hoffnungen? Veränderte der drohende Untergang sein Denken und Handeln? Persönliche Dokumente aus dem Stalingrader Kessel sind rar. Die im deutschen Heeresarchiv Potsdam von der Feldpostzensur gesammelten Briefe wurden während eines Bombenangriffes 1945 vernichtet und die Bestände sowjetischer bzw. russischer Archive standen lange Zeit nicht nur ausländischen Wissenschaftlern lediglich eingeschränkt zur Verfügung. Und den Veröffentlichungen von Feldpostbriefen in der NS-Presse und in Anthologien der NS-Zeit war und ist zu mißtrauen. Also »keine Spur mehr von der 6. Armee«, wie Erich Kuby 1963 während einer Reise nach Wolgograd feststellte? Lange jedenfalls schien das so.

Das änderte sich seit den 1980er Jahren, befördert durch ein verstärktes wissenschaftliches und publizistisches Interesse an Alltagsschilderungen des Krieges, am Auswerten von Zeitzeugen-Berichten, an der »oral history«, der »Geschichte von unten«. Verschiedene von privaten und professionellen Sammlern zusammengetragene Bestände von Feldpostbriefen wurden der Öffentlichkeit zugänglich gemacht.[24] So gelang beispielsweise im Jahr 1987 ein überraschender Fund im Archiv des Panorama-Museums »Stalingrader Schlacht« in Wolgograd. Dort lagerten seit Kriegsende unausgewertet Briefe, Tagebücher und Stabsakten von Angehörigen der 6. Armee. Auf welchem Wege das Material in das Wolgograder Archiv gelangt war, ließ sich damals im einzelnen nicht mehr rekonstruieren. Da die Räumlichkeiten des Museums bis zum Umzug in ein neues Gebäude Mitte der siebziger Jahre sehr beengt gewesen waren und sich ohnehin kaum jemand für die deutschen Dokumente interessierte bzw. interessieren sollte, waren sie bis auf wenige Ausnahmen nicht katalogisiert, sondern in primitive Holzkisten verpackt und später vergessen worden. Auch soll ein Teil des Materials beim Umzug des Museums abhanden gekommen sein. Die übrigen

24 u.a. Ortwin Buchbender, Reinhold Sterz: *Das andere Gesicht des Krieges*, München 1982. Peter Knoch: *Kriegsalltag*, Stuttgart 1989. Walter Kempowski: *Das Echolot*, München 1993

Kisten staubten ein. Wenn auch die Akten- und Briefbestände des Panorama-Museums nicht sehr umfangreich sind – das meiste wurde von der 6. Armee planmäßig vernichtet, ging in den Wirren des Untergangs verloren oder wurde nach dem Sieg in andere Archive der Sowjetunion verbracht –, so konnten sie doch aufschlußreiche Informationen über das »Alltagsleben« im Stalingrader Kessel vermitteln.[25]

Die politischen Veränderungen in der Sowjetunion/Rußland in den 1980er und 1990er Jahren führten auch zu einer Liberalisierung des Zugangs zu ehemals geheimen Archiven und deren Beständen. So kam es zu interessanten Publikationen von Kriegsbriefen, die mehr über das »Leben« im Krieg an der Ostfront erzählten.[26] Doch die alte russische Geheimniskrämerei lebte fort. Der Leser kann nicht immer rekonstruieren, aus welchen Archiven die Briefe kommen, aus welchem Bestand von Dokumenten und nach welchen Gesichtspunkten ausgewählt wurde. Bis heute ist zu vermuten, daß bislang unveröffentlichte Dokumente noch in russischen Archiven auf ihre Entdeckung warten.

Die Kämpfe um Stalingrad begannen im Juli 1942. Im kollektiven Bewußtsein der Deutschen ist der Begriff »Schlacht um Stalingrad« aber weniger mit dem Vormarsch zur Wolga und der verlustreichen Einnahme der Stadt, sondern fast ausschließlich mit der Phase der Einkesselung der 6. Armee nach dem 19. November 1942 bis zum Ende der Kampfhandlungen am 2. Februar 1943 verbunden. Ebenso stellt man sich gemeinhin unter dem Kessel von Stalingrad lediglich das Gebiet der sich fast 30 Kilometer am westlichen Ufer der Wolga hinziehenden Stadt vor. Der Kessel umfaßte jedoch nicht nur die Stadt, sondern ein weites Gebiet von mehr als 1500 Quadratkilometern, mit verschiedenen Landkreisen, zahlreichen Ortschaften, unbewohnter Steppenlandschaft und einigen Flugplätzen und

25 Jens Ebert: *Stalingrad – eine deutsche Legende*, Reinbek 1992

26 u.a.: *»Ich will raus aus diesem Wahnsinn«. Deutsche Briefe von der Ostfront 1941-1945*, Wuppertal 1991. *Po obe storoney fronta – Auf beiden Seiten der Front*, Moskau 1995

war damit fast doppelt so groß wie die deutsche Hauptstadt Berlin. Seine größte Ost-West-Ausdehnung betrug zu Beginn fast 70 Kilometer. Es war also schon entscheidend, wo im Kessel sich die einzelnen Briefeschreiber aufhielten und untergebracht waren, ob schutzlos in Erdhöhlen in der Steppe, in zerstörten Dörfern, noch halbwegs stabilen Häusern oder in den unübersichtlichen Ruinen der Stadt oder der Industrieanlagen. Entscheidend deswegen, da die Strukturen der Armee durch die unerwarteten Rückzugsbewegungen zerschlagen waren, kleinere Gruppen und ganze Truppenteile entweder von ihrem Troß, vom Stab oder gänzlich abgeschnitten waren. Während in manchen Gegenden des Kessels die Militärorganisation noch halbwegs funktionierte, waren viele Soldaten sich selbst überlassen. Ob man noch an die überlebenswichtigen Versorgungsadern der Armee angeschlossen war oder nicht, beeinflußte nicht nur Themen und Sprache der Briefe in die Heimat, sondern war oftmals eine Frage von Leben oder Tod.

So sind auch die Unterschiede in der Reflexion der militärischen und persönlichen Situation zu verstehen. Während viele Soldaten in der Steppe bereits im Dezember hungerten, kaum mehr versorgt wurden und von der Postbeförderung quasi abgeschnitten waren, besaßen andere noch Verpflegung und konnten Briefe schreiben und empfangen. Fand sich in den zerbombten Häusern und in den Bunkern manchmal noch ein kleiner Platz zum Briefeschreiben, gar ein Tisch, so konnten auf dem freien Feld meist nur wenige Sätze, die Knie als Unterlage nutzend, aufs Papier gebracht werden. Unterschiedlich auch die Situation, je nachdem, ob man sich in einer Feuerstellung oder in relativer Ruhe befand. Nicht immer wußten die Soldaten, ob sie den Brief auch würden beenden können und gaben deswegen nur selten acht auf korrekte Orthographie und Grammatik. Bei der Betrachtung der Briefe muß der heutige Leser auch stets mitdenken, wie sehr sich die Wehrmachtsangehörigen in Schul- und Berufsausbildung, Alter, Weltanschauung, sozialer Herkunft, sowie regionaler und kultureller Prägung unterschieden. Dem Erlebnis des Kessels waren ganz verschiedene Lebenserfahrungen vorausgegangen.

Auch die Quellenlage, die Herkunft und das Schicksal der einzelnen Briefe beeinflussen das Bild. Während die Bestände des Wolgograder Archivs, da unter ungünstigsten Verhältnissen verfaßt, ihre Adressaten nie erreichten, waren die, die nach Deutschland gelangten, oftmals durch die Feldpostzensur gegangen. Glück hatte, wer sie einem Ausfliegenden oder einem Kurier mitgeben konnte. Berücksichtigen muß man bei der in diesem Band abgedruckten Auswahl auch, daß die an den Deutschlandfunk im Herbst 2002 eingesandten Briefe von den heutigen Besitzern, zumeist Verwandte der vermißten oder gefallenen Soldaten, ausgewählt wurden. Sicher nicht jeder Brief wurde einer Veröffentlichung für würdig befunden oder wurde, da zu privat oder aus anderen Gründen, zurückgehalten. Trotzdem läßt sich aufgrund der großen Anzahl von Briefen, ein historisch hinlänglich gesicherter Blick auf die Lage der Soldaten im Kessel 1942/43 rekonstruieren.

Die Bedeutung der Einkesselung scheint von den Wehrmachtssoldaten nicht gleich in ihrer ganzen Tragweite erfaßt worden zu sein. Anders als in der Heimat war sie zwar auch den einfachen Soldaten bekannt, aber daß eine Armee von mehr als 250000 Mann dem Untergang preisgegeben werden könnte, lag außerhalb jeglichen Vorstellungsvermögens. Der Nimbus der Unbesiegbarkeit, mit dem die Wehrmacht durch die NS-Propaganda versehen wurde und der sich in Polen und Frankreich scheinbar bestätigt hatte, war von den Soldaten zum größten Teil verinnerlicht worden und manifestierte sich in Allmachtsphantasien. Sie vertrauten auf die Führung und den »Führer«, ohne daß dies unbedingt ein Beweis für eine nationalsozialistische Gesinnung war. Man hielt sich, nicht zuletzt aus Mangel an Alternativen, an die ausgegebenen Durchhalteparolen wie: »Manstein haut euch raus« oder gar »der Führer haut euch raus«, die in ihrer Burschikosität die Stimmungslage der Truppe trafen.

Aus diesem Grund unterscheiden sich die Briefe im November und noch Anfang Dezember inhaltlich kaum von denen aus anderen östlichen Frontabschnitten. Überwiegend wird über Alltagsprobleme geschrieben. Die Klage über den strengen

Winter und die große Kälte ist ein Stereotyp aller Briefe von der Ostfront, so auch der Feldpost aus Stalingrad. Die Betonung, man sei gesund, findet sich noch selten. Gute Gesundheit wird als Normalzustand vorausgesetzt. Die Soldaten sind mit »Alltagssorgen« belastet. Man baut an Unterkünften und Bunkern für den kommenden Winter, was in der unwirtlichen Steppe gar nicht so einfach ist. Außerdem sollen die Bunker »gemütlich« sein. Ob dieser Begriff die damaligen Briefempfänger befremdet hat? Teilweise schwingt Pfadfinder-Romantik mit, wenn über die zusammengesuchte Einrichtung der Behausungen geschrieben wird, über die Wärme, die sie bieten. Noch erscheint der Krieg im Osten manchmal auch als ein interessantes, abenteuerliches Leben jenseits bürgerlicher Normen.

Wichtigster Einschnitt nach dem Beginn der sowjetischen Einkesselungsoperation am 19. November und zunächst die größte Unannehmlichkeit ist die Tatsache, daß viele Einheiten die mit viel Mühe errichteten Unterkünfte wegen eines raschen Rückzugs verlassen und mit den Bauarbeiten unter noch schlechteren Bedingungen wieder von vorn beginnen mußten. Viele Ausrüstungsgegenstände gingen zudem auf der überhasteten Flucht verloren. Die Versorgung ist am Anfang zwar karg, aber doch noch ausreichend. Auch die Post funktioniert noch halbwegs. Nur darf man jetzt, da der Landweg verschlossen ist, keine Pakete mehr nach Hause schicken. Die Soldaten waren es gewohnt, während der Stationierung in Frankreich ihre Familien zu unterstützen. Auch vor Stalingrad gibt es – noch – Dinge, die man übrig hat.

Nur unterschwellig kommen beklemmende Gefühle auf. Die »Russen« waren als Gegner doch weit mehr gefürchtet als Franzosen oder Polen. Eine unheilvolle Ahnung?

Die russische Landschaft wurde beim Vormarsch gen Osten zunehmend unwirtlicher und karger, die Verbindungen zu den rückwärtigen Diensten immer komplizierter. Doch trotz allem wurde von den meisten die bedrohliche militärische Situation nicht ernst genommen, zumal sich zunächst so viel ja nicht änderte. Versorgungsprobleme, Verluste durch Kampfhandlungen und Probleme mit dem Wetter und bei der Unterkunft hatte es verstärkt schon seit Ende Oktober/Anfang November gegeben. Und ohnehin wußte man, daß der Feldzug im Osten beschwerlicher und gefährlicher werden würde als die Besatzungszeit in Frankreich, von wo das OKW die 6. Armee in die russische Steppe geschickt hatte.

Ein bedeutend differenzierteres Bild zeichnen die Briefe, die ab Mitte Dezember bis Anfang Januar geschrieben wurden. Trotz der mittlerweile extremen Belastungen durch Hunger und Kälte reißt man sich zusammen, hält einfach aus und illustriert damit gewollt oder ungewollt die Propagandaphrase »Deutsch sein heißt, etwas um seiner selbst willen tun«.

Die Darstellungen von sich und den Verhältnissen werden von Wunschbildern durchzogen, in einer Mischung von Selbstschutz und Beruhigung der Familie. Nicht selten auch das Bemühen, sich im entworfenen Selbstbild zwar nicht unbedingt als »Held«, aber doch als »ganzer Kerl« zu beschreiben. Und in der Tat befinden sich die Soldaten in Verhältnissen, die durchzustehen und zu überleben sich in der Heimat (noch) keiner vorstellen kann, ja, die sie sich selbst noch vor Monaten nicht hätten vorstellen können. Die Strapazen werden leichter ertragen, da die Soldaten der Auffassung sind, bzw. da ihnen diese Auffassung angedient wird, sie seien der Preis für ein besseres und sicheres Leben der Familie in Deutschland. Es tröstet das Gefühl der Selbstlosigkeit, des als sinnvoll angenommenen Leidens für andere. Denn die Soldaten sind, selbst wenn objektiv kaum dazu in der Lage, immer bemüht, zu erreichen daß ihre Angehörigen ihr Leben unversehrt weiterleben können. Eine der ganz seltenen Möglichkeiten, handelnd aktiv zu werden, und darum stark genutzt und in den Briefen thematisiert, ist es, Geld nach Hause zu schicken oder zu überweisen. Die Soldaten sind hier meist sehr großzügig, besonders zu Weihnachten, da sie sichtlich betrübt sind, nur Geld und keine Geschenke schicken zu können.

Von Niedergeschlagenheit oder Kriegsverdrossenheit ist nur selten die Rede, auch, aber nicht hauptsächlich aus Angst, wegen Defätismus zur Rechenschaft gezogen zu werden. Allenthalben präsent ist dagegen die vielfach geradezu beschworene

Hoffnung auf baldige Besserung der Lage, was ja indirekt andeutet, wie genau man sich am Rande des Unterganges weiß. Der Jahreswechsel wird zum Anlaß genommen, den (Sieg-) Frieden für 1943 zu beschwören. In diesem Zusammenhang wird persönliches Glück darin gesehen, nach dem Krieg dort wieder anknüpfen zu können, wo das zivile Leben bei Kriegsausbruch endete. Die gegenwärtigen Leiden werden durchaus als Preis auch solchen Glücks verstanden. Nicht selten wird ein Anspruch auf »Wiedergutmachung« für die durchgestandenen Strapazen geltend gemacht. Man glaubt, ein Recht zu haben, die im Kessel vermißten Annehmlichkeiten des Lebens im baldigen Urlaub ausgiebig nachholen zu können. Im Gegensatz zu denen, die nach dem siegreichen Abschluß der Kämpfe aus dem vollen schöpfen wollen, gibt es auch Stimmen, die sich von früherer Exzessivität, Oberflächlichkeit und Gedankenlosigkeit lossagen und sich dabei christlicher Werte erinnern. Der Notsituation wird mitunter sogar eine positive Seite abgewonnen. Man würde, so kann man in den Briefen lesen, endlich wieder einmal gezwungen, über den Sinn des Lebens nachzudenken. Die Situation im Kessel führe nach jahrelangem Wohlleben zu neuer Bescheidenheit, zur Reduzierung des Lebens auf »wirkliche« Bedürfnisse. Der Hunger, so schreiben einige, veranlasse zur Besinnung auf alte, zur Neubestimmung »wahrer« Werte; erst jetzt schätze man wieder die Bedeutung des einfachen Brotes. Doch ob nun Vorfreude auf künftigen Genuß oder das Geloben eines späteren besonneneren Lebens – einig sind sich die meisten Briefschreiber in der Annahme, daß das Leben auch nach der Schlacht wieder unbeschadet in den alten Bahnen verlaufen wird. Der Kessel wird als Bewährungszeit verstanden, anschließend werde man um so bewußter leben. Oder in den Worten eines zeitgenössischen Schlagers, der immer wieder gebetsmühlenartig zitiert wird: »Es geht alles vorüber, es geht alles vorbei, nach jedem Dezember folgt wieder ein Mai.«

Eine deutliche Ausnahme bilden die zu Weihnachten und zum Jahreswechsel geschriebenen Briefe. Hier steht nicht so sehr die verzweifelte Lage im Mittelpunkt der Berichte, vielmehr wird beklagt, in einer solch tristen Situation die gefühlvollen Feiertage verbringen zu müssen, fernab von der Familie. Die Gedanken der Soldaten weilen bei ihren Angehörigen, viele Fragen nach deren persönlichem Befinden werden gestellt. Die Soldaten begeben sich mit der Rückschau auf schöne Zeiten in eine Märchenwelt, die deutliche Züge von bewußter oder unbewußter Selbstillusionierung trägt. Besonders das Weihnachtsfest ist Anlaß für wehmütige Erinnerungen. Mit dem Jahreswechsel werden Hoffnungen auf baldigen Sieg und Frieden bzw. auf Befreiung aus dem Kessel verbunden. Die sentimentalen Gefühle verdrängen zum Teil auch die Klagen über die Unannehmlichkeiten des alltäglichen Lebens. Seltener beschwert man sich über den Hunger, sehr jedoch über das Fehlen der Weihnachtspäckchen und anderer Postsendungen oder überhaupt von Lebenszeichen. Die Weihnachtstage sind besonders quälend, da die Soldaten durch die Tradition an gefühlvolle Stunden der Besinnung gewöhnt sind und da sie zum Nachdenken auch etwas mehr Zeit haben, da der »Dienst« auf ein Minimum reduziert wird und auch die Russen an manchen Stellen des Kessels Feuerpausen einlegen. Die bescheidenen Feierstunden dürften zu den wenigen Momenten emotionalen Austauschs zwischen den Männern gehört haben.

Das Symbol für die Verbundenheit mit der Heimat zu Weihnachten sind an der Front die Päckchen und Pakete, gerade im Kessel als Liebesgaben verstanden. Das Bedauern über das Nicht-Eintreffen der Weihnachtsgaben aus der Heimat nimmt im Laufe der Zeit beinahe zwanghafte Züge an, stellen die Päckchen doch im Bewußtsein der Soldaten die einzige, scheinbar greifbare Möglichkeit dar, die Versorgung mit Nahrungsmitteln zu verbessern. Irrational ist die vielfach geäußerte Hoffnung auf baldigen Erhalt der Päckchen insofern, als jeder täglich erfahren muß, daß der Transportraum der Luftflotte nicht einmal ausreicht, die Mindestversorgung der Armee zu garantieren.

In der Endphase des Kessels, nach dem sowjetischen Großangriff vom 10. Januar, werden die allgemeine militärische Situation und der Ausgang der Kesselschlacht in den Briefen ambivalent beurteilt: zunehmend skeptisch, doch auch Schimmer der Hoffnung dringen noch durch. Wachsende Beunruhigung empfinden die Soldaten angesichts der nun energischer werdenden Angriffe und wachsenden Kampfkraft der Roten Armee. Als bedrohlich erscheint die gute Bewaffnung und der Wille zum Durchhalten, hatte die deutsche Propaganda doch noch vor kurzem »den Russen« als am Ende seiner Kräfte dargestellt. Trotzdem: Die Lage sei ernst, aber nicht hoffnungslos, so die allgemeine Einschätzung. Die Überzeugung, man müsse nur noch kurze Zeit aushalten bis zu Befreiung, Frieden, Kriegswende oder Urlaub bedingt auch, daß das Thema Kriegsgefangenschaft kaum eine Rolle spielt. Fast in jedem Brief finden sich jetzt Sätze, wie »Ich bin gesund (und munter)« oder »Es geht mir (noch) gut«. Hintergrund dafür mag die Erfahrung sein, daß gerade das Gegenteil zunehmend zum Normalfall im Kessel wird.

Ein zentrales Problem stellt die Tatsache dar, daß die Beförderung von Post immer unregelmäßiger und unzuverlässiger wird. Immer wieder wird das Fehlen von Lebenszeichen aus der Heimat beklagt. Häufiger Grund von Befürchtungen sind die stärker werdenden Bombardierungen deutscher Städte durch die Alliierten. Doch die Gefahren in der Heimat führen nicht, wie beispielsweise von Winston Churchill erhofft, zu einer Demoralisierung der Truppe, die dazu führen könnte, daß die Soldaten angesichts der Bombardements in Deutschland und der Tatsache, der bedrohten Familie nicht helfen zu können, keinen Sinn mehr im Aushalten an der Ostfront sahen. Ähnlich wie Bombenangriffe die Bevölkerung eher zusammenschmiedeten, ist die Allgegenwart von tödlicher Gefahr ein verbindendes Band zwischen Front und »Heimat-Front«.

Generell ist festzustellen, daß im Laufe der Zeit, also mit der Verschlechterung der Lage im Kessel, Wünsche zunehmend in Hoffnungen umschlagen. Das kommt nicht zuletzt im häufigen Gebrauch von Wörtern wie »Hoffnung«, »hoffen«, »hoffentlich« u.ä. zum Ausdruck. Je länger die Einschließung und damit die Notsituation andauert, um so bescheidener allerdings werden die Ansprüche und Vorstellungen von Glück. Die zunehmende Entfremdung von der Familie und vom bislang gewohnten Leben spiegelt sich in gefühlvoller Rückschau. Die zärtliche Anrede der Ehefrau gleicht nicht selten einer Beschwörung verlorener Gemeinsamkeit. Man erinnert sich in den Briefen vergangener schöner Erlebnisse und interessiert sich für die Alltagsnöte in der Heimat.

Der Kriegssituation ist die Tatsache geschuldet, daß die Empfänger der Briefe zumeist Frauen sind: Ehefrauen, Mütter, Schwestern oder Freundinnen. Doch selbst wenn auch noch männliche Personen in den heimatlichen Haushalten leben, sind Frauen in der Regel die Empfängerinnen. Zum einen, weil sie das Zentrum der Familie bilden, zum anderen, da sie eher geeignet erscheinen, Adressatinnen von Gefühlen zu sein – Ängsten, Hoffnungen, Wünschen, mit denen umzugehen die Männer wenig Erfahrung haben. Die Unbeholfenheit beim Ausdruck von Zärtlichkeit läßt ahnen, daß hier Männer im Angesicht von Elend, Verletzungen und Tod vielleicht zum ersten Mal in ihrem Leben eine emotionale Sprache suchen und gezwungen sind, ihre Gefühle schriftlich mitzuteilen. Denn im Krieg schreibt jeder. Die Soldaten sind aus ihren familiären und sozialen Beziehungen gerissen worden. Der Brief ist die einzige Brücke zum früheren Leben. Die mangelnde Erfahrung beim Schreiben läßt zahllose Soldaten zu bekannten Stereotypen der Beschreibung von Ansichten und Gefühlen greifen. Auch versuchten offiziell vertriebene Broschüren oder Beiträge in Zeitungen und Zeitschriften als Handreichungen Einfluß auf das Schreiben zu nehmen. Und so finden mitunter Phrasen der NS-Propaganda Eingang in private Äußerungen. Doch das liegt weniger daran, daß man diese Phrasen wirklich verinnerlicht hat, sondern an der Schwierigkeit, eine eigene Sprache, andere, persönlichere Formulierungen zu finden. Die großen Worte sind stets auch Ausdruck von Sentimentalität. Hier schreiben keine »harten«, sondern ausgesprochen »weiche« Männer, die sich in private Utopien zurückziehen.

Väter, Brüder oder andere männliche Familienangehörige werden mit Briefen meist bedacht, wenn es sich um militärische Angelegenheiten oder wichtige Grundsatzentscheidungen handelt.

Aus Mangel an neuen und vor allem positiven Informationen wird die Post selbst zum Gegenstand des Geschriebenen. Man schreibt, daß man nichts schreiben kann, formuliert Banalitäten, überlegt, warum einige Briefe nicht angekommen sind, wie die Post im Moment befördert wird. Immer häufiger teilen die Briefe nur mit, und das ist die wichtigste Information im Krieg, daß der Absender noch lebt. Wegen der teilweise unregelmäßigen Postversorgung werden Briefe nummeriert und geordnet. Es ist dies ein kleiner Bereich, in den man handelnd als Individuum etwas bestimmen, wo man noch Ordnung hineinbringen kann. Die Post kann nur noch auf dem Luftweg befördert werden. Insbesondere die legendäre Ju 52 erscheint immer häufiger als eine beinahe lebendige Person. Die zuverlässige »Postbotin«, die unersetzbare »Tante Ju« wird mit vielen liebevollen, ja zärtlichen Worten beschrieben.

Den größten Realitätsgehalt besitzen Berichte über die Bereiche der alltäglichen, unmittelbaren Erfahrungen. So nehmen die Beschreibungen des harten Winters, der unzureichenden Quartiere, der Hungerrationen und der Läuseplage einen breiten Raum ein. Diese Passagen sind zum Teil sehr genau und teilen, obwohl das streng verboten ist, zahlreiche Einzelheiten mit. Häufig finden sich exakte Angaben über die immer kleiner werdenden Lebensmittelrationen. Doch es zeigt sich auch, daß die Soldaten viele Maßstäbe verloren haben. Die lapidare Bemerkung, man habe Glück, da die Temperaturen höchstens auf -20° fallen, müssen für den Empfänger in Deutschland befremdlich gewirkt haben. Zum Teil sehr offen und ohne Scham wird über die eigene Verwahrlosung und Verlausung gesprochen.

Allgemein ist zu beobachten, daß die Kriegswirklichkeit nur fragmentarisch beschrieben wird. Es dominieren Themen wie Post, Kälte, Hunger und Läuse sowie persönliche Probleme aus dem Familien- und Freundeskreis. In vielen Briefen ist der Krieg überhaupt nicht präsent. Über militärische Kämpfe wird nur sehr selten berichtet. Nie sind sie ausführlich beschrieben. Es finden sich auch kaum Mitteilungen über Verwundungen, Krankheiten oder Erfrierungen, die es doch gerade in der Endphase des Kessels massenhaft gegeben hat. Wenn trotzdem über Verwundungen oder Erfrierungen berichtet wird, versucht man, sie herunterzuspielen, als harmlos oder fast überstanden darzustellen, selbst wenn deren Gefährlichkeit auch für einen medizinisch ungebildeten Briefempfänger offensichtlich ist. Schwerverletzte sind meist nicht mehr in der Lage, über sich zu berichten. In den Briefen von Sanitätern und Ärzten allerdings zeigt sich das ganze Ausmaß des Elends.

Natürlich darf bei der Lektüre der Briefe nicht vergessen werden, daß sich die Verfasser einer gewissen Selbstzensur unterwarfen. Zum einen wollte man mit den Berichten von der Front die Angehörigen in der Heimat nicht allzu sehr beunruhigen. Zum anderen mußte man wegen der Feldpostzensur Vorsicht walten lassen. Beide Gründe für die Selbstkontrolle sind aber auch nicht überzubewerten. Immer wieder werden in den Briefen die Strapazen und Qualen des Krieges, bisweilen auch seine Grausamkeiten zumindest angedeutet, und mit der Verschlechterung der Lage schließlich auch verbotene militärische Einzelheiten immer häufiger preisgegeben. Ab Mitte Dezember häufen sich Verstöße gegen die Geheimhaltungsvorschriften. Zwar gibt es in den Briefen nicht immer direkte Hinweise auf die gefährliche militärische Lage, die Einkesselung der 6. Armee wurde erst im Wehrmachtsbericht vom 16. Januar 1943 offiziell, wenn auch verklausuliert, bekanntgegeben, doch die Empfänger der Briefe werden aufgefordert, aus den Rundfunkberichten und den Verlautbarungen des Oberkommandos der Wehrmacht, besonders der Ortsangaben, sich ein eigenes Bild von der Situation der 6. Armee zu machen. Häufig wird geäußert, man dürfe keine genauen Angaben machen, was die prekäre Situation wohl am deutlichsten ausdrückt. Vielfältige kleine, geheime Zeichen oder Floskeln weisen die Briefempfänger auf die Umzingelung hin. Manche Schreiber allerdings verwenden unbekümmert die Worte »Kessel«, »Einkesselung«, »eingekesselt«.

Die Angst vor der Feldpostzensur scheint im Laufe des Krieges abzunehmen, nicht zuletzt, da die Zensurbehörden zumeist ausgesprochen subtil arbeiteten und es vermieden, offen in Erscheinung zu treten. So handhabte die »Feldpostprüfstelle beim

Pz.-Armeeoberkommando 4« die Kontrollen »sehr großzügig«: »Stellen zersetzenden oder die Heimat stark beunruhigenden Inhalts werden daher lediglich mit Tinte, Blei und Tintenstift oder Gummi (je nach Schreibart) unleserlich gemacht, und zwar derart unauffällig, daß die Streichung vom Briefschreiber selbst herrühren könnte.«[27]

Die Sicherung der Feldpostversorgung stellte eine enorme organisatorische Leistung dar, die vom NS-Regime noch in Friedenszeiten ab 1937 geprobt wurde. Man war sich im klaren darüber, daß die Feldpost für die Soldaten einer der wichtigsten und ständig auch überprüfbaren Indikatoren für die Effizienz und das Funktionieren der Organisation des Krieges schlechthin war. Außerdem stellte der Kontakt zur Familie, zu Freunden und Bekannten, zur Heimat, zu einem Leben jenseits des Krieges einen unersetzbaren Stabilisierungsfaktor dar.

In den Feldpostbriefen werden erstaunlich selten Auflehnung oder gar Anklagen gegen die militärische und politische Führung Deutschlands formuliert. Die Stimmung unter den Soldaten ist durchaus nicht aggressiv. Es gibt kaum Opposition, wohl aber künden die Briefe von wachsender Depression. Die Allmachtsphantasien aus den Zeiten des siegreichen Vormarsches schlagen in Ohnmachtsgefühle um. Anders als in der Nachkriegszeit werden nur äußerst selten Schuldzuweisungen an die Führung, kaum an *den* »Führer« gemacht.

Der Ernst der persönlichen Lage wird durchaus erkannt und beschrieben. Konsequenzen für das weitere Schicksal der Armee als Ganzes, das ja auch das persönliche Schicksal bestimmt, werden daraus jedoch nicht abgeleitet. Als unvorstellbar gilt, daß eine ganze deutsche Armee mit weit mehr als 100 000 Mann (die Vorstellungen über die Größe der 6. Armee sind bei den Soldaten recht unpräzise) vom Gegner geschlagen oder gar vernichtet werden kann. Das Bewußtsein, das eigene Schicksal mit einer unübersehbar großen Anzahl von Kameraden zu teilen, scheint für den einzelnen eher eine ausgesprochene Beruhigung und Anlaß für Optimismus zu sein.

27 BA-MA, RW 4/v. 264 (WF-01/2153, Bl. 8083)

Zum militärischen Gegner, den Soldaten der Roten Armee und den sowjetischen Partisanen, haben die Soldaten ebenso kaum ein differenziertes Verhältnis. Der russische Soldat taucht in den Briefen nur selten auf, wenn doch lediglich als schemenhafter, entfernter und unberechenbarer Feind. So wie im alltäglichen Kampfgeschehen will man ihn auch geistig nicht an sich heranlassen, ihn nicht übermächtig werden lassen. Die sogenannten Hilfswilligen, die es auch in Stalingrad gibt, werden in ihren untergeordneten Rollen akzeptiert, erscheinen nie als Bedrohung. »Der Russe« oder »die Russen« sind somit, wenn überhaupt beschrieben, eine Mischung von nicht unfreundlich erlebter Bevölkerung, Feind und Propagandaprodukt. Die Stadt und die Zivilbevölkerung, die z. T. nicht evakuiert wurde und in den Trümmern zu überleben versucht, strahlen neben der latenten Bedrohung eine große Fremdheit aus, unterstützt durch die Unwirtlichkeit des Ortes, der einer noch nie gesehenen, unbekannten Trümmerwüste gleicht. Die Deutschen empfinden kaum Schuldgefühle angesichts der furchtbar zerstörten Stadt. Ihre Schilderungen zeugen andererseits aber auch kaum von »Herrenmenschengeist«. Die Äußerungen sind aufgrund mangelnder persönlicher Beziehungen recht oberflächlich, oft auch vom Unverständnis gegenüber der fremden Kultur geprägt. Dies scheint generell Hauptursache für die alltägliche Akzeptanz der Abwertung der »Russen« zu sein. Viele durch die Propaganda geschürten Vorurteile schienen sich für den einfachen Soldaten nach dem Überfall auf die Sowjetunion zu bestätigen. Der Lebensstandard der Bevölkerung, insbesondere auf dem Lande war äußerst gering, moderne Technik nur selten vorhanden, soziale Leistungen und Einrichtungen auf einem sehr niedrigen Niveau, die Infrastruktur unterentwickelt. Die chauvinistische und rassistische Argumentation der Nazi-Ideologen fiel auf fruchtbaren Boden: So verwahrlost und schmutzig wie in der Ukraine oder der russischen Steppe sahen deutsche Dörfer nicht aus!

Selbstverständlich ist die Verpflegung ein zentraler Punkt in den Briefen der Soldaten und das nicht nur wegen des Mangels. Immer und zu allen Zeiten war das Essen Lieblingsbeschäftigung und Lieblingsthema von jungen Männern in der Armee. Erinnerungen an oder Ausdenken von besonderen Mahlzeiten sind eine Flucht aus der Realität. Besondere Bedeutung aber bekommt das Thema, als es existentiell zu werden droht. Ist die Verpflegung am Anfang der Einkesselung noch schlecht, so ist man schon wenige Wochen später froh, wenn überhaupt noch etwas verteilt wird. Erstaunlich die großen Unterschiede beim Erhalt von Essensrationen. Während ein Soldat lamentiert, ihm seien die Hände lahm vom Brotschneiden für die Kompanie, würde man sich an anderer Stelle über solche »Strapazen« freuen. Die Versorgungslage ist extrem unterschiedlich und nicht allein mit dem traditionellen Unterschied zwischen Truppe und Stab zu erklären, eher mit dem Chaos der Verwaltung, das nach der Einkesselung immer mehr um sich greift. Einheiten, die noch über Reserven verfügen, beschenken die Soldaten zu Weihnachten mit Lebensmitteln, Schnaps und Zigaretten. Zum Teil sehr penibel werden diese »Schätze« der Familie in der Heimat aufgezählt. Es ist das letzte Mal, daß man etwas im Überfluß hat oder auch nur ausreichend zu haben scheint. Doch solche Reserven sind nicht mehr in allen Einheiten vorhanden.

Bald werden ebenso genau die Hungerrationen beschrieben, die noch ausgegeben werden: 100 oder 200 Gramm Brot und Wassersuppe. Schon wenige Gramm Fett oder Wurst werden zur Kostbarkeit. Letzte Reserve sind nicht die schon lange verzehrten eisernen Rationen, sondern die Pferde. Am Anfang noch mit Wehmut geschlachtet, werden sie später auch noch als Kadaver gegessen, zum Schluß noch alte Hufe ausgekocht, um eine kärgliche Mahlzeit zu erhalten. (Ein Tabu nicht nur bei den damaligen Briefeschreibern, auch in späteren Berichten und Untersuchungen die Frage, ob es auch Kannibalismus gegeben hat.)

Der Hunger führt nicht nur zum sichtbaren körperlichen Verfall der Männer. Die chronische Unterernährung (und besonders die Unterzuckerung) führen zur Trübung der Wahrnehmungskräfte und der Einschätzung von Umwelt und Situation. Dieser Zustand ist schwankend und muß bei der Beurteilung vieler Mitteilungen in den Briefen mit beachtet werden.

Die seelische Befindlichkeit der Soldaten ist den Erlebnissen fast noch weniger gewachsen als ihre körperliche Kondition. Es liegt jedoch in der Natur der Sache, daß dies kaum Gegenstand des Schreibens ist. Das Leben im Kessel ist eine fast permanente und akute psychische Streßsituation. Eine der Hauptursachen ist die, natürlich meist verdrängte, Angst vor Verwundung oder Tod. Gesteigert wird der allgemeine Streß immer wieder bei unvermittelt einsetzendem Granatfeuer, das nicht selten auch das Briefschreiben unterbricht. Können die Soldaten noch mit ihren körperlichen Gebrechen umgehen – Verwundungen, Unfälle, schlechte Ernährung sind auch im Zivilleben nicht unbekannt – so sind sie nicht geübt, auf extreme Gefühle adäquat zu reagieren. Den seelischen und körperlichen Schmerzen und dem möglichen gewaltsamen Tod begegnen die Soldaten oft nur mit Sprachlosigkeit. Die Psychologie ist in den 1940er Jahren eine noch junge Wissenschaft, Kenntnisse darüber im Allgemeinwissen nicht vorhanden. Es ist in jener Zeit, besonders aber unter Männern, durchaus unüblich, über Gefühle, Ängste und Stimmungslagen zu sprechen, geschweige denn, sie nach außen zu dokumentieren. Über Ängste zu sprechen gilt als unmännlich. Das klassische (soldatische) Männerbild wurde im Nationalsozialismus weitgehend zementiert: »Ein Mann weint nicht.« Die Soldaten sind allein mit ihren Gedanken und Gefühlen – eine Isolierhaft für die Seele. Und selbst wenn es Ansätze und Versuche gibt, mit Kameraden über Gefühle zu sprechen, es existieren keine Muster, wie man damit umgehen soll.

Seelisch belastbarer erscheinen mitunter Soldaten mit religiöser Festigung. Sie fühlen sich in ihrem Glauben geborgen. Die Extremsituation des Kessels wird als Schicksal empfunden und angenommen. Im Verlauf der Zeit ist eine wachsende Religiosität festzustellen, sicher auch bei früher nicht sehr stark konfessionell Gebundenen. Die eigene Lage wird mit Erinnerungen an Bibelstellen und Psalmen illustriert. Die neue Gläubigkeit treibt aus Hilflosigkeit auch recht eigenartige Blüten: In der Armee kursieren »Himmelsbriefe«, die, in einem altertümelnden Stil verfaßt, angeblich verhindern können, daß ihr Besitzer verwundet oder gar getötet wird. Die weltanschauliche Deutung der Ereignisse, der Versuch, all dem Negativen, Unerklärlichen, Unbeherrschbaren doch einen irgendeinen Sinn zu geben, ist ein Selbstschutz für die Seele.

Der heutige Leser der Briefe mag häufig Reflexionen über den Sinn des Krieges vermissen. Doch die meisten Soldaten hatten zu viel mit dem alltäglichen (Über)Leben zu tun, als daß ihnen Kraft, Zeit und der Wille geblieben wäre, über solche Fragen nachzudenken. Es war auch ein Selbstschutz, Ereignisse und Entwicklungen nicht weiter zu hinterfragen, wenn man sie ohnehin nicht beeinflussen konnte. Demütig wurde der Krieg als zwar unangenehmes, aber trotz allem durchzustehendes Ereignis angenommen. Die wichtigste neue Erfahrung, die die menschliche Existenz im Krieg so grundsätzlich von der im Frieden unterscheidet, nämlich die Erfahrung töten zu müssen, um der Gefahr zu entgehen, selber getötet zu werden, ist in den Äußerungen aus dem Stalingrader Kessel fast vollständig verdrängt. Die Briefe sagen über die militärische Seite des Krieges erstaunlich wenig aus. Die Übermächtigkeit des allgegenwärtigen Todes verdrängt die Gefahr ins Unterbewußtsein der Beteiligten. Doch die Verdrängung der Gefahr verhindert die Suche nach Auswegen. Wer die Realität nicht oder nur zum Teil wahrnimmt, kann auch keine realen Alternativen zu ihr denken. Und doch ahnen die Soldaten den Untergang der Armee. Die zwanghafte, oft in beschwörendem Ton geäußerte Hoffnung auf baldige und massive Hilfe und Unterstützung von außen beweist das. Generell wird der Krieg bzw. das Leben im Krieg in der Regel nur da ausführlich beschrieben, wo es sich mit den aus Friedenszeiten bekannten Vorstellungen, Erfahrungen und Werten formulieren läßt. In den Briefen erscheint der Krieg oft als die Fortsetzung des Lebens im Frieden unter anderen – schwereren, unangenehmeren, gefährlicheren – Bedingungen. Es scheint, daß der Krieg, sofern er sich mit Werten aus der Arbeitswelt in Friedenszeiten artikulieren läßt (Fleiß, Ausdauer, Durchhalten, Pflicht, Gehorsam, Unterordnung etc.) durchaus angenommen wird.

Vieles in den Briefen ist anrührend, manches erinnert an durch Film und Literatur Bekanntes. Vieles aber auch erscheint fremd und unverständlich, nicht zuletzt, weil dem heutigen Leser Lebenssituationen wie im Stalingrader Kessel fremd und unverständlich sind und kaum jemand Extremsituationen wie die im Kessel von Stalingrad nachempfinden kann.

Register der Briefschreiber

Die Mehrzahl der in diesem Band abgedruckten Briefe wurde von Hörern des Deutschlandsfunks zur Verfügung gestellt, die übrigen stammen aus dem Feldpost-Archiv der TU Berlin und aus dem Archiv des Panorama-Museums, Wolgograd. Diese sind im folgenden durch *Kursivierung* gekennzeichnet.

Alfons, Alter unbekannt, Obergefreiter 297
Ansel, Werner, * 1923, Panzergrenadier, vermißt 52, 110, 178
Augustinus, Karl, Alter unbekannt, kath. Militärpfarrer, vermißt 286
Baaske, Otto, * 1902, Unteroffizier, vermißt 254, 267, 275, 288
Bach, Gotthold, Alter unbekannt, Gefreiter 201
Bahles, Joseph, * 1914, Unteroffizier 278
Balgenorth, Heinrich, * 1918, Obergefreiter, vermißt 131, 208
*Bark, Richard, * 1919, Unteroffizier, vermißt 164*
Baumanns, Gustav, * 1923, Soldat, vermißt 23, 247
Becker, Heinrich, * 1919, Funker, gest. 1944 in Rostock 40, 60
Beesbrink, Bernhard, Alter unbekannt, Obergefreiter 320
Berg, Wolfgang, * 1911, Obergefreiter, vermißt 117, 173, 272
Binding, Josef, Alter unbekannt, Obergefreiter 202
Blasius, Alter unbekannt, Wachtmeister 292
Born, Erich, Alter und Dienstgrad unbekannt 177, 243
Brakelmann, Heinrich, * 1915, Stabsgefreiter, vermißt 56
Brandau, Alfred, Alter unbekannt, Obergefreiter 20, 38, 103, 128, 169, 192
Breitkreuz, Helwin, Alter unbekannt, Soldat 299
Breuer, Max, * 1909, Gefreiter, in Gefangenschaft gestorben 16, 36, 41, 47, 116, 132, 141, 152, 158, 161, 166, 174, 183, 219, 227, 259, 268, 276
Bühnemann, Werner, * 1905, Gefreiter, vermißt 206, 234, 245, 277
Colditz, Max, Alter unbekannt, Gefreiter 304
Dercks, Karl, * 1921, Dienstgrad unbekannt, vermißt 137, 218, 240
Eberhardt, Friedrich, * 1905, Soldat, vermißt 261
Eberl, August, * 1917, Dienstgrad unbekannt 273
Flick, Otto, * 1911, Gefreiter 25
Frank, Alfred, Alter unbekannt, Oberleutnant 294, 299
Frank, Karl Erhard, * 1914, Unteroffizier, gefallen 82, 139
Gehr, Walter, Alter und Dienstgrad unbekannt, gefallen 112, 261
Gröning, Gottfried, Alter unbekannt, Gefreiter 279
Groyen, Heinrich, Alter unbekannt, Gefreiter 315

Grün, Alter unbekannt, Obergefreiter 293
Gründling, Helmut, * 1923, Dienstgrad unbekannt, vermißt 88, 222
Guhl, Erwin, * 1918, Obergefreiter, vermißt 17, 22, 55, 59, 62, 67, 209, 263
Haas, Kurt, * 1919, Dienstgrad unbekannt, vermißt 203
Heintges, Rudi, Alter unbekannt, Feldwebel 318
*Hillegrub, Erhard, * 1923, Gefreiter, vermißt 162, 167*
Hütten, Kurt, Alter unbekannt, Feldwebel 309
Just, Alfred, * 1915, Wachtmeister, vermißt 321
Kahre, Walter, * 1919, Unteroffizier, vermißt 85, 253
Kaliga, Bruno, Alter unbekannt, Gefreiter 241
Kaufmann, Karl, Alter unbekannt, Unteroffizier, gefallen 118
Kirberich, Josef, * 1921, Obergefreiter, in Gefangenschaft gestorben 257
Kirschner, Otto, * 1901, Feldwebel, vermißt 312
Köhlerheinrich, Erich, Alter unbekannt, Obergefreiter 295
Krawielitzki, Emil, * 1899, Hauptmann, hat überlebt 302, 323
Krings, Simon, * 1911, Dienstgrad unbekannt, vermißt 18, 37, 50, 139, 232, 269, 283
Kümmel, Heinz, Alter und Dienstgrad unbekannt, vermißt 264
Lichtenberg, Karl, Alter unbekannt, Obergefreiter, vermißt 35, 54, 176
Löbel, Rudolf, * 1914, Dienstgrad unbekannt 125, 244
Martius, Hans Joachim, * 1920, Oberleutnant, gefallen 30, 58, 66, 137, 190
May, Hermann, Alter und Dienstgrad unbekannt, vermißt 51
Merbold, Günther, * 1921, Sanitätsunteroffizier, vermißt 126, 153, 214, 238
Meyer, Dr. Willy, * 1911, Oberleutnant, vermißt 31
Meyer, Friedrich, * 1898, Oberst, in Gefangenschaft gestorben 123, 310
Michel, Hans, Alter und Dienstgrad unbekannt, vermißt 26, 44, 70, 101, 148, 210
Möller, Paul Gerhardt, * 1903, Sanitätssoldat 77, 94, 99, 109, 115, 122, 133
Mühlmann, Heinz, Alter unbekannt, Gefreiter 328
Müller, Alois, * 1912, Gefreiter, vermißt 68, 249
Mussaeus, Hans Peter, * 1924, Infanterist, vermißt 235
Nix, Willi, Alter unbekannt, Obergefreiter 311
Nothdurft, Rudolf, * 1913, Gefreiter, in Gefangenschaft gestorben 200, 204, 265
Onstein, Heinz, Alter und Dienstgrad unbekannt 254
Oppen, Ernst von, * 1907, Leutnant, vermißt 179, 221
Paller, Franz, Alter unbekannt, Obergefreiter 316
Pausch, Karl, * 1920, Unteroffizier 251
Raab, Gustav, * 1905, Divisionspfarrer, vermißt 229, 313
Rieser, Anton, * 1911, Obergefreiter, vermißt 124, 291

Risse, Heinz, * 1908, Gefreiter, vermißt 270
Ritzenhoff, Josef, * 1916, Obergefreiter, vermißt 96
Rocholl, Dr. Horst, * 1908, Arzt, hat überlebt 79, 80, 172, 182, 184, 186, 250, 326
Röser, Robert, Alter unbekannt, Obergefreiter 324
Ruhrus, H., Alter unbekannt, Gefreiter 325
Schorn, Rudi, Alter unbekannt, Obergefreiter 292
Schürl, Herwig, * 1921, Unteroffizier 113, 130, 142
Senkel, Wernfried, * 1922, Gefreiter, vermißt 107, 134, 194
Setzepfand, Paul * 1913, Obergefreiter, vermißt 15, 181
Spiess, Hans, Alter unbekannt, Unteroffizier 160
Stevens, Leo, * 1921, Infanterist, vermißt 76, 155, 188
Stolze, August, * 1919, Gefreiter, vermißt 100
Szygkowski, Josef, Alter unbekannt, Soldat 303
Tapfer, Heinz, Alter unbekannt, Obergefreiter 320
Thurmann, Adolf, Alter und Dienstgrad unbekannt 305
Unbekannt *64, 149,* 212, *237, 258, 289, 298, 300*
Vitzthum, Heino Graf, * 1914, Rittmeister 83, 93, 120, 156, 316
Wagner, Heinz, Alter unbekannt, Leutnant 307
Waldhausen, Friedrich, * 1918, Oberleutnant 32, 43, 81, 151, 160, 196, 281
Weber, Dr. Erich, * 1900, Major u. Stabsarzt, vermißt 24, 53, 74, 105, 111, 143
Wehne, Alter unbekannt, Gefreiter 282
Wilhelm, Dr. Oskar, * 1912, Oberstabsarzt 322
*Wortmann, Paul, * 1922, Gefreiter, vermißt 57, 63, 86, 89, 90, 91, 92, 165, 199, 228*

Bücher gegen das Vergessen

Martin Broszat (Hg.)
Kommandant in Auschwitz
Autobiographische Aufzeichnungen des Rudolf Höß
ISBN 3-423-30127-9

Inge Deutschkron
Ich trug den gelben Stern
ISBN 3-423-30000-0

Martin Doerry
»Mein verwundetes Herz«
Das Leben der Lilly Jahn
1900–1944
ISBN 3-423-34146-7

Erica Fischer
Das kurze Leben der Jüdin Felice Schragenheim
»Jaguar«, Berlin 1922
Bergen-Belsen 1945
ISBN 3-423-30861-3

Manfred Flügge
Rettung ohne Retter
oder: Ein Zug aus Theresienstadt
ISBN 3-423-24416-X

Eva Fogelman
»Wir waren keine Helden«
Lebensretter im Angesicht des Holocaust
Übers. v. B. Schulze
ISBN 3-423-30641-6

Ulrich Frodien
»Bleib übrig«
Eine Kriegsjugend in Deutschland
ISBN 3-423-30849-4

Um Kopf und Kragen
Eine Nachkriegsjugend
ISBN 3-423-34171-8

Eric Fiedler, Barbara Siebert, Andreas Kilian
Zeugen aus der Todeszone
Das jüdische Sonderkommando in Auschwitz
ISBN 3-423-34158-0

Beatrice Heiber und Helmut Heiber (Hg.)
Die Rückseite des Hakenkreuzes
Absonderliches aus den Akten des »Dritten Reiches«
ISBN 3-423-30201-1

Joe J. Heydecker
Das Warschauer Ghetto
Foto-Dokumente aus dem Jahr 1941
ISBN 3-423-30724-2

Ruth Klüger
weiter leben
Eine Jugend
ISBN 3-423-11950-0

Bücher gegen das Vergessen

Christian Graf von Krockow
Die Stunde der Frauen
Bericht aus Pommern
1944 bis 1947
ISBN 3-423-30014-0

Tom Lampert
Ein einziges Leben
Geschichten aus der NS-Zeit
ISBN 3-423-34029-0

Jacques Lusseyran
Das wiedergefundene Licht
Die Lebensgeschichte eines Blinden im französischen Widerstand
Übers. v. U. Schmalz-Medt
ISBN 3-423-30009-4

Stella Müller-Madej
Das Mädchen von der Schindler-Liste
Aufzeichnungen einer KZ-Überlebenden
Übers. v. B. Thorn
ISBN 3-423-30664-5

Joseph Rovan
Geschichten aus Dachau
Übers. v. Th. Dobberkau und F. Griese
ISBN 3-423-30766-8

Tivadar Soros
Maskerade
Die Memoiren eines Überlebenskünstlers
Übers. v. H. Fliessbach
ISBN 3-423-34168-8

Nathan Stoltzfus
Widerstand des Herzens
Der Aufstand der Berliner Frauen in der Rosenstraße – 1943
Mit einem Vorwort von Joschka Fischer
Übers. v. M. Müller
ISBN 3-423-30845-1

1945: Befreiung und Zusammenbruch
Erinnerungen aus sechs Jahrzehnten
Hg. v. Peter Süß
ISBN 3-423-34170-X

Thilo Thielke
Eine Liebe in Auschwitz
ISBN 3-423-30853-2

Ein Weggefährte der Geschwister Scholl
Die Briefe des Josef Furtmeier 1938–1947
Hg. v. Sönke Zankel und Christine Hikel
ISBN 3-423-24520-4

20 Tage im 20. Jahrhundert

Herausgegeben von
Norbert Frei, Klaus-Dietmar Henke und Hans Woller

Diese Buchreihe ist die Grundlage der gleichnamigen Fernsehdokumentation der ARD.

Volker R. Berghahn
Sarajewo, 28. Juni 1914
Der Untergang des alten Europa
ISBN 3-423-30601-7

Dietrich Beyrau
Petrograd, 25. Oktober 1917
Die russische Revolution und der Aufstieg des Kommunismus
ISBN 3-423-30602-5

Hans Woller
Rom, 28. Oktober 1922
Die faschistische Herausforderung
ISBN 3-423-30603-3

Jürgen Osterhammel
Shanghai, 30. Mai 1925
Die chinesische Revolution
ISBN 3-423-30604-1

Hans Mommsen
Auschwitz, 17. Juli 1942
Der Weg zur europäischen »Endlösung der Judenfrage«
ISBN 3-423-30605-X

Jost Dülffer
Jalta, 4. Februar 1945
Der Zweite Weltkrieg und die Entstehung der bipolaren Welt
ISBN 3-423-30606-8

Detlef Bald
Hiroshima, 6. August 1945
Die nukleare Bedrohung
ISBN 3-423-30607-6

Dietmar Rothermund
Delhi, 15. August 1947
Das Ende kolonialer Herrschaft
ISBN 3-423-30608-4

Franz Knipping
Rom, 25. März 1957
Die Einigung Europas
ISBN 3-423-30609-2

Robert D. Johnson
Washington, 20. Januar 1961
Der amerikanische Traum
ISBN 3-423-30610-6

Helmut Mejcher
Sinai, 5. Juni 1967
Krisenherd Naher und Mittlerer Osten
ISBN 3-423-30611-4

Norbert Frei
Paris, 13. Mai 1968
Kulturprotest und Gesellschaftsreform
ISBN 3-423-30612-2 (i.Vb.)

20 Tage im 20. Jahrhundert

Herausgegeben von
Norbert Frei, Klaus-Dietmar Henke und Hans Woller

Brigitte Röthlein
Mare Tranquillitatis, 20. Juli 1969
Die wissenschaftlich-technische Revolution
ISBN 3-423-30613-0

Wilfried Loth
Helsinki, 1. August 1975
Entspannung und Abrüstung
ISBN 3-423-30614-9

Harold James
Rambouillet, 15. November 1975
Die Globalisierung der Wirtschaft
Übers. v. H. Graml
ISBN 3-423-30615-7

Mária Huber
Moskau, 11. März 1985
Die Auflösung des sowjetischen Imperiums
ISBN 3-423-30616-5

Franz J. Brüggemeier
Tschernobyl, 26. April 1986
Die ökologische Herausforderung
ISBN 3-423-30617-3

Klaus-Dietmar Henke, Kurt Sontheimer
Berlin, 9. November 1989
Die deutsche Frage
ISBN 3-423-30618-1 (i.Vb.)

Walther L. Bernecker
Port Harcourt, 10. November 1995
Aufbruch und Elend in der Dritten Welt
ISBN 3-423-30619-X

Michael Jeismann
Boston, 26. Dezember 2000
Schöne neue Welt: Erwartung und Erfahrung
ISBN 3-423-30620-3 (i.Vb.)

Geschichte des 20. Jahrhunderts

Als Feuer vom Himmel fiel
Der Bombenkrieg in Deutschland
Ein SPIEGEL-Buch
Hg. v. Stephan Burgdorff und Christian Habbe
ISBN 3-423-34192-0

Antisemitismus in Deutschland
Zur Aktualität eines Vorurteils
Hg. v. Wolfgang Benz
ISBN 3-423-04648-1

Peter Bender
Episode oder Epoche?
Zur Geschichte des geteilten Deutschland
ISBN 3-423-04686-4

Wolfgang Benz
Potsdam 1945
ISBN 3-423-34230-7

Die Gründung der Bundesrepublik
Von der Bizone zum souveränen Staat
ISBN 3-423-04523-X

Deutsche Geschichte seit 1945
Chronik und Bilder
ISBN 3-423-30705-6

Geschichte des Dritten Reiches
ISBN 3-423-30882-6

Martin Broszat
Der Staat Hitlers
ISBN 3-423-30172-4

Hans Buchheim
Martin Broszat
Hans-Adolf Jacobsen
Helmut Krausnick
Anatomie des NS-Staates
ISBN 3-423-30145-7

Dokumentation der Vertreibung der Deutschen aus Ost-Mitteleuropa
Gesamtausgabe in 8 Bänden
Im Text unveränderter Nachdruck der Erstausgabe von 1954–1961
ISBN 3-423-59072-6

Enzyklopädie des Nationalsozialismus
Hg. v. Wolfgang Benz, Hermann Graml und Hermann Weiß
ISBN 3-423-33007-4

Richard J. Evans
Das Dritte Reich
Band 1: Aufstieg
Übers. v. H. Fliessbach und U. Rennert
ISBN 3-423-34191-2

Niall Ferguson
Der falsche Krieg
Der Erste Weltkrieg und das 20. Jahrhundert
Übers. v. K. Kochmann
ISBN 3-423-30808-7

Bitte besuchen Sie uns im Internet: www.dtv.de

Geschichte des 20. Jahrhunderts

Norbert Frei
Vergangenheitspolitik
Die Anfänge der Bundesrepublik und die NS-Vergangenheit
ISBN 3-423-30720-X

Der Führerstaat
Nationalsozialistische Herrschaft von 1933 bis 1945
ISBN 3-423-30785-4

Hitlers Eliten nach 1945
Hg. v. Norbert Frei
ISBN 3-423-34045-2

Die Flucht
Über die Vertreibung der Deutschen
Hg. v. Stefan Aust und Stephan Burgdorff
Ein SPIEGEL-Buch
ISBN 3-423-34181-5

Timothy Garton Ash
Zeit der Freiheit
Aus den Zentren des neuen Europa
Übers. v. S. Hornfeck
ISBN 3-423-30816-8

Robert Gellately
Hingeschaut und weggesehen
Hitler und sein Volk
Übers. v. H. Fliessbach
ISBN 3-423-34153-X

Hermann Graml
Reichskristallnacht
Antisemitismus und Judenverfolgung im Dritten Reich
ISBN 3-423-04519-1

Lothar Gruchmann
Der Zweite Weltkrieg
Kriegführung und Politik
ISBN 3-423-34172-6

Sebastian Haffner
Geschichte eines Deutschen
Die Erinnerungen 1914–1933
ISBN 3-423-30848-6

Historische Variationen
ISBN 3-423-34010-X

Als Engländer maskiert
Ein Gespräch mit Jutta Krug über das Exil
ISBN 3-423-34107-6

Theodore S. Hamerow
Die Attentäter
Der 20. Juli – von der Kollaboration zum Widerstand
Übers. v. M. Grässlin
ISBN 3-423-34100-9

Wolfgang Hardtwig
Vormärz
Der monarchische Staat und das Bürgertum
ISBN 3-423-04502-7

Geschichte des 20. Jahrhunderts

Eric Hobsbawm
Das Zeitalter der Extreme
Weltgeschichte des
20. Jahrhunderts
Übers. v. Y. Badal
ISBN 3-423-30657-2

Wilfried Loth
Das Kaiserreich
Obrigkeitsstaat und politische
Mobilisierung
ISBN 3-423-04505-1

Die Teilung der Welt
Geschichte des Kalten Krieges
1941–1955
ISBN 3-423-30756-0

Ian Kershaw
Hitlers Macht
Das Profil der NS-Herrschaft
Übers. v. J. P. Krause
ISBN 3-423-30757-9

Der Hitler-Mythos
Führerkult und
Volksmeinung
Übers. v. B. Rehbein und
K. Kochmann
ISBN 3-423-30834-6

Hitler
Gesamtausgabe in drei
Bänden

Band 1: 1889–1936
Übers. v. J. P. Krause und
J. W. Rademacher
ISBN 3-423-30841-9

Band 2: 1936–1945
Übers. v. K. Kochmann
ISBN 3-423-30842-7

Band 3: 1889–1945.
Registerband
ISBN 3-423-30843-5

David Clay Large
Hitlers München
Aufstieg und Fall der
Hauptstadt der Bewegung
Übers. v. K. H. Siber
ISBN 3-423-30794-3

Hartmut Mehringer
Widerstand und Emigration
Das NS-Regime und
seine Gegner
ISBN 3-423-04520-5

Peter Merseburger
Willy Brandt 1913–1992
Visionär und Realist
ISBN 3-423-34097-5

Horst Möller
Die Weimarer Republik
Eine unvollendete Demokratie
ISBN 3-423-34059-2

Peter Novick
Nach dem Holocaust
Der Umgang mit dem
Massenmord
Übers. v. I. Arnsperger und
B. Rehbein
ISBN 3-423-30877-X

Geschichte des 20. Jahrhunderts

Karin Orth
Die Konzentrationslager-SS
Sozialstrukturelle Analysen und biographische Studien
ISBN 3-423-34085-1

Andrew Roberts
Churchill
und seine Zeit
Übers. v. F. Griese
ISBN 3-423-24132-2

Hagen Schulze
Der Weg zum Nationalstaat
Die deutsche Nationalbewegung vom 18. Jahrhundert bis zur Reichsgründung
ISBN 3-423-04503-5

Kleine deutsche Geschichte
ISBN 3-423-30703-7

Kurt Sontheimer
Die Adenauer-Ära
Grundlegung der Bundesrepublik
ISBN 3-423-34024-X

Eckart D. Stratenschulte
Kleine Geschichte Berlins
ISBN 3-423-30167-8

Das Urteil von Nürnberg
Mit einem Vorwort von Jörg Friedrich
ISBN 3-423-34203-X

Ulrich Völklein
Der Judenacker
Eine Erbschaft
ISBN 3-423-34110-6

Jürgen Weber
Kleine Geschichte Deutschlands seit 1945
ISBN 3-423-30830-3